KB181668

헌법의 약속

헌법의 약속

모든 차별에 반대한다

1판1쇄 | 2017년 5월 22일

지은이 | 에드윈 캐머런
옮긴이 | 김지혜
감수 | 게이법조회

펴낸이 | 정민용
편집장 | 안중철
편집 | 강소영, 윤상훈, 이진실, 최미정
캘리그라피 | 손문상

펴낸 곳 | 후마니타스(주)
등록 | 2002년 2월 19일 제300-2003-108호
주소 | 서울 마포구 양하로 6길 19(서교동) 3층
전화 | 편집_02.739.9929/9930 영업_02.722.9960 팩스_0505.333.9960

블로그 | humabook.blog.me
페이스북 | humanitasbook
인스타그램 | humanitasbook
트위터 | @humanitasbook
이메일 | humanitasbooks@gmail.com

인쇄 | 천일_031.955.8083 제본 | 일진_031.908.1407

값 18,000원

ISBN 978-89-6437-275-3 03300

이 도서의 국립중앙도서관 출판예정도서목록(CIP)은 서지정보유통지원시스템 홈페이지(http://seoji.nl.go.kr)와
국가자료공동목록시스템(http://www.nl.go.kr/kolisnet)에서 이용하실 수 있습니다.(CIP제어번호: CIP2017011626)

JUSTICE

헌법의 약속

모든 차별에 반대한다

에드윈 캐머런 지음

김지혜 옮김 | 게이법조회 감수

후마니타스

| 차례 |

3장 사법 체계의 전환

4장 에이즈 치료를 둘러싼 논쟁

7장 결론: 입헌주의의 약속과 시험

정부가 아무리 선하다 해도, 그것은 온갖 인간적 결함을 가진 사람들로 구성된다. 민중을 위해 좋은 일이 무엇인지 통치자가 멋대로 정할 수 없게 막는 규칙과 제도들을 통해 우리가 생각하는 법치가 이루어진다. 정부의 행정 행위를 독립 기구들이 감시하는 것, 이것이 우리의 새 헌법 질서 속에 담고자 애쓴 좋은 통치의 핵심 요소이다. …… 대통령과 정부가 자신의 행위에 대해 독립 기구들의 심판을 받고 패소를 하는 상황이 나는 전혀 불편하지 않았다. 오히려 안도를 느꼈다.

_넬슨 만델라

평등은 우리 모두를 존엄하게 한다

2014년 영어로 출간되었던 이 책 『헌법의 약속』의 한국어판 서문을 쓰게 되어 기쁘고 영광이다. 무엇보다 이 책의 이야기를 한국의 독자들과 나눌 수 있어 각별히 기쁘다. 한국도 남아프리카공화국처럼 법치주의를 준수하는 입헌 국가로서, 헌법을 통해 자유와 민주주의를 수호하고 있다는 공통점을 갖기 때문이다. 또한 두 나라 모두 역사적으로 고통스러운 갈등과 이데올로기적 분열을 겪었고, 여전히 그 기억과 함께 살고 있는 사람들이 많다.

나는 법적 가치와 헌법적 열망을 통해, 오랜 갈등과 부정의, 이념의 차이를 넘어 모두가 존엄과 정의를 누리는 미래를 만들 수 있다고 믿는다. 지난 8년 동안 나는 남아프리카공화국의 최고 법원인 헌법재판소의 구성원으로서 10명의 동료 재판관들과 함께, 법이 보장하는 인간의 존엄성, 사회정의, 평등을 위해 싸울 수 있는 특권이자 의무를 가졌다.

이 일에는 나 개인의 삶과 내가 지나온 시대의 경험이 지대한 영향을 미쳤다. 나는 두 명의 백인 재판관 중 하나로서, 절대다수가 흑인이며 수백 년 동안 제도화된 인종 지배와 식민 착취의 상흔을 가진 나라의 헌법재판소에서 일하고 있다. 나는 게이, 즉 동성애자임을 공개한 사람으로서, 여전히 동성애자를 심각하게 억압하는 이 나라, 이 대륙, 이 세계에서 당당하게 살고 있다. 또한 HIV(인간면역결핍바이러스, Human Immunodeficiency Virus) 감염인으로서 세상의 지독한 낙인과 배척 속에서 32년 가까이 살아왔다. 그리고 인구의 다수(약 52퍼센트)가 여성이지만 남성이 대부분인 법원에서, 나는 남성으로 존재한다.

나의 성별, 인종, 성적 지향, HIV 감염 상태 등 이 모든 특징은 재판관으로서의 활동에 매우 중요한 의미가 있다.

게이이면서 HIV 감염인이라는 사실은 내가 인간을 좀 더 폭넓은 관점에서 바라볼 수 있도록, 그리고 양심적이면서도 유능한 판사가 될 수 있도록 했다. (수백 년이 아니라) 수천 년 동안, 지구상 곳곳에서, 선진국과 개발도상국을 가리지 않고 모든 사회에서 성적 지향과 성별 정체성의 다양성을 적대시했고 억압해 왔다. 게이와 레즈비언을 범죄자, 변태, 부랑자, 정신병자, 환자, 미친 사람이라고 불렀으며 낙인을 부여했다. 극심한 폭력과 잔혹성, 억압, 혐오, 배척의 대상이 되었고, 때로는 죽음을 당하기까지 했다. 내가 살고 있는 아프리카 대륙에서는 여전히 레즈비언lesbian, 게이gay, 바이섹슈얼bisexual, 트랜스젠더transgender, 인터섹스intersex, 즉 [첫 글자를 따] LGBTI인 사람들이 폭력, 구금, 박해, 죽음의 위협을 받고 있다.

이 부끄러운 역사에서, 1994년에 상처를 치유하는 태양이 떠올랐다. 성 소수자인 사람들에게 평등을 약속하는 차별 금지 조항이 세계 최초로 남아프리카공화국에서 헌법에 명시된 것이다. 법을 통해 아파르트헤이트apartheid의 부끄러운 부정의를 끝내고자 매진했던 인권 변호사로서, 나 역시 민주적인 남아프리카공화국에서 게이와 레즈비언이 동등한 시민으로 인정받을 수 있도록 싸웠다. 그리고 우리는 '세계 최초'라는 타이틀을 거머쥐었다.

남아프리카공화국에서 헌법이 발효되고 민주주의 시대가 출범한 바로 그해 말, 넬슨 만델라 대통령은 게이라는 사실을 커밍아웃한 나를 고등법원의 판사로 임명했다. 고등법원에서 6년, 대법원에서 8년을 보낸 후, 2008년 말에 최고법원인 헌법재판소에 임명되었으며, 현재까지 재직하고 있다. 지난 23년 동안, 나는 커밍아웃한 게이라는 이유로 헌법상 정의를 수호하는 능력을 의심받아 본 적이, 내가 기억하는 한, 한 번도 없었다. 사실 당연한 일이다. 성적 지향은 자연스러운 인간성의 일부이다. 세계의 어느 사회든, 대략 5퍼센트에서 10퍼센트의 사람들이 동성애자이거나 기존의 성별 구분에서 벗어나 있다는 사실을 이제 우리는 알고 있다.

그러나 이들은 잘 알려져 있지 않다. 성적 지향은 대부분 눈에 보이지 않기 때문이다. 머리카락 빛깔, 눈동자의 색, 코의 크기, 몸무게는 겉으로 알 수 있지만, 어떤 사람이 성 소수자인지 아닌지는 알 수 없다. 실제로 인류의 역사에서 대부분의 성 소수자들에게 자신의 성적 지향은 절대 알려서는 안 되는 비밀이었다. 심지어 그래야 목숨을 부지할 수 있었다. 아프리카 대륙, 아시아 대부분 지역, 미국과 동유럽의 일부에서 성 소수자들은 지금도 그런 상황에 있다.

부끄러운 일이다. 성적 지향은 개인이 선택할 수 있는 것이 아니다. 내 인격의 일부로서, 자신도 모르게 저 깊은 곳에서 찾아오는 것이다. 내가 동성애자인지 이성애자인지, 혹은 그 사이 어디 즈음인지 알게 되는 것은 한 인간에게 일어나는 '사건'일 뿐이다. 이성애자가 이성애자가 되기로 선택하는 것이 아니듯, 성 소수자가 성 소수자가 되겠다고 선택하는 것이 아니다. 우리가 할 수 있는 유일한 선택은, 자신의 정체성을 기꺼이 마음을 열고 받아들일 것인지의 여부이다. 안타깝게도 세계의 많은 성 소수자들이 자신의 안전을 포기해야만 이 선택을 할 수 있다.

이는 대단한 비극이다. 젠더와 성적 지향의 다양성은 피부색, 머리카락 빛깔, 얼굴 모습, 키, 목소리, 손의 크기처럼 다양한 인간성의 일부이며 자연스러운 것이다. 게이가 자연스럽지 못한 존재라고 생각하는 고정관념에서 벗어나야 한다. 진심으로 하는 말이다. 꼭 그래야 한다. 이것이 이 책의 주요 주장 가운데 하나이다. 레즈비언·게이·바이섹슈얼·트랜스젠더·인터섹스라는 것은 그저 인간의 조건일 뿐이다.

한국에서도, 남아프리카공화국에서도, 모든 성 소수자가 존엄성과 안전을 보장받으며 잘살 수 있도록 노력해야 한다. 성 소수자에 대한 박해와, 그 결과 생기는 공포와 수치심으로 말미암아 인간의 존엄성, 인류의 번영, 개인의 성취에 엄청난 손실이 발생한다.

HIV 감염도 마찬가지이다. HIV는 전 세계적인 전염병이다. 본문에서 설명했지만, 나는 30대 초반에 이 바이러스에 감염되었다. 이 사실을 알고는 뼛속 깊은 수치심과 공포에 휩싸였다. 여러 해가 지난 후에야 나는 HIV 감염 사실을 입 밖으로 꺼낼 수 있었다. 남아프리카공화국뿐만 아니라 아프리카 대륙 전역에서, HIV 감염인을 박해하고 잔혹하게 대하며 배제하는 일들이 만연했다. 이 바이러스에 감염된 대부분의 사람들이 감염 사실을 말할 수 없거나 말하지 않으려 하는 것도 이 때문이다. 역기능적이고 불필요한 이런 침묵 역시 큰 손실을 가져온다. 아직까지도 나는 남아프리카공화국, 아니 아프리카 대륙 전체에서, 공직에 있는 사람 가운데 HIV 감염인임을 공개적으로 밝힌 유일한 사람이다. 감염인이 3천만에서 4천만 명에 이르고, 그중 많은 사람들이 고위직 또는 대중 앞에 서는 지위에 있을 텐데 말이다.

HIV는 의료적으로 충분히 관리할 수 있는 질병이다. 나는 거의 20년 전, 그러니까 감염된 지 약 12년이 지나 에이즈로 인한 병이 깊어졌을 때 이 사실을 알게 되었고, 너무나 기뻤다. 항레트로바이러스 치료법은 내게 삶을 되돌려 주었다. 대단한 경험이었다. 분명해 보이던 죽음 앞에서 생명을 돌려받은 것이었다.

하지만 당시에는 약값이 너무 비쌌다. 나는 판사였으므로 항레트로바이러스제를 살 수 있었다. 약을 살 수 없는, 아프리카와 아시아의 수많은 가난한 사람들이 죽어야 했다. 이런 부정의를 보면서, 반드시 이 낙인과 싸우고 모든 사람이 약을 이용할 수 있도록 해야겠다는 열의를 갖게 되었다.

나는, 창의적이고 용감한 재키 아크맛의 지휘 아래 치료행동캠페인이 추진했던 항레트로바이러스제 가격 인하 싸움에 연대했다. 나중에는 치료행동캠페인과 같은 목소리로, 넬슨 만델라 대통령의 후임이었던 타보 음베키 대통령에게 날선 비판을 가했다. 당시 음베키 대통령은 비이성적이고 비과학적인 에이즈 부정론자들의 정책을 받아들여, 공중 보건 체계를 통한 항레트로바이러스제 보급을 거부하고 있었다.

이 싸움에서 치료행동캠페인과 용감한 협력자들이 승리했다. 이 승리에 대한 흥미진진한 이야기가 이 책에 담겨 있다. 우리가 승리할 수 있었던 것은, 용감하고 원칙에 충실한 활동가들, 뚝심 있는 판사들, 남아프리카공화국에서 공공의 이익에 기여하는 이성적이고 공정하고 정의로운 정책을 약속한 헌법이 있었기 때문이다. 에이즈와의 싸움에서 이성을 통해 공포와 비합리성을 이겼다는 사실은 법, 입헌주의, 법 행동주의의 승리였다.

2017년을 시작하는 지금, 이런 법적 이상과 입헌주의의 미래는 밝지 않다. 미국·유럽·아프리카에서 사회정의, 공정성, 평등, 인간의 존엄성보다 불평등, 증오, 비합리성으로 기울어진 불편한 상황들이 전개되고 있다. 이제 우리는 이런 것들과 싸워야 한다. 한국에서, 남아프리카공화국에서, 아프리카에서, 아시아에서, 세계 곳곳에서 말이다. 그리고 반드시 이겨야 한다. '법의 정의'를 통해, 모든 인류가 각자 다르다는 사실로 인해 풍성해지고, 나름의 재능과 성취를 이뤄낼 수 있게 되리라 믿는다. 남아프리카공화국 헌법 전문前文에 담긴, "남아프리카는 이 나라에 거주하는 모든 이에게 속하며 다양성 속에서 하나 된다."는 귀중한 원칙을 전 세계가 함께 나누게 되길 희망한다.

이것이 이 책의 이야기이다. 이 책의 번역을 제안하고 끝마친 강릉원주대학교 다문화학과 김지혜 교수에게 특별한 감사를 드린다. 사랑하는 독자 여러분들이 이 서문을 한국어로 읽고 있다고 생각하니, 그리고 이제 이 책 속에 담긴 이야기를 읽게 된다고 생각하니, 매우 기쁘다.

2017년 1월
에드윈 캐머런

이 책에 대하여

이 책은 남아프리카공화국의 가장 고무적이고 희망적인 특징, 그 원대한 정신과 비전을 담은 남아프리카공화국 헌법에 대한 이야기이다. 그리고 가난에 찌들었던 어린아이에서 변호사, 마침내 한 나라 최고법원의 재판관이 되어 헌법을 해석하고 수호하는 임무를 맡게 된 나의 여정에 관한 이야기이기도 하다.

가난한 백인 가정에서 자라나 인권 변호사가 되어 아파르트헤이트* 체제에 맞서 싸웠던 개인적 경험, 그리고 어떻게 시민이, 변호사가, 판사가 법을 통해 정의를 구현할 수 있는지 보여 주는 가슴 뭉클

---

* 아파르트헤이트는 아프리칸스 단어로 '분리'를 의미하며, 남아프리카에서 국민당이 1948년부터 1994년까지 집권하면서 펼친 각종 인종 분리 제도를 가리킨다.

하고 고무적인 이야기를 이 책에 담아내려고 했다. 민주주의가 확립되기 전에는 법체계의 모습이 어땠는지, 어떻게 남아프리카공화국이 아파르트헤이트 체제에서 민주주의 체제로 이행했는지, 어떻게 세계에서 가장 풍부한 정신을 헌법에 담아내었으며 이를 통해 놀라운 변화를 이루어 낼 수 있었는지를 이야기하고자 한다.

1장은 내가 처음으로 법이라는 존재와 마주한 순간에서 시작한다. 당시 나는 7세였고, 작은누나 지니와 함께 아동보호 기관에 있었다. 가슴 아픈 시절이었다. 큰누나 로라가 세상을 떠났기 때문이다. 그때 법과 우연히 만났던 경험은 평생 동안 내 기억에 깊은 인상을 남겼다.

아파르트헤이트 시대에는 주위에 언제나 법이 있었다. 아파르트헤이트는 '법'을 통해 집행되었기 때문이다. 상세하고 철저하고 치밀하게 만들어진 법들이 잔인하게 집행되곤 했다. 하지만 내 마음을 사로잡은 것은, 아파르트헤이트 체제의 억압적 도구인 법이 다시 그 체제에 대항하는 데 사용될 수 있다는 사실이었다. 법이 때로는 아파르트헤이트를 약화시킬 수 있고, 제대로만 사용된다면 뭔가를 파괴하거나 손상시키는 것이 아니라 회복시킬 수도 있다는 점 말이다.

내가 이 사실을 깨달은 것은 고등학교를 갓 졸업했을 당시 한 유명한 재판을 보고 나서였다. 그 드라마틱한 결과를 1장에서 다뤘다. 억압의 시대에 결연한 태도를 가진 활동가들과 인권 변호사들이 어떻게 법정에서 다소나마 정의와 공정함을 확보할 수 있었는지에 대한 이야기이다. 그들의 활동이 밑거름되어 이 나라의 헌법이 만들어질 수 있었다. 또한 초안을 작성하는 데 참여한 사람들은 헌법 그 자체에 우리나라가 꿈꾸는 최고의, 그리고 최상의 희망을 담아야 한다는 점에서 한 치도 양보하지 않았다. 법은 이제 부정의의 도구가 아니라,

정의의 도구로서 사용될 터였다.

아파르트헤이트 체제에서 법에 대한 기억을 되짚어 본 후, 2장에서는 우리의 짧은 민주주의 역사에서 가장 커다란 과제 가운데 하나와 맞닥뜨렸던 내 개인적인 경험을 이야기했다. 그것은 바로 에이즈*이다. 이 무시무시한 질병이, 아파르트헤이트 체제에서 입헌 민주주의constitutional democracy로 나아가는 전환의 시기에 남아프리카공화국에서 얼마나 큰 난관이었는지를 설명했다. 그리고 3장에서는 아파르트헤이트 법의 집행자였던 사법부가 새로운 민주주의 체제에서 삼권분립의 한 축이 되어 가는 이행 과정을 다루었다.

4장에서는 지금까지 헌법이 당면했던 최대의 과제를 둘러싼 드라마를 그려 냈다. 타보 음베키 대통령이 에이즈 과학에 의심을 품으면서, 치료할 수 있는 수천 명의 사람들을 죽음으로 몰아넣었던 비극에 대한 것이다. 하지만 다행히도 최고 규범으로 존재하는 헌법이 있었다. 활동가들은 헌법을 구현하고자 소를 제기했고, 법원은 올바른 판결을 내렸다. 항레트로바이러스ARV 치료에 대한 통제를 멈추라고 음베키 행정부에 주문했고, 대통령은 결국 이 판결을 받아들였다. 오늘날 남아프리카공화국은 세계 어느 곳과 비교해도 뒤지지 않는 규모로 항레트로바이러스 치료 공공사업을 시행하고 있다. 합리성에 기초한 입헌주의와 법의 힘을 보여 주는 엄청난 성취였다.

5장에서는 남아프리카공화국 헌법에 담긴 야심찬 약속들의 근저

---

* 후천성면역결핍증후군(Acquired Immune Deficiency Syndrome, AIDS)의 줄임말로, HIV에 감염되어 면역력이 떨어지면서 각종 증세가 나타나는 상태를 말한다. 이 바이러스에 감염된 상태를 'HIV 감염'이라고 한다.

에 흐르고 있는 무언의 강력한 가치를 이야기했다. 바로 다양성의 가치이다. 나는 게이로서 자긍심을 가지고 있는 한 사람이다. 섹슈얼리티로 인해 두렵고 수치스러워하던 어린 시절을 보냈으나 성인이 된 이후 공개적으로 커밍아웃했으며, 게이라는 이유로 차별받지 않고 사법부의 일원으로서 국가를 위해 일하고 있다. 이런 사람의 관점에서 우리 헌법에 담긴 다양성의 가치를 이야기하려고 한다. 헌법은 다른 모습 그대로의 우리를 긍정한다. 하지만 서로의 '다름'을 축복하자는 헌법의 제안을 남아프리카공화국 전체가 온전히 받아들였다고 말할 수 있으려면 아직 갈 길이 멀다.

6장에서는 헌법이 약속하는 사회정의에 대해 이야기했다. 백인으로서 나는 아파르트헤이트 시절 백인에게 보장되었던 특권을 누릴 수 있었다. 일류 고등학교와 최고 대학에 다닐 수 있었고, 로즈 장학금을 받아 옥스퍼드 대학에 진학해 법률가가 될 수 있었다. 나는 아파르트헤이트가 시행한 백인 우월 정책의 수혜자였으며, 가난한 가정에서 자랐지만 사람들의 나눔과 도움으로 풍성한 혜택을 받았다. 이런 나눔과 도움을 모든 사람에게 정의롭게 제공하겠다는 목표가 우리 헌법에 담겨 있다. 헌법은 서로 돕고 나누는 사회가 되도록 틀을 제시하고 있다. 그리하여 모든 사람이 존엄성을 지키며 사는 사회를 건설할 수 있도록, 헌법은 우리 모두를 대변하는 정부에 그 의무를 부과한다.

마지막 장에서는 입헌주의constitutionalism로 들어선 지 거의 20년이 되어 가는 남아프리카공화국의 지금 상황을 살펴본다. 불안해하고 실망할 이유는 많다. 하지만 남아프리카공화국의 적극적이고 목적의식이 뚜렷한 시민들이 풍요로운 미래를 만들어 나갈 것임을 확신할 수 있게 하는 근거도 있다. 우리에게는 정직한 리더십과 자발적이고 활발한 참여가 필요하다. 이미 헌법적 기반은 갖추어져 있다. 우리 헌법의 가치와 구조가 튼튼하다는 점은 지난 20년 동안 떠들썩했던 논쟁을 통해 입증되었다.

법은 내가 좀 더 나은 삶을 살 수 있도록 기회를 주었다. 그리고 헌법은 이 나라에도 기회를 주고 있다. 열정과 결단으로 이 기회를 붙잡아야 한다.

그것이 당신을 이 책으로 초대하는 이유이다. 나를 법으로 이끌었고, 또 남아프리카공화국을 민주적 입헌주의로 이끌었던 그 길을 나와 함께 걸어 보자고 제안하고 싶다. 이는 기쁨과 슬픔의 순간들이 곳곳에 놓인, 아주 흥미롭고 경이로운 여정이 될 것이다. 그리고 그 여정의 끝에서 우리는 희망의 가능성을 발견할 것이다.

아파트
헤이트
시대의 법

법과의 첫 만남

내 인생에서 처음으로 '법'이라는 존재와 마주한 것은 8세가 채 되기 전이었다. 프리토리아Pretoria 주 레베카 길에 있던 아브밥 교회에서 큰누나 로라의 장례식이 있던 날이었다. 교회 뒷자리에 아버지가 허리를 반듯이 세우고 앉아 있었고, 양옆으로 제복을 입은 두 교도관이 있었다. 아버지는 가족과 친구들이 모두 자리를 잡은 후에야 다른 사람의 눈을 피해 교도관들의 호송을 받으며 들어왔다. 작은누나인 지니와 나는 앞자리 어머니 옆에 앉아, 아버지가 혹시 앞으로 올 수 있을까 생각하며 흘끔흘끔 뒤를 돌아보았다. 아버지는 아무 반응도 보이지 않았다. 알코올중독으로 종종 절망적인 상태로 치닫기도 했던 아버지였지만, 그날은 품위를 유지한 채 조용히, 미동도 없이 두 교도관 사이에 앉아 있었다.

아버지가 왜 교도소에 있는지 당시 우리는 잘 몰랐다. 다른 일로도 충분히 정신이 없었다. 로라 누나는 자전거를 타고 골목의 상점에 가다가 배달 차에 치였다. 고등학교 입학을 앞둔 총명한 누나였다. 그날은 지니 누나의 11세 생일인 1월 12일이었고, 로라 누나는 쿠키를 구워 선물한다며 골든 시럽을 사러 가던 길이었다. 프리토리아의 무덥던 1월 오후, 이웃 남자 아이가 숨 가쁘게 전한 소식에 세상이 뒤흔들리는 듯했다. 그 아이는 로라 누나가 리디아 이모네 집 바로 아래 상점 길에 죽은 채 누워 있다고 말했다. 곧 집에는 애도의 전화가 줄을 이었고, 소액의 돈이 담긴 봉투를 두고 가는 친절을 베푸는 사람들도 있었다. 그리고 그다음 주에 지니 누나와 나는 퀸스타운에 있는 아동 보호 기관으로 돌아갔다. 로라 누나와 함께 암울한 시절을 보냈던 곳이다.

　일련의 사건으로 나는 충격을 받고 마음속에서 나 자신을 세상과 분리했다. 로라 누나가 세상을 떠나고 며칠 동안 어머니와 지니 누나는 이모네 집 어두운 구석 침대 방에 누워 있었다. 나는 아무런 고통도 느끼지 못했다. 그저 모든 것을 차갑게 외면할 뿐이었다. 그 후로 몇 년 동안, 나는 애도보다는 안전해 보이는 비뚤어진 내면의 공간으로 숨어들었다. 비극적인 가족사에도 불구하고 우수한 성적을 내는 똑똑한 학생의 모습으로 나를 포장했다. 아버지가 존더워터 교도소에 있고 두 교도관의 호송을 받은 채 로라 누나의 장례식에 느지막이 도착했다는 사실도 그다지 중요하지 않았다.

　나는 존더워터를 알코올 중독자를 위한 재활 센터로 알고 있었다. 그래서 아버지가 그곳에 있다고 여겼다. 어머니는 이런 내 생각을 바로잡아 주지 않았다. 오히려 그렇게 생각하게 만들었던 것 같다. 한참이 지나서야 나는 아버지가 자동차 절도범으로 교도소에서 복역 중이라는 사실을 알게 되었다.

　아버지의 죄에 책임을 묻고 자유를 빼앗은 것이 법이라는 사실을 알게 된 후로, 법과 처음 만났던 순간의 기억을 떠올릴 때마다 복잡한 생각과 감정이 교차했다. 법은 무엇일까? 법이 갖는 힘은 어디에서 오는 것일까? 법은 질책과 교정의 도구, 사람을 복종시키는 도구일 뿐일까? 아니면 그 이상의 무언가가 있을까? 당시 나는 그 답을 알지 못했지만, 이 첫 만남이 생생하게 뇌리에 남아 이후 내 인생과 진로에 영향을 미쳤다.

법과의 두 번째 만남, 그리고 변호에 대한 첫 배움

다음으로 법을 마주한 건 10년이 지난 후였다. 첫 만남처럼 개인적인 일은 아니었지만, 두 번째 만남 역시 극적이었다. 로라 누나가 세상을 떠난 뒤 암울했던 몇 해 동안 지니 누나와 나는 아동보호 기관에서 지냈다. 나중에 어머니는 결국 우리를 기관에서 데리고 나올 수 있었다. 어머니는 지니 누나에 대해서는 상업학교 정도로 충분하다고 생각하면서 아들인 내게는 큰 기대를 했다. 내가 최고의 교육을 받아야 한다고 고집했고, 고등학교 2학년 때 그 바람이 이루어졌다. 프리토리아 남자고등학교에 들어간 것이다. 이 학교는 지금도 그렇지만 당시 대표적인 명문 공립학교였다. 교사들은 집중과 면학을 요구했고, 비판적이고 열린 사고를 키워 주었다. 내 인생을 바꿀 기회였다. 오랫동안 굶주린 사람처럼 나는 공부에 매진했다.

1971년 1월, 당시 나는 17세였고 고등학교를 졸업하자마자 아파르트헤이트 군대에 징집된 상태였다. 이때 세상을 떠들썩하게 만든 사건이 있었다. 영국 이민자 출신의 요하네스버그 성공회 성당 주임 사제 곤빌 아우비 프렌치-베이타그가 〈테러리즘 법〉에 따라 보안 경찰에 의해 체포되어 기소 절차도 거치지 않고 독방에 구금되었다. 재판 없이 구금 상태가 지속되면서 국제적으로 주임 사제를 기소하거나 아니면 석방하라는 캠페인이 전개되어 아파르트헤이트 당국을 압박했다. 남아프리카 전역의 성당에서 매일 저항의 종소리가 울려 퍼졌다. 그러는 사이 나의 군대 의무 복무 기간 1년이 천천히 지나갔다. 나는 긴장과 우려 속에서 주임 사제의 체포와 구금의 드라마를 주시하며 지루한 군대 생활을 견디고 있었다.

마침내 8월, 주임 사제는 테러 활동을 했다는 죄명으로 약식 재판에 회부되었다. 담당 판사는 아파르트헤이트의 충실한 일꾼이었던 트란스발 고등법원*의 실리에 법원장이었다. 프리토리아 시티 센터에 있는 옛 유대교회당에서 무거운 긴장 속에 재판이 진행되었다. 유대인 공동체가 외곽으로 이사 간 뒤 법정으로 개조된 이곳에서, 이름이 알려진 많은 정치범들이 짙은 색 목재로 만들어진 피고인석을 거쳐 갔다. 8년 전 리보니아 재판Rivonia Trial과 6년 전 반역죄 재판에서 넬슨 만델라를 비롯한 정치범들도 이곳에 소환되어 재판을 받았다. 당시 십 대의 백인 청년이었던 나는 리보니아 재판이나 반역죄 재판에 대해 전혀 알지 못했고, 넬슨 만델라에 대해서도 거의 몰랐다. 군 생활 동안 주임 사제 재판을 지켜보면서, 늦었지만 아주 천천히 내 안에서 인식의 변화가 일어났다.

주임 사제의 변호를 맡은 사람은 시드니 켄트리지 변호사였다. 그는 훗날 보안 경찰관들이 스티브 반투 비코를 폭행해 1977년 9월 사망에 이르게 한 사건에서 반대신문으로 보안 경찰관들을 궁지에 몰아세워 국제적 명성을 얻게 된 사람이다. 프리토리아 겨울의 끝자락,

---

* 아파르트헤이트 시대의 사법 체계는 대법원(Supreme Court) 아래 항소부(Appellate Division)와 주 법원(provincial divisions)이 있고, 주 법원 아래에 지방법원(local divisions)과 치안법원(magisterial divisions)을 두고 있었다. 이 가운데 블룸폰테인에 있던 대법원 항소부가 최고 법원으로 기능했다. 아파르트헤이트 종식 후 제정된 헌법에서는 헌법재판소를 최고 법원으로 하고, 그 아래로 대법원(Supreme Court of Appeal), 고등법원(High Court Divisions), 치안법원(Magistrates' Courts) 등으로 사법 체계를 구성했다. 이 책에서는 독자들의 이해를 돕기 위해 아파르트헤이트 체제의 대법원 항소부를 '대법원'으로 번역하고, 주 법원을 '고등법원'으로 번역했다. 남아프리카공화국의 고등법원은 고액의 민사사건과 중죄를 다루는 사건에서 1심으로 기능한다.

아직 봄비는 내리지 않고 무더위가 계속되던 남반구의 오후에, 나는 당시 근무하던 군대 월간지 『파라투스』Paratus 사무실을 빠져나와 몇 블록 건너에 있던 그 구교회당으로 발걸음을 옮기곤 했다. 눈에 띄는 군복 차림으로 방청석에 앉아, 켄트리지 변호사가 증인석에 앉은 경찰들에게 퍼붓는 질문을 하나하나 주의 깊게 들었다.

증인 가운데에는 주임 사제의 친구들도 있었고, 주임 사제에게 비밀을 털어 놓던 신자들도 있었다. 사제의 강연을 들은 이들도 있었다. 그랬던 사람들이 이제 재판에 나와, 주임 사제가 불법 단체인 아프리카민족회의ANC의 편에서 폭력을 선동하고 지지자들에게 자금을 공급했다고 증언했다.

주임 사제는 기소 내용을 부인했다. 그는 아파르트헤이트에 극렬하게 반대했다. 하지만 "아파르트헤이트의 부정의가 지속되면 결국 폭력이 발생할 수밖에 없다."라고 경고한 것이지, 유혈 갈등을 옹호하려는 것은 아니었다고 주장했다. 그는 블랙 새시Black Sash라는 반아파르트헤이트 단체의 모임에 참석한 여성들을 상대로 폭력을 선동했다는 혐의도 받고 있었다. 요하네스버그 외곽에 있는 중산층 백인 거주지 파크타운 노스에 있는, 이 단체의 창립자인 장 싱클레어 부인의 집에서 열린 모임이었다.

터무니없는 이야기였다. 그런데도 사안이 꽤 심각하게 다루어졌다. 주임 사제와, 다른 백인들이 펼치고 있던 반아파르트헤이트 운동에 대해 보안 경찰이 얼마나 불안해하고 있었는지 보여 주는 대목이다. 역사를 돌아보면 이들의 걱정이 공연한 것만은 아니었다. 이후 아파르트헤이트 체제는 국내의 반란, 타운십*의 저항, 국제적 고립과 제재, 금융업 보이콧, 무장 반란이 이어지고 상황이 점점 통제 불가능한 상태로 치달으면서 무너졌다. 또한 아파르트헤이트의 정당성에 도덕적으로 문제를 제기했던 국내의 활동이 결정적으로 아파르트헤이트 정권을 약화시켰다. 국내의 반대자들과 그들이 사용한 법적 소송이라는 무기가 이 저항의 흐름에서 아주 중요한 부분이었다.

주임 사제가 보안 경찰과 맞붙은 이 사건은 이 저항에서 하나의 역사적 표지였다. 그리고 여기에서 변호사들과 법체계가 중심적인 역할을 맡았다.

주임 사제 재판에서 많은 시간이 할애된 부분은, 1970년에 주임 사제가 앨리슨 노먼이라는 부유한 영국 여성을 방문한 일이었다. 주임 사제는 재판을 앞두고 있거나 수감된 활동가의 가족들에게 생활비를 지원했고, 노먼 부인은 그 자금을 마련하는 전달책이었다. 노먼 부인은 공모자로 기소되어 있었는데, 쟁점은 부인이 주임 사제에게 보낸 돈의 출처가 아프리카민족회의 기금인지 여부였다. 보안 경찰관 즈와르트 소령은 '몰리'라는 성씨의 진보주의자인 척 가장해 피터마리츠버그행 야간열차에서 노먼 부인에게 접근했다. 그의 진술에 따르면, 열차 여행 다음 날 노먼 부인은 피터마리츠버그의 호텔에서 맥주와 브랜디를 몇 잔 들이켜고, 그에게 런던에 있는 '방어와 원조 기금'Defence and Aid Fund에서 활동하라고 권유했다. 이곳은 수감되어 있는 불법 단체 지지자들과 그 가족들을 지원하기 위해 기금을 모금하는 불법 단체였다.

켄트리지 변호사의 반대신문은 좀스럽게 느껴질 정도로 세심했지

---

* 타운십(township)은 아파르트헤이트 체제의 유색인 거주 지역을 가리키는 말로, 대개 도시 외곽의 저개발 지역에 있었다.

만, 사람들을 몰입시켰다. 그는 한 발, 한 발, 한 질문에서 다음 질문으로 나아갔다. 정통 종교 예배 때 여성 전용으로 사용되었던 답답한 2층 방청석에 앉아, 나는 좋은 변호가 무엇인지 처음으로 배웠다.

과장된 동작이나 거창한 몸짓은 거의 없었다. 지루하고 힘겨운 부분이 더 많았다. 켄트리지 변호사는 까다로운 법 형식과 절차를 따르면서 세세한 부분에 온 신경을 집중했다.

2층 방청석에 앉아 질문을 쫓아가며 희미하게 보이는 주임 사제의 모습을 내려다보는데, 문득 이런 깨달음이 내 머리를 스쳤다. 유죄 선고가 내려지면 주임 사제는 최소 5년간 복역해야 한다. 노먼 부인이 즈와르트 소령과 정말 브랜디를 마셨는지, 켄트리지 변호사가 저렇게 세세한 내용까지 따지면서 애써 유죄 선고를 막으려는 이유는, 이 성직자를 가두려는 부정의한 체제에 대한 강한 분노가 마음속에 깔려 있기 때문이다.

켄트리지 변호사는 명석하고 소송 절차와 전문 증거hearsay 규정을 통달하고 있는 것으로 유명했다. 하지만 그의 명성은 그것 때문만은 아니었다. 이런 능력을 그가 끔찍하게 싫어하는 체제에 저항하는 데 사용하던 기개야말로 무척 인상적이었다. 효과적인 변호는 마음과 정신과 각고의 노력이 결합될 때 가능하다는 것을, 나는 18세 되던 해에 2층 방청석의 난간 사이로 그를 내려다보면서 깨닫기 시작했다.

켄트리지 변호사의 노력에도 불구하고, 실리에 고등법원장은 주임 사제의 테러리즘 죄 혐의를 인정했다. 실리에 고등법원장은 고위 경찰관 진술의 신빙성을 의심하는 일이 없다는 평판이 있었다. 그 예측이 빗나가지 않은 판결이었다. 주임 사제에게 5년의 징역형이 선고되자 법정에 있던 여성들이 일제히 신음을 토하더니 흐느껴 울었다.

주임 사제가 법정을 나서는데, 사람들이 19세기 영국 찬송가 〈전진하라! 기독교 군병들이여〉를 부르기 시작했다. 가슴 뭉클한 장면이었다. 하지만 판결은 이런 저항에 두려움의 그림자를 드리웠다. 주임 사제에 대한 유죄 선고는 당시 국내에서 열심히 활동하던 반아파르트헤이트 활동가들에게 보내는 경고의 메시지이기도 했다. 활동을 계속했다가는 테러 혐의로 유죄 선고를 받고 오랫동안 교도소 생활을 하게 될 수도 있었다.

주임 사제가 항소하다

실리에 법원장의 판결로 사건이 끝난 것이 아니었다. 켄트리지 변호사는 당시 최고법원이던 블룸폰테인의 대법원으로 사건을 가져갔다. 상고심이 진행되는 동안 주임 사제는 보석으로 풀려나올 수 있었다.

대법원은 신속히 주임 사제 사건을 심리 목록에 올렸다. 형이 선고되고 얼마 지나지 않아 상고심이 열렸다. 당시 나는 군대를 막 제대한 뒤 케이프타운 근처 와인 지역에 있는 아름답기로 유명한 스텔렌보스 대학에 입학해 법학 공부를 시작한 참이었다. 내가 대학에 다닐 수 있었던 건 전적으로 '앵글로 아메리칸'이라는 광산 회사가 지원하는 공모 장학금에 당선된 덕분이었다. 이 장학금으로 교육비와 기숙사 비용을 해결하고도 용돈이 넉넉하게 남았다. 나는 이 시기에 물질적 풍요라는 것을 처음으로 맛보았다. 남자 기숙사에 입소하고 강의실을 찾아다니는 와중에, 나는 틈나는 대로 신문에서 주임 사제의 상고심에 관한 기사를 찾아보았다.

1972년 2월 마지막 주, 어느 더운 아침이었다. '프렌치-베이타그 대 국가'ffrench-Beytagh v The State 상고심이 시작됐다. 대법원 청사는 1920년대에 지어진 건물로 프레지던트 브랜드 길에 위엄 있게 자리 잡고 있었다. 이 건물의 대법정에서 변론이 열렸다. 대법원 맞은편에는 19세기에 프리스테이트 공화국*이 지은 아름다운 라드살Raadsaal 건물이 있었다.

오길비 톰슨 대법원장이 심리를 주재했다. 블룸폰테인 대법원에서 열리는 상고심에서는 언제나 격식을 엄격히 갖춰야 한다. 나는 2001년부터 2008년까지 8년 동안 이 법원에서 판사로 재직하면서 그 격식을 체득했다. 내가 대법원에 판사로 부임한 때는 2001년 1월이었는데, 시간과 격식을 철저히 엄수했던 오길비 톰슨 대법원장의 명성이 그때까지도 전설로 남아 있었다.

수십 년이 지난 지금도 의례는 변함없다. 먼저, 재판이 정시에 시작할 수 있도록 심리를 맡은 판사들이 재판 시작 5분 전에 법정 바깥 복도에 모인다. 판사들은 정확히 9시 45분에 질서정연하게 법정에 들어서고, 사람들은 모두 일어선다. 막대기로 줄을 잡아당겨 밤색의 벨벳 커튼을 열면, 판사들의 자리가 일반인 청중들에게 나타난다. 판사들은 연공서열에 따라 줄지어 들어와 자기 자리에 선다. 연차가 가

---

* 프리스테이트 공화국(Free State Republic)은 남아프리카에 1854년에 설립된 오렌지 프리스테이트(Orange Free State)를 가리킨다. 이후 영국의 식민지가 되었고 1910년 남아프리카연방에 편입되어 1994년까지 오렌지 프리스테이트로 존재하다가 현재의 프리스테이트 주가 되었다. 라드살은 프리스테이트 공화국 당시 건축물로, 현재 프리스테이트 주 의회가 사용하고 있다.

장 높은 판사가 가운데, 다음으로 높은 판사가 그 오른쪽, 그다음으로 높은 판사는 왼쪽, 이런 식으로 자리가 배치된다.

판사들은 변호사와 방청객을 향해 근엄하게 인사하고 자리에 앉는다. 법정 변호사, 사무 변호사,* 방청객도 자리에 앉는다. 재판장 비서가 일어나 사건을 호명한다. 재판장은 잠시 서류와 펜을 옮기고 문서 대장을 확인한 후, 상고인 측 대리인에게 일어나 발언하라고 신호를 준다.

블룸폰테인의 무더운 2월에도 대법정은 높은 아치형 지붕 덕택에 시원한 편이다. 그래야 한다. 고상하기 이를 데 없는 취목판으로 둘러싸인 벽 안에서 불꽃 튀는 법적 공방이 끝없이 펼쳐지니 말이다.

| 용감한 역사: 1950년대 대법원 판결

주임 사제 상고심이 있기 20년 전인 1952년, 이 해에 대단히 극적인 두 건의 대법원 판결이 있었다. 케이프 지역의 보통선거 유권자 가운데 유색인의 선거권을 박탈한 법에 대해, 센트리브레스 대법원장이 무효라고 선언했다. 1948년부터 권력을 잡기 시작한 아파르트헤이트 정부를 분노케 하는 판결이었다. 영국이 지배하는 식민 체제에서 백인 우월주의가 공고했음에도 1910년 남아프리카연방** 독립 당

---

* 남아프리카공화국에서는 변호사를 법정 변호사(advocates)와 사무 변호사(attorneys)로 구별하는 체계로 운영하는데, 일반적으로 법정에서의 변호 활동은 법정 변호사가, 법정 밖에서의 법률 서비스는 사무 변호사가 담당한다.

시 유색인 투표만큼은 유일하게 인종적으로 진보적인 체제를 유지하고 있었다. 그러나 남아프리카연방 의회는 1936년에 케이프 지역에 거주하는 흑인의 투표권을 박탈하려 했다. 아파르트헤이트 정부는 백인만의 인종적 순수성을 추구하면서 마지막 남아 있는 인종 평등의 흔적까지도 걷어 낼 작정이었던 것이다.

그러나 유색인 투표권은 '참호로 둘러싸여' 있었다. 이를 폐지하려면 특별한 의회 절차를 거쳐야 했는데, 바로 의회의 상원과 하원이 함께 출석해 3분의 2 이상이 찬성 표결해야 했다. 정부 측 변호사는 의회가 이런 제약을 따를 의무가 없다고 주장했다. 이 제약은 1909년 영국 의회가 〈남아프리카법〉South Africa Act을 통과시키면서 생긴 것인데, 이제 남아프리카연방 의회는 영국의 웨스트민스터 의회에 종속되지 않는 완전히 독립적인 입법기관이므로 이 규정에 의한 구속을 받지 않는다는 것이었다.

타당하지 않은 논리였다. 케이프타운 의회는 독립과 무관하게 의회 설립 당시 부여된 권한 안에서만 움직일 수 있었다. 의회가 자체적으로 새로운 권한을 만들 수도 없고, 의회를 구성할 때 적용된 절차적 제약을 무시할 수도 없었다. 유색인의 투표권을 박탈하는 법을 대법원이 판결로 무효화시키자 의회가 주장하듯이, 의회가 스스로를 '의회 고등법원'으로 만들어 법원 판결을 뒤집을 수도 없는 일이었다. 이역시 의회 권한에 대한 근본 원칙을 우롱하는 일이었다. 센트리브레

** 1910년 영국 식민 체제에서 독립해 남아프리카연방(Union of South Africa)이 출범했고, 국민당 정부가 1948년 집권한 뒤 1960년 백인만의 국민투표를 거쳐 1961년에 남아프리카공화국(Republic of South Africa)을 세웠다.

스 대법원장은 두 번에 걸쳐 용감무쌍하게 논리적 오류를 지적하며 이 나쁜 법을 폐기시켰다.

이 두 번의 판결로 유색인의 선거권 박탈은 4년간 지연되었다. 그러나 결국 아파르트헤이트 강경파는 원하는 바를 이뤘다. 이들은 상하원 전체에서 3분의 2를 확보하고자 선거구를 조정해 상원의 수를 대규모로 늘렸다. 유색인 유권자의 권리를 농락하려는 술책임이 자명했다. 한발 더 나아가 그들은 대법원에 판사 5명을 추가로 임명해 법원을 뜻대로 움직이려 했다. 이 또한 불필요한 임명이었다. 1956년, 법원은 상원 의원 수를 늘려 제정한 법률이 유효하다고 판결했다. 10 대 1의 판결이었다. 이렇게 유색인은 보통선거 유권자 명단에서 삭제되었다. 백인 남아프리카 인과 유색인 남아프리카 인이 다시 같은 줄에 서서 나란히 투표하게 되기까지는 그 뒤로 약 40년의 세월이 지나야 했다.

그런데 상원 의원 수를 늘려 제정한 법률에 대한 법원 판결은 만장일치가 아니었다. 판사 한 명이 반대 의견을 통해 다수의 판결이 잘못이라고 생각하는 이유를 밝혔다. 올리버 슈라이너라는, 센트리브레스 대법원장 다음으로 서열이 높은 판사였다. 그는 이렇게 말했다. 일반적인 상황에서는 의회가 상원 구성의 형태나 종류를 결정할 때 일반 절차를 따르면 된다. 그러나 상원이 하원과 함께 투표해야 하는 유색인 선거권 보호 사안에서는 법원이 '형식'form이 아닌 '실질'substance을 살펴야 했다. 다른 말로 하면, 법원은 술수가 얼마나 영리하게 잘 숨겨졌는지를 볼 것이 아니라, 술수가 있는지 여부를 보아야 한다. 상원 의원을 증원해 법률을 통과시킨 것은 유색인 유권자의 선거권을 보호하는 장치를 빠져나가려고 만든 술수 또는 사기(슈라이너 판사는 예의 바르게 이를 '입법 계획'이라고 불렀다)였다. 정부가 순전히 3분의 2라는 요건을 만족시키기 위해 상원의 규모를 늘렸기 때문이다. 따라서 법원은 이 입법 계획을 무효라고 선고하고 폐기해야 한다.

그날의 승자는 슈라이너 판사가 아니었다. 보수적인 동료 판사들은 아파르트헤이트 강경파가 벌인 이 조작이 법적 요건을 갖추었다고 결론지었다. 센트리브레스 대법원장을 비롯해 이 간계를 불쾌하게 여긴 판사들도 마찬가지였다. 하지만 다른 힘 있는 반대 의견들이 그랬듯이 슈라이너의 논리는 불씨가 되었다. 상원 의원 수 증원 사건에서 법적 장치를 실질 대 형식으로 구분했던 슈라이너 판사의 관점은 이후 불길로 번졌다. 오늘날까지도 그의 관점은 판결문에 인용된다. 남아프리카 법률가들은 슈라이너 판사의 관점을 토대로 계약, 조세 피난, 신탁, 법정 단체를 다루는 방식을 만들었다.

앞선 다른 용감무쌍한 판결들과 함께 슈라이너의 이런 입장이 도덕적·정치적 유산으로 남았다는 것이 중요하다. 이는 나중에 입헌주의로 향하는 길을 여는 바탕이 되었다. 아파르트헤이트가 제정한 법을 폐기시켰던 대법원의 판결과, 상원 의원 수 증원 사건에서 슈라이너가 제시한 반대 의견은, 원칙을 지키는 판사들이 법적 가치에 진실하게 임할 때 무엇을 얻을 수 있는지를 보여 주었다. 이런 판사들이 방어벽이 되어 강력한 입법부에 맞서 법적 권리와 시민권을 수호할 수 있었던 것이다.

역사의 오점이 된 '로소우 대 삭스' 판결

이 용감한 유산에 오점이 없었던 것은 아니다. 유색인 선거권 박탈 사건 이후 수십 년 동안, 부끄럽지만 대법원의 판결은 원칙에서 벗어나는 때가 많았다. 그중 악명 높은 사건이 1964년에 있었다. 보안 경찰에 의해 체포·구금된 사람에게는 미결 수용자의 경우와 달리, 유죄 판결을 받기 전에도 책이나 펜, 종이의 사용을 금지할 수 있게 한 것이다. 대법원의 판단에 따르면, 보안 경찰에 의해 체포된 사람에게 "읽을거리나 필기도구를 제공해 교도소 생활의 지루함을 달랠 수 있도록" 허용하는 것은 입법자의 의도가 아니었다. 해당 법을 제정한 목적은 오히려 그 반대로, 피구금인으로 하여금 입을 열게 만드는 것이었다고 했다. 읽고 쓰는 것은 이런 취지에 반하는 일이었다. 그러므로 이런 금지 조치는 법률이 부여한 권한을 사용한 것이며 유효하다는 판결이었다.

이 사건에서 읽고 쓸 권리를 주장하며 법원에 소를 제기했던 이는 케이프타운의 변호사 알비 삭스였다. 삭스는 공정한 법체계를 만들겠다는 열정적인 신념과 부드러운 언변을 가진 지식인으로서, 이후 모잠비크에서 망명 생활을 하던 1988년, 보안 경찰이 그의 차량에 설치한 폭탄이 터져 생명을 잃을 뻔했다. 하지만 그는 살아났고, 시간이 흘러 차량 폭탄 사건으로부터 6년 후, 그리고 구금 시설에 있으면서 소송을 제기했으나 대법원이 그의 권리를 인정하지 않았던 때로부터 30년 후, 만델라 대통령의 임명으로 민주적 남아프리카공화국에서 출범하는 헌법재판소의 재판관이 되었다.

보안 경찰에 의해 붙잡힌 삭스에게 책과 펜과 종이를 줄 수 없다고 판결한 사람은 다름 아닌 오길비 톰슨 판사였다. 1972년 대법원장으로 주임 사제 상고심을 주재한 바로 그 오길비 톰슨 판사 말이다.

남아프리카 국내외의 아파르트헤이트 반대자들은 '로소우 대 삭스'Rossouw v Sachs 판결에 실망하고 격분했다. '백인 이탈'* 시대에 오길비 톰슨 판사가 행정부의 비위를 맞추느라 힘없는 피구금인들을 보호하지 않았다는 비난이 쏟아졌다. 논평가들이 지적하기를, 이 판결이 내려질 당시 남아프리카공화국 법에서는 분명히 미결 수용자에게, 읽을거리와 필기도구를 가질 권리를 인정하고 있었다. 그렇다면 법적으로 판단하는 문제만 남아 있었다. 즉 보안 경찰 수용자라는 새로운 범주를 미결수와 기결수라는 기존의 두 범주 가운데 어디에 넣느냐 하는 것이었다.

아파르트헤이트 반대론자들에게는 답이 분명했다. 수용자가 보안 경찰의 손에 있다고는 하지만, 아직 어떤 죄에 대해서도 유죄판결을 받지 않았으므로 미결수로 간주되어야 했다. 그러므로 미결수에게 주어지는 모든 권리가 보장되어야 했다. 실제로 케이프타운에서 열린 첫 심리에서 두 명의 판사는 이 원칙에 따라 논리를 폈다. 따라서 보안 경찰은 삭스가 피구금 상태에서 읽고 쓸 수 있도록 허용해야 한다고 판결했다.

하지만 보안 경찰은 상고했고, 결국 오길비 톰슨 판사가 이끄는 블룸폰테인 대법원의 판사 다섯 명이 이 판결을 뒤집었다. 대법원은 경찰의 편을 들어주었다. 판결문에서는 보안 경찰이 구금하는 목적은

---

* 백인 이탈(white fright)이란 백인의 이주 현상을 가리키는데, 여기서는 식민지 시대가 막을 내리면서 백인이 대규모로 아프리카에서 떠난 일을 말한다.

미결 수용과 달리, 정보를 캐내기 위한 것이라고 했다. 바로 이 점에서 보안 경찰 수용자는 통상의 미결 수용자와 다르다는 것이었고, 따라서 통상의 권리가 적용되지 않았다.

이 판결이 더욱 문제였던 것은 오길비 톰슨 판사가 일반화해서 판결문을 작성했다는 점 때문이었다. 그는 이런 종류의 사건을 판결할 때 판사들이 정부를 비호해서도 안 되고 개인들의 자유를 보호하려고 애써서도 안 된다고 했다. 판사들은 법문에서 발견되는 입법자의 의지에 따라 법을 집행해야 한다는 것이었다.

법원은 힘없고 취약한 사람들을 보호해 왔던 자신들의 오랜 역할을 이 판결과 함께 내동댕이쳤다. 보안 경찰이 수용자를 쥐어 짜내 입을 열게 할 수 있도록 법적 전통을 쳐내고 길을 터주었다. 사람을 재판 없이 독방에 구금하고 수용하는 폭압적 권력에 이 나라 최고법원이 축복을 내렸다. 보안 경찰은 반아파르트헤이트 활동가를 체포할 때 폭넓은 재량을 갖게 되었다. 이 판결은 보안 경찰이 일단 인신을 확보하면 법원이 그들의 일에 관여하지 않을 것임을 알리는 신호였던 것이다.

결과적으로 법원은 보안 경찰의 수중에 있는 사람들에 대해 눈을 감았다. 1960년대 중반부터 1990년까지, 경찰이 자살이라고 주장하는 많은 사람들을 포함해 70명 이상의 수용자들이 참혹하게 죽음을 맞이했던 것이 이 판결의 결과라고 보는 것은 억측이 아니다.

대법원이 주임 사제 사건을 판결하다

바로 그 오길비 톰슨 판사가 이제 대법원장의 자리에 있었다. 블룸 폰테인 대법원의 대법정 한가운데, 높은 등받이가 달린 왕좌처럼 보이는 취목 의자에 거구의 체격으로 앉아 있었다. 주임 사제의 운명은 오길비 톰슨 대법원장과 동료 판사들의 손에 달려 있었다. 그들은 과연 어떤 판결을 내릴까?

〈테러리즘 법〉은 굉장히 광범위했다. 이 법은 1967년에 통과되었다. 아파르트헤이트를 구상하고 설계했던 수장인 헨드릭 페르부르트가 의회의 앞자리, 정부 측 좌석에서 암살당한 지 몇 달 지나지 않은 때였다. 〈테러리즘 법〉은 아파르트헤이트에 반대하는 사람들에 대해 보안 경찰이 무시무시한 권력을 행사할 수 있게 했다. 이 법에 따르면, '법과 질서를 위협하려는 의도'로 하는 모든 일이 테러 활동이 되었다. 심지어 다른 사람이 그런 의도를 가지고 행동하는 것을 '방조'하거나 '조장'하는 것까지도 테러 범죄에 포함되었다. 국내에서 아파르트헤이트에 반대하는 활동가들이 '테러범'으로 몰릴까 두려워 더 이상 활동하기 어려울 정도였다. 정부가 아파르트헤이트 반대자를 상대로 전쟁을 선포한 가운데, 친정부 성향의 판사는 삭스 변호사 사건에서처럼 법조항의 의미를 넓게 해석해 결과적으로 국내 반아파르트헤이트 활동을 진압하는 효과를 내기도 했다.

주임 사제 사건에서 대법원은 처음으로 이 법조항에 대해 입장을 표명해야 했다. 상고심은 장기전이었다. 오길비 톰슨 대법원장과 동료 판사들은 열흘 동안 종일 켄트리지 변호인과 검사 측의 주장을 들었다. 변호인과 검사는 모든 사실관계와 모든 법적 해석, 모든 법조문의 뉘앙스에 대해 대립된 견해를 주장했다. 판사들은 판단을 보류했다. 대법원이 변론을 끝내면서 선고 날짜를 그 자리에서 알려 주는 일은 거의 없다. 양측 당사자들은 마음을 졸이며 블룸폰테인을 떠난다. 판결을 선고할 준비가 되면 법원 사무처에서 양측 당사자의 대리인에게 연락한다. 그때까지 모두 불안한 마음으로 블룸폰테인에서 걸려 오는 전화를 기다린다.

주임 사제 사건의 경우, 5주가 지나서야 법원이 소식을 알렸다. 1972년 4월 14일, 부활절이 지나고 열흘 뒤 판결이 선고되었다. 언제나 그렇듯이 정확히 오전 9시 45분이었다. 판사들이 부활절 주말 내내 최종 판결문을 손봤음이 분명했다. 주임 사제가 체포되고 구속되고 공판을 거쳐 판결을 받고 형을 선고받은 지난 16개월의 시간만큼이나 대법원의 판결은 드라마틱했다. 켄트리지 변호인의 승리였다. 주임 사제는 무죄판결을 받았다. 대법원은 주임 사제에 대해 유죄를 선고한 원심 판결을 파기했다. 실리에 고등법원장은 보안 경찰의 증언을 신뢰했지만 상고심 판사들은 그러지 않았던 것이다.

이 놀라운 소식을 나는 프리토리아에서 들었다. 스텔렌보스 대학에서 법학 전공 1학년을 다니다가 부활절 방학을 맞이해 프리토리아에 머물고 있을 때였다. 나는 당시 리디아 이모 집에서 하숙하던 지니 누나와 함께 4월 방학을 보내고 있었다. 예전에 살던 프리토리아 외곽의 서니사이드 집은 이제 없었다. 내가 고등학교를 졸업하기 18개월 전에 어머니가 재혼해 먼 마을로 이사했기 때문이다. 지니 누나와 나는 아동보호 기관에서 여러 해를 함께 지내며 아주 끈끈한 관계가 되었는데, 그 일 이후 더 가까워졌다. 내가 책에 파묻혀 졸업 시험을 준비하는 동안, 지니 누나는 매일같이 나를 위해 점심과 저녁을 차려

주었다. 학교를 마치고 군대에 갈 때까지 계속 그렇게 해주었다.

내가 고등학교를 졸업한 뒤에도 지니 누나는 내 거처를 마련해 주었다. 자신은 리디아 이모 집으로 들어가고 내가 방학 동안 머무를 하숙집 비용을 대 주었다. 주임 사제가 이제 교도소에 가지 않게 되었다는 그 드라마틱한 소식을 들었던 곳이 바로 그 하숙집이었다. 주임 사제는 이제 자유인이었다.

나중에 대학에 돌아와 법률 도서관에서 대법원 판결문을 읽었다. 오길비 톰슨 대법원장은 판결문에서 세심하고 주의 깊게 논증하고 있었다. 판결문은 당시의 법관 스타일대로 딱딱했다. 가장 중요한 청중이 법정의 변호사나 사건의 소송 당사자가 아니라 일반 대중이라는 사실을 판사들이 인식하지 못하던 시절이었다.

이 판결문, 그리고 이후 더 난해한 또 다른 판결문들과 씨름하면서, 나는 왜 판사들이 글을 명료하고 이해하기 쉽게 쓰지 않는지 궁금해지곤 했다. 판결문을 작성할 때 가장 중요한 덕목은 명료함이다. 판결로 인해 영향을 받는 대중이 그 판결문을 이해할 수 있어야 한다. 판사로 지낸 20년 동안 나는 언제나 이 원칙을 기억했고, 그랬기를 바란다. 나는 법률가가 아니라 보통 사람들을 위해 글을 쓴다는 점을 잊지 않으려고 애썼다. 글을 읽을 수 있는 사람이라면 누구나 노력과 집중을 기울여 읽을 때 판결문을 이해할 수 있어야 한다. 변호사 훈련을 받아야만 이해할 수 있어서는 곤란하다.

하지만 주임 사제 사건의 판결문은 대중을 전혀 고려하지 않은 난해하고 긴 문장으로 이루어져 있었다. 주임 사제의 체포, 파크타운 노스에서 있었던 블랙 새시 회의, 알리슨 노먼 부인이 페테르마리츠버그로 향하던 파란만장한 열차 여행의 휴먼 드라마를 판결문은 어렴

풋하게나마도 담지 못했다. 설령 그 속에 뭔가 재미가 숨겨져 있다 해도 발견하기 쉽지 않은 글이었다.

대신 판결문에서 아주 분명하게 드러난 것은, 오길비 톰슨 대법원장을 비롯한 판사들의 출신 배경과 개인적인 경험이, 주임 사제에게 불리한 증언을 한 사람들을 바라보는 태도에 영향을 미쳤다는 점이었다. 오길비 톰슨은 그레이엄스타운에 있는 엘리트 사립학교를 나왔고, 영어를 사용하는 부유한 케이프타운 교외 지역에서 살면서 변호사와 판사로서 경력을 쌓아 왔다.

이런 오길비 톰슨 대법원장의 개인사가 검사 측에 불리하게 작용하고 주임 사제에게는 도움이 되었다. 즈와르트 소령을 믿을지 아니면 노먼 여사를 믿을지 판단할 때, 노먼 여사가 사회적으로 상류층이라는 점이 대법원장에게 분명 영향을 미쳤다. 대법원장은 판결문에서 "그녀는 영국계 부유한 가정 출신이며 경제적으로 부족함이 없는 사람이다."라고 기술했다. 또한 노먼 여사가 "옥스퍼드 대학에서 역사학으로 최고 등급 학위"를 취득했다는 사실을 긍정적으로 기술하고 있었다.

이런 배경의 여성이, 과연 자유주의자인 척하며 접근한 아프리카너* 보안 경찰과 어울려 맥주와 브랜디를 마시며 자신의 비밀을 노출했을까? 오길비 톰슨 대법원장은 그렇게 생각할 수 없었다. "노먼 여사 같은 여성이, 더운 대낮에 맥주 세 병에 더블 브랜디 두 잔까지 마셨으리라고 믿기 어렵다."고 했다. 그는 여기서 브랜디 두 잔이란

---

* 아프리카너(Afrikaner)는 17~18세기 남아프리카에 정착한 네덜란드계 중심의 백인 민족을 가리킨다.

"미터법이 사용되기 전의 계량"이라며 자신의 전형적인 엄격함과 세밀함을 선보이기도 했다.

노먼 여사는 후에 즈와르트 소령과 실제로 브랜디를 마셨다고 밝혔다. 하지만 상류층이라는 배경 덕택에 중요한 순간에 주임 사제 상고심을 담당했던 판사들에게 신뢰를 얻을 수 있었던 것이다.

그럼에도 오길비 톰슨 대법원장은 예리한 법적 사고력과 약간의 자유주의적 감성을 지닌 뛰어난 법률가였다. 비록 삭스 사건의 상고심에서 배신감을 안겨 주었지만, 이 주임 사제 사건에서 자신이 내리는 판결이 어떤 의미를 갖는지 잘 알고 있었다. 로소우 대 삭스 사건으로 인해 혹독한 비판을 겪은 탓인지, 이번에 그는 단호하게 정의의 편에 섰다. 그의 판결은 오랫동안 교도소 생활을 할 뻔했던 주임 사제를 구했을 뿐만 아니라, 〈테러리즘 법〉의 엄청나게 넓은 적용 범위를 상당 부분 잘라 내는 결과를 낳았다.

남아프리카를 경찰국가로 만들려는 아파르트헤이트 의회의 노력이 그의 판결로 말미암아 심각하게 좌절되었다는 사실이, 이제 막 법을 공부하기 시작한 나와 같은 학생의 눈에도 분명하게 보였다.

주임 사제 판결이 갖는 의의

오길비 톰슨 대법원장은 판결문에서, 주임 사제가 운용하던 자금으로 "직접 또는 가족을 통해 도움을 받을 수 있었기 때문에 사람들이 아프리카민족회의나 여타 정치조직, 테러리스트 조직, 파괴 공작원 조직에 가담하거나 활동을 지속했다는 사실"을 검사 측이 입증하지 못했다고 건조하게 지적했다. 반아파르트헤이트 투쟁에 참여한 사람의 불법행위와, 투쟁에 참여하지 않은 사람이 제공한 도움 사이에 인과관계가 입증되어야 기소의 타당성을 인정할 수 있다고 했다.

검사가 이런 종류의 증거를 제시하기란 불가능에 가깝다. 반아파르트헤이트 요원 가운데 누가, 설령 경찰에 정보를 넘긴 사람이라 할지라도, 학비나 가족의 식비 혹은 변호사 수임료 때문에 반아파르트헤이트의 혁명적 조직 활동이 활발해졌음을 증명할 수 있겠는가? 오길비 톰슨 대법원장은 극도로 높은 기준을 설정한 것이었다. 웬만해서는 검사가 만족시킬 수 없는 기준이었다.

이 사건의 핵심이던 법적 쟁점에 대한 답이 이것이었다. 주임 사제의 행위, 즉 아파르트헤이트에 반대했다는 이유로 재판 중에 있거나 교도소에 있는 사람들과 그의 가족을 돕는 행동이 법에서 말하는 테러 활동의 '방조' 또는 '조장'인가? '그렇다'는 답이 나올 수도 있었다. 법조항이 워낙 넓게 규정되어 반아파르트헤이트라는 대의를 옹호하기만 하면 테러 활동에 가담한 것으로 해석할 수도 있었다. 만일 대법원이 이렇게 판결했다면, 많은 사람들이 우려한 대로 페르부르트 수상의 후임인 강경파 발타자르 요하네스 포르스터르 수상이 경찰국가를 세우는 일이 가능했을 것이다.

하지만 오길비 톰슨의 판결은 이를 솜씨 좋게 막아냈다. 재판을 받거나 수용 중인 아프리카민족회의 소속 사람들에 대한 지원이 곧 아프리카민족회의에 대한 지원이라는 검사의 주장을, 법관의 우아한 필체로 날려 버렸다. "교도소에서 형기를 사는 동안 (혹은 국경 밖에서 테러 활동에 가담하는 동안) 가족이 어떤 지원을 받고 있다는 사실을 알게 되면 어느 정도 위로가 될 것임은 분명하다. 하지만 이런 지원을 통해 사기가 높아진다고 해서, 그 수준이 의도적으로 아프리카민족회의의 활동을 조장하는 정도라고 보기는 매우 어렵다." 혁명 활동에 "어느 정도 위로"를 제공하는 것 자체는 불법이 아니었다. 이로써 주임 사제는 혐의를 벗었다.

현실에서 이 판결은 중대한 영향을 미쳤다. 무제한으로 넓어질 수 있었던 〈테러리즘 법〉의 적용 범위를 대폭 도려내었다. 대법원장이 요구한 대로 검사가 입증하기란 거의 불가능하므로, 이 판결은 마치 〈테러리즘 법〉에서 가장 위협적인 조항들의 껍데기를 뚫고 들어가 그 속에서 터진 어뢰 같았다. 아파르트헤이트에 반대하는 사람들이 이 나라에서 계속 숨 쉬며 활동할 수 있는 생명 유지 공간이, 백인이 차지한 의회 밖에 마련되었다.

스텔렌보스 대학의 백인 전용 법률 도서관에서 오길비 톰슨 대법원장의 난해한 판결문을 자세히 들여다보고 있을 때만 해도, 나는 이 판결이 10년 후 내가 법률 활동과 사회운동을 할 수 있도록 길을 터주리라는 것을 알지 못했다. 내가 라틴 고전 문화를 전공하겠다고 샛길로 빠졌다가, 3년 동안 로즈 장학생*으로 옥스퍼드 대학에서 지내는 특혜를 누리고, 마침내 1982년 말 변호사로 활동을 시작하게 되었을 때 말이다.

또한 유색인 선거권 박탈을 무효라고 선언한 판결과, 이후 상원 의원 수 증원 사건에서 올리버 슈라이너 판사가 내놓은 반대 의견, 그리

---

* 로즈(Rhodes) 장학 제도는 비영국계 학생들에게 옥스퍼드 대학에서 공부할 기회를 부여하는 국제적 장학 사업으로, 세계적으로 가장 명예로운 장학금 가운데 하나로 알려져 있다. 영국의 세실 존 로즈(Cecil John Rhodes) 경이 1903년 설립했다.

고 주임 사제 사건의 판결 덕분에 남아프리카가 입헌주의 국가로 나아가는 길이 대단히 밝아졌다는 사실 역시 제대로 깨닫지 못했다.

　주임 사제에게 자유를 준 오길비 톰슨 대법원장의 판결이 의미하는 바는, 변호사나 자선 사업가 또는 활동가가 조직과 직접 연관되어 있거나 폭력을 옹호한 것이 아닌 이상, 아프리카민족회의나 범아프리카회의PAC와 같은 지향을 추구하더라도 문제되지 않는다는 것이었다. 이후 20년 동안, 통일민주전선United Democratic Front, 만델라 석방 캠페인Release Mandela Campaign, 소웨토 부모 위기 위원회Soweto Parents' Crisis Committee, 피구금자의 부모 지원 위원회Detainees' Parents Support Committee, 1979년부터 시작된 흑인노동조합운동, 징병 저지 캠페인 End Conscription Campaign, 블랙 새시와 같은 백인 중심의 독립 단체 등 셀 수 없이 많은 국내 단체들이 활동할 수 있었던 것은 오길비 톰슨의 판결이 던진 구명줄 때문이었다. 내가 1980년대에 이 가운데 많은 단체들과 함께 활동했던 것도 이 판결 덕분에 가능했다.

불복종 운동과 젊은 변호사 만델라

　그 모든 것은 미래의 일이었다. 당시 나는 대학도서관에서 오래도록 책을 뒤적이며 가끔 교수가 읽으라고 한 판례는 제쳐 두고 다른 것들을 읽곤 했다. 그러다가 우연히 어떤 판결을 발견했는데, 이는 곧 내가 좋아하는 최고의 판결 목록에 오르게 되었다. 그것은 넬슨 만델라와 관련된 최초의 법원 판결로, 이 사건은 법치주의와 판사의 관계나 민주주의에서 판사의 의미에 대해 만델라 대통령이 나중에 취한 입장이 어떻게 만들어졌는지를 생생히 보여 주는 사건이었다. 내가 태어난 지 겨우 1년이 지났을 무렵인 1954년 4월에 있었던 '변호사 협회 대 만델라'Law Society v Mandela 판결이 그것이다. 불복종 운동,* 그리고 크고 건장하고 카리스마 넘치며 훌륭한 재능을 가진 35세의 변호사 넬슨 롤리랄라 만델라가 이 운동에서 담당했던 역할이 이 사건에서 다루어졌다.

1948년 이후 백인 우월주의를 표방하는 국민당National Party이 강경 인종주의 정책을 펼치자 아프리카민족회의는 전략을 선회했다. 급진적인 변화를 모색하기 시작한 것이다. 아프리카민족회의는 40년 동안 청원, 대표단 파견, 회의, 정중한 설득 등 온건한 노선을 취해 왔지만 별 소득이 없었다. 이들은 이제 청년당을 이끄는 지도자 넬슨 만델라의 위풍당당함에 힘입어 전투적 민족주의, 대중행동, 보이콧, 파업, 시민 불복종 등 새로운 강경 노선을 받아들였다. 목적은 백인과 흑인을 구분하는 모든 법을 폐기하고, 모든 사람이 완전하고 평등한 선거권을 획득해 직접 대표로 의원을 선출하고, 〈통행법〉**과 기타 부당한 법들을 철폐하는 것이었다.

새 전략의 주요 전술은 불복종 운동이었다. 이는 남아프리카에서 종전까지 볼 수 없었던 최대 규모의 조직화된 비폭력 저항운동이었고, 또한 최초로 백인·흑인·유색인·인도인이 함께 참여한 정치 활동

---

* 불복종 운동(Defiance Campaign)은 아파르트헤이트 시대에 부당하고 차별적인 법에 순응하지 않겠다며 시작된 전국적 운동으로, 아프리카민족회의가 1951년 12월 회의에서 제안하면서 시작되었다.

** 일종의 국내 여권 제도로, 흑인의 경우 거주지나 지정 구역 밖으로 이동할 때 신분증을 소지하도록 해 이동을 제한시켰다.

이었다.

아파르트헤이트 강경주의자들은 물론 가만있지 않았다. 아프리카
민족회의가 방침을 바꾸자, 의회는 그 대응으로 1950년 혹독한 새 법
을 통과시켰다. "불법적 행위를 하거나 어떤 행위를 하지 않음으로
써" 남아프리카를 변화시키려는 "획책"을 옹호하고 고무하는 일, 심
지어 변호하는 일까지도 범죄가 되었다. 이 법을 위반하면 최대 징역
10년 형에 처해질 수 있었다.

그러나 아프리카민족회의와 지지자들은 겁을 먹기는커녕 오히려
활동에 박차를 가했다. 1951년 7월에 열린 공동 회의에서 아프리카
민족회의는 인종 분리와 "통행법에 대한 전쟁을 선언"하고, "억압적
인 법들"을 폐지하기 위한 대중 캠페인을 시작하기로 결의했다. 전략
은 "비협조를 통한 저항"이었다. 시민 불복종 운동에서는 도덕적인
이유로 법을 어긴다. 불복종 운동은 그 구상 자체가 불법적 행동을 통
해 나라를 변화시키겠다는 것이다. 말 그대로 새 법을 무시한 것이었
다.

불복종 운동의 선두에 젊은 변호사 만델라가 있었다. 그는 1951
년 12월 블룸폰테인에서 열린 제35차 아프리카민족회의 연례 회의
에서 불복종 운동이 승인·채택되는 데 주도적인 역할을 했으며, 불복
종 운동이라는 발상부터 거리 운동까지 핵심적인 역할을 담당했다.

1952년 5월, 만델라는 5백 명의 흑인 군중 앞에서 연설했다. 늘
그랬듯이 보안 경찰 첩자들이 그 자리에 참석해 연설 내용을 기록했
다. 이 기록에 따르면, 만델라는 흑인들에게 법에 반대할 만한 이유가
있거든 "내 눈에 흙이 들어가기 전에는 안 된다."고 저항하라고 외쳤
다. 다만 "이때 반드시 평화로운 방식으로 해야 하고 그러려면 대단

한 자제력이 필요하다."는 점을 기억하라고 청중들에게 요청했다. 그의 의지는 무쇠와 같았다. 만델라가 다시 청중에게 말했다. "목표를 이룰 때까지 우리는 멈추지 않을 것이다."

불복종 운동이 정점으로 치닫고 있을 때, 선동가이자 지도자인 만델라는 다른 한편 변호사의 역할도 하고 있었다. 대중적으로 정치 운동을 펼치면서 동시에 전문가로서의 삶도 꾸려야 했다. 1952년 8월, 만델라는 아프리카민족회의 지도자인 동료 올리버 레지널드 탐보와 함께 법률사무소를 열었다. 요하네스버그 다운타운의 치안판사법원 근처에 있는 챈슬러 하우스 건물에 '만델라와 탐보'라는 이름으로 개업했다.

이 새 법률사무소의 미래는 불안 불안했다. 만델라가 연설할 때 경찰 정보원들이 눈에 불을 켜고 지켜보고 있었고, 이제 변호사로서의 미래가 위험에 처하게 되었다.

아파르트헤이트 당국은 만델라를 비롯한 불복종 운동 지도자들을 체포했다. 1950년에 제정된 그 강경한 새 법을 위반해 '불법적 행동'을 통한 변화를 옹호했다는 혐의였다. 불복종 운동의 지도자들은 프리토리아로 이송되었으며, 1952년에 아파르트헤이트 정부의 임명으로 막 판사가 된 프란스 럼프 판사 앞에서 재판을 받았다. 피고인들의 담당 변호인은 요하네스버그 법정변호사회Bar Society의 훌륭한 칙선 변호사,* 브람 피셔였다. 피셔는 엘리트 아프리카너 집안 출신으로

---

* 칙선 변호사(King's Counsel)는 국왕의 변호사로 임명된 고위 법정 변호사 또는 실력이 뛰어난 법정 변호사를 명예롭게 부르는 칭호로, 법정에서 칸막이 안쪽에서 변호할 수 있는 특권이 주어진다. 저자는 'King's Counsel' 또는 'Senior Counsel'로 쓰고 있으며, 이 책에

원칙에 충실한 용감한 사람이었다. 아버지는 프리스테이트 주의 고등법원장이었고, 할아버지는 연방 시대 이전인 오렌지 리버 식민지의 총리를 지냈다. 피셔는 엘리트 집안에서 빠져나와 남아프리카공산당SACP에 가입해 비인종차별적 민주주의와 사회정의를 구축하는 일에 헌신했다.

판결을 맡은 럼프 판사는 어떤 인물이었을까. 만델라는 자서전에서 럼프 판사를 "평균적인 백인 남아프리카 인에 비해 견문이 넓었던 '수완가'"라고 표현했다. 또한 "공정하고 합리적인" 사람이라고 평했다. 하지만 1952년 5월 만델라가 흑인 군중 앞에서 했던 발언은 결정적으로 불리한 증거가 되었다. 만델라는 자신의 말과 행동에 대해 아무것도 부인하지 않았다. 럼프 판사는 만델라를 비롯한 캠페인 지도자들이 새 법을 위반했다며 유죄를 선고했다. 만델라에 따르면, 럼프 판사는 피고인들이 "노골적 법 위반부터 반역죄에 이르는 행동들"을 선동했다고 판단하면서도, 이들이 회원들에게 "평화적으로 행동하고 일체의 폭력을 피하라."고 계속해서 말했다는 사실도 인정했다.

피고인들에게 유죄를 선고하긴 했지만, 럼프 판사는 기대 이상으로 관대했다. 그는 훗날 판사 생활 후반에도 가끔씩 자유를 옹호하는 판결을 해 사람들을 놀라게 했다. 이 사건에서 피고인들은 10년이라는 최고 형량 대신에, 각각 겨우 징역 9개월을 선고받았다. 더 놀라운 점은, 판사가 이 형의 집행을 모두 유예했다는 것이다. 아무도 곧바로 교도소에 가지 않았다. 피고인들이 2년 이내에 같은 범죄로 유죄판결

서는 모두 '칙선 변호사'로 번역했다.

을 받지 않아야 한다는 조건이 따랐지만 말이다. 만델라는 정치인이
자 변호사로 계속 활동할 수 있었다.

하지만 남아프리카 변호사를 대표하는 법정 단체인 변호사협회는
생각이 달랐다. 만델라가 유죄판결을 받았으니 당장 그의 변호사 자
격을 문제 삼아야 한다고 본 것이다. 어떻게 법률의 집행과 적용을 업
으로 삼는 변호사가 조직적으로 법에 저항하라고 촉구할 수 있는가?
어떻게 법의 수호자가 법을 훼손하라고 부추길 수 있는가? 법률가는
법을 지켜야 한다. 법을 파괴하는 것이 허용될 수 없음은 분명하다.

이런 논리로 변호사협회는 만델라에 대해 조치를 취하기 시작했
다. 만델라가 법에 도전했다가 처음으로 유죄판결을 받으면서 불거
진 일이었다. 변호사협회는 만델라를 변호사 명단에서 제외해 달라
고 법원에 신청했다. 법에 대한 존중은 모든 변호사에게 요구되는 덕
목이라는 것이 이유였다. 변호사는 법조인으로서, 개인적으로 부당
하다고 여기는 법일지라도 의회가 제정한 법을 준수하도록 권장해야
했다. 이런 주장에 따르면, 만델라가 고의적으로 법에 저항했다는 사
실로 볼 때 계속 변호사로 활동하기에 부적합했다. 따라서 협회는 만
델라가 더 이상 변호사로 활동할 수 없도록 제명해 달라고 법원에 요
청했다.

1954년 3월 프리토리아에서 변호사협회 사건의 심리가 열렸다.
언제나 그렇듯이, 법조인에 관한 사건이 갖는 중요성 때문에 판사 한
명이 아니라 두 명이 배정되었다. 영어 사용자인 윌리엄 헨리 람스보
텀 판사와 에드윈 리질 로퍼 판사가 재판부로 구성되었다. 임명 시기
는 람스보텀이 1938년, 로퍼가 1945년으로, 두 사람 모두 1948년 국
민당이 장악하기 전에 판사로 임명된 이들이었다. 람스보텀은 진보

적인 판사로서 많은 존경과 사랑을 받았고, 아파르트헤이트 정부는 아주 늦게, 그가 이미 병에 걸렸을 때에야 비로소 마지못해 그를 대법원에 임명했다. 그는 대법원에서 채 2년을 보내지 못하고 사망했다.

이 두 판사 앞에서 노련한 두 칙선 변호사가 변호사협회를 대리해 만델라의 변호사 자격을 박탈해야 한다고 주장했다. 만델라 본인도 강력한 지원군을 대동해 법정에 나왔다. 그의 팀은 요하네스버그 법정변호사회 소속의 걸출한 진보적 법정 변호사들로 구성되어 있었다. 관할권(법원이 사건을 심리하고 판결을 내리는 권한)에 관한 저명한 교과서를 쓴 월터 폴락과, 나중에 요하네스버그 고등법원의 판사가 된 비엔 프랭클린이었다.

프리토리아의 처치 스퀘어에 위치한 우아한 19세기 건축물, '정의의 궁전'의 넓은 법정을 양측 변호인단이 채웠을 때, 사건의 쟁점은 단순히 만델라가 변호사로서 자질이 있느냐 없느냐의 문제를 넘어서고 있었다. 재판의 대상은 만델라가 선봉에서 이끄는 불복종 운동의 도덕성이었고, 나아가 아파르트헤이트 시대의 억압적 법에 대한 도전이 제기하는 심오한 윤리적 질문들이었다.

법원은 어떻게 답할 것인가? 판사들은 당시 영국의 총리 윈스턴 처칠처럼 오만하고 퉁명스럽게 반응할 것인가? 처칠은 불복종 운동에 대해 비생산적이고 "아주 멍청하다."고 비난했다. 판사들도 비슷한 태도를 보일까? 아니면 사법적 관점에 입각해 인종적 부정의와 억압이라는, 더 뿌리 깊은 도덕적 쟁점을 민감하게 받아들일까?

변론이 끝난 후 람스보텀 판사와 로퍼 판사는 5주 동안 판단을 유보했다. 마침내 4월, 판결이 나왔다. 변호사협회로서는 놀라운 반전이었다. 만델라를 변호사 명부에서 삭제해 달라는 신청은 기각되었다. 만델라가 승리한 것이다. 그는 변호사직을 유지할 수 있게 되었다.

람스보텀 판사는 감동적인 판결문에서, "변호사가 고의적으로 법에 불복종했다는 단순한 사실만으로 그의 자격을 박탈하거나 법원이 그의 이름을 변호사 명부에서 삭제하는 것이 정당화될 수는 없다."라고 이유를 밝혔다. 비록 만델라가 법에 대한 불복종을 선동하는 위법 행위에 가담하기는 했지만, 전문가의 자격으로 활동한 것은 아니라고 지적했다. 만델라가 유죄판결을 받은 해당 범죄는 "변호사로서의 활동과 아무런 관계가 없었다."

그러므로 쟁점은 단순히 만델라가 유죄판결을 받았는가의 문제가 아니었다. 그 범죄로 인해 "그가 명예로운 전문직의 대열에 남아 있을 만한 자격이 없는 성품의 소유자"임이 입증되었는지가 쟁점이었다. 그리고 이 질문에 대한 람스보텀 판사의 판단은 분명했다. 그는 "대답은 단 하나"라고 밝혔다. "우리 앞에 제출된 증거들 가운데 어디에서도, 아주 조금이라도 [만델라가] 부정직하거나 수치스럽고 불명예스러운 종류의 행위를 저질렀다는 사실을 찾을 수 없다." 판사는 정곡을 찔렀다. 만델라의 어떤 행동도 그가 변호사로서의 "성품이나 자질이 없다는 것을 입증"하지 않는다고 했다.

오히려 만델라의 동기는 순수했다고, 람스보텀 판사는 거의 50년 전에 쓰이던 인종차별적 용어를 사용해 이렇게 말했다. 저항을 옹호한 만델라의 행위는, "동료 비유럽인을 위해 봉사하려는 열망에서 우러나온 것이 분명했다." 목적은 "그가 생각하기에 부정의한 어떤 법들을 폐지하려는" 것이었다. 이를 위해 사용된 방법은 불법적이었지만, "그가 저지른 범죄는 개인적으로 수치스러운 성격의 것이 아니었다." 따라서 그가 변호사로서 활동할 자질이 없다고 판단할 근거는 없었다.

만델라에게 반성의 기미가 없다는 사실에 대해서는 어땠을까? 만델라는 아무것도 부인하지 않았다. 오히려 저항적인 모습으로 일관했다. 불복종 운동에서 지도적인 역할을 했음을 인정했고, 자신이 했던 행동이나 말을 부인하지 않았다. 변호사협회는 만델라가 유죄 선고를 받고도 "뉘우치는 표현을 하지 않았기" 때문에 법원이 징계 조치를 취해야 한다고 촉구했다.

변호사협회의 주장에도 일리가 있었다. 잘못이 있어 질책을 받는 변호사들은 대부분 겸양과 후회의 모습을 보인다. 그러나 만델라는 그러지 않았다. 전문가로서의 삶이 무너질지 모르는 상황에서도 그는 무릎을 굽히지 않았다. 람스보텀 판사는 이 공격 역시 일축했다. 감동적인 판결 이유에서 그는 이렇게 말했다. 법원이 만델라의 행위를 징계할 정당성이 없다면 그에게 속죄를 요구할 수도 없다. "그가 불명예스러운 행동을 한 것이 아니므로 속죄를 표하지 않은 일도 불명예스러운 것이 되지 않는다."

아주 특별한 판결이었다. 결과적으로 만델라가 어떤 사람이며 정치적 활동의 동기가 무엇인지를 감동적으로 승인한 판결이었다. 아파르트헤이트 법에 대해 불복종하라는 선동은 "불명예스러운 것이 아니"었다. 오히려 반대로, 이 행동은 봉사 정신에서 "우러나온 것이 분명"했다. 마치 아파르트헤이트 시대 남아프리카 법원의 두 백인 판사가 만델라의 동기는 고결했으며 불복종 운동에 대한 지지 역시 정의로운 것이라고 말하는 듯했다.

이 판결은 만델라에게 큰 영향을 미쳤다. 만델라는 이로부터 오랜 시간이 지나 교도소에서 풀려난 뒤, 40년 전 자신을 제명하려 했던 그 변호사협회에서 한 연설에서 당시 판결을 언급했다. "제가 이 자리에 있습니다." 그는 자랑스럽게 외쳤다. "여전히 변호사 명단에 제 이름이 남아 있고 말이죠."

남아프리카 역사에서 최대 법정 싸움: 반역죄 재판

아파르트헤이트 당국은 이 판결에 실망했지만, 거기서 멈추지 않았다. 당국은 만델라의 발목을 잡고 공개적으로 발언하지 못하게 막으려고 온힘을 다했다. 경찰은 끊임없이 금지 조치를 내려 그를 제지하려 했다. 만델라의 활동을 제한하고, 모든 단체에서 아무런 직책도 맡지 못하게 했으며, 대중 연설에 재갈을 물렸다. 그러기 위해 정부는 장관의 명령이나 보안 경찰의 힘을 사용해야 했다. 그러나 10년 후 넬슨 만델라가 사실상 반역죄인 공모죄로 유죄판결을 받기 전까지, 그는 법조인으로 남아 있었다.

변호사협회 대 만델라 판결이 정말 중요했던 건, 악랄한 법체계 속에서도 판사가 정의와 공정함에 헌신한다면 나쁜 영향보다 좋은 영향을 더 많이 미칠 수 있음을 보여 주었기 때문이다.

변호사협회 사건을 담당했던 판사들은 아파르트헤이트 강경파가 권력을 장악하기 전에 임명된 사람들이었다. 정부는 1948년 이후 아프리카너들, 대체로 아파르트헤이트 지지자들을 판사로 임명하기 시작했다. 하지만 놀랍게도 이들 중에서도 상당수의 판사들은 독립적 기질, 법치주의에 대한 충성심, 그리고 법의 기본 원칙을 존중하는 태도를 가지고 있었다.

아프리카너 민족주의자들의 마음에는 백인 식민 지배자들이 남아 프리카로 들여온 로마법과 로마-네덜란드Roman-Dutch 법 전통에 대한 자부심이 있었다. 아프리카를 문명화해야 하는 소명이 자신들에게 있다고 믿었고, 이 소명을 위해 법적 전통을 중요하게 생각했다. 그랬기 때문에 아파르트헤이트라는 기괴하게 변형된 법체계 속에서도 가끔씩 정의가 승리할 수 있었다. 나도 어린 시절에는 아프리칸스어*를 사용했다. 어머니는 쇠만Schoeman 가문의 아프리카너로, 선조가 1724년에 케이프에 왔다. 지금은 영어를 주 언어로 사용한 지 오래되었지만, 프리토리아 남자고등학교에 가기 전까지 나는 아프리칸스 학교에 다녔다. 아프리칸스는 말 그대로 내가 처음 배운 언어이자 모국어였다. 그러므로 자라면서 나는 아프라카너의 소명 의식을 자연스럽게 받아들였고, 그 안에는 인종적 우월감과 지배 의식도 있었다.

'자기들' 법체계에 대한 아프리카너의 자부심을 생각하면, 언뜻 의외로 보이는 럼프 판사의 판결, 즉 불복종 운동의 지도자들을 교도소에 보내지 않은 행동을 이해할 수 있다. 만델라는 다른 사건에서 판결을 맡은 치안판사를 바꾸어 달라고 신청한 적이 있었다. 그 치안판사가 만델라의 변호사 자격을 의심하며 자격증을 보여 달라고 했는데, 무례한 태도("어이, 거기!")로 그를 불렀던 것이다. 이 기피 신청

---

* 아프리칸스어(Afrikaans)는 남아프리카공화국, 나미비아 등지에서 사용되는 언어로, 주로 남아프리카공화국에 정착한 네덜란드계 사람들이 사용하면서 발달했다. 대부분의 아프리카너가 아프리칸스어를 제1언어로 배운다.

사건의 심리를 콰르투스 드 웨트 판사가 담당했는데, 그는 나중에 리보니아 재판에서 만델라의 운명을 결정하게 되는 인물이다. 드 웨트 판사는 만델라의 기피 신청을 받아들였고, 격노하면서 "이런 일이 이 나라 사법부의 명예를 실추시킨다."라고 말했다. 그는 그 치안판사를 사건에서 배제시키고 정중한 태도를 가진 새 재판장으로 하여금 이 사건을 맡아 진행하도록 했다.

아파르트헤이트의 법질서에 대한 만델라의 저항은 이제 겨우 시작에 불과했다. 1955년 5월 25일과 26일, 람스보텀 판사와 로퍼 판사가 만델라의 변호사 자격을 확인해 준 지 겨우 1년이 지났을 때, 소웨토의 클립타운에서 열린 '인민회의'Congress of the People에 3천 명의 사람들이 모여 자유헌장Freedom Charter을 채택했다. 만델라는 금지 조치를 어기고 이 회의에 은밀히 참석했다.

자유헌장은 남아프리카가 흑인이든 백인이든 상관없이 그 안에 살고 있는 모든 사람의 국가이며, 이 사람들의 의사에 반한 정부의 권한은 정당화될 수 없다고 선언했다. 또한 인민에 의한 민주 정부의 수립 및 모든 사람의 평등과 인권을 요구했으며, 모든 사람이 국가의 부를 공유해야 한다고, 이 땅을 일구는 사람들이 이 땅을 공유해야 한다고 선포했다.

이 자유헌장은 가슴 뛰게 하는 말로 끝을 맺었다. "인민과 나라를 사랑하는 사람들이여, 우리 모두 함께 이렇게 말하자. '자유를 위해 우리는 싸울 것이다. 함께 나란히 서서, 생애를 바쳐, 우리가 자유를 쟁취할 때까지.'"

백인의 지배를 영속하려는 아파르트헤이트 당국이 볼 때, 이는 참을 수 없는 도발이었다. 클립타운 회의가 열린 둘째 날, 경찰들이 중

무장을 하고 나타나 진행을 방해했다. 그들은 반역죄를 수사하고 있으며 불온 문건을 수색 중이라고 했다. 이후로 수색은 몇 달 동안 계속됐다. 다음 해 말경인 1956년 12월 5일 새벽, 의회에서 부정한 방법으로 유색인을 유권자 명단에서 제외하고 나서 겨우 몇 달이 지났을 때, 경찰이 온 나라를 휩쓸어 140명을 체포했다. 얼마 후 16명이 추가로 체포되었다. 그리고 제일 먼저 체포된 사람들 중에 넬슨 만델라가 있었다.

체포된 사람들은 모두 요하네스버그의 올드 포트 교도소로 이송되었다. 올드 포트 교도소는 도시에서 북쪽으로 가는 길과 남쪽으로 가는 길을 모두 내려다볼 수 있는 곳으로, 브람폰테인과 힐브로우 사이의 높은 둔덕에 자리 잡고 있었다. 교도소의 북쪽으로는 성벽이 있어, 추운 겨울 요하네스버그 다운타운을 관통하는 얼음 같은 남풍으로부터 지금의 헌법재판소를 막아 준다.* 이곳은 본래 19세기 말, 금을 찾아다니던 영국 제국주의자들로부터 트란스발 공화국을 보호하려고 폴 크루거 대통령이 지시해 만든 요새였다.

그로부터 반세기 후 이 요새에 아파르트헤이트에 반대하며 의회 밖에서 싸우던 걸출한 인물들이 갇혔다. 저명한 성직자, 변호사, 작가, 노동조합원, 교사, 육체 노동자, 경영인, 학자, 지역 활동가들이 줄지어 잡혀 들어갔다. 흑인, 유색인, 인도인과 함께 백인도 23명 있었다.

당시의 체포 열풍은 남아프리카 역사에서 최대 규모의 재판이 시

---

* 현재 올드 포트 교도소 자리에는 남아프리카공화국 헌법재판소 청사가 있다.

작될 것임을 의미했다. 2주 후, 체포된 사람들에 대한 공판이 치안판사 앞에서 열렸다. 이들을 모두 수용할 만큼 큰 법정이 없었기 때문에 요하네스버그의 드릴 홀에 설치된 임시 법정에서 공판이 열렸다. 모두 로마-네덜란드 보통법상의 반역죄를 위반했다는 혐의로 기소되었다. 이 혐의가 입증되면 사형을 선고받을 수도 있었다.

재판은 2단계로 진행되었다. 첫 단계는 피고인들에 대해 법원에서 정식으로 재판할 만큼 증거가 충분히 갖추어져 있는지를 검토하는 준비 단계였다. 이 예심 절차에서 증거가 충분하다고 판단된 피고인에 대해 정식 재판이 이어졌다(이 2단계 절차는 아직까지 폐지되지 않았지만 1977년에 현재의 형사소송법이 시행되면서 이후에는 적용되지 않고 있다).

만일 아파르트헤이트 당국이 체포와 소환, 반역죄 혐의로 피고인들의 저항을 잠재울 수 있으리라 생각했다면 커다란 오산이었다. 피고인들과 변호인단의 행보는 놀라웠다. 방어적인 태도를 보이기는커녕 처음부터 전투적으로 행동했다. 이들은 피고인들이 국가 전복 행위를 했는지에 대한 기술적 문제에 재판이 집중되지 않도록 하면서, 아파르트헤이트 법이 얼마나 남아프리카 인들을 억압하는지와 관련한 좀 더 높은 차원의 윤리적 쟁점을 부각시켰다.

자유와 평등을 위해 투쟁하는 행위의 정당성이 아니라, 정부의 극단적이고 억압적인 인종차별 정책의 정당성이 쟁점이 되었다. 피고인들과 변호인들은 재판 절차를 이용해 아파르트헤이트 제도 자체를 재판에 부쳤다. 이런 상황은 이후 40년 동안 계속되었다. 아파르트헤이트 강경파는 반대자들에게 불리하게 법을 적용하고 형사재판과 투옥의 가능성을 이용해 반대자들의 활동을 억압함으로써 인종주의적 지배를 실현하려 했다. 이에 맞서 반아파르트헤이트 활동가들과 변호인들은 공개 석상에 나서는 기회를 적극적으로 활용하고, 법률과 재판 절차가 허용하는 한도 내에서 가능한 모든 절차상의 허점, 법률적 쟁점, 개념의 모호함을 끌어내어 아파르트헤이트를 좌절시키려 했다.

드릴 홀에서 시작된 예비 공판에서, 변호인단을 이끌던 언변 좋은 변호사 베르농 베랑지는 대담하게 아파르트헤이트를 상대로 전투를 시작했다. 그는 선포했다.

이 자리에서 재판을 받는 것은 156명의 개인들만이 아닙니다. 이들과 이 땅에 사는 수천 명의 사람들이 공개적으로 지지해 온 이념이 함께 재판을 받습니다.

이어 이렇게 말했다.

이념의 전투가 이 나라에서 시작되었습니다. 한 이념은 다양한 인종과 신념을 가진 사람들 모두가 사상과 표현의 자유, 평등한 기회를 누리기를 추구합니다. 다른 한 이념은 모든 사람이 누려야 한다고 피고인들이 주장하는 물질적·정신적 삶의 풍요를 일부 사람들에게만 돌리고 나머지 사람들은 배제합니다.

베랑지 변호사의 말이 언론을 통해 남아프리카와 전 세계에 울려 퍼졌다. 반역죄로 기소된 피고인들은 오히려 아파르트헤이트를 피고인석에 앉혀 놓고 망신을 주고 있었다. 나는 나중에 변호사가 된 후

이 발언을 읽으면서, 변호사가 단순히 정장을 차려입고 다니는 사람인 것은 아니라는, 변호사로서 정의의 편에 서서 역사를 일구는 일에 함께할 수 있겠다는 생각이 들었다. 그리고 내 직업에 대한 자부심도 커졌다.

반역죄 재판이 시작되고 20년이 지난 뒤에도, 공익 변호사들은 계속해서 아파르트헤이트에 대항하기 위해 이 전략을 사용했다. 1978년 존 두가드는 비츠 대학*에 선구적인 응용법학연구소CALS를 설립했다. 이 연구소에서는 공정한 법체계를 만들기 위한 길을 모색하면서 아파르트헤이트에 대항하는 실무자들에게 학문적 기반을 제공했다. 곧이어 1979년에는 펠리시아 켄트리지와 아서 차스칼슨이 법률지원센터LRC라는 선구적인 공익 변호사 사무소를 만들었다. 법률지원센터의 활동은 오랫동안 국제적 명성을 누렸다. 나는 요하네스버그 변호사협회에서 3년 동안 상업 분야의 일과 일반 실무를 담당하다가 1986년 두가드 교수로부터 응용법학연구소로 기반을 옮겨 변호사 활동을 하는 것이 어떻겠냐는 제안을 받았다. 나는 기쁜 마음으로 이 제의를 받아들였다. 법이 내 아버지에게 그랬듯이 단순히 질책하고 규제하는 데 머물거나, 수백만 명의 흑인 남아프리카 인들에게 그랬듯이 억압과 부정의의 도구로 쓰이는 것을 넘어, 그 이상의 무언가가 될 수 있으리라는 생각을 시험할 기회였다. 응용법학연구소의 초대로, 법적 도전과 개혁을 향한 열망을 실천으로 옮길 수 있게 되었다.

---

* 비츠 대학(Wits University)은 요하네스버그에 있는 비트바테르스란트 대학(University of Witwatersrand)을 줄여 부르는 말이다.

법률지원센터와 응용법학연구소의 변호사로서 법정 싸움을 하던 우리는 반역죄 재판의 변호인과 동일한 전선을 펼치고자 했다. 즉 우리는 계속해서 법정 싸움의 초점을 기술적인 법적 쟁점이 아니라 당국이 집행하려고 하는 아파르트헤이트 법의 도덕적 모순으로 옮기려 했고, 이런 관점에서 전술을 채택하고 증인과 증거를 앞장 세웠다.

반역죄 재판 이후 아파르트헤이트 체제에서 이루어진 법정 공개 변론에서는 옳고 그른 것 사이의 경합이 펼쳐졌다. 그러나 이는 아파르트헤이트 법에 따른 옳고 그름이 아니었다. 아파르트헤이트 법규범에 따른다면 법을 위반하는 것은 불법이고 불법을 저지른 사람은 범죄자였다. 그러나 다른 규범, 즉 인종차별적인 종속관계는 용납될 수 없고 그런 기반 위에 세워진 체제는 정당화될 수 없다는 도덕적 가치를 기준으로 하면, 아파르트헤이트 반대자들은 정당한 이상을 위해 불가피한 투쟁을 하는 것이므로 법을 위반하더라도 도덕적 잘못이 없었다. 인종적 우월주의가 지배하던 아파르트헤이트 법체계를 전복하는 데, 법체계 자체가 하나의 도구로 이용되었다.

하지만 변호사 활동을 했던 내 경험에 비추어 볼 때, 법을 사용해 아파르트헤이트에 대항하는 일은 어렵고 지루한 때가 많았다. 이는 상당한 인내심이 필요한 작업이었다. 반역죄 재판의 예비 심리는 거의 1년 이상 지속되었다. 결국 1958년 1월, 앨버트 루툴리 족장, 그리고 만델라와 함께 법률사무소를 개업했던 올리버 탐보를 포함해 피고인 가운데 61명이 증거 부족으로 풀려났다. 이들은 자유의 몸이 되었다. 하지만 여기 포함되지 않은 만델라를 비롯한 95명의 피고인들은 날마다 재판에 출석하고 재판을 준비해야 했다.

정식 공판은 1958년 8월 3일에 시작되었다. 재판을 위해 3명의 판사로 구성된 특별 재판부가 설치되었다. 예전에 만델라와 여타 지도자들에게 유죄를 선고하면서도 형을 전면적으로 유예했던 럼프 판사가 재판을 주재했다. 그와 더불어 케네디 판사와 루돌프 판사로 재판부가 구성되었다. 세 사람 모두 아파르트헤이트 정부가 임명한 판사들이었다. 만델라는 자서전에서 이 재판부에 대해 "희망적이지 않다."고 암울하게 묘사했다. 이 판사들이 정부 및 아파르트헤이트 지지 단체와 연관되어 있었기 때문이다(루돌프 판사에 대해서는 피고인들이 제기한 공정성 문제가 받아들여져 나중에 베커 판사로 교체되었다). 이 재판부가 유죄판결을 내리고 중형을 선고하리라는 것은 뻔한 일이었다.

긴 재판에 따르는 일상의 힘겨움을 피고인들은 계속 감내해야 했다. 더구나 법원 바깥에서는 숨을 조여 오는 중대하고도 때로는 끔찍한 역사가 만들어지고 있었다. 자유헌장이 너무 타협적이라고 반발해 로버트 망갈리소 소부퀘를 비롯한 여러 사람들이 1959년 4월 아프리카민족회의에서 떨어져 나와 범아프리카회의를 만들었다. 헬렌 수즈먼과 11명의 의원은 백인으로 구성된 제1야당에서 탈당해 진보당Progressive Party을 설립했다. 케이프타운과 요하네스버그에서는 새로 발족한 범아프리카회의가 아프리카민족회의보다 선수를 쳐 〈통행법〉에 반대하는 대중 집회를 이끌었다. 1960년 3월 21일, 샤퍼빌 경찰서 안에서 경찰이 쏜 총에 69명의 비무장 시위자들이 사망하는 사건이 일어나 남아프리카뿐만 아니라 세계를 경악하게 했다. 18일 후 의회는 아프리카민족회의와 범아프리카회의를 모두 불법화하는 특별법을 통과시켰다. 그로부터 몇 개월 후인 1960년 10월, 백인들이 공화국을 수립하기로 가결했다. 곧이어 헨드릭 페르부르트 수상이 영연방에서 남아프리카공화국을 분리시켰다. 고립과 억압의 세월이 될 아파르트헤이트의 마지막 30년이 시작되었다.

밖에서는 이런 중대한 일들이 일어나는데, 재판을 받고 있던 지도자들은 매일같이 프리토리아를 오가야 했다. 재판이 진행되는 구유대교회당에 앉아 그 길고 빡빡한 절차로 몇 시간을 보내야 했던 것이다. 재판이 기운과 시간을 소진시켜 피고인들은 자신들의 일과 가족, 정치적 활동에서 멀어질 수밖에 없었다. 하지만 동시에 이 재판 절차와 특히 그 공격적인 변호 활동은 아파르트헤이트 당국의 자원인 검사, 경찰, 공무원 인력을 소진시키는 일이기도 했다. 적어도 재판이 아니었더라면, 강경파가 바라는 대로 인종 분리 정책을 더욱 철저하게 집행하고, 백인 지역으로 둘러싸인 '흑인 구역'에서 가족과 이웃을 몰아내고, 도시지역에서 통행증이 없는 흑인을 처벌하는 데 그 기력의 일부가 돌아갔을 터였다. 반아파르트헤이트 변호사들의 전투적인 전술 덕분에 아파르트헤이트를 집행하는 데 사용되었을 시간과 돈과 자원이 법정 다툼으로 분산되었다. 이 법정 싸움이 가치가 있었던 건 분명했다.

무엇보다 중요한 의의는, 오랜 시간을 끌었던 반역죄 재판 끝에 피고인 전원이 무죄 선고를 받았다는 것이다. 만델라와 다른 피고인들이 최종 진술을 하고, 정부 측과 피고인 측 변호인이 최종 변론을 했다. 럼프 판사는 피고인 측 변호인으로부터 추가 변론을 들을 필요가 없다면서, 재판부가 전원 일치의 평결에 이르렀다고 했다. 이로 인해 심리가 매우 짧아졌다. 그리고 결국 모든 피고인이 풀려났다. 이런 결과는 검사 측에게는 이 재판이 재앙이었음을 의미했다.

럼프 판사는 1961년 3월 29일 판결을 선고하면서 이렇게 설명했다. 아프리카민족회의는 정부를 교체하려는 의도가 있었고, 불복종 운동을 하면서 불법적 시위 수단을 사용하기도 했다. 하지만 국가를 전복시키려는 의도로 폭력을 사용했음을 검사 측이 입증하지 못했다. 다시 말해, 피고인들이 혁명적 의도를 가지고 행동했음을 검사 측이 입증하는 데 실패했다는 것이다. 이렇게 마지막 남은 30명의 피고인들이 모두 무죄를 선고받고 풀려났다.

만델라는 럼프 판사가 선고를 마쳤을 당시를 이렇게 회고한다.

> 관중석에서 환호가 터졌다. 우리는 일어나 서로를 껴안았고 환희에 찬 법정을 향해 손을 흔들었다. 그리고 모두들 함박웃음을 짓고 큰 소리로 웃고 울며 마당으로 행진했다. 우리가 나타나자 군중들이 함성을 지르고 환호했다.

남아프리카 역사상 최대 규모의 법정 싸움이 검사 측의 참패로 끝났다. 정부 측이 제기한 혐의를 피고인들과 변호인단이 날려 버렸다. 의회 밖에서 이루어지는 반아파르트헤이트 운동을 진압하고자 반역죄 혐의를 씌우려 했던 시도는 법원에 의해 수포로 돌아갔다. 만델라가 회고하듯이, "4년 이상의 시간을 쓰고, 수십 명의 검사들을 투입하고, 수천 장의 서류와 수십만 장의 진술서를 법정에 제출하고도 정부는 실패했다. 이 선고로 정부는 국내에서도 국제적으로도 곤혹스러워졌다." 하지만 "그 결과 정부는 우리에게 더욱 큰 원한을 품게 되었다. 그들이 얻은 교훈은 우리의 불만이 정당하다는 것이 아니라, 우리를 훨씬 더 무자비하게 대해야 한다는 것이었다."

만델라는 이 선고에서 법체계의 정당성이나 흑인이 백인의 법정에서 공정한 재판을 받을 수 있다는 사실이 증명되었다고 여기지 않았으며, 그 의미를 훨씬 제한적으로 보았다. "이 선고는 …… 옳고 정의로운 것이었다. 하지만 이런 결과는 뛰어난 변호인단이 있었고, 특별히 이번 재판을 맡은 판사들이 공정했던 덕이 크다."

무장투쟁과 〈사보타주 법〉: 리보니아 재판

무죄판결 후, 정부가 더욱 무자비하게 나올 것이라고 했던 만델라의 예측은 틀리지 않았다. 정부는 의회 밖에서 투쟁하는 아파르트헤이트 반대자들에 대해 검사가 더욱 손쉽게 유죄판결을 얻어낼 수 있도록 종전보다 더 강력한 법안을 의회에 요구했다.

권리장전이 없는 상태에서 사법부는 입법부가 제정한 법률을 문제 삼을 권한이 없었다. 의회가 최고 우위에 있고 법원은 의회의 뜻을 집행해야 했다. 적어도 이것이 아파르트헤이트 체제에서 대부분의 백인 판사들이 받아들인 원칙이었다.

그러나 판사들 가운데 소수 용감한 사람들의 생각은 좀 달랐다. 이들은 로마법과 로마-네덜란드 법이 오랜 세월 전해 온 가르침을 지키고자 노력했다. 법률이 달리 명시하지 않는 이상 모든 이들을 평등하게 대우해야 한다는 원칙과 기본적인 절차적 공정성에 대한 규범 같은 것이었다. 이 소수의 판사들은 악취 나는 아파르트헤이트의 법들에 맞서 이런 원칙과 규범을 지키고자 싸웠다. 실제로 의회가 제정한 법률 중에는 의지 있는 변호사와 공정한 판사가 정의로운 결과를 얻어내고자 시도할 여지를 주는 경우가 가끔씩 있었다. 게다가 아파르트헤이트의 법정에서 공정한 절차를 요구하는 것도 여전히 대체로는 가능했다.

무죄판결이 있은 지 몇 달 지나지 않아 이런 재판 절차를 다시 시험 대에 올릴 사건이 일어났다. 1961년 12월 16일, 만델라 이하 지도자들이 아프리카민족회의의 무장 산하단체를 만들었다. 이 단체는 움콘토 웨 시즈웨Umkhonto We Sizwe(MK), 즉 '민족의 창'Spear of the Nation이라고 불렸다.

무장투쟁이 시작되었다. 하지만 겨우 일 년 반이 지난 어느 추운 날이었던 1963년 7월 11일, 요하네스버그 북쪽의 리보니아에 잠복해 있던 경찰이 급습해 아프리카민족회의 지도부 대부분이 체포되었다. 이날 체포된 지도부는 총 7명이었다. 결정적으로 경찰은 마이부예Mayibuye('아프리카를 돌려놓아라') 작전이 담긴 6쪽짜리 문서도 압수했다. (이 일이 있기 전에 이미 체포된 만델라를 제외한) 아프리카민족회의 지도부가 작성한 문서였다. 당시 만델라는 요하네스버그의 올드 포트 교도소에서 5년 형을 살고 있었다. 1962년 3월 알제리 민족해방전선으로부터 군사훈련을 받은 일로 선동죄와 불법 출국에 대한 형을 받은 후였다.

리보니아에서 체포된 사람들이 15개월 후 기소되었을 때, 만델라는 피고인석에서 그들과 합류했다. 재판에 소환된 다른 사람들 중에는 고반 음베키, 레이먼드 음홀라바, 월터 시술루, 아메드 카트라다, 엘리아스 못소알레디, 데니스 골드버그, 라이오넬 러스티 번스타인, 앤드루 믈랑게니가 있었다.

검사 측은 앞서 반역죄 재판 때의 처절한 실패에서 배운 것이 있었다. 그들은 이번에는 주의를 기울여 보통법상의 죄목을 제기하는 위험을 피하고, 대신 훨씬 안전한 계책을 택했다. 1962년 새로 제정된 법인 〈사보타주 법〉Sabotage Act을 적용한 것이다. 이들은 공소장에서 피고인들에 대해 제정법상의 사보타주 죄와 공모죄 혐의를 주장했다. 이 제정법상의 죄목들은 보통법상의 죄목들에 비해 결코 약한 것이 아니었다. 제정법에서도 역시 사형 선고가 가능했다. 핵심적인 차이는 제정법에서는 주요 혐의 요소들을 더 수월하게 입증하도록 절차적으로 검사 측에 도움을 주는 장치가 있다는 점이었다.

12년 전 불복종 운동 기소 사건 때와 마찬가지로 피고인들의 변호를 이끈 대표 변호인은 브람 피셔였다. 그 무렵 피셔는 앵글로 아메리칸 금광 회사와 같은 거대 기업을 대리하는 영리 활동을 하느라 바빴지만, 다른 한편 공산당의 지도자로도 은밀히 활동하고 있었다. 그리고 여전히 반아파르트헤이트 활동에 깊게 연루되어 있었다. 보안 경찰이 리보니아에 잠복해 아프리카민족회의 지도자들을 체포했을 때 피셔가 그 자리에 없었던 것은 순전히 우연이었다.

리보니아 피고인들을 변호하는 것은 브람 피셔에게 엄청난 위험이 뒤따르는 일이었다. 이들의 대리인으로 활동하면서 피셔는 위험한 이중 게임을 했다. 그는 법원과 의뢰인에 대해 의무를 가진 법조인이었지만, 또한 정의로운 사회를 만들기 위해 헌신하는 반아파르트헤이트 운동의 지도자이기도 했다. 재판 중에 피셔는 변호사의 자격으로 정부로부터 중요한 문건들을 받았다. 그리고 지하 활동가로서 이 문건들을 동료 지하 활동가들에게 투쟁에 활용하도록 건네주었다.

리보니아 피고인들에 대한 재판을 주재한 재판장은 트란스발 고등법원장 콰르투스 드 웨트였다. 바로 10년 전 만델라를 불손하게 대한 치안판사를 꾸짖었던 그 판사이다. 리보니아 재판에서 만델라 외

피고인들의 변호인이었던 조엘 조페는 그에 대해 이렇게 말했다. 그가 "정치인들의 주문에 따라 움직이는, 국민당 정부의 꼭두각시라는 평판은 없었다." 피고인들과 변호인들이 기대한 최선은 아니었지만 그가 아니었다면 "훨씬 더 나쁠 수도 있었다."

재판에 앞서 변호인들은 공격을 시작했다. 피고인들에 대한 공소 사실이 충분히 구체적이지 않다며 공소를 기각하라고 주장했다. 성공적인 전략이었다. 재판장 드 웨트는 변호인단에게 상징적인 승리를 안겨 주었다. 그는 공소를 기각했다. 검사 측의 체면이 구겨지는 일이었으며, 검사에게 다시 처음부터 혐의를 구성하라는 의미였다. 따라서 검사 측은 더욱 정확하고 분명하게 혐의를 세워야 했다. 변호인 측의 승리는 오래 가지 않았다. 검사 측은 허술하게 작업했던 부분을 보완했고 사건을 계속 진행할 수 있도록 허가를 받았다. 그래도 드 웨트 판사의 판결은 중요했다. 검사에게 무임승차가 허용되지 않는다는 사실을 보여 주는 판결이었다. 절차적 정의의 등불이 법정에 살아 있었다.

리보니아에서 경찰이 압수한 문서에 담긴 마이부예 작전에는 군사적 봉기를 위한 야심찬 계획이 그려져 있었다. 넬슨 만델라는 자서전에서 이 문서에 대해, 리보니아 재판에서 피고인들을 제압하고 "정부에 승리를 안겨 줄 쐐기" 역할을 했다고 표현했다. 만델라에 따르면 이 문서에는 게릴라 작전의 개시와, 뒤이어 아파르트헤이트 정부에 대항해 대규모 무장봉기가 촉발될 것에 대한 내용이 개략적으로 기재되어 있었다고 한다.

정부는 만델라를 포함한 아프리카민족회의 집행부가 마이부예 작전을 승인하고 허가했으며, '민족의 창'이 이 작전을 무장 혁명을 위한 실행 모델로 채택했다고 주장했다. 리보니아 피고인들의 변호인이었던 조엘 조페는 이 혐의가 갖는 의미를 다음과 같이 설명했다. "피고인들의 생명이 위험한 상황이었다. 정부 측 주장에 따르면 피고인들이 이미 무장봉기와 게릴라 전투를 조직하는 데 착수했고" 외국 군대의 개입과 무차별적 폭력에 대한 내용도 포함되어 있다고 했다. 만일 법원이 이를 인정한다면, "피고인들의 생명이 위험해지는 실제적이고 심각한 상황이었다."

피고인들은 마이부예 작전이 가동된 상태가 아니라고 했다. 또한 지도부에서 공식적으로 이 작전을 채택한 적이 없으며, 행동 계획 후보들 가운데 하나로 검토하던 대상일 뿐이었다고 말했다.

피고인들은 아서 차스칼슨을 포함한 변호인단에게 자신들이 아프리카민족회의나 남아프리카공산당 회원이라는 사실을 부인하지는 않을 것이라고 분명히 밝혔다. 그들은 단체의 이상과 목적도 부정하지 않을 터였다. 변호인들은 증인으로 출석한 경찰을 노련하게 반대 신문했으며, 증인석에 선 피고인들 또한 탁월한 증언을 펼쳐, 피고인 측 주장이 더 설득력을 얻었다. 1심 판사는 마이부예 작전이 한 번도 실행 단계에 접어든 적이 없음을 인정했다.

피고인들은 이 재판에서 중요한 기회를 얻었다. 만델라처럼, 이들 중 대부분은 오랫동안 대중 연설과 언론 인터뷰를 금지당한 상태였다. 이제 법정 싸움은 이들에게 아파르트헤이트에 반대하는 신념을 소리 내어 말하는 연단이 되었다. 그리고 신문들은 법정의 진행 상황을 전달할 권리가 있었다.

특히 넬슨 만델라가 피고인석에서 한 발언이 전 세계에 큰 울림을 주었다. 이후로 인간의 존엄성과 자유를 주장하는 고전적인 선언이 된 이 연설에서, 만델라는 인종차별 금지 원칙에 대한 자신의 신념을 밝혔다. 국가기관들의 독립성과 법치주의에 대한 지지를 강조했고, 또한 아파르트헤이트의 부정의한 인종차별적 법이 흑인 남아프리카인들의 삶을 어떻게 파괴했는지 자세히 설명했다.

마지막으로, 만델라는 남아프리카 인들의 투쟁이 "본인들의 고통과 경험에서 우러나온" 전국적 투쟁이라고 말하며 발언을 마쳤다. 만델라는 이것이, "살 권리를 위한 투쟁"이라고 했다.

> 저는 이 남아프리카 인들의 투쟁에 일생을 바쳐 왔습니다. 백인 지배에 항거해 싸웠고, 흑인 지배에 대해서도 마찬가지였습니다. 저는 모든 사람이 평등한 기회를 누리며 조화롭게 함께 사는, 민주적이고 자유로운 사회에 대한 이상을 소중히 간직해 왔습니다. 이것이 제가 살아가는 이유이고 성취하고자 하는 꿈이며, 필요하다면 죽음도 불사할 수 있는 꿈입니다.

리보니아 재판에서 드 웨트 고등법원장은 결국 8명의 피고인에 대해 제정법상 사보타주 죄를 인정했다. 반역죄나 다름없는 죄목이었다. 판사가 판결을 선고한 순서에 따라 피고인들을 나열하면, 만델라, 시술루, 골드버그, 음베키, 카트라다, 음흘라바, 믈랑게니, 못소알레디가 유죄판결을 받았다. 번스타인만이 무죄판결을 받았다.

만델라는 아파르트헤이트 반대를 위해 죽음을 불사할 준비가 되어 있었지만, 다행스럽게도 그런 희생은 요구되지 않았다. 1964년 6월 12일, 많은 사람들의 생각과 달리, 판사는 사형이 아니라 징역형을 선고했다. 종신형이었다. 평생을 감옥에서 보내야 하는 판결이었지만, 그래도 어쨌든 목숨은 건진 것이었다. 피고인들은 몇 년이 지난 후 모두 살아서 교도소를 나갔다. 8명 모두 살아남아 남아프리카에 세워진 민주주의를 보았다. 그리고 이들 가운데 한 사람은 민주적 남아프리카공화국 최초의 대통령이 되었다.

아파르트헤이트 시대, 법의 양면성

리보니아 재판이 끝나고 얼마 지나지 않아, 피고인 변호인단을 이끌었던 브람 피셔 본인이 체포되었다. 보석으로 풀려나면서 그는 런던 추밀원Privy Council에서 열리는 항소심에서 광산 회사를 변론하기 위해 출국해도 된다는 허가를 받았다. 피셔는 일을 마치고 귀국했다. 하지만 1965년 1월 25일, 보석 조건을 어기고 은밀히 반아파르트헤이트 활동을 계속하기 시작했다.

피셔는 결국 다시 체포되었고 재판에 회부되었다. 그는 사보타주를 공모한 혐의로 유죄판결을 받았다. 피셔 역시 무기징역형을 선고받았는데, 리보니아 재판의 피고인들과 달리 자신을 구속했던 그 제도보다 더 오래 살지 못했다. 그는 1974년에 사망했다. 말기 암으로 죽음에 임박하자 교도 당국은 그를 석방했으며, 피셔는 몇 주 후 블룸폰테인에 있는 형제의 집에서 세상을 떠났다.

변호사로서 브람 피셔의 삶은 아파르트헤이트 법체계의 복잡한 측면을 잘 보여 준다. 그는 정의를 위해, 법을 사용해 투쟁하는 것이 가치 있다고 생각했으며, 변호사의 지위를 소중하게 여겼다. 피셔가 보석금을 내자, 예전에 피셔가 의장을 맡기도 했던 변호사협회 이사회는 서둘러 그의 이름을 변호사 명단에서 제외하는 절차에 착수했다. 피셔는 정의로운 제도를 만들려면 법조 활동만으로는 안 되며, 그이상이 필요하다는 것을 알고 있었다. 나를 포함한 많은 다른 변호사들과는 달리, 그는 법조 활동과 가정, 그리고 안락함을 희생하고 온전히 정의를 위한 투쟁에 인생을 바쳤다.

그렇다 해도 피셔는 자신을 제명하려 한 동료 변호사들 때문에 무척 괴로워했다. 동료들이 경솔하다고 여겼다. 자신의 동기가 언제나 정의를 추구하는 것이었음을 동료들이 인정해 주지 않는다는 생각에 마음이 아팠던 것이다.

만델라 역시 아파르트헤이트에 대항해 투쟁하는 동안, 남아프리카의 법체계 안에서 자신의 변호사 지위를 유지하는 것을 중요하게 여겼다. 그 법이 인종적 특권과 〈통행법〉, 인종 분리 정책을 집행하는 주요 수단이었을지라도 말이다. 왜 만델라는 그런 사악한 제도 속에서 변호사로 남기 위해 싸웠을까? 만델라는 젊은 법학도였을 때, "저울을 시민들에게 유리한 쪽으로 아주 조금이라도 기울이기 위해, 내가 배운 전문 기술을 사용하고 싶다."는 야심을 품었다고 밝힌 적이 있다. 이후 대통령이 된 그는 이렇게 말했다. 아파르트헤이트 체제 아래에서 "법은 시민을 보호하는 도구가 아니라, 오히려 시민을 종속시키는 주요 수단으로 사용되었다."

하지만 아파르트헤이트 법이 가장 혹독하게 집행되던 시기에도 변호사와 판사의 노력으로 저울을 정의의 편으로 기울여 볼 수 있었다고 만델라는 인정했다. "아주 조금"일지라도 말이다. 법적 절차의 본질상 변호사들에게는 그런 기회가 있었다.

만델라의 전기 작가 앤서니 샘슨이 기록한 바에 따르면, 만델라는 일부 판사들의 공정한 모습에 종종 놀라면서도, 아파르트헤이트 법 때문에 법원이 시민권의 수호자로서 기능하는 데 큰 제약이 있음을 알고 있었다. 만델라는 교도소에서 이렇게 적었다. "인종차별적인 법이 존재하고 모든 판사와 치안판사들이 백인이며, 인종차별적 편견의 악취를 뿜는 우리나라에서, 그런 공정성은 아주 드물게 작동한다."

아파르트헤이트 법체계는 악했다. 이 법체계 아래에서 인종이 다르다는 이유로 대부분의 남아프리카 인들을 폄하하고 종속시키고 비인간화하는 제도가 집행되었다. 아파르트헤이트 시기의 대부분, 법 앞의 정의를 향한 희망의 촛불은 꺼질 듯 말 듯 깜박이고 있었고, 그 빛이 비추는 곳은 답답할 정도로 좁았다. 만델라의 표현을 따르면, 아파르트헤이트 법은 "고집 세고 인종에 눈이 어두워진 소수의 백인 독재자들"의 뜻을 집행하는 도구였다.

그러는 가운데, 창의적인 변호사와 원칙을 지키는 판사가 아파르트헤이트에 반대하거나, 또는 적어도 그 극악한 효과를 완화시키려고 할 때, 법은 그 수단을 제공했다. 이것이 바로 내가 법조인이 되기로 결심한 이유였다. 나는 1980년대 초반에 인권 변호사가 되었다. 그 시대에 인권 활동은 암울하고 힘들었지만, 희망적이고 재미도 있었다.

1970년대 말, 정부는 더 이상 흑인 노동자 단체들을 억압할 수 없음을 깨달았다. 1979년, 정부는 흑인이 노동조합을 조직하고 가입할 수 있도록 법을 개정했으며 그 결과 노동조합이 번성하게 되었다. 나는 1986년 응용법학연구소에 합류했고, 활동가이자 변호사로서 법을 활용해 아파르트헤이트의 기세를 꺾는 활동을 함께했다. 노동 조직가 할튼 치들의 지휘로, 우리는 부당해고, 노동조합의 권리, 노동자의 보호와 안전에 관한 사건들을 대리했다. 노동조합은 새로 만들어진 노동자 보호 장치를 적극 활용해 노동자의 고용을 보장하고 급여와 혜택을 개선하는 활동을 했다.

아파르트헤이트 당국은 정부가 만든 틀 속으로 노동자를 끌어들이면 이들을 통제할 수 있으리라 생각했다. 잘못된 생각이었다. 노동법 개정은 오히려 대중운동이라는 판도라의 상자를 여는 결과를 낳았다. 노동자를 보호하기 위해 마련된 새 제도 안에서 활동하면서, 노동조합은 단순히 법적 권리를 보장받는 수준을 훨씬 뛰어넘는 활동을 펼쳤다. 새 법에 따라 여러 차례 법정에서 승리했으며, 노동조합은 여세를 몰아 1980년대 중반부터 온 나라를 휘몰아친 대규모 국내 활동가 연합체의 공동 지도부가 되었다. 민주적 남아프리카공화국에서 모든 사람이 평등한 권리를 누려야 한다는 주장의 선두에, 다른 활동가 단체들과 함께 노동조합이 있었다.

우리는 토지에서 강제로 쫓겨나지 않기 위해 저항하는 사건들을 대리하고, 반역죄로 기소된 아프리카민족회의 투쟁가들과 아파르트헤이트 군대에 복무하기를 거부하는 백인 양심적 병역 거부자들을 변호했다. 많은 경우 변호사들에게는 재판에서 승소하는 것이 사실상 반아파르트헤이트 활동가들과 함께하고 있음을 의미했다. 나중에 민주적 남아프리카공화국의 헌법재판소장이 된 아서 차스칼슨은 제프 버드렌더를 포함해 그의 법률지원센터 변호사 팀과 함께, 반아파르트헤이트 단체를 강제로 해체하고 억압하려는 시도에 대항하고 〈통행법〉에 저항하는 중요한 사건들을 성공적으로 대리했다. 그 소송들은 아파르트헤이트의 거대한 설계를 무너뜨리는 데 도움이 되었다.

악명 높은 〈통행법〉의 집행이 사실상 종결되는 데 결정적인 역할을 한 두 사건이 있었다. 〈통행법〉은 30년 전 불복종 운동의 핵심에 있던 바로 그 법이었다.

첫 사건은 논체바 코마니 부인에 대한 것이었다. 그녀는 1974년 5월, 남편 윌리 코마니와 함께 지내려고 이스턴케이프에서 구구레투로 이사했다. 남편은 1960년 7월부터 케이프타운에서 일하고 있었다. 〈통행법〉을 집행하는 당국은 처음에는 코마니 부인의 체류를 허가했지만, 이후 '도시지역 흑인' 단속을 실시하면서 1975년 1월 이스턴케이프로 돌아가라고 지시했다.

코마니 부인은 돌아가지 않았다. 〈통행법〉 시행규칙에 따르면 장기 거주자의 부인이나 관습법상 배우자는 '동거인 허가'라는 괴이한 이름의 자격이 필요했다. 이 규정에 따라 케이프타운 법원은 코마니 부인에게 동거인 허가를 받으라고 판결을 내렸다. 차스칼슨은 블룸폰테인에 있는 대법원에 상고했다. 동거인 허가를 받도록 요구하는 것이 해당 규칙을 제정하도록 한 모법의 취지와 맞지 않다고 주장하면서, 동거인 허가 규정이 무효라고 주장했다.

대법원은 차스칼슨의 주장을 받아들였다. 럼프 판사가 판결문을 작성했다. 1952년 만델라의 불복종 운동에 대해 징역형의 집행을 유예하는 판결을 선고했고, 1961년 반역죄 재판에서 만델라에게 무죄를 선고했던 바로 그 판사였다.

1980년 8월에 럼프 판사는 대법원장이 되어 있었다. 그는 코마니 부부의 손을 들어주었다. 럼프 판사는 '동거인 허가'라는 대단히 부당한 제도를 없애는 판결문을 작성했다. 코마니 사건의 판결에 따라, 배우자인 코마니 부인은 이제 남편과 살기 위해 별도의 허가를 받을 필요가 없었다.

그로부터 3년이 채 지나지 않아, 톰 리코토가 이번에도 차스칼슨의 변호로 〈통행법〉에 치명상에 가까운 타격을 입혔다. 당시에는 비도시 지역의 '흑인 자치 구역'에 살던 흑인이 도시에서 영주 자격을 얻으려면 도시에서 10년 동안 '연속적'으로 일해야 한다는 규정이 있었다.

리코토는 1970년 8월부터 요하네스버그에서 가까운 산업도시이자 금광 도시인 저미스턴에 살면서 동일한 고용주 밑에서 일해 왔다. 〈통행법〉 시행규칙에 따라 그는 매년 도시를 떠나 자신이 살던 '흑인 자치 구역'으로 돌아가야 했다. 이에 따라 매년 남아프리카공화국의 북동쪽, 멀리 떨어진 가잔쿨루의 시골집으로 돌아가 몇 주를 보냈다.

새해가 시작할 때마다 리코토는 저미스턴으로 돌아왔다. 고용주가 자신을 필요로 하고, 다시 1년 동안 일자리를 줄 것임을 알고 있었기 때문이다. 그리고 매년 1월에 돌아오면 실제로 그렇게 되었다. 10년 넘게 매년 어김없이 고용주는 리코토를 재고용했다.

그렇다면 리코토는 10년 이상 저미스턴에서 '연속적'으로 일을 한 것일까? '그렇다'고 한다면 그는 도시에 영구적으로 머무를 자격을 갖게 된다. 도시 주민으로서 안정적으로 거주할 수 있는 것이다. 하지만 〈통행법〉을 집행하는 당국은 '그렇지 않다'고 판단했고, 리코토를 비롯해 비슷한 처지에 있는 다른 사람들에 대해 도시에서 영구적으로 살 권리를 인정하지 않았다.

법률지원센터는 리코토 사건을 법원으로 가져갔다. 정부는 〈통행법〉 담당 공무원의 편에서 완강한 주장을 펼쳤다. 리코토가 매년 휴가를 가졌고 계약이 매년 갱신되었다는 점을 지적했다. 이를 '연속적'

으로 볼 수 없다는 것이었다. 정부의 주장에 따르면 리코토는 연속적으로 일하지 않았으며, 1년 단위의 분리된 기간 동안 고용된 것에 불과했다. 따라서 도시에서 영구적으로 살 권리가 없었다.

법률지원센터 변호사들은 이에 맞섰다. 법원이 어떤 답을 내놓을지는 〈통행법〉의 집행에 대단히 중요한 의미가 있었다. 리코토와 같은 처지의 사람들이 수백만 명에 달했기 때문이다.

이 사건에서 팽팽한 논쟁의 대상이 된 법적 쟁점은 '연속적' 거주와 노동의 의미가 무엇이냐는 것이었다. 하지만 이 법적 쟁점 뒤에는 더 큰 질문, 즉 남아프리카의 도시 지역에 살고 있는 수많은 사람들의 안정적 주거에 관한 인간적 질문이 있었다. 그리고 이 사회적 질문 뒤에 묵직한 정치적 질문이 깔려 있었다. 아파르트헤이트 이념에 따라 '대大아파르트헤이트'grand apartheid를 만들려는 꿈이 과연 현실성이 있는지에 대한 질문이었다. 이 꿈을 실현하기 위해, '대아파르트헤이트'의 설계자들은 흑인 남아프리카 인들이 '흑인 자치 구역'에 소속감을 갖게 되기를 바랐다. 흑인들이 자신들만의 지역에서 삶과 미래를 계획하고, '백인' 도시에서 지내는 시간은 일시적인 체류로 받아들이기를 바랐다.

리코토 사건은 이 잔인하고 터무니없는 구상을 법적 검증에 부쳤다. 그리고 법원은 이 구상을 무너뜨렸다. 프리토리아 고등법원과 블룸폰테인의 대법원 모두, 코마니 사건에서의 인간적 판결을 따라 리코토에게 승소 판결을 안겨 주었다. 리코토가 매년 집으로 돌아갔고 고용계약이 매년 갱신되기는 했지만 사실상 도시에서 '연속적'으로 거주하며 일했다고 본 것이다. 따라서 리코토에게는 영주 자격이 있었다.

이 판결은 엄청나게 많은 흑인들이 도시에서 안정적인 법적 지위를 갖게 되었다는 것, 뿐만 아니라 〈통행법〉의 집행이 현실적으로 불가능해졌음을 의미했다. 이어진 변호 활동은 〈통행법〉의 관 뚜껑에 못을 박았다. 코마니 사건과 리코토 사건의 승리에 더해, '인권을 위한 변호사'Lawyers for Human Rights와 응용법학연구소는 1980년대 초기에 〈주거분리법〉 위반으로 기소된 도시 거주민들을 대규모로 변호하기 시작했다. 이들은 〈통행법〉 위반 사건에서 무료 법률 서비스를 제공하자는 캠페인을 벌였다. 일단 〈통행법〉의 피의자가 자신을 대리할 변호사를 갖게 되면 법원은 도저히 일을 처리할 수 없었다. 전에는 2분 걸리던 짧은 심리가 하루 종일 걸렸기 때문이다.

변호사들이 개입함에 따라 결국 아파르트헤이트 정부는 자신의 방식이 어리석었다는 사실을 직시할 수밖에 없었다. 1986년 7월 23일, 아파르트헤이트 정부는 〈통행법〉을 포기했다. 이로써 〈통행법〉이 폐기되었다. 변호사들의 활동과 법원의 판결들이 대아파르트헤이트 설계의 중심 부분을 집행될 수 없게 만든 것이다.

1980년대의 엄혹함과 혼란 속에서, 응용법학연구소 동료들과 나는 때때로 아파르트헤이트의 논리를 역으로 이용해 싸우기도 했다. 우리는 정부가 농촌의 일부 지역을 쪼개어 '독립적' [반자치 흑인 구역] 반투스탄Bantustans을 더 만들고, 해당 지역을 친아파르트헤이트 성향의 억압적·전통적 지도자들의 통치 아래에 두려 했던 계획을 두 사건을 통해 좌절시켰다. 이들 사건에서 우리는 대아파르트헤이트의 이론을 역으로 이용하는 재간을 부려 그 사악한 제도 자체를 공격하는 법적 주장을 펼쳤다.

정부는 프리토리아 북동쪽에 있는 상대적으로 부유한 무트세 지역을, 은데벨레어를 사용하는 가난한 흑인 자치 구역 콰은데벨레로 병합시키려고 했다. 콰은데벨레가 '독립'할 수 있도록 현실적인 여건을 만들기 위해서였다. 응용법학연구소의 대표 존 두가드는 영리한 주장을 생각해 냈다. 이 시도는 분명히 인종적 순수함이라는 아파르트헤이트 본연의 법적 원칙에 위배된다고 그는 주장했다. 어쨌거나 무트세에 사는 사람들은 은데벨레 인이 아니었다. 무트세 사람들은 대부분 페디어를 사용했다. 아파르트헤이트의 논리에 따르면, 무트세의 페디어 사용자들이 낯선 문화를 가진 흑인 자치 구역에 살도록 강제되어서는 안 되었다.

나는 두가드를 도와 법원 서류와 증거를 정리하고 고등법원과 대법원에서 열린 재판에 일반 법정 변호사*로 참여했다. 프리토리아 고등법원에서는 패소했지만, 대법원이 고등법원의 판결을 뒤집어 두가드의 주장을 받아들였다. 대법원은 정부가 민족적 구분에 기초한 법 규정을 적용해 하나의 흑인 자치 구역을 창설하면서 다른 민족을 그 구역에 강제로 편입시킬 수는 없다고 판단했다. 법원은 무트세를 콰은데벨레로 병합하려는 시도를 무효화했다. 결과적으로 '독립'에 제동이 걸렸다.

하지만 아파르트헤이트 계획자들은 포기하지 않았다. 무트세를 콰은데벨레로 합칠 수는 없었지만 콰은데벨레를 '독립'시키려는 계획을 멈추지는 않았다. 법률지원센터에서 활동하던 제프 버드렌더는 다른 사건에서, 독립에 관한 사전 투표를 공시한 대통령의 발표에 문

---

* 여기서 법정 변호사(Junior Counsel)란 칙선 변호사의 지위에 오르지 못한 법정 변호사 또는 재판에서 덜 중요한 부분을 맡는 법정 변호사를 가리킨다.

제를 제기하자는 아이디어를 냈다. 대통령은 은데벨레어를 사용하는 남성들에게만 선거권을 주겠다고 발표했다. 여성들에게는 선거권이 없었다. 용납할 수 없는 일이었다! 우리는 은데벨레어를 사용하는 여성들을 대리해 이 배제에 항의하는 서면을 법원에 제출했다.

물론 우리가 대리한 여성들은 흑인 자치 구역의 '독립'에 찬성표를 던질 의향이 없었다. 이들이 원한 것은 조국의 자유였다. 우리는 대아파르트헤이트의 계획을 좌절시키기 위해 로마법과 로마-네덜란드 법의 원칙들을 사용해 논증했다. 아프리카너 판사들이 매우 소중하게 생각하는 보통법은 법률에서 명시적으로 허용하는 경우를 제외하고는 불평등한 대우와 차별을 금지했다.

법률에는 그 어디에도 대통령이 여성의 투표를 막을 권한을 갖는다는 내용이 없었다. 그러므로 이 선거가 위법하다고 우리는 주장했다. 법률로 분명히 제한되지 않는 이상, 여성의 투표는 허용되어야 했다. 법원은 우리의 주장을 받아들였다. 결국 콰은데벨레 선거 계획은 휴지통에 버려지고 결과적으로 콰은데벨레의 독립도 이루어지지 않았다.

이렇게 법을 이용한 계책이 가능했던 것은, 기본적으로 아파르트헤이트가 법을 도구로 삼아 만든 프로젝트였기 때문이다. 아파르트헤이트의 역사를 보면, 이 체제를 작동시켰던 사람들은 대부분 자신들이 법과 그 법이 만든 제약에 의해 구속받고 있다고 생각했다. 이런 생각은 1980년대에 들어서면서 급격하게 바뀌었다. '더러운 속임수'를 쓴 선거운동이 등장하고 흉악무도한 '제3세력'*이 활개를 치면서부터였다.

그러나 그 전까지 보안 경찰, 관료, 정치인이나 아파르트헤이트에

동조하는 판사를 포함한 법률가들은, 자신들이 윤리적으로 정당하고 숭고한 법체계의 가치 안에서 봉사하고 있다고 생각했다. 그들은 아파르트헤이트가 세계적으로 비판받고 있으며, 남아프리카에 사는 대부분의 흑인들이 격렬하게 반대하고 있다는 사실을 알면서도, 아파르트헤이트에는 논리가 있고 정의가 있다고 믿었다.

바로 그 이유 때문에, 대아파르트헤이트의 계획을 무너뜨릴 틈을 법체계 속에서 찾을 수 있었다. 그리하여 법체계가 종종 일종의 제동 장치로 작동했던 것이다. 아파르트헤이트 체제가 할 수 있는 것들이 법원으로 인해 실질적으로 제한되곤 했고, 때로는 정부 관료가 내린 명령의 집행이 늦추어지기도 했다. 법원이 어느 정도는 정부와 경찰의 행위를 견제하는 역할을 했던 것이다.

비록 아파르트헤이트 법이 많은 악행을 낳았지만, 그 후 이어진 헌법 체제의 토대를 만들었다는 점도 간과할 수 없다.

분명 여기에는 논쟁의 여지가 있다. 아파르트헤이트 시대의 판사와 법원의 역할에 대해서는 그동안 열띤 토론이 이루어졌다. 어떤 사람들은 법체계가 아파르트헤이트를 정당화하는 가림막이 되었다고 주장했다. 아파르트헤이트를 고결한 것처럼 포장함으로써 그것이 더 오래 지속될 수 있었다는 것이다. 반면, 이 법체계가 만들어 낸 중요한 기회 덕분에 끔찍한 부정의를 개선하고, 때로는 중지시키고 심지어 역전시킬 수 있었다고 주장하는 사람들도 있었다.

나는 양측의 주장이 모두 맞다고 생각한다. 법이 없었다면 아파르

---

* 제3세력(third forces)은 아파르트헤이트에서 민주주의로 이행하던 전환기에 남아프리카 공화국에서 무차별적인 폭력을 행사하던 정체불명의 세력을 가리키던 말이다.

트헤이트가 오랫동안 그렇게 효과적으로 유지되기 어려웠을지도 모른다. 하지만 또한 법이 없었다면, 분명 그 체제는 훨씬 가혹하고 악독하고 파괴적이며 비인간적이었을 것이다. 법률 활동을 통한 저항이 아파르트헤이트 체제의 집행 속도를 늦추고 부정의를 완화하는 데 중요한 역할을 했다. 아파르트헤이트에 유리한 판결을 내리길 거부했던 정직하고 원칙에 충실한 판사들, 그리고 변호사들의 활동이 있었기에 더 나은 법체계, 즉 법이 불의와 불평등이 아니라 정의와 평등을 수호하는 체계로 변화하는 길이 열리게 되었다.

정의와 자유의 편에 섰던 이들을 기억하며

1997년 데즈먼드 투투 주교가 의장을 맡았던 '진실과 화해 위원회'TRC는 판사와 법조인들에게 그들이 아파르트헤이트 체제에서 담당했던 역할에 대한 진술과 증거를 요청했다. 최고위직에 있던 다섯 명의 판사가 공동 진술서를 제출했다. 새로 헌법재판소장이 된 차스칼슨과 헌법재판소 부소장 피우스 랑가, 대법원의 고위직 판사였던 이스마일 마호메드와 그를 보좌하던 헤니 반 히어든, 그리고 1994년에 새로 출범한 민주 정부의 요청에 따라 헌법재판소장으로 재직하다가 얼마 전 은퇴한 마이클 맥그레거 코빗이었다.

이 다섯 명의 판사는 아파르트헤이트 체제를 실행하는 데 법이 주요한 도구로 사용되었다고 지적했다. 아파르트헤이트가 정부 정책의 핵심으로 부상했던 1948년부터, 사실상 두 개의 법체계가 존재했다. 백인을 위한 법체계와 흑인을 위한 법체계였다. 아파르트헤이트 시대를 거치는 내내 법은 헤아릴 수 없이 많은 이들의 인권을 침해했다. 소수의 판사나 변호사가 소리 없이 저항했을 뿐이다.

다섯 명의 판사는 법체계에서 일반적으로 백인이 호의적인 대우를 받았던 반면, 흑인은 법치주의나 개인의 권리 존중이라는 기준을 적용받지 못했다고 진술했다. 치안판사 법정에서, 〈통행법〉을 적용하는 법원에서, 판사들은 늘 아파르트헤이트 법의 잔혹함을 목격했다.

이들은 아파르트헤이트와 관련한 사건이 상급심 법원에 올라간 경우는 극소수였다며 아파르트헤이트 법의 부끄러운 면을 지적했다. 판사들이 하급심 법원에서 올라온 사건을 대할 때, 아파르트헤이트 관련 법조항들을 '정상적인 법'으로 취급했다는 것이다. 다섯 판사가 말한 것처럼, 아파르트헤이트 법의 인종차별적이고 용납할 수 없는 성격에 대해 언급한 법관은 거의 찾아보기 어려웠다. 또한 이들은 재판 없이 구금된 사람들을 법원이 보호하지 못했다는 점도 언급했다. 법원은 권력의 남용으로부터 사람들을 보호하는 역할을 해야 했으나 그러지 못했다.

진술서에는 변호사들의 소송을 통해 아파르트헤이트의 인권침해가 줄고 약간의 보호막이 생겼다는 지적도 있었다. 정치범으로 기소되었던 사람들이 무죄를 주장하며 치밀한 논리를 펼쳤고, 이런 시도가 때때로 성공해 유죄판결을 피하기도 했다. "법에 의해 지탱되던 그 심각한 부정의 속에서, 그래도 법이라는 기술과 절차가 행정부의 손아귀에서 벗어나 때때로 정의를 찾아 준다는 인식이 실제로 남아 있었다. 정의가 지켜졌던 사건들이 일부 존재한다는 사실을 부인한다면 그 시절을 정확히 설명할 수 없다."라고 다섯 판사는 주장했다.

여기에 랑가 재판관은 개인적인 이야기를 덧붙였다. 겸손하면서도 직접적이고 힘 있는 발언이었다. 랑가 재판관은 자신이 한때 법원 통역관이었다가 검사 자격을 취득했으며, 이후 치안판사, 법정 변호사, 칙선 변호사가 되고, 마침내 헌법재판소의 재판관이 된 과정을 이야기했다.

그는 법체계가 최악이던 시절을 경험한 사람이었다. 굴욕적인 의료 검진까지 받도록 강제한 〈통행법〉으로 말미암아 자신이 느꼈던 "좌절, 치욕, 모멸감"을 묘사했다. 공무원이 〈통행법〉을 집행하는 모습을 지켜보는 것은, 그 공무원이 흑인인지 백인인지의 여부를 불문하고 그 자체로 목격자의 "영혼을 갉아먹는" 일이며, "누구도 그 경험을 절대 잊지 못할 것"이라고 랑가 재판관은 말했다. 그리고 그 속에서 사법부의 역할이란, 불이익과 불평등을 지탱할 수 있게 고안된 틀에 "적법성의 도장을 찍어 주는" 것이었다고 표현했다.

나 역시 진실과 화해 위원회에 개인 진술서를 제출했다. 진술서에서 나는 아파르트헤이트 체제와 관련된 우리 모두가 그 부정의에 책임이 있다고 말했다. 진실과 화해 위원회가 최종 보고서에 포함시켰던 구절에서, 나는 모든 변호사와 판사들이 각자의 개인적 신념이나 동참한 정도와 관계없이 어떤 측면에서는 아파르트헤이트의 공모자라고 썼다. 그렇다고 해서 공모의 정도나 도덕적 비난의 수준에 차이가 없다는 의미는 아니었다.

진실과 화해 위원회는 법체계와 그 구성원인 판사, 치안판사, 검사, 법정 변호사, 사무 변호사, 법학 교수들이 모두 아파르트헤이트에 깊이 공모했다고 밝혔다. 위원회가 정확하게 지적했듯이, 그 이유는 아파르트헤이트의 지도자들이 "자신들의 가혹한 부정의에 '법'이 정당성의 외피를 입혀 주기를 간절히 바랐기"때문이다. 그렇게 그들은 표면적으로 법치주의를 준수했고, 그 결과 아파르트헤이트 법은 더 오래, 더 잔혹하게 유지될 수 있었다.

진실과 화해 위원회는 그럼에도 불구하고 그 규범을 깨뜨리려 했던 소수의 변호사들이 언제나 있었다는 사실에 주목했다. 이들은 자의적인 행위와 부정의에 정당성을 부여하는 법들에 대해 기회가 있을 때마다 공공연하게 목소리를 높여 반대했다. 변호사들은 아파르트헤이트에 반대했다는 죄목으로 법정에 선 사람들을 변호하면서 그 한계를 시험했다. 상황이 어려워지고 거의 아무런 보상을 받지 못할 때에도, 그들은 아파르트헤이트 체제가 표적으로 삼고 있는 사람들을 계속 변호했다.

진실과 화해 위원회는 정의와 자유의 편에 섰던 판사들 역시 최대한 언급했다. 특히, 법정에서 활약한 변호사들뿐만 아니라 법정 밖에서 활약했던 변호사들도 잊지 않았다. 상담실과 종교단체를 통해 시골의 가난한 사람들과 노동자들을 도왔던 일반 활동가들과 지역사회의 고문들을 언급했다. 또한 법이 정의와 어떤 관계가 있는지 학생들에게 가르치고, 학생들이 자신의 이상을 실현할 수 있도록 독려했던 법학자들도 언급했다.

이런 증거에 비추어, 진실과 화해 위원회는 다음과 같은 최종 결론에 이르렀다. 위원회는 아파르트헤이트 체제 속에서 반아파르트헤이트 변호사로 활동한 것은 정당한 일이었다고 말했다. 또한 반아파르트헤이트 변호사들에 대해 "체제에 소속되어 있다는 사실만으로도 해를 끼쳤다고 인정되지만 그에 비해"그 폐해를 줄인 활약이 "압도적으로 컸다."고 판단했다.

입헌주의로의 이행

아파르트헤이트가 법의 외관을 갖고 있었기 때문에 존경받던 판사들이 계속 판사직을 유지할 수 있었고, 넬슨 만델라, 시드니 켄트리지, 아서 차스칼슨, 조지 비조스, 피우스 랑가와 같은 변호사들이 아파르트헤이트를 집행하려고 만든 바로 그 법적 절차를 통해 이에 대항할 수 있었다. 거듭 강조하듯 이런 일이 가능했던 것은, 법이 실제로 권력을 제한할 수 있어야 그 권력의 행사에 정당성의 외피를 입힐 수 있기 때문이다. 그러지 못하면 더 이상 법은 존재하지 않는다. 야만적인 힘만 남을 뿐이다.

아파르트헤이트 체제가 바로 그런 식이었다. 그 체제의 야만성이 법을 통해 실현되기는 했지만 더 과해지지 않도록 제어한 것도 법이었다. 그리고 1990년 이후 아파르트헤이트 종식을 협상하던 사람들이 법적 원칙과 가치의 모습 안에 이 나라의 미래에 대한 열망을 담게 된 것도, 반아파르트헤이트 변호사들과 일부 존경받는 판사들의 활동이 있었기에 가능했다.

아파르트헤이트를 종식시키고 입헌 민주주의를 만들어 내는 협상을 이끌었던 사람들 중 다수가 변호사였다. 만델라와 프레데리크 빌렘 데클레르크 대통령 역시 변호사였다. 아파르트헤이트 법정에서 고결한 정의가 일부나마 실현되는 것을 경험했던 만델라의 오랜 기억도 한몫했다. 조 슬로보, 시릴 라마포사, 로엘프 마이어 역시 변호사였다. 협상가들은 당시 법체계가 엉망이고 신뢰를 잃은 것은 사실이지만, 그래도 여전히 기능하고 있으며 어느 정도는 신뢰할 수 있는 상태라고 보았다.

협상가들은 이 법체계를 받아들여 민주주의 체제에 걸맞도록 손보았다. 기존 헌법에서 가장 좋은 점을 골라내어, 새롭고 원대하고 희망적인 법질서를 마련하는 기틀로 삼아 새 헌법을 만들었던 것이다.

아파르트헤이트 체제에서 법은 '투쟁의 장'이었다. 그 결과 수많은 노동조합, 지역단체, 게릴라 전사, 교도소 수용자, 정치인, 일반인들이 자신의 경험을 통해, 법이 인간의 존엄성을 보호하고 향유하는 기제가 될 수 있음을 믿게 되었다. 이 전통의 가장 좋은 점을 살릴 수 있도록 새로운 헌법이 고안되었다.

회복 프로젝트로서의 법

새로운 법질서 속에서, 남아프리카공화국은 아파르트헤이트의 상처를 치유하는 최고의 회복 프로젝트를 시작하게 되었다.

나는 아버지가 교도관 두 사람과 함께 로라 누나의 장례식에 나타났을 때로부터 20년이라는 긴 시간이 지난 1980년대 초에 인권 변호사가 되었다. 그리고 법이 단순히 통제하고 책망하고 비난하며 교정하는 수단, 그 이상이 될 수 있는 방법을 탐구해 왔다. 법은 통제와 억압의 속성을 가지며 때로 부정의할 수 있지만, 나는 법이 치유와 회복의 수단이 될 수도 있다고 믿었다. 종종 부정의로 일그러진 현실에서, 법은 내 삶의 열망을 일상의 활동으로 바꾸어 사회정의와 치유를 위해 일하게 하는 도구가 되었다.

로라 누나의 장례식에서부터 시작된 긴 여정이었다.

에이즈의
유행과
입헌주의로의
이행

질병과 수치심

1986년 12월 19일, 금요일 오후 4시쯤이었다. 의사에게서 전화가 왔다. 그는 내 몸에 HIV가 있다고 말했다. 에이즈를 유발하는 바이러스 말이다. 죽을병에 걸렸다는 소식이 듣기 좋은 때가 있을까마는 그때는 특히 시기가 좋지 않았다. 나는 33세였고, 비츠 대학 응용법학 연구소에서 인권 변호사로 일하고 있었다. 일은 고되었지만 때때로 희망이 보였고 영감을 얻기도 했다. HIV 감염이라는 의사의 진단은 내 삶과 일에 대한 일종의 사형 선고 같았다. 당시에는 에이즈 치료법이 없었다. 에이즈를 완화하는 효과적인 처치조차 없을 때였다.

의사들은 친절했지만, 그들 역시 앞으로 감당해야 할 상황을 두려워하고 있음을 알 수 있었다. 나는 고립된 기분이었다. 이 바이러스의 진행 속도를 늦추기 위해 의사들이 할 수 있는 일은 아무것도 없다고 했다. HIV 조직체는 사람의 면역 체계에서 가장 활동적인 세포를 공격해 면역 체계 유전물질 속에 잠입한다[그래서 '레트로바이러스'retrovirus* 라고 한다]. 일단 깊숙이 자리 잡으면 증식을 시작해 외부 유기체로부터 사람의 몸을 지키는 방어 세포들을 점차 대체하고 파괴한다.

의사들의 설명에 따르면, 이 바이러스는 혈류에서 계속 힘을 얻어 결국에는 통제할 수 없을 정도가 될 것이었다. 그리하여 내 면역 체계가 치명적으로 약해지면, 에이즈, 즉 신체가 너무 취약해져 각종 희귀

---

* 'retro'는 '거꾸로'라는 뜻. 디엔에이(DNA)에서 알엔에이(RNA)로 정보가 전달(전사)되는 일반적인 바이러스의 진행 방향과는 반대로, 자신의 알엔에이를 디엔에이로 역전사하는 바이러스군을 가리킨다.

질병의 증상이 나타날 터였다. 신체의 방어 기능이 소멸된 틈을 타 발생하기 때문에 이런 질병을 '기회 감염성'opportunistic 질병이라고 부른다.

그렇게 될 때까지 내가 얼마나 살 수 있을지 의사는 예측하지 못했다. 몇 년이 될 수도 있고 10년이나 그 이상이 될 수도 있었다. 물론 희망을 잃지 말아야 한다는 점에는 의사와 나 모두 동의했다. 계속 살아가야 했다. 하지만 언젠가는 희망으로도 이 질병을 버텨 내지 못하는 날이 올 것이었다.

HIV 그 자체 때문에 죽을 리는 없었다. 그런 사람은 아무도 없다. HIV로 말미암아 몸이 약해지면 흔한 병균부터 극히 희귀한 병균까지 몸에 들어와 심각한 질환을 일으키므로, 그로 인해 죽게 되는 것이다.

1986년 후반까지 친구들이 에이즈로 고통스럽게 죽어 가는 모습을 보았기에 나는 앞으로 내게 어떤 일이 일어날지 잘 알고 있었다. 친구들은 체중이 줄고, 기운을 잃고, 결국 집·호스피스·병원에서 여윈 얼굴에 퀭한 눈을 하고 죽어 갔다. 가족과 의사들은 옆에서 무력하게 지켜볼 뿐이었다. 그들은 대부분 젊은 남자들이었다. 나처럼 생애 절정기에 있던 이들이었다. 갑자기 다치거나, 중요한 장기가 약해지거나, 암이나 심장 질환으로 죽음에 이르는 게 아니었다. 그런 죽음은 자비로운 속도로 다가오곤 한다.

에이즈는 다르다. 에이즈는 느리다. 고통스러울 정도로 느리다. 적대적인 유기체가 신체를 반복적으로 공격하면서 신체의 방어 능력이 점점 약해지고, 오랜 기간 서서히 전반적으로 체격이 왜소해지면서 죽음이 찾아온다.

그런 일을 이제 내가 마주하게 되었다. 내 몸에 말이다. 아프게 될 것이고, 죽게 될 터였다. 마흔 살까지도 살 수 없을지 모른다. 우리나라가 민주주의나 정의로운 법체계를 쟁취하는 모습을 보게 될 가능성은 더 적었다. 1980년대 중반 당시, 이런 일들은 거의 불가능해 보였다. 동료들과 내가 희망하던 활동의 끝을 나는 결코 볼 수 없으리라 생각했다.

당시 남아프리카공화국에서 에이즈라는 병은 잘 알려진 편이 아니었다. 그래서 더욱 두려웠다. 내가 들은 사례는 손에 꼽을 정도였고, 그것도 대부분 내 주변 사람들이었다. 그러나 이 전염병으로 말미암아 아프리카 다른 지역에서 나타나기 시작했던 끔찍한 일들이 이곳에서도 막 고개를 내밀고 있었다. 아프리카 최남단에 있는 남아프리카공화국이 북쪽으로 5천 킬로미터 떨어진 우간다와 같은 운명을 맞게 될 것인지를 둘러싸고 논쟁이 있었다. 당시 우간다에서는 이성애자들 사이에 엄청난 규모로 감염이 확산되면서 국가의 존립 자체가 위기를 맞고 있었다. 그런 일이 남아프리카공화국에서도 일어나지 않으리라 확신할 수 있을까?

진단을 받고 나서 처음 맞은 주말, 머릿속이 온통 이런 생각들로 가득 찼고, 나는 무시무시한 공포에 휩싸였다. HIV는 더 이상 바깥 세계의 뉴스에 나오는 무서운 사건이나, 친구들 중 누군가를 덮친 안타까운 일이 아니었다. HIV가 내 몸 안에 있었다. 내 몸의 디엔에이를 구성하는 블록들 안에 말이다.

하지만 더 끔찍한 것이 있었다. 곧 전염병이 대규모로 확산될 것이라는 공포보다도, 내가 아직 다하지 못한 일들에 대한 안타까움보다도, 죽을 수 있다는 사실보다도 끔찍한 것, 그 무엇보다 끔찍했던 것은 수치심이라는 감정이었다. 내가 HIV에 감염되었다는 사실이 수치스러웠다.

아니, 수치스러운 것 이상이었다. 정신이 혼미할 정도였다. 나는 내 피와 몸에 침입한 유기체에 경악했다. HIV로 인해 더럽혀진 기분이었다. 오염된 느낌. 불결한 느낌. 깨끗하지 않고, 타락하고, 혼탁하다는 느낌이었다.

사람이 어떤 질병에 걸렸다는 이유로 수치심을 느끼는 까닭은 무엇일까? 암, 당뇨, 심장 질환 모두 생명을 위태롭게 한다. 이런 질병들 역시 고통스럽고 끔찍하다. 그러나 이런 병에 걸린 사람들이 수치심을 느끼는가? 그렇지는 않을 것이다. 친구들과 가족은 넘치는 지지와 사랑으로 도움을 주려 하고, 환자들은 대체로 이 도움을 고맙게 받아들인다.

HIV는 다르다. 왜 그럴까? 사실 따지고 보면 HIV는 인간의 혈류에 살아남으려고 유전적으로 최선을 다하는 감염성 입자에 지나지 않는다. 그런 점에서 다른 바이러스들과 다르지 않다. 다만 이 바이러스가 재주가 많고, 또 일단 몸속에 들어가면 맹렬하게 복제하기 때문에 특별히 치명적인 것이다. 하지만 그 유기체 자체는 수치심을 불러일으킬 만한 특별한 유전적 혹은 바이러스적 속성을 가지고 있지 않다.

다른 질병과 마찬가지로 HIV는 인간이 취약하고 죽을 수밖에 없는 존재라는 사실을 드러낼 뿐이다. 이 점에서 우리는 모두 같다. 그리고 우리의 신체적 취약함에 기생한다는 점에서 HIV는 여느 전염성 유기체와 다르지 않다.

하지만 HIV는 정말 수치스럽다. 해외로 가는 비행기 안에서 이 책을 쓰고 있을 때, 이륙하자마자 승무원 한 명이 다가와 복도 쪽 내 자리 옆에 웅크려 앉았다. 쾌활하고 굉장히 예쁜 승무원이었다. 그녀는 내 팔에 살며시 손을 얹고 얼굴을 내 쪽으로 향했다. 그녀의 이야기를 들으려고 몸을 기울이다가 서로 관자놀이가 살짝 스쳤다. 그녀는 내가 HIV에 감염되었고 항레트로바이러스제를 복용 중이라는 사실을 알고 있었다. 그녀는 나와 이야기하고 싶다고 속삭였다. 나중에 비행기 안이 고요해졌을 때, 우리는 조용히 이야기를 나눌 수 있었다.

바로 2주 전에 그녀는 HIV 감염 진단을 받았다고 했다. 전문적이고 품위 있고 흠잡을 데 없는 그녀의 태도 뒤에서 감정이 들썩이는 게 느껴졌다. 가족이나 동료 중 아무에게도 말하지 않았다고 했다. 이야기를 하는 동안 그녀는 불안한 눈빛으로 나를 응시하며 내 얼굴에서 도움을 찾고 있었다. 그동안 다른 사람들의 반응이 두려워 떨면서 혼자 감당하고 있었던 것이다. 하지만 훨씬 더 중요한 문제는, 그녀가 HIV에 감염되었다는 사실을 수치스러워 한다는 것이었다.

나는 위로의 말을 건넸다. 안심이 될 만한 의학적이고 과학적인 사실들을 말해 주었다. 하지만 나의 새로운 친구가 가장 큰 싸움을 앞두고 있다는 걸 감지할 수 있었다. 그녀 내면에서 치러야 하는 싸움, 수치심에 맞선 싸움이었다.

왜 수치스러울까? 그 근본적인 이유를 말하기는 쉽지만 이해하기는 쉽지 않다. 바로 성행위 때문이다. 내가 수치심을 느꼈던 것은 HIV에 감염된 방식, 즉 성적 접촉을 통해 감염되었다는 것 때문이다.

성행위Sex. 다른 인간과 강렬한 육체적 결합을 이루는 은밀한 행위. 다른 성인과의 동의하에 적절한 장소에서 이루어질 때, 성행위는 환희로 가득차고 열정적이고 해방적이며 아름다울 수 있다. 이성인 두 사람 사이에서 성행위는 새로운 생명을 기약해 주기도 하며, 이 행위를 하는 모든 사람에게 우리 인간이 가진 욕구와 공통적 연약함, 결합에 대한 본원적 갈구를 채워 준다. 인간은 성적 결합이라는 행위를 통해 인간적 유대를 느끼고, 살아 있음을 느낀다.

셰익스피어는 성행위를 향한 간절한 욕구가 "전에는 환희의 약속이요, 지나면 꿈"이라고 말했다. 그러나 어떤 사람이 성행위로 전염병을 얻었다는 진단을 받으면 그 꿈은 불쾌한 것이 된다. 그리고 HIV처럼 생명을 잃을 수도 있는 전염인 경우, 그것은 악몽이 된다.

살아 있음을 느끼는 환희의 교환이어야 할 은밀한 육체적 결합이 오히려 질병과 죽음의 원천이 될 수 있다는 사실에서 곤혹스러움과 수치심이 생기는 것 같다. 게다가 사람들은 그 행위를 힐책하고 비난한다. 조심했어야지. 무슨 생각이었던 거야? 사람들이 우리를 멍청하고 무책임하고 부도덕하고 불결하게 여길 것임을 알기 때문에 우리는 깊은 수치심에 빠진다.

또한 전염병이라는 사실 자체가, 결합 행위가 갖는 애초의 고립되고 은밀한 성격을 잔인하게 파괴한다. 그렇지 않았더라면 극히 사적인 일로 남겨졌을 두 사람 간의 육체적 결합이 온 세상에(병원·친구·가족·동료·이웃에) 알려진다.

이 모든 것은 설명하기도 이해하기도 어렵다. 성행위의 본질과 실천을 둘러싸고 벌어지는 격론에서 우리는 누가 언제 어떻게 어떤 조건에서 성행위를 해야 하는지 토론한다. 이때 어느 정도 조심스러움과 당혹감이 존재하는데, 이는 당연한 일이다. 성행위는 두 인간이 함께할 수 있는 가장 은밀한 육체적 행위이므로 복잡할 수밖에 없다.

그런데다 성행위가 한 사람의 몸에서 다른 사람의 몸으로 위험한 전염병을 옮기게 된다는 생각은 결코, 전혀 하지 못했다. 그런 일이 생기면, 친밀함을 나누던 행위의 섬세함·은밀함·연약함·부드러움·아름다움이 치욕과 수치로 바뀐다. 동성인 사람들 사이라면 그런 감정의 정도는 더욱 커진다. 동성 관계에 대한 첩첩의 비합리적 낙인 때문이다.

HIV, 죽음을 가져오는 이 바이러스에 대해 느끼는 수치심은 가히 절대적이었다.

남아프리카공화국에 도달한 에이즈

HIV 감염 진단을 받고 문득문득 마음속에서 절망이 치밀어 오르던 당시만 해도, 나는 이 질병이 앞으로 남아프리카에서 엄청난 문제가 되리라고는 거의 예상하지 못했다. 민주화 이후 남아프리카공화국에서 가장 격렬하게 토론할 쟁점 가운데 하나가 되리라는 사실도 몰랐다. 또한 이 질병에 관한 대단히 중요한 최초의 소송이 민주주의 시대의 헌법과 법원을 시험할 것이며, 헌법재판소의 가장 용기 있는 판결이자 아마도 지금까지 나온 모든 판결 가운데 가장 폭넓고 실질적인 영향을 미치게 될 판단이 이루어질 것임은 더더욱 알지 못했다.

나는 내 몸속 HIV와 격투를 벌이고 있었을 뿐, 앞으로 몇 년 안에 이 바이러스가 재앙적인 수준으로 남아프리카공화국 인구의 상당수를 휩쓸 것이라는 사실은 전혀 예상하지 못했다. 인구학자들이 점쳤듯이 말도 안 되는 속도로 퍼져, 수백만의 동포가 나와 같은 감염인이 되리라고는 꿈에도 생각하지 못했다. 그들도 나처럼 핏속에 HIV를 지니게 될 것이었다. 나처럼 무서움에 떨고, 가족·친구·동료의 배척을 두려워하게 될 것이었다.

진단을 받고 불과 몇 년 후인 1980년대 후반에, 나는 다른 HIV 감염인들을 만나게 되었다. 전국광산노동자조합NUM, 그리고 이 조합이 소속되어 있는 노동조합 연합인 남아프리카 노동조합회의COSATU와 함께 활동했던 일을 계기로 나를 찾아온 사람들로, HIV에 감염된 광부들과 그 부인들이었다.

우리는 응용법학연구소의 내 사무실에서 책상을 사이에 두고 마주보고 앉았다. 그들은 자신들이 털어놓고 있는 괴로움을 내가 공유하고 있다는 사실을 알지 못했다. 철저한 전문가 정신으로, 또 스스로를 보호하기 위해, 나는 내 두려움을 사그라뜨리고 그들의 두려움을 정중하게 받아들였다. 그렇지만 언어·인종·직업·문화의 깊은 골을 넘어서는 공통의 무언가가 그들과 나의 존재 속에서 고동치고 있었다. 절박하다는 느낌 혹은 그 이상의 어떤 것이었다.

내가 그러하듯이, 이 사람들도 문득 자신을 삼켜 버릴 것 같은 고립감, 그리고 절망과 싸우고 있었다. 나처럼 그들도 낙인찍히고 비난당하며, 결국 에이즈로 말미암아 아프고 죽게 될 것을 무엇보다 두려워하고 있었다.

쇠락과 죽음을 확신하던 그때는 정말 몰랐다. 내 생명을 구하고 수백만 명의 삶에 희망이 되어 줄, 거의 기적에 가까운 치료법이 발견되어 다가올 민주사회에서 거대한 에이즈 논쟁의 한복판에 놓이게 될 것임을 말이다.

그 모든 것은 먼 훗날의 일이었다. 막 HIV 감염 진단을 받은 한 젊은 인권 변호사뿐만 아니라 이 나라의 암울한 미래를 점치던 누구도 그때는 상상할 수 없는 일이었다. 앞으로 일어날 사태의 극적인 전개와 안타깝게 생명을 잃게 될 사람들, 그리고 그 모든 고통을 말이다.

역사적인 날: 1990년 2월 2일 금요일

내가 진단을 받은 때로부터 3년 뒤, 1990년 2월 2일 금요일에 데 클레르크 대통령이 의회에서 극적인 연설을 했다. 이 나라에서 아파 르트헤이트 정부가 민주화 운동을 폭력적으로 억압하는 일이 더 이 상 없을 것이라는 내용이었다. 이 발표는 세계를 놀라게 했다. 그는 이제 민주주의로의 이행에 대해 협상할 의사가 있다고 말했다. 아프 리카민족회의, 범아프리카회의, 남아프리카공산당, 그 밖의 해방운 동 조직들에 대한 금지 조치가 즉시 해제되었다. 인종차별적인 법들 은 유예되거나 폐기될 예정이었다. 사형 집행도 정지되었다. 그리고 교도소에 있던 넬슨 만델라와 지도자들이 풀려나왔다.

40년 전에 만델라와 동료 지도자들이 불복종 운동을 펼치며 쟁취 하려고 했던, 약 30년 전에 교도소에 가면서 얻으려고 했던 그 변화 가 마침내 현실로 다가왔다. 수십 년의 항거와 투쟁, 피와 고통 이후 에 찾아온 변화였다.

데클레르크 대통령의 갑작스러운 발표가 있던 날 아침, 나는 요하 네스버그의 프리차드 길에 있는 웅장한 고등법원 건물 안에 있었다. 이 법원은 남아프리카연방이 세워진 다음 해인 1911년에 만들어진 것으로, 멋진 청동의 돔과 단층 아치의 입구, 변호사가 의뢰인을 만나 는 공간인 시원하고 넓은 로비가 있었다. 법원 건물 밖에는 칼 폰 브 랜디스의 조각상이 서 있었는데, 그는 비트바테르스란트에서 금맥이 발견된 후인 1886년 광산 위원을 지냈고, 요하네스버그 최초의 치안 판사가 된 인물이었다. 브랜디스의 조각상이 바라보는 서쪽 방향에는 금을 쫓던 사람들이 산마루에서 열정적으로 부를 캐냈던, 그래서 요하네스버그를 아프리카에서 가장 부유하고 발전된 도시로 만들었던 광산의 잔해 더미가 있었다.

그날 아침 법정에서 내가 하던 일도 금광과 관련이 있었다. 데클레르크 대통령의 발표 소식을 들었을 때, 나는 전국광산노동자조합의 안전 요원 사지 조나스, 노동조합의 보건 및 안전 담당 변호사인 폴 벤저민과 함께 법정 밖으로 나서고 있었다. 법원 로비에 들어서자 변호사들과 의뢰인들, 심지어 사무처의 직원들까지 무리 지어 흥분해서 이야기하고 있는 것이 보였다.

우리는 그날 골드스타인 판사의 중요한 판결을 기다리며 법정에 있었다. 킨로스 금광을 소유한 광산 회사의 행위가 문제가 된 사건이었다. 킨로스 금광은 요하네스버그에서 동쪽으로 110킬로미터 떨어진 하이펠트 평원 아래 깊숙한 곳에 있었다.

이 사건은 당시로부터 3년쯤 전의 끔찍한 과거로 거슬러 올라간다. 1986년 9월 16일, 광산의 지하 터널에서 참혹한 일이 일어났다. 용접 기사들이 지하 철로를 보수하려고 사용했던 가스탱크에 갑자기 불꽃이 일면서 엄청나게 큰 화재가 발생했다. 몇 초 만에 불길이 터널을 휘감았고, 플라스틱 파이프와 벽면의 클래딩에 불이 붙으면서 더 큰 재앙으로 이어졌다. 자재가 타면서 뿜어내는 독성 연기가 수백 명의 노동자들을 집어삼켰던 것이다. 연기를 많이 마신 이들은 바로 질식사했다. 광부 177명이 그 자리에서 숨졌다. 그리고 수백 명 이상은 목숨을 건졌지만 독성 연기 때문에 병을 얻었다.

사망하거나 병에 걸린 사람들 거의 대부분이 남아프리카공화국의 안팎에서 온 이주 노동자로, 매년 1년 중 11개월간 가족을 떠나 깊은 지하에서 일하며 이 나라의 부를 캐내던 이들이었다. 이들은 모잠비크·말라위·트란스케이·레소토에서 왔으며, 극히 위험한 환경에서 일했다. 대부분이 인생의 황금기에 있는 젊은 청년들이었다. 이들은 당시 유행하기 시작하던 HIV의 위험에 처해 있던 사람들이기도 했다. 응용법학연구소로 나를 찾아와 비밀을 털어놓은 사람들이 바로 이들과 그 부인들이었다. 일어나지 말았어야 했던 이 킨로스 금광의 화재로 말미암아, 땅속 깊은 곳에서 애꿎은 177명의 목숨이 독성 연기에 희생된 것이다.

이 사건은 남아프리카공화국에서 일어난 최악의 광산재해 가운데 하나였다. 전국광산노동자조합은 광산 회사와 책임 관리자들이 법적 책임을 져야 한다고 주장했고, 응용법학연구소가 이들을 지원했다. 지하 터널과 채굴장에서 사용되는 특정 플라스틱과 폴리우레탄 클래딩이 매우 강한 독성을 갖고 있다는 사실은 1986년 당시 이미 잘 알려져 있었다. 이 자재에 일단 불이 붙으면 치명적인 연기를 뿜어냈다. 이를 대체할 자재들도 오래전부터 존재했다. 전국광산노동자조합은 이 위험한 자재들을 일찌감치 지하 통로와 채굴장에서 완전히 걷어 냈어야 했다고 주장했다. 그렇게 하지 않은 것이 형사법상 과실에 해당한다고 했다.

우리는 광산의 관리자와 경영진에게 잘못이 있다고 주장했다. 재난이 발생하도록 일조한 부분에 책임을 지고 교도소에 가야 한다고 보았다.

이에 형사 기소가 이루어졌지만, 뒤이어 열린 재판은 한바탕 쇼에 지나지 않았다. 치안판사는 전국광산노동자조합이 영국에서 모셔 온 전문가의 증언을 무시했다. 회사 관리자들 가운데, 두 가지 경미한 광산 규제 관련법 위반에 해당하는 공소사실이 인정된 사람 한 명만 유죄를 선고받았으며, 나머지는 모두 무죄판결을 받았다. 유죄가 인정된 사람도 고작 50랜드의 벌금형을 받았을 뿐이다. 당시에도 50랜드는 형편없이 적은 돈이었다. 죽은 광부 한 명당 30센트(은이 조금도 포함되어 있지 않은, 구리로만 만든 동전이다)도 되지 않는 금액이었다.

이 형사 절차를 어찌할 수 있는 권한이 우리에게는 없었다. 그렇다 해도 결과는 경악스러웠다. 이제 남은 것은 청문회였다. 사고가 일어나면 〈광산법〉에 따라 반드시 광산 감독관의 주재 아래 청문회를 개최해야 한다. 우리는 모든 에너지를 여기에 쏟아붓기로 했다. 광산 관리의 과실을 입증한다고 생각되는 증거들을 닥치는 대로 긁어모았다. 관리자들을 다그치고, 형사재판 때 치안판사가 누락했던 이들을 포함해 우리 측 증인들을 등장시킬 준비를 했다.

1988년 6월 말 어느 차갑고 안개 자욱하던 아침, 재난이 발생한 뒤 거의 2년이 지난 시점이자 골드스타인 판사가 판결을 내리기 18개월 전에, 전국광산노동자조합의 안전팀과 나를 포함한 응용법학연구소의 변호사들은 광산에서 가장 가까운 마을인 세쿤다로 출장을 갔다. 정부에서 임명한 광산 감독관이 그곳에서 청문회를 열었던 것이다.

하지만 이 청문회는 제대로 진행되지 않았다. 청문회를 주재한 감독관은 사건을 간단히 처리해 버렸다. 첫날, 심리가 시작되자 그는 모든 해당 관리자들로부터 이미 서면 진술서를 받았다고 발표했다. 그것만으로 증거는 충분하며, 이미 형사재판도 한 만큼 더 필요한 자료는 없다고 했다. 그러므로 관리자들에 대한 반대신문은 없을 것이라고 결정을 내렸다. 앞에서도 말했듯이 관리자들은 형사재판에서 아무런 처벌도 받지 않았다. 여기서도 같은 일이 벌어지고 있었다. 사망한 사람들의 배우자와 그 가족, 부상당한 동료들 앞에서 관리자에게 책임을 추궁하지 못하게 될 것이었다.

이는 정의에 대한 참을 수 없는 모욕이었다. 우리는 감독관과 광산 측 변호사들에게 이 결정을 받아들일 수 없다며 항의했다. 명백히 잘못된 결정이라고 말이다. 우리는 청문회가 제대로 이루어질 수 있도록 고등법원에 소를 제기하기로 했다. 또한 소송을 진행해 법원이 청문회의 결정을 바로잡는 동안 청문회를 중지시키는 임시적 집행정지 신청서를 고등법원에 제출하기로 했다. 주재 감독관을 포함해 양쪽 당사자들은 고등법원의 심리가 먼저 진행되도록 청문회를 중단하고 기다리기로 합의했다.

이 심리 역시 대단히 힘겨운 싸움이 되었다. 다음 해 내내 우리는 경쟁적으로 진술서를 교환했다. 청문회를 주재한 감독관의 결정을 방어하는 정부 측과, 그 결정으로 유리해진 광산 회사 측 모두 칙선 변호사를 모셔 왔다. 상대는 법정 문턱에서부터 우리를 막아섰다. 전국광산노동자조합은 감독관의 결정에 불복할 수 있는 당사자가 아니라고 주장하고 나온 것이다. 당사자는 청문회 결과에 따라 재난에 책임을 지는 쪽이어야 하는데, 노동조합 구성원은 그런 당사자가 아니라는 이야기였다. 그리고 어쨌든 감독관의 결정이 옳았다고 이들은 주장했다.

사실관계와 법적 쟁점이 모두 문제가 되었다. 사실관계는 감독관이 청문회를 시작하면서 구체적으로 무슨 말을 했는가였다. 법적 쟁점은 감독관의 결정이 어떤 의미를 가지며, 반대신문을 허용하는 데 있어 감독관이 어느 정도의 권한을 갖는지, 제출된 진술서로 판사가 사실관계를 판단할 수 없더라도 여전히 감독관의 반대신문 허용 권한이라는 핵심 쟁점에 대해 판결을 내려야 하는지 여부였다.

이 모든 복잡하고 기술적인 법적 논점 뒤에 아주 중요한 쟁점이 있었다. 이미 형사재판이 있었고, 광산 관리자들은 처벌을 피했으니 청문회는 의미가 없는 것인가? 광산 측은 그렇다고 했고 정부 측 관료들이 이 주장을 뒷받침했다. 우리는 그렇지 않다고 주장했다. 사망자들의 배우자와 유족들은 관리자들을 상대로 법정에서 싸우기를 원했다. 그들의 바람을 모른 체하면 안 된다.

1989년 11월 무더웠던 나흘간, 우리는 진지하고 꼼꼼하고 공정한 골드스타인 판사 앞에서 이 쟁점들을 놓고 다투었다. 골드스타인 판사가 우리 쪽에 유리하게 사실관계를 확정해 주었으면 하는 마음이 간절했다. 또한 사실관계가 어떻게 확정되든 간에, 그가 법적 쟁점을 판단해 주기를 바랐다. 우리는 전국광산노동자조합이 재판에서 의견을 개진할 자격이 있다고 주장했다. 전국광산노동자조합 구성원이 재난에 책임져야 하는 당사자가 아니라는 점에는 우리도 동의했다. 하지만 그렇다고 해서 이 재판에 이해관계가 없는 것은 아니었다. 전국광산노동자조합의 이해관계는 더 넓었다. 또 다른 광산재해가 일어나지 않도록 막을 방법을 찾으려는 것이었으며, 그래서 그들의 이야기를 들어야 했다. 그리고 우리는 감독관이 관리자 증인들에 대한 반대신문의 가능성을 완전히 차단시킨 것이 위법하다고 주장했다.

변론 후 골드스타인 판사는 판단을 유보했다. 그는 그 신중함으로 크리스마스 휴정기 동안 훌륭한 판결문을 준비했다. 다시 개정기가 시작되던 1월 말 즈음, 우리는 사무처로부터 골드스타인 판사가 2월 2일 금요일에 판결을 선고할 것이라는 연락을 받았다.

금요일 아침, 법정에서 우리가 일부 승소하고 일부 패소했다는 판결을 들었다. 패소한 부분은 가장 덜 중요한 사안이었다. 골드스타인 판사는 진술서의 내용이 상충되어 감독관이 정확히 어떤 결정을 내렸는지 판단할 수 없다고 했다. 따라서 이는 (선서 아래 서면 진술을 하는 것 말고) 증인이 직접 출석해 그날 아침 세쿤다에서 일어난 일을 증언해야만 판단을 내릴 수 있는 문제라고 했다.

하지만 그 외의 모든 쟁점에 대해서는 전국광산노동자조합의 편을 들어주었다. 감독관은 서면 진술서를 제출한 증인에 대해 반대신문을 허용할 법적 권한을 가지고 있었다. 형사재판이 끝났다고 청문회가 의미 없는 것이 아니었다. 전국광산노동자조합이 재판에서 발언할 타당한 이유가 있다는 판결이 무엇보다 중요했다. 전국광산노동자조합은 의견을 표명할 수 있어야 하며, 이 조합이 대표하는 사망자들의 배우자와 유족들, 부상당한 광산 노동자들 역시 의견을 표명할 수 있어야 한다는 것이었다.

사지 조나스, 폴 벤저민과 나는 벅찬 마음으로 서로를 쳐다봤다. 우리는 모두 판결 내용에 감격했고, 너무나 기뻤다. 이 판결 덕분에 전국광산노동자조합은 광산에 관한 다른 쟁점들도 훨씬 수월하게 다룰 수 있게 되었다. 더 이상의 재해가 없도록 예방하는 일까지도 생각할 수 있는 판결이었다. 이 소송의 결과, 광산 측은 사망한 광부의 가족들을 돕기로 합의했다. 광산 측이 기금을 마련해, 정부가 운영하는 보상 기금의 빈약한 액수 이상으로 보상금을 지급하기로 했다. 광산 측과 합의하면서 조합은 더 이상 청문회를 요구하지 않기로 했다.

골드스타인 판사는 기록을 덮고 재판을 마쳤다. 그날 아침에는, 나중에 만들어질 합의문에 우리 측에 유리한 어떤 내용이 담길 것인지 세세히 알지 못했지만, 우리는 사기가 충천해 자리에서 일어났다. 그리고 법정 밖으로 나와 민주주의로의 이행을 알리는 소식을 들었을 때, 날아오르는 기분이었다. 최소한 그 순간만큼은 아파르트헤이트 체제가 고집을 포기한 것처럼 보였다. 드디어 우리나라가 민주주의를, 모든 국민을 아우르는 공정한 체계를 건설할 수 있겠다는 희망이 보이는 듯했다.

민주주의로의 이행과 에이즈의 유행

그날 아침 법정을 나설 때 내 몸의 혈관을 타고 흐르고 있던 그 바이러스는 이미 이 나라에 무시무시한 속도로 퍼지고 있었다. 1990년 2월 11일 일요일, 넬슨 만델라가 27년간의 교도소 생활 끝에 자유의 몸으로 걸어 나와 아파르트헤이트 정부와 협상을 시작했을 때, 이미 아프리카 북쪽 지역 사람들과 경제를 비탄에 빠뜨리기 시작한 에이즈의 유행이 남아프리카공화국을 덮쳐 죽음의 그림자를 드리우고 있었다.

1990년 초부터 역사의 강력한 두 줄기가 나란히 남아프리카공화국을 관통해 흐르고 있었다. 하나는 희망의 줄기였고, 다른 하나는 두려움의 줄기였다. 전자는 공개적이고, 널리 선포되고, 축하할 만한 것이었다. 아찔한 기대를 안겨 주던 그 흐름, 바로 민주주의로의 이행이었다. 후자는 입을 닫아야 하는 것, 침묵에 속하는 것이었다. 사실, 거의 알려지지 않은 일이었다. 전례 없이 치명적인 바이러스가 빠른 속도로 퍼져 새로운 민주주의의 생명을 위협하고 있었다. 무슨 일이 일어나고 있는지 알고 있던 사람들에게 두 번째 줄기의 역사는 불길한 예감이자 공포 그 자체였다. 민주화를 이룩하고 몇 년 지나지 않아 이 두 줄기는 만나게 된다. 그 결과, 새로운 국가를 뒤집어 놓을 만큼의 엄청난 혼돈과 불안이 다가오게 될 것이었다.

어쨌든, 데클레르크 대통령의 발표로부터 3개월 후인 1990년 5월 초, 정부와 아프리카민족회의 사이에 첫 번째 회담이 개최되었다. 회담이 열린 곳은 케이프타운의 그루트 슈어였다. 이곳은 세실 존 로즈가 자신의 다이아몬드와 금광 재산으로 구입했다가, 1902년 사망하면서 미래를 기약하는 뜻으로 장래의 통일된 남아프리카의 지도자들에게 기증한 사랑스러운 케이프 더치* 농장이었다. 때가 되면 넬슨 만델라가 마땅히 그루트 슈어에 있는 로즈 저택의 주인이 될 것이었지만, 당시에는 이제 겨우 아슬아슬한 체제 전환이 시작되고 있었다. 이 과정은 예측하기 어려운 수많은 위험 요소들로 구멍이 숭숭 뚫려 있었다.

회담이 시작되던 무렵, 상황은 그리 좋지 않았다. 타운십에서는 폭력이 난무해 몸살을 앓고 있었으며 그 정도가 점점 심해지고 있었다. 3일 동안의 힘겨운 회담 끝에, 양당은 정치적 갈등을 종식하기 위한 전제 조건에 동의했다. 정치범을 석방하고, 정치적 망명자를 기소하지 않기로 약속해 귀국시키고, 데클레르크의 전임 대통령이었던 피

---

* 케이프 더치(Cape Dutch)는 17~18세기 남아프리카 케이프 지역의 주택·건물·농장 등에 사용된 설계 양식을 의미한다.

터르 빌럼 보타가 4년 전인 1986년 6월 16일에 선포했던 전국 비상 사태를 해제하는 내용이 여기에 포함되었다. 바로 '그루트 슈어 각서'Groote Schuur Minute로 알려진 협정이었다.

하지만 곳곳에서 폭력은 계속되었고 점점 더 심각해졌다. 1990년 7월, 그루트 슈어 각서에 막 서명이 이루어졌을 때, 흑인과 백인이 섞인 무장 괴한들이, 요하네스버그 시내와 외곽의 직장으로 흑인 노동자들을 태워 나르는 통근열차를 공격하기 시작했다. 도저히 이해할 수 없는 공격이었다. 처음에 이 사건은 단순히 즉흥적이고 무계획적으로 벌어진 난폭한 행동처럼 보였으나, 점차 잔혹한 면모를 드러냈다. 이런 공격이 곳곳에서 잦아지면서, 대형 암살 집단이 조직적으로 개입하고 있는 듯한 정황이 보였다. 총기를 든 남성들이 기차역에서 총을 쏘거나 버스 안에 꼼짝없이 갇힌 통근자들을 향해 총알을 퍼붓는 일도 있었다.

괴한들은 대중을 향해 무차별 테러를 하려는 것 같았다. 정치적인 목표나 소속을 밝힌 적도 없었다. 응용법학연구소의 접수 담당자인 소네니 은쿠베는 요하네스버그에서 남쪽으로 60킬로미터 떨어진 세보켕의 발Vaal 교외 주택지 타운십에 살고 있었는데, 그녀의 가족 전체가 끔찍한 폭력을 겪었다. 1991년 1월 그녀의 조카 크리스가 괴한들에 의해 사망했다. 가족들은 이 괴한들이 망고수투 부텔레지 의장이 이끄는 인카타 자유당IFP과 연결되어 있다고 믿었다. 소네니의 가족은 사망한 조카를 위해 집에서 철야 기도회를 열었는데, 이때 또 인카타 자유당으로 보이는 괴한들의 공격으로 조문객 33명이 희생되었다. 사망자 중에는 그녀의 오빠와 그 아들이 있었고, 소네니 본인도 발에 총을 맞았다.

이것이 끝이 아니었다. 소네니는 기차를 타고 출근하다가 폭력 사태에 휘말렸다. 어느 날 아침, 남자 갱단이 그녀가 타고 있던 칸에 들어와 마구잡이로 총질을 해 그 칸에 있던 사람들 중 일부가 사망했다. 그 밖에도 많은 사람들이 괴한들의 총에 목숨을 잃었다. 어떤 승객들은 움직이는 열차에서 무작정 뛰어내렸다가 철로 옆 돌길에서 비참한 죽음을 맞이했다.

충격적인 무장 공격이었고 사상자의 수는 참혹할 정도였다. 1990년부터 1993년 사이에 6백 건이 넘는 통근열차 공격으로 약 572명이 사망했다. 민주주의를 옹호하는 단체들은 민주주의로의 이행, 그리고 아프리카민족회의가 정부를 이끌게 되는 것을 반대하는 사람들이 이 폭력을 일으켰다고 말했다. 인카타 자유당의 구성원들과 보안요원들이 연루되었음을 지목하는 증거가 일부 있었다. 하지만 어떻게 이들이 조직되었으며 목표가 무엇인지는 명확히 알 수 없었다.

기괴하고 끔찍한 폭력 사태들이 계속되는 가운데, 남아프리카공화국을 민주국가로 건설하기 위한 협상이 마침내 시작되었다. '민주적 남아프리카를 위한 회의'Convention for a Democratic South Africa, 줄여서 코데사CODESA라고 불리는 회담의 첫 번째 총회가 1991년 12월 요하네스버그의 바로 외곽에 있는 켐프턴 공원에서 열렸다.

요하네스버그 고등법원의 두 판사가 이 조심스러운 회의의 진행을 맡았다. 한 명은 강직하고 성실한 아프리카너 피터르 샤보르트 판사로, 아프리카너의 남아프리카 지배를 유지하기 위해 활동했던 비밀 조직 브로더본드Broederbond에 한때 몸담은 바 있었다. 그는 요하네스버그에서 경력이 가장 오래된 판사 가운데 하나였다. 다른 한 사람은 만델라 대통령이 나중에 헌법재판관으로 임명했고 최초의 헌법재판소 부소장이 된, 성마르기는 하지만 뛰어난 자질을 가진 이스마일 마호메드 판사였다. 당시 그는 요하네스버그의 법관으로 막 임명되었다. 마호메드 판사와 샤보르트 판사는 요하네스버그의 변호사로서 많은 사건에서 다른 편에 서서 싸우기는 했지만, 서로 좋아하고 잘 어울려 지냈다. 이것이 협상에 도움이 되었다.

코데사 소속 단체들은 분열되지 않은 하나의 나라를 만들겠다는 굳건한 의지를 드러냈다. 새로운 공화국은 "인종·피부색·성별·종교에 관계없이 모두를 위해, 우리의 다양성·자유·평등과 안전을 추구하며" 시민권·애국심·충성을 공유하는 하나의 국가가 될 것이었다. 이들은 아파르트헤이트 체제뿐만 아니라 모든 형태의 차별과 억압에서 벗어난 나라를 만들겠다고 맹세했다. 그리고 무엇보다 중요한 사실이 있었다. 바로 "모든 사람이 보편적으로 수용되는 인권·자유·시민권을 향유해야 한다."라는 내용의 성문헌법이 있어야 한다는 데 합의했다는 점이다.

1992년 3월 회의의 첫 번째 총회에서는 앞으로의 회담에 모든 주요 협상 단체들을 포함시킨다는 중요한 기초를 세웠다. 그러나 1992년 3월 15일, 부푼 기대를 안고 열린 두 번째 총회에서 단체들은 임시정부의 형태와 새 헌법의 기본 내용에 합의하지 못했다.

회담이 재개되고 겨우 한 달이 지났을 무렵인 1992년 6월 17일, 괴한들이 요하네스버그 남쪽의 보이파통 타운십에서 끔찍한 학살을 자행했다. 보이파통은 그 유명한 샤퍼빌과 서로 경계를 맞대고 있는 곳이다. 괴한들은 근방의 콰마달라 호스텔KwaMadala Hostel('늙은 남자들의 집'이라는 뜻이다)에서 온 것 같았다. 이 호스텔은 아파르트헤이트 체제에서 활동하던 망고수투 부텔레지가 이끄는 정당이자, 아프리카민족회의에 적대적이던 인카타 자유당의 지지자들이 머무는 곳으로 알려져 있었다.

괴한들은 무작위로 타운십을 돌며 사람들에게 총을 쏘거나 난도질을 했다. 구체적인 숫자는 기록에 따라 조금씩 차이가 있지만, 대략 46명이 죽고 더 많은 사람이 다친 것으로 알려졌다. 이들 가운데에는 여성과 아이들도 있었다. 많은 사람들은 아파르트헤이트 정부와 연관되어 있는 비밀 군대가 학살을 조직했다고 믿었다. 사람들은 이들을 '제3세력'이라고 부르며, 인카타 자유당 구성원들과 야합한 아파르트헤이트 경찰 및 보안 요원 등 우익 인사들로 구성되어 있다고 생각했다. 이들의 목표는 테러와 불안을 조성해 협정을 방해하는 것이었다. 그러나 정부와 인카타 자유당은 모두 자신들과 관계가 없다고 주장했다. 인카타 자유당은 오히려 자신들이 종종 아프리카민족회의에 의해 폭력 피해를 당하고 있다고 주장했다.

아프리카민족회의는 보이파통 참사를 자행한 사람들과 정부군 사이에 공모가 있었다고 주장하면서, 아프리카민족회의 지지자에 대한 폭력을 막기 위해 데클레르크 대통령이 충분한 조치를 취하지 않았다고 비난했다. 아프리카민족회의 대표인 올리버 탐보의 건강이 심각하게 나빠져 대신 협상을 이끌고 있던 만델라는 결국 1992년 6월 21일 데클레르크 대통령에게 편지를 보냈다. 이 편지에서 만델라는 대통령과 행정부가 폭력에 눈감고 있다며 신랄하게 비난했고, 아프리카민족회의는 협상 참여를 유보하겠다고 공표했다.

남아프리카공화국은 초조한 불확실성의 시기로 접어들었다. 언제 협상이 재개될지, 재개되기는 할지 아무도 알지 못했다. 이 긴장의 시기를 지나는 동안, 에이즈 분야에 종사하는 많은 사람들은 민주 정부가 가능한 한 빨리 출범하기를 고대하면서, 새 정부에 건의할 종합적인 정책을 차근차근 준비하고 있었다.

이 작업에 참여한 사람들은 정부의 보건부 공무원과 의사, 아프리카민족회의 및 그 밖의 단체에 소속된 건강 관련 전문가, 다양한 비정부기구의 활동가들이었다. 나 역시 여기에 참여했는데, HIV 감염인으로서는 아니었다. 나는 이 사실을 비밀로 했고, 인권 변호사의 자격으로 참여했다. 그렇게 나의 취약함을 들키지 않으면서 기량과 능력, 전문적인 측면만을 내보일 수 있었다.

1991년 후반에 이 작업을 진행하면서, 나는 에이즈 분야에서 활동하는 비정부기구들의 전국 연합체인 에이즈 컨소시엄을 만드는 일을 도왔다. 응용법학연구소가 이 컨소시엄을 운영했다. 그리고 다음 해에 나는 응용법학연구소에서 에이즈 법 프로젝트ALP를 시작했다.

배리 맥기어리 사건

점차 나의 인권 활동에서 HIV 감염 또는 에이즈로 말미암아 의사·고용주·배우자·이웃 등으로부터 차별을 경험한 사람들을 위한 소송이 많아졌다.

1990년 중반, 배리 맥기어리라는 청년이 응용법학연구소의 내 사무실로 찾아왔다. 그는 안타까운 이야기를 들려주었다. 몇 달 전인 4월, 그는 생명보험 가입 신청을 했다. 통상 그렇듯이 보험회사에서는 HIV 검사를 요구했고, 배리는 브라크판에 있는 주치의를 찾아가 검사를 받았다. 이 의사와 그 부인은 배리의 친구이기도 했다. 며칠 뒤인 월요일, 의사가 그를 불러 검사 결과 HIV 양성으로 나타났다고 알렸다. 배리는 충격에 빠졌다.

배리의 고통은 곧 엄청나게 증폭되었다. 그 주 수요일에 의사는 주중에 정기적으로 참여하는 골프 모임에 나갔다. 골프 친구 두 명이 함께했는데, 브라크판에서 의료 활동을 하는 동료들이었다. 작은 마을이라 그들 역시 배리를 알고 있었다. 그들은 부부동반으로 배리가 다니는 사교 모임에 참여하고, 배리와 그의 파트너 요한이 함께 운영하는 고급 레스토랑에서 식사를 하기도 했다.

그날 필드에서 골프를 치면서 의사는 두 사람에게 배리가 HIV 검사를 받았는데 양성으로 나타났다고 말했다. 주말이 되자 이 뉴스는 더 이상 비밀이 아니었다. 배리를 아는 거의 모든 사람이 그가 양성 진단을 받았다는 사실을 알게 되었다. 이 뉴스는 빛의 속도로 퍼져 나갔고, 배리의 주변 사람들에게서는 차가운 기운이 흘렀다. 레스토랑의 손님도 뚝 떨어졌다.

자신을 보호했어야 할 의사이자 친구에게 배신당했다는 생각에 배리는 내게 조언을 구했다. 나는 그가 들려준 이야기를 심사숙고했다. 그리고 몇 가지 가능성을 설명했다. 배리는 신중하고 조심스러운 사람이었고, 내 이야기에 집중했다. 헌법이 제정되기 전의 보통법에 따르면 '의사와 환자'와 같은 업무적 관계에서 의사가 비밀을 누설하는 것은 소송의 대상이 될 수 있었다. 남아프리카공화국에 적용되는 로마-네덜란드 법에서는 이를 개인의 천부적 존엄에 반하는 것으로 여겨졌다. 우리의 주장을 펼치려면 의사가 부당하게 비밀을 누설했다는 사실을 입증해야 했다. 만일 의사가 그랬다면, 이는 배리의 인격권을 침해한 것이었다.

하지만 의사를 상대로 소송하는 데에는 많은 위험부담이 있었다. 사실 소송에는 언제나 위험 요소가 존재한다. 분명해 보이던 증거가 나중에는 애매해지고, 새로운 증인들이 등장하는 등 여러 가지 우여곡절이 생긴다. 본래 법이란 결코 명료한 것이 아니다. 우리는 이 사건을 통해 새로운 법이 만들어질 것임을 예감했다. 아직까지 아무도 HIV 감염 사실을 누설했다는 이유로 의사에게 소를 제기한 적이 없었다. 게다가 신문에 크게 다루어질 것이 분명했다. 배리의 얼굴과 그가 HIV 감염인이라는 사실이 모든 신문의 1면에 공개될 것이었다.

배리는 내 이야기를 듣고 신중하게 생각했지만, 여전히 단호했다. 의사가 우정과 신뢰를 배신했다는 생각에는 변함이 없었다. 그리고 자신이 나서지 않는다면 다른 HIV 감염인들과 에이즈 환자들이 고통받게 될 것이라고 생각했다. 그는 소송을 하겠다고 고집했다.

나는 또 다른 어려운 사건들에서 함께 일해 온 젊은 동료 변호사 머빈 조제프에게 응용법학연구소를 도와 배리의 소송에 함께하자고 요청했다. 이 소송에 참여하는 만큼 다른 일을 하지 못해 수임료가 줄어들게 되는데도 머빈은 그렇게 하기로 했다. 우리는 법원에 소장을 제출했다. 소장에 배리의 주장을 정리했고, 의사에게 배상금을 지급하라고 요구했다.

의사의 대응으로 사안은 복잡해졌다. 의사 측 보험 회사의 조언에 따라 의사는 골프장에서의 대화를 인정하지 않고 전면 부인했다. 재판일 직전에야 비로소 그는 자신이 다른 두 의사에게 말했다는 사실을 인정했다. 그러면서 주장을 바꾸었다. HIV는 매우 위험하기 때문에, 의료윤리에 따라 두 동료에게 알려야 했다는 것이다. 동료들도 언젠가 배리와 접촉하게 될 테니 말이다. 배리에게서 감염될 위험이 있다는 이야기였다.

우리는 그의 주장에 전혀 설득력이 없다고 생각했다. 1980년대 후반, 이 전염병이 알려진 지 10년이 채 되기 전부터 이미 과학적 증거는 분명했다. HIV는 산모가 자녀를 출산하거나 수유할 때, 그리고 두 사람이 보호 장치 없이 성관계를 할 때 전염될 수 있다. 우연히 전염되는 것은 불가능하다. 임상 환경에서 의사와 환자 간에 전염이 일어나는 경우는 극히 드물다. HIV를 보유한 체액을 상당량 피부를 통해 직접 주입해야만 감염의 위험이 있다고 말할 수 있다. 이는 연구를 통해 반복적으로 입증된 사실이다.

따라서 의사의 동료들이 모든 잠재적 환자의 HIV 감염 사실을 알아야 한다는 주장은, 더군다나 골프장에서 그래야 한다는 주장은 설득력이 없었다. 또한 모든 보건 의료 인력은 스스로를 보호하기 위해 간단한 '보편적 주의 조치'*를 준수하게 되어 있었다. HIV 감염을 막기에는 이 조치로 충분했으며, 이 조치를 준수해야 제대로 된 의료 행위를 한다고 말할 수 있었다.

하지만 이런 사실이 법적으로 어떤 의미가 있을지는 아직 확실치 않았다. 법정 밖에서는 너무나 명백한 과학적 증거가, 법정 안에서 적대적인 판사를 설득하지 못할 수도 있기 때문이다.

우리는 의연하게, 그러나 혼신의 노력을 다해 재판을 준비했다. 재판이 시작되기 일주일 전, 우리는 법전과 사건 기록, 법원 규칙을 챙

---

* 보편적 주의 조치(universal precautionary measures)는 보건 의료인들이 환자의 체액과 접촉하지 않도록 의료 장갑, 보안경, 안면 보호구 등의 보호 장비를 착용할 것을 안내하는 지침으로서, 에이즈라는 특정 질병과 관계없이 일반적인 감염에 대한 예방 조치로 요구된다.

겨 배리와 요한이 고급스럽게 재단장해 놓은 프리토리아 북쪽 총림叢林 지대의 조용한 전원 오두막으로 들어갔다. 의료 전문가를 상대로 HIV의 비밀 유지 준수 위반에 대해 소를 제기하는 것은 법에서 미지의 영역으로 들어가는 일이었고, 우리는 그 사실을 잘 알고 있었다. 하지만 우리에게는 이 사건을 법원에 설명하는 데 도움을 주겠다고 나선 이들이 있었다. HIV에 관한 최고의 전문가인 의사·사회과학자·심리학자들이었다. 우리는 이들과 함께 증거들을 차근차근 살펴보았다.

그러나 꼼꼼하게 준비했음에도 불구하고, 이 쟁점의 생경함과 감염인에 대한 깊은 낙인이 실제로 배리에게 불리하게 작용했다. 사무처에서 지정한 재판 기일이 밝았을 때, 우리는 기대감을 품고 요하네스버그 고등법원에 도착했다. 그런데 들어가서 보니 모든 판사가 다른 사건을 심리하고 있었다. 기다린 끝에 겨우 한 판사에게 시간이 생겼다. 임시 판사* 데니스 레비가 사건을 맡았다. 의사 측 보험 회사의 지시로 의사를 대리해 출석한 상대측 변호사와 함께, 나는 마음을 졸이며 사전 법정 예절 관례에 따라 판사를 맞이하러 갔다.

레비는 나이 많은 은퇴 변호사로 70대는 족히 되어 보였고, 성질이 급한 편이었다. 과거에 전임 판사로 임명된 적이 없는 사람이었다. 하지만 은퇴 후에 고등법원장이 그의 경력과 경험을 보고 여러 차례 그를 임시 판사로 임명했다.

변론이 시작되기 전, 임시 판사의 태도는 퉁명스럽지만 그래도 정

---

* 임시 판사는 남아프리카공화국 사법제도에서 법관 인력에 공석이 있거나 법관이 불출석한 경우 직무 대행을 하는 판사를 의미한다.

118

중했다. 하지만 법정에서 심리가 개시되는 순간 퉁명스러움이 증오로 변했다. 판사는 내가 모두 변론을 하는 데 끼어들었다. 원고의 HIV 감염 사실이 공개된 장소가 골프장이었다고 말할 때 그가 비아냥거리며 코웃음을 쳤다. 그게 무슨 상관이 있냐고, 그는 참지 못하고 물었다. 당연히 관련이 있지요, 라고 나는 말하고 싶었다. 하지만 정중하게 대답했다. "저희가 입증할 것입니다, 재판장님." 이 말을 하는데 마음이 몹시 무거웠다. 우리가 만만치 않은 사람에게 걸렸다는 사실을 깨달았다.

증거를 제시하는 초기부터, 판사는 자신이 배리와 그의 생활 방식을 역겨워 하고 있음을 숨기지 않았다. 변론에 자주 끼어들면서 에이즈 자체에 대한 불쾌감을 드러냈다.

배리가 증언하는 데는 어려움이 있었다. 그는 자신과 의사 사이에 있었던 일에 대해서는 분명히 설명했다. 의사가 HIV에 감염되었다는 사실을 알렸을 때, 배리는 다른 사람들이 알게 될까 봐 두렵다고 말했고, 의사는 비밀을 지키겠다고 다짐했다. 증언이 계속됨에 따라 배리는 점차 기운을 잃고 정신을 놓치고 있었다. 에이즈가 상당히 진행되어 그를 괴롭히고 있었고, 우리도 이 사실을 잘 알고 있었다. 바이러스의 진행 속도를 늦추거나 몸이 쇠약해지는 걸 진정시키는 치료제가 없는 상태에서 배리는 병들어 죽어 가고 있었다.

재판 첫날에 나는 배리에게 주요 증언을 끌어내는 일을 마쳤지만, 거기까지가 그의 몸이 버틸 수 있는 한계였다. 에이즈로 인한 고통이 역력했다. 그는 정신이 없고 지치고 약해 보였다. 우리가 떠난 뒤 그는 집에서 쉬다가 그날 겪은 극도의 스트레스 때문에 쓰러졌다. 다음 날 우리는 배리를 휠체어에 태워 법정으로 갔다. 배리는 증언대에 앉아 침착하게 상대측 변호사의 질문에 답할 준비를 했다. 하지만 어떤 증언도 할 수 없는 상태임이 분명했다. 발음은 불분명했고, 점차 앞뒤가 맞지 않는 말을 했다. 뇌졸중이 온 것처럼 보였다. 바이러스가 신경에 심각한 타격을 주고 있었다.

우리는 판사에게 휴정을 요청했다. 배리가 다시 돌아와 증언할 수 없을지도 모른다고 생각했지만 말이다. 그래도 배리는 공개 법정에서, 객석을 가득 메운 청중 앞에서 의사가 자신을 배신했다는 사실을 말한 것으로 만족한 듯 보였다. 그는 임무를 다했다. 이제 법정에서의 전투는 그 없이도 계속될 수 있었다. 배리가 휴톤 근처에 새로 문을 연 아늑한 호스피스에서 보살핌을 받는 동안, 우리는 법정에서 진이 빠지는 하루하루를 보냈다. 몇 주 후 1991년 9월 18일, 사랑하는 가족이 지켜보는 가운데, 그리고 헌신적인 친구들의 보살핌을 받으며, 배리는 숨을 거두었다. 최종 변론 전날 밤이었다.

법적으로 볼 때, 배리의 사망으로 우리가 승소할 가능성은 약해졌다. 의사 측 변호사는 배리를 반대 신문할 기회를 갖지 못했다. 배리의 증언이 검증되지 않았기 때문에 별로 쓸모가 없다는 뜻이었다. 우리는 과학과 논리만을 근거로 주상을 펴야 했다.

나는 법정에서 변호사로서 싸우고 있었지만, 나 자신이 HIV 감염인이라는 사실이 변론과 무관할 수는 없었다. 하지만 배리와 그의 파트너와 가족에게도, 우리 측 전문가 증인들에게도, 이제 소중한 친구가 된 변호사 머빈 조제프에게도 이 사실을 알리지 않았다. 배리와 그의 파트너, 가족과 일하는 동안, 그리고 다른 모든 의뢰인들과 일하는 동안, 내가 HIV 감염인임을 지독하게, 그리고 필사적으로 감추었다.

감염인에 관한 대중 포럼에서도 나는 변호사이자 인권 전문가로서 발언했다. 몸속에 HIV를 가지고 살아가는 사람으로서 이야기하지 않았다. 이 문제의 어려움과 비통함을 내가 개인적으로도 이해하고 있다는 기색을 드러낸 적도 없었다.

단 한 번의 예외가 있었다. 나는 HIV 전문의인 스티븐 밀러 교수에게 환자로서 찾아간 적이 있다. 그리고 배리가 내게 도움을 요청했을 때, 그를 밀러 교수에게 소개했다. 밀러 교수는 HIV 과학과 배리의 치료에 관한 전문가 증인이 되어 주었다. 나는 스스로 HIV 감염인이면서, 적대적인 판사 앞에서 배리를 위해 싸우는 대리인이자 옹호자라는 이중적인 역할로 말미암아 압박을 받고 있었다. 그래도 끝까지 싸우겠다는 각오를 다졌다. 달리 선택의 여지가 없었다.

배리가 사망하고 5주 후, 1991년 10월 16일, 레비 판사가 판결을 내렸다. 그는 의사의 승소를 선고했다. 우리에게 불리한 결과를 예상했지만, 그렇다 해도 판결문에 담긴 부정적인 말들은 참으로 실망스러웠다. 우리가 보기에는 억측에 불과한, 그 의료적 필요성이라는 항변이 받아들여졌다. 판사는 두 명의 동료 의사가 배리를 환자로 만날 가능성이 있다는 이유로, 의사가 비밀을 발설한 것이 정당하다고 판단했다. 결국 환자가 HIV 양성 판정을 받았을 때 의사들은 이에 대해 언제든 서로 자유롭게 이야기할 수 있다는 판결이었다. 그 장소가 골프장이더라도 말이다.

우리는 크게 실망했지만, 이 판결이 잘못되었다는 믿음에는 흔들림이 없었기에 항소하기로 결심했다. 1심 법원에서 판사의 적대적인 태도 때문에 거친 감정이 오간 바 있었고, 이것이 우리에게 불리하게 작용했다는 점에서 벗어나 좀 더 나은 재판을 받을 수 있기를 기대했다. 대법원으로 가면 평화로운 분위기 속에서 다섯 명의 판사가 조용히 우리 이야기를 들을 것이고, 과학과 사실에 근거해서 사건을 판단하리라.

하지만 1심 판사의 역할은 아직 끝나지 않았다. 그는 계속해서 상황을 어렵게 만들었다. 고등법원에서 1심 재판을 받은 경우, 패소 당사자는 자동으로 상고할 자격을 갖지 않고 1심 판사에게 상고 허가 신청을 해야 한다. 패소 판결을 내린 바로 그 판사에게 신청해야 한다는 것이 모순적으로 보이지만, 이 절차는 유용한 필터로 작용한다. 만일 상고 허가 신청이 부당하게 거부되면 블룸폰테인의 대법원에 항고할 수 있다. 물론 이제는 헌법재판소에도 청원할 수 있다.

대개 쟁점이 새로운 것이거나 어려운 법적 문제를 다루는 것일 경우, 1심 판사는 군말 없이 상고를 허가한다. 하지만 레비 판사는 그렇게 하지 않았다. 이 쟁점이 아주 새로운 것인데도 불구하고, 게다가 쟁점에 대한 판단이 엇갈릴 가능성이 큰데도 불구하고, 그는 상고 허가 신청을 기각할 수 있음을 내비쳤다. 레비 판사는 내게, 다른 법원이 자신과 다른 결론을 내릴 합리적인 가능성이 있음을 설득하는 주장을 서면으로 제출하라고 말했다. 나는 이를 악물고 그렇게 했다.

결국에는 레비 판사가 우리의 상고 허가 신청을 받아들였지만, 그의 판결은 여전히 유효했으며 아픈 패배였다. 이 판결로 말미암아 많은 HIV 감염인들이 품었던 희망에 어두운 그림자가 드리워졌다. 합리성과 존중의 새 시대로 들어가는 것이 아니라, HIV 감염인들이 계속해서 낙인과 차별에 직면하게 될 것임을 암시하는 듯했다. 그리고 비밀 유지에 대한 기대가 깨져도 판사들이 이를 묵과하리라는 것도 예상할 수 있었다.

언론의 힘을 실감하다

우리가 염려했듯이, 배리 맥기어리 재판에 대한 언론의 관심은 정말 대단했다. 재판 전에 우리는 언론이 배리의 이름을 공개하지 못하도록 하는 명령을 신청할까 생각했었다. 하지만 그러지 않기로 했다. 결국 그는 원칙을 위해 싸우고 있었고, 비밀 유지에 대한 그의 권리는 이미 갈기갈기 찢겨 있었다. 배리는 익명성이라는 장막 뒤에 숨어 타인의 정의를 위해 싸우기를 거부했다. 자신의 이름을 걸고 일어나 자신의 목소리로 말했다.

결과적으로 배리와 의사는 거의 매일 밤 텔레비전 뉴스에 나왔고 전국 대부분 신문의 1면을 장식했다. 재판 이틀째, 머빈 조제프 변호사가 배리를 휠체어에 태우고 법정에 들어섰을 때, 사진 기자들과 취재 기자들이 대기하고 있었다. 깔끔한 정장 차림이었지만 핼쑥한 모습에 정신이 혼미한 채 휠체어에 앉아 요하네스버그 고등법원 중앙문 경사로를 오르던 배리의 그 인상적인 사진은 잊을 수 없는 감동을 남겼다.

일부 도를 넘는 기자들도 있었다. 재판이 진행되는 중에 제공할 수 없는 정보와 인터뷰를 요청하며 졸라 댔다. 하지만 대부분의 경우 언론이 우리 편임을 나는 아주 잘 알고 있었다. 배리의 이야기에는 사람들의 흥미를 끄는 인간적인 측면이 있었다. 의사와 환자 사이의 갈등은 시선을 사로잡았다. 무엇보다도 30대의 젊은 사업가가 성행위로 옮겨지는 치명적 바이러스에 무너진 모습을 보며, 질병 앞에 놓인 배리의 무력함에 사람들은 대단히 큰 인간적 관심을 가졌다.

더구나 대부분의 기자들은 이 사건의 바탕에 깔린 쟁점을 잘 이해했다. 바이러스가 사람들 사이에서 점점 빠른 속도로 퍼져 나가고 있고, 이 문제가 나라의 안녕을 무너뜨릴 수도 있는 엄청난 일이라는 점을 말이다. 기자들은 HIV 감염의 단계, 바이러스의 전파 경로, 기대되는 획기적인 치료법에 대한 유용한 기사를 써서 독자들에게 알려 주었다. 배리나 HIV 감염인 또는 에이즈 환자들을, '피해자'나 '고통받는 사람'과 같은 자극적이고 비하하는 용어로 부르지 말아 달라고 요청했을 때 기자들은 이에 수긍했다.

이런 점에서 집요하게 취재하던 기자들을 무작정 비난하기도 어려웠다. 또한 배리의 재판이 진행되는 동안 언론을 상대했던 경험이 훗날 내게는 소중하게 쓰였다. 몇 년 후 내가 공개 석상에 서고, 에이즈에 대한 언론의 관심이 나 개인에게 쏟아지게 되었을 때를 준비하는 데 도움이 되었다. 그리고 나는 언론이 행사하는 그 어마어마한 힘이 꽤 좋은 쪽으로 쓰일 수 있다는 것 역시 잘 알게 되었다.

에이즈 정책 수립을 향한 노력

배리 재판이 진행되는 사이에 나는 다른 법률 활동과 인권 활동도 병행하고 있었다. 약간의 기업 관련 활동을 하면서 시민권 활동도 했는데, 양심적 또는 종교적 이유로 아파르트헤이트 군대 입대를 거부하는 젊은 백인 양심적 병역 거부자들의 사건도 진행했다. 그루트 슈어 각서에 따라 아파르트헤이트 의회는 1991년 6월 28일, 모든 남아프리카 인을 인종에 따라 엄격하게 구분했던 〈인구등록법〉Population Registration Act을 폐기했다. 우리는 이것이 백인만을 대상으로 하던 징병제 역시 끝났음을 의미한다고 보았다. 1992년 9월, 나는 프리토리아 고등법원의 세 판사로 구성된 재판부 앞에서 이제 징병제는 집행될 수 없다고 주장했다. 그러나 이 야심찬 주장은 받아들여지지 않았다.

앞에서 밝혔듯이 나는 민주 정부 수립을 앞두고 바람직한 에이즈 국가정책을 구상하는 활동에도 참여하고 있었다. 1991년 말 무렵, 우리는 일이 진전되려면 정부 공무원, 아프리카민족회의 지도부, 기타 이 전염병을 염려하는 관계자 등 각계를 포괄하는 전국 회의가 필요하다고 생각했다. 몇 달에 걸쳐 회의를 준비했고, 마침내 1992년 10월에 요하네스버그 남쪽의 소웨토 외곽에 위치한 나스렉에서 회의를 개최하기로 했다.

그러던 중 6월에 보이파통 학살이 일어나 아프리카민족회의와 정부 사이의 협상이 갑자기 중단되었다. 나스렉 회의도 위험해졌다. 협상이 취소되었으니 에이즈 회의도 취소될 것인가? 그러나 다행히도 아니었다. 아프리카민족회의와 정부는 계획대로 회의가 진행될 것이라고 약속했다. 에이즈 문제는 이처럼 정당들 사이의 갈등 국면을 뛰어넘을 정도로 큰 쟁점이었다. 매우 중요한 사안인 만큼 나스렉 회의는 꼭 진행되어야 한다는 데 모든 정당이 동의했다.

일이 진행되는 동안, 만델라와 데클레르크 대통령은 보이파통 학살이 일어난 지 3개월 뒤이자 나스렉 회의가 개최되기 한 달 전인 1992년 9월 말, 협상을 재개하기로 합의했다. 어찌되었든 이런 상황과 무관하게 에이즈 회의를 진행하기로 했다는 사실은 모든 정당이 이 사안을 중요하게 여기고 있음을 반증했다.

1992년 10월 23일, 마침내 에이즈 회의가 시작되었다. 전국의 에이즈 활동가, 보건 공무원, 의료 전문가 들이 회의장을 가득 채웠다. 우리는 개회사를 하기로 한 넬슨 만델라가 도착하기를 목 빠지게 기다렸다. 언제나 그렇듯이 그는 제시간에 정확히 도착했다. 나로서는 처음으로 그를 만나는 기회였다. 만남은 짧고 형식적이었지만, 내 앞뒤에 있었던 많은 사람들과 마찬가지로 나는 전설적인 지도자와 악수를 나눈 것만으로도 영광으로 여겼다.

만델라는 짧고 명쾌하고 잘 짜인 연설을 했다. 이 질병으로 인한 위협이 점점 커지고 있는 현실을 지적했다. 감염의 사회경제학적 근원, 그리고 특히 여성이 많이 감염되고 있는 상황에 대해 설명했다. 또한 분리와 인종적 부정의를 추구하는 아파르트헤이트 정책 때문에 상황이 악화되고 있음을 강조했다.

만델라는 정보와 교육의 중요성과 더불어, HIV 감염 예방을 위한 노력을 강조했다. 조심스럽게 정제된 언어로(에이즈와 관련해 이뤄지고 있던 협력을 망치고 싶지 않은 것이 분명했다) 그는 정보 및 예방 프로그램을 효과적으로 실시하기에는 아파르트헤이트 정부에 대한 신뢰가 없다고 지적했다. 사람들이 이런 노력을 "의심의 눈길로 보고 사람들을 통제하려는 구실로 생각"할 수 있기 때문이다. 현 정부는 "대다수의 흑인 남아프리카 인들에게 성적 행동을 바꾸라고 설득할 만한 신뢰를 얻지 못하고" 있으며, 따라서 에이즈 문제를 다루기 위해 힘을 합치고 "넓은 전선"을 형성해야 한다고 말했다.

만델라의 연설 중에서 특별히 인상적인 대목이 있었다. 그는 "에이즈는 우리가 공개적으로 논하기 아주 어려워하는 삶의 측면을 드러낸다."라고 말했다. 무척 섬세한 문장이었다. 인생의 3분의 1 이상을, 그것도 성적 혁명이 일어난 1960년대와 1970년대를 교도소에

간혀서 보낸 74세의 아프리카민족회의 지도자가, 성 접촉을 통한 감염과 이를 둘러싼 침묵이 매우 복잡하게 얽혀 있음을 정확히 이해하고 있었던 것이다.

회의가 끝난 후, 우리는 광범위한 단위를 포괄하는 전국 조직을 만들어 에이즈 정책을 조정하고 정책안을 마련해 새 정부가 채택할 수 있도록 준비하기로 했다. 이 조직을 우리는 남아프리카 전국에이즈협의회NACOSA라고 불렀다. 망명에서 돌아와 아프리카민족회의 보건위원회 위원직을 맡고 있던 클래런스 미니 박사와 함께, 나는 이 새 조직의 공동 의장을 맡았다. 물론 나는 그에게도 HIV 감염인이라는 사실을 말하지 않았다. 역시 망명에서 돌아온 두 명의 아프리카민족회의 보건 전문가인 은코사자나 들라미니-주마 박사와 만토 차발랄라-음시망도 함께 활동하게 되었다.

만델라의 나스렉 연설이 있은 후, 각계의 지도자들이 이 문제에 대한 생각과 사안의 긴급함에 대해 이야기했다. 북쪽의 이웃나라들을 초토화시키고 있는 엄청난 규모의 전염 사태에 남아프리카가 휩싸이지 않도록 모든 수단을 총동원해 막아야 했다. 당시로서는 아직 분명하게 실감하지 못하고 있었지만, 1992년까지 HIV는 동원 가능한 모든 현실적인 통제 조치들을 넘어 엄청난 기세로 전파되고 있었다.

해외 망명 생활에서 돌아온 사람들 가운데 많은 이들이 아파르트헤이트 시대에 잠비아·탄자니아·짐바브웨·모잠비크처럼 HIV 유병률*이 높은 나라에서 지냈고, 이것이 HIV의 전파 속도를 증가시키는

---

* 유병률(prevalence rate)은 일정 시점 또는 기간에 질병을 가지고 있는 사람들의 전체 인구 대비 비율을 의미한다.

한 요인이 되었다. 또한 아파르트헤이트 체제의 고립이 종식되면서 국경이 아프리카 대륙을 향해 열리게 되었는데, 이 역시 HIV의 전파 속도가 증가될 것임을 의미했다.

이런 사실을 우리가 어떻게 알 수 있었을까? 이 바이러스는 신비에 싸여 있었고, 대부분 보이지 않게 사람에서 사람에게로 옮겨가는데 말이다. HIV가 사람들 사이에 얼마나 넓게 퍼져 있는지를 밝히는 두 가지 방법이 있었다. 가장 신뢰할 수 있는 방법은 집집마다 가구 조사를 하는 것이다. 그럴 경우 과학적으로 추출된 전국적 표본에 기초해 전국을 아우르는 결과를 낳을 수 있다. 표본에서 얻은 결과를 곱해 전체적으로 인구 가운데 얼마나 많은 사람들이 감염되었는지 신뢰할 수 있는 숫자를 얻는 것이다. 이런 조사가 남아프리카공화국에서 두 번 이루어졌다. 2002년과 2005년에 넬슨 만델라 재단의 지원으로 진행되었는데, 시간이 지나면서 이 조사 결과가 놀라울 정도로 정확하다는 것이 밝혀졌다.

두 번째 방식은 아주 다르다. '거점 집단'sentinel groups을 조사하는 방법이다. 신뢰성은 상대적으로 낮지만 역시 유용한 정보를 얻을 수 있다. 거점 집단은 인구 집단을 대표하지는 않는다. 사실 이 집단은 대표성이 없다. 예를 들어 임신한 여성들, 성적 전염성 질환으로 치료받는 사람들, 감옥에 있는 사람들 같은 경우이다. 이 집단은 표본은 아니지만 조사에 포함되지 않은 사람들의 감염 비율에 관해 귀중한 힌트를 준다. 이 집단에서 얻은 정보를 가지고 일부 필요한 조정을 한 뒤, 이를 인구 집단 전체에 투사해 HIV 전파의 대략적인 범위를 얻어낸다.

이 전염병이 시작되던 초기부터 대부분의 나라에서 가장 신뢰성 있는 거점 집단은 임신한 여성들이었다. 대부분의 여성이 어느 시점에는 임신을 한다. 인구를 어떻게 쪼개어 나누더라도 그렇다. 그리고 임신 중 의료 서비스가 필요한 때가 반드시 있다. 남아프리카공화국에서 이들은 대부분 공공 병원과 공공 진료소에서 의료 서비스를 받는다. 이 말은, 공중 보건 전문가들이 이 여성들을 통해 전국적인 HIV 전파 수준을 가늠케 하는 수치를 얻을 수 있음을 뜻한다. 역학자들(범유행성 전염병 분야의 공중 보건 전문가들)이 관심을 갖는 사람들이 바로 이 집단이다.

1990년부터 정부가 공공 임산부 진료소를 이용하는 임신부의 혈액 샘플을 채취해 남아프리카공화국의 HIV 전파 수준을 측정하기 시작했다. 이 샘플은 익명으로, 즉 특정인의 이름이나 코드와 연결되지 않고 취급되었다. 따라서 여성들의 비밀이 위협받을 일은 없었다. 연구 결과는 매우 유용했다. 지난 20년 동안 아프리카 전역에서 이런 조사를 통해 얻은 결과들이 있었으므로, 이를 지침으로 정부, 경제학자, 보건 의료 정책 입안자, 기업인 들이 에이즈에 대응할 수 있었다.

남아프리카공화국의 임신부 조사 결과는 처음부터 조짐이 좋지 않았다. 공공 임산부 진료소를 이용하는 여성들에 대한 최초의 조사에서는 임신한 여성 가운데 0.8퍼센트 이하만이 HIV에 감염된 것으로 나타났다. 그 자체로는 그렇게 나쁘지 않았다. 1퍼센트는 높은 편이지만, 그래도 이 질병이 통제할 수 없을 만큼 위험하게 퍼져 대규모 유행병으로 번질 수 있다는 신호를 줄 정도는 아니었다. 아직은 말이다.

그래도 불안했던 것은 감염이 대부분 상대적으로 최근에 발생했으리라는 추론 때문이었다. 아니나 다를까 HIV의 발생률,* 즉 바이러스가 인구 집단 내에 퍼지는 속도가 엄청나게 빠른 것으로 나타났다. 달리 말하면, HIV 유병률이 1퍼센트 미만으로 안정될 가능성이 전혀 없었다. 1990년 조사 당시 HIV에 감염되어 있던 사람들은 모두 상대적으로 최근에 감염되었다. 유병률 0.8퍼센트라는 수치는 이 질병의 발생이 치솟기 시작하고 있음을 보여 주는 것이었다.

역학자들은 1990년도 말을 기준으로 할 때, 남아프리카공화국의 HIV 감염인 인구가 어림잡아 7만4천 명에서 12만 명 정도라고 측정했다. 대부분 흑인이었고, 다수가 여성이었다. 한나라에 살고 있는 사람들로서는 굉장히 많은 숫자였다. 치료를 받지 못하는 이상 결국 이들은 죽을 운명이었다. 나처럼 말이다.

더 심각한 문제가 있었다. 이들은 대부분 자신이 HIV에 감염되었다는 사실을 모르고 있었다. HIV 검사는 여전히 초보적인 수준이었다. 많은 보건 활동가들, 심지어 일부 의사들도 검사를 받지 말라고 조언했다. 감염인에 대한 차별이 매우 심했기 때문이다. 배리 맥기어리 재판을 주재하던 그 적대적인 판사가 보여 주었듯이 말이다.

변호사인 내게 도움을 구하던 의뢰인들과 내 친구들은 감염 사실이 알려진 후 직장이나 집을 잃거나, 친구와 동료를 잃고 배척당했다. 보험도 제공되지 않았다. 또한 많은 고용주들이 직원을 고용할 때 HIV에 감염된 지원자를 가려내기 시작했기 때문에 아예 지원조차 못하는 경우도 종종 있었다. 감염인을 '솎아 냄'으로써 'HIV 없는 직장'을 만들 수 있을 것이라는 헛된 믿음 때문에 감염 사실이 알려진 이들

---

* 발생률(incidence rate)은 일정 기간 동안 새롭게 발생한 환자의 수를 인구 대비로 환산한 수치를 말한다.

은 직장에서 쫓겨났다. 어떤 임신부들은 검사 결과 HIV 진단을 받은 후 집으로 돌아가 배우자에게 이 사실을 알렸다가, 애초에 감염시킨 당사자였을지도 모르는 배우자에게 오히려 두들겨 맞고 집에서 쫓겨나기도 했다.

또한 많은 사람들이 검사를 피했던 것은, HIV 진단을 받아도 의사가 해 줄 수 있는 일이 거의 없었기 때문이기도 했다. 결과가 양성으로 나왔을 때 의사가 아무런 도움을 줄 수 없고 차별과 낙인만 돌아온다면, 검사를 받을 이유가 있겠는가? 많은 사람들이 냉혹한 차별의 위험과 끔찍한 운명 대신, 차라리 무지 속에 사는 쪽을 선호했다.

15년이 지나 항레트로바이러스제가 대중적으로 사용되기 시작했을 때에야, HIV 검사를 독려하는 대중 프로그램이 큰 효과를 보기 시작했다. 1990년대 초에는 HIV 검사가 흔치 않았다. 그래서 이 바이러스를 가진 사람들 대부분이 감염 사실을 알지 못했다. 그러는 사이에 자신도 모르게 성적 행위를 통해 다른 사람에게 바이러스를 옮기고 있었던 것이다.

1990년에 남아프리카공화국에서 HIV를 보유한 사람은 대략 10만 명으로 추정됐는데, 그 뒤로 이 전염병은 불안할 정도로 빠르게 퍼져 수십만, 결국 수백만의 사람들을 감염시켰다.

1990~93년에 임신부 가운데 HIV 유병률은 5배 이상 증가했다. 임시 헌법과 정부 교체를 위한 협상의 결과 이 나라의 민주주의가 눈앞에 모습을 드러내기 시작하던 1993년까지, HIV 양성으로 진단받은 임신부의 비율은 거의 20명 중 1명에 가까운 수준(4.3퍼센트)이었다. 1993년 보건부는 공식적인 HIV 감염 건수가 지난 2년 동안 60퍼센트 증가했다고 발표했다. 이 수치는 그해에 두 배가 될 것으로 전망

되었다.

우리가 민주주의로 진입하던 1994년 무렵에는, 공공 임산부 진료소를 이용하는 여성 가운데 HIV 유병률의 추정 중앙값은 거의 6퍼센트에 달했다.

우리가 막 민주주의를 달성했을 때, 이 전염병이 온힘을 다해 우리를 덮치고 있었던 것이다.

배리 맥기어리 사건의 상고심 판결

1993년 9월, 요하네스버그 외곽에서 헌법 협상가들이 전국투표 및 새 민주 정부 수립을 위한 합의문을 최종적으로 손보고 있을 때, 우리는 블룸폰테인 대법원의 판사 다섯 명 앞에서 배리 맥기어리 사건을 다투었다. 분위기는 2년 전 하급심 재판 때와 사뭇 달랐다. 상고심 첫 기일 아침 프레지던트 브랜드 길에 있는 청사에 도착했을 때, 보안 요원들과 사무처 직원들이 웅성거리고 있었다. 법정에 들어가 보니 해외에서 방문한 손님들이 판사들을 만나고 있었다. 돌아오는 주말에 판사들이 참석하는 국제 세미나가 있을 예정이었는데, 그 행사와 관련한 손님들이었다.

남아프리카공화국의 민주주의가 드디어 모습을 드러내면서 영연방의 판사들이 남아프리카공화국에서 모임을 갖기로 했던 것이다. 그들은 방문 일정의 일부로 당시 사법 수도인 블룸폰테인에 들렀다고 했다. 이 분위기를 타고 우리 사건도 덜 경직되고 좀 더 열린 마음으로 다루어지지 않을까 하는 희망이 생겼다.

놀랄 일은 또 있었다. 블룸폰테인의 대법정에 들어가 1920년대의 묵직한 취목판으로 짠 변호사 책상 앞에서 법전과 소송기록들을 꺼내고 있을 때였다. 이 법정은 센트리브레스 대법원장이 올리버 슈라이너 판사와 나란히 앉았던 곳이자, 그보다 9년 전에 오길비 톰슨 대법원장이 요하네스버그 주임 사제 상고심 사건을 판결했던 곳이었다. 우리는 그날 아침 이 법정에 영연방 판사들이 앉아 배리의 상고심을 방청할 예정이라는 소식을 들었다.

우리는 재판장에 대한 예의를 갖춘 뒤, 심리가 시작되는 9시 45분에 늦지 않게 9시 30분이 조금 지나 법정으로 돌아왔다. 정말로 방청석의 맨 앞줄에 호주, 인도, 영국, 케냐, 그 밖의 다른 영연방 국가들의 최고법원에서 온 판사들이 앉아 있었다. 아파르트헤이트 체제에서는 생각조차 할 수 없었던 그들의 특별한 존재는, 그 자체만으로 남아프리카공화국과 그 법체계가 근본적인 변화를 맞고 있다는 사실을 생생하게 보여 주고 있었다.

재판장은 근대주의자도 개혁가도 아니었다. 주버트 판사로, 사실 고지식하고 고집이 센 사람이었다. 모든 판결에서 그는 최대한 남아프리카의 로마법과 로마-네덜란드 법 전통을 지키려고 했다. 한때 학자였던 그는 판결문에 라틴법 원문에서 따온 인용구를 잔뜩 넣기로 유명했다. 종종 번역도 하지 않고 그대로 인용할 때도 있었다. 법정에서 그는 까다롭고 현학적이었다. 내가 변론하는 중간에 그는 현대 의학에서 발생하는 모든 종류의 비밀 유지 소송에 대한 완전한 답이 로마-네덜란드 법에 있다고 알려 주려 했다. 하지만 판사들 모두 내 발언을 정중하게 경청했다. 발언대에서 내 변론은 부드럽게 진행되었다. 그리고 금방 끝났다. 하급심 판결을 뒤집으려는 상고인에게 이것은 언제나 좋은 신호였다.

블룸폰테인의 대법원에는 오전 티타임이 있다. 시간은 언제나 정확히 15분으로, 11시부터 11시 15분까지이다. 티타임이 끝난 뒤 반대 측 대리인이 일어나 하급심 법원의 판결을 방어했다. 그는 매우 존경받는 법조인이자 경험이 많은 칙선 변호사 피터 솔로몬으로, 의료인연합에서 상고심을 위해 모셔 온 사람이었다. 시작부터 판사들은 그에게 많은 질문을 했다. 상고심이 그에게 좋지 않게 끝나리라는 신호였다. 특히 한 판사, 쿰레벤이 의사의 항변을 상당히 못 미더워하는 듯한 질문들을 했다.

하지만 그날 쐐기를 박은 것은 다른 판사의 질문이었다. 질문을 한 이는 판사들 중 나이가 두 번째로 많은, 재판장 오른편에 앉아 있던 네스타트였다. 그는 베노니 지역과 그 인근에 많은 땅을 소유한 부유한 집안 출신인데, 사건 당시 배리와 의사들이 살던 지역이 그곳에서 가까웠다. "솔로몬 변호사 님." 그가 말했다. "당신 이야기의 핵심은, 의사가 두 명의 동료에게 원고의 HIV 감염 사실을 알린 것이 의료적으로 필요한 조치였다는 것이지요?" "그렇습니다, 판사 님." 상대측이 답했다. 네스타트 판사는 계속해서 말했다. "원고의 감염 사실을 피고가 발설했던 그 골프장을 우연찮게 제가 좀 아는데요. 의사 측 증거를 제가 제대로 이해하고 있는지 확인해 주시겠어요? 이 대화가 대략 다섯 번째나 여섯 번째 홀에서 이루어진 것이 맞나요?"

피터 솔로몬 본인도 골프를 치는 사람이었고, 네스타트 판사도 그 사실을 잘 알고 있었다. 피터 솔로몬 변호사와 네스타트 판사는 둘 다 요하네스버그 법정변호사회에 속해 있었기 때문이다. 피터 솔로몬은 밝은 얼굴로 판사의 추측에 동의했다. 하지만 판사의 가벼운 질문 뒤에는 가시가 있었다. 의사의 주장이 위기에 몰렸음을 변호사는 알아챘다. 네스타트 판사가 이렇게 정곡을 찔렀기 때문이다. "그런데 만약 환자의 상태를 발설한 것이 의료적 필요성 때문이었다면, 왜 피고는 동료들에게 첫 번째 홀에서 바로 이야기하지 않았을까요?"

상대측 변호사는 대답을 할 수 없었다. 우리는 무표정한 얼굴을 유지했지만 기대감으로 심장 박동이 빨라지고 있었다. 이 판사들은 레비 판사와 달리, 골프장이라는 환경을 고려하며 의사의 항변에 의구심을 품은 것이 분명했다. 우리가 이길 수도 있겠다는 생각이 들었다.

실제로 대법원에서 우리는 중요한 승리를 얻었다. 사건을 담당한 재판부에서 가장 연차가 낮았던, 당시 대법원 임시 판사로 활동하던 루이스 함스 판사가 판결문을 작성했다. 판결문은 사실관계와 법, 에이즈 과학을 엄밀하게 다루었는데, 원고에게 불리했던 레비 판사의 주요 판단을 모두 뒤집었다.

함스 판사는 판결문에서, 사실관계와 더불어 비밀 유지와 인간 존엄성의 법적 가치를 권리에 근거해 유려하게 표현했다. 이런 접근은 당시 켐프톤 공원의 협상가들이 마무리 단계에서 손보고 있던 헌법을 예고하는 것이었다.

함스 판사는 의사가 환자에 대한 비밀 유지 의무를 파기할 만큼 설득력 있는 이유가 있어 그 행위가 정당화되지 않는 이상 비밀 유지 의무는 지켜져야 한다고 보았고, 동료 판사 전원이 이에 동의했다. 더 중요한 판결 내용은 에이즈를 둘러싼 낙인이 매우 심각하다는 우리 측 전문가들의 일치된 증언을 수용한 것이었다. 함스 판사는 특별히 이 점 때문에 법이 HIV 감염인과 에이즈 환자들을 보호해야 한다고 판시했다. 꼭 필요한 경우를 제외하고는 본인의 상태를 누구에게 알

릴지 스스로 결정할 권리를 지켜 주어야 할 이유가 여기에 있었다.

함스 판사는 배리의 HIV 감염 사실을 동료들에게 이야기할 권리가 의사에게 없었다고 결론지었다. 의사는 배리의 존엄성과 사생활에 대한 권리를 침해했다. 그는 고인이 된 배리에게 손해배상금을 지급하고 변호사 비용을 부담해야 했다.

우리는 너무나 기뻤다. 이 판결은 대단히 희망적인 전조였다. 과거를 다룬 사건이지만 미래를 가리키는 길잡이 같았다. 앞으로 에이즈에 대해 좀 더 논리적이고 과학적인 접근이 우세해지리라는 희망도 보였다. 그뿐만이 아니었다. 당시 켐프톤 공원에서는 새로운 민주주의를 구상하며 헌법상 권리들을 둘러싼 협상이 진행되고 있었는데, 이 판결은 사법제도에서 헌법상 권리의 힘이 인정될 가능성을 암시하는 것이기도 했다.

사법 체계의
전환

깊어지는 고민

1997년 9월 말 무렵, 에이즈가 발병하면서 건강이 심각하게 나빠졌다. 내가 HIV에 감염되었다는 소식을 의사가 전화로 알려준 시점으로부터 거의 11년이 지나고, 남아프리카공화국이 민주주의로 이행한 지도 3년이 지나던 때였다. 먼저 뉴머시스티스성 폐렴PCP에 걸려 양쪽 폐가 약해졌다. 폐렴 중에서도 희귀한 종류였다. 발병 원인은 일반 사람들의 폐에서 흔히 발견되는 균이었다. 이 균은 정상적인 면역 상태에서는 아무런 해가 없지만 면역 기능이 떨어지면 세력이 커진다. 심각한 호흡기 질환이 생기고, 강력한 항생제로 치료하지 않으면 죽음에 이를 수도 있다.

이 균 때문에 나는 숨을 제대로 쉴 수가 없었다. 밤에도 잠들지 못하고 누워서 숨을 들이쉬곤 했다. 폐가 제 기능을 하지 못하고 마치 물 풍선처럼 팽창되어 있는 것 같았다. 또 다른 기회 감염성 질병인 위장성 구강칸디다증은 더 고통스러웠다. 내 입과 혀, 목구멍과 위가 균으로 두껍게 뒤덮였다. 칸디다균은 건강한 사람들에게서도 종종 발견되는 것으로, 역시 보통은 나쁜 영향을 주지 않는다. 하지만 약해진 내 몸에서 활개를 쳐 백태를 형성했다. 이 때문에 나는 씹고 삼키기가 힘들었고, 기운과 식욕을 잃었다. 겨우 음식을 먹더라도 위장이 소화시키지 못했다. 체중은 기력만큼이나 빠른 속도로 줄었고, 나는 수척한 '에이즈 환자의 모습'이 되어 가고 있었다. 썩어 가는 몸에 균이 자라고 있다는 생각이 머릿속을 떠나지 않았다. 내 몸이 죽어 가고 있었다.

이런 공포의 나락에 빠지지 않기를 얼마나 바랐던가. HIV 감염인

가운데 극히 일부인 0.2퍼센트 미만의 사람들은 에이즈를 피해 간다. 왜 그런지는 의학자들도 밝히지 못했다. 하지만 HIV에 감염된 사람들은 누구나 자신이 이 집단에 속하기를 희망한다. 병을 피해 가는 행운아 가운데 한 사람이 되기를 기도하는 것이다. 나의 가족과 친구들도 그런 간절한 기대를 품었다. 3년 동안 완전한 고독 속에서 수치심과 공포에 빠져 아무런 말도 못하고 지내다가, 1990년에 비로소 나는 가족과 가까운 친척들에게 HIV 감염 사실을 알리기 시작했다.

많은 가족들이 그러하듯이, 지니 누나, 매형 빔, 조카 말리즈와 그라함은 무조건적인 사랑과 지지로 나를 대해 주었다. 내가 감염 사실을 밝힌 몇몇 친구들과 동료들도 그랬다. 그들로서는 당연한 행동이었을 것이다. 하지만 얼마나 많은 사람들이 에이즈에 걸렸다는 이유로 증오의 대상이 되고 배척을 당하는지 잘 알고 있었으므로 나는 그들의 지지가 너무나 고마웠다. 그런 지지는 내게 절실히 필요한 것이었다.

당시 나는 판사로 일하고 있었다. 3년 전인 1994년 중반에 법정변호사들의 단체인 법정변호사회에서 나를 판사로 추천했다. 이전 체제에서는 판사 임명이 비밀리에 이루어졌다. 법무부 장관이 사람을 추천하면 각료 회의를 거쳐 대통령이 발표하는 식이었다. 면접도 토론도, 대중의 참여도 없고, 떠들썩한 축하도 없었다. 새 헌법은 이런 폐쇄적 절차를 없애고, 대신 사법위원회JSC를 만들었다. 사법위원회가 법관 후보자를 대중이 보는 앞에서 공개적으로 면접한 뒤 대통령에게 추천하는 방식이었다.

판사로 지명 받았으니 나는 사법위원회에 출석해야 했다. 판사가 되는 것은 나의 오랜 꿈이었다. 아파르트헤이트 체제 남아프리카공화국에서는 결코 이룰 수 없던 꿈이다. 그러나 이제는 새 헌법에 따라 헌법이 약속한 권리를 모든 남아프리카 인이 평등하게 누리는 민주주의로 나아가고 있었다. 판사가 된다는 것은 대단히 가슴 벅찬 일이었다. 하지만 한 가지 생각 때문에 나는 몹시 괴로웠다. HIV 감염인이라는 사실을 공개적으로 밝혀야 할까?

이 문제는 나를 극도로 괴롭혔다. 내가 이 전염병과 관련해서 합리성과 정의를 외치며 열정적으로 활동했던 것이 단순히 공적인 차원 때문만이 아니었다는 사실을 아는 건 소수의 가족과 가까운 친구들뿐이었다. 그것은 나 자신을 위한 활동이기도 했다. 대중과 사법위원회, 그리고 만델라 대통령은 나의 감염 사실을 알아야 하지 않을까?

하지만 사실이 알려졌을 때 쏟아지게 될 언론과 대중의 혹독한 심판을 내가 감당할 수 있을까? 언론의 관심과 취재가 얼마나 공격적이고 무서울 수 있는지 나는 배리 맥기어리 재판을 통해 익히 알고 있었다.

나는 복잡한 마음으로 나의 소중한 멘토, 아서 차스칼슨을 찾아갔다. 그는 남아프리카공화국에서 가장 뛰어난 공익 변호사였다. 상법과 공익법 분야 모두에서, 여러 해 동안 요하네스버그 법정변호사회에서 가장 존경받는 변호사 가운데 하나였다. 리보니아 재판의 변호인단에 참여하기도 했다. 1979년 당시에 그는 법률지원센터의 대표로 활동하고 있었다. 이 센터는 남아프리카 최초의 공익법률사무소로서, 부당한 법의 피해자에게 무료(프로 보노Pro Bono) 법률 서비스를 제공했다. 이 센터의 활약은 대단했다. 차스칼슨과 법률지원센터는 창의적인 법적 주장들을 제기해 아파르트헤이트 법의 영향을 약화시키는 많은 판결들을 이끌어 냈다. 때로는 아파르트헤이트의 원대한 설계를 좌절시키기도 했다. 앞에서도 밝혔듯이, 법률지원센터가 이끌어 냈던 〈통행법〉 판결로 결국 아파르트헤이트의 집행이 불가능해지기도 했다.

아서의 공익 변호사 활동은 혁신적이었고 개인적으로도 자랑스러운 업적이었지만, 그 이상의 의미가 있었다. 그의 활동으로 법률 활동 자체가 근본적으로 달라졌다. 아서 덕분에 변호사들은 상법·가족법·형사법 영역에서 기존에 해왔던 전통적인 변호 활동의 범위를 넘어설 수 있었고 심지어 그것이 유행이 되었다. 그는 법을 통해 사회 부정의의 근간을 파고드는 새로운 분야를 창조했다.

요하네스버그 시내에 있던 법률지원센터 사무실에서 퀸엘리자베스 다리를 건너면, 비츠 대학의 브람폰테인 캠퍼스에서 운영하는 응용법학연구소 사무실이 있었다. 그곳에서 우리는 나름대로 좌충우돌하면서 법률 활동을 하고 있었다. 성공도 경험하고 실패도 경험했다. 하지만 그 분야의 거장이 누구인지, 우리 모두가 누구의 활동을 본받고자 하는지에 대해서는 의문의 여지가 없었다. 바로 아서 차스칼슨이었다.

아서는 대단한 집중력으로 활동했고, 흔들림 없이 원칙에 충실했다. 이런 성품 때문에 인상이 대단히 강했으며 무섭기까지 했다. 하지만 부드러운 면도 있었다. 곁에서 활동하다 보면 가끔 그런 모습을 볼 수 있었다. 나는 HIV 감염 사실을 털어놓을까 고민하고 있던 때에 그 부드러운 모습을 처음으로 보았다.

배리 맥기어리의 상고심을 준비하고 있을 때였다. 판사는 적대적이었고, 사건은 사람들이 좋아하지 않는 문제를 다루고 있으며, 의뢰인은 죽어 가는 상황에서, 법정에서 싸우는 것은 대단히 힘겨운 일이었다. 게다가 변호사인 나 스스로도 몸속의 혈관을 돌아다니는 병균과 싸우고 있었기 때문에 더욱 혼란스러웠다.

법정에서 날선 대질을 하는 와중에도 나는 나 자신이 HIV 감염인이라는 사실 때문에 전략적 판단을 내리지 못하고 있는 것은 아닌가 의심하곤 했다. 증거 심리와 변론 도중에 레비 판사가 화를 내며 끼어들었을 때 내가 날카롭게 반응했던 것도 그 때문일까? 내가 과민했던 건 아닐까? 아니면 그런 상황에서는 어떤 변호사라도 나처럼 화가 났을까? 도무지 알 수 없었다.

판사가 상고 신청을 받아들인 후 이런 고민은 더 깊어졌다. 재판에 대한 스트레스, 최종 변론 직전에 있었던 배리의 죽음, 내 몸 상태에 대한 괴로움이 뒤섞여 재판을 제대로 끌고 갈 수 있을지 자신이 없어졌다. 대법원에서 변호를 잘할 수 있을까? 나를 이끌어 줄 유능하고 경험 많은 칙선 변호사, 개인적인 문제 때문에 판단이 흐려지지 않고 변호에 집중할 수 있는 그런 사람이 필요한 것은 아닐까?

나는 고민 끝에 아서에게 연락했다. 법률지원센터 사무실로 전화를 걸어 배리 맥기어리 상고심을 이끌어 줄 수 있는지 물었다. 아서는 늘 그렇듯이 신중한 태도로 긍정도 부정도 하지 않았고, 먼저 재판 기록을 요청했다. 상고심을 앞둔 양측 당사자는 몇 개월 전 미리 블룸폰테인의 대법원 사무처에 서면으로 변론서를 제출해야 하는데, 이를 위해 내가 준비해 둔 변론서가 있었다. 아서는 그것도 보여 달라고 했다.

얼마 후 그가 나를 사무실로 초대했다. 1993년 초엽으로, 블룸폰테인의 대법원 사무처에서 상고심 변론 기일을 정해 주길 기다리고 있던 때였다. 나는 여기서부터는 명망 있는 칙선 변호사가 전략을 짜고 변론을 맡아 주었으면 했다. 법률지원센터에 도착하자, 아서가 간소하지만 고상한 분위기의 사무실에서 나를 맞이했다. 그는 장식이 없는 나무 탁자로 나를 안내하고는, 상고심에 참여하지 않겠다고 말했다. 말투가 상당히 사무적이어서 나를 무시하는 것처럼 들리기도 했다. "에드윈, 당신이 쓴 변론서는 상당히 좋습니다. 이 사건을 꿰뚫고 있더군요. 저를 부를 필요가 없습니다. 블룸폰테인에 가서 직접 변호하세요."

나는 굉장히 실망했다. 하지만 아서의 말이 옳았다. 내가 걱정하는 것은 법리나 사실관계가 아니었다. 레비 판사의 판결이 적대적이기는 했지만, 법으로 볼 때 결국 우리가 유리하다는 것을 알고 있었다. 결국 나는 핏속에 있는 바이러스와 머릿속에 넣어 둔 끔찍한 비밀을 걱정하고 있었다. 대법원 법정에서 혹시나 티가 날까 두려웠던 것이다. 하급심 법원에서 힘겨운 싸움을 하면서 사람들이 눈치를 챌까 봐종종 마음 졸였던 것처럼 말이다.

나는 왜 그때 아서에게 진짜 이유를 말하지 않았을까? 왜 그에게 털어놓지 않았을까? 단순히 그가 뛰어나고 존경받는 칙선 변호사이기 때문에 부탁하는 것이 아니라, 내가 원고 배리 맥기어리처럼 죽을 운명이라는 게 겁나서라고 말이다. 나는 스스로 마음을 달래기 위해서라도 말해야 했다. 사실, 거의 그럴 뻔했다. 그러나 옅은 빛깔의 목재 회의 테이블 앞에 앉아, 진지하고 사무적인 태도의 그를 보며, 나는 하려던 말을 삼켰다. HIV 감염인 대부분이 안고 있는 최대의 짐인 내재화된 낙인이 내 입을 막았다.

아서의 말대로 우리는 블룸폰테인의 대법원에서 변호를 훌륭하게 해냈다. 나는 동료 변호사인 머빈 조제프에게 총명한 젊은 변호사를 찾아 사건을 설명하고 도움을 청해 달라고 부탁했다. 이렇게 만난 변호사가 대니 버거였다. 버거 변호사와 나는 사실관계와 쟁점들을 하나하나 꼼꼼하게 짚어 나갔다. 그의 신선한 관점과 에너지가 도움이 되었다. 상고심 기일 전날 오후, 우리는 블룸폰테인으로 내려갔다. 그날 밤 우리는 내 호텔방에서 머빈 조제프 변호사와 함께 밤늦게까지 전략을 짰다.

세심한 준비와 불안한 기대 끝에 우리는 심리에서 놀라운 결과를 얻을 수 있었다. 함스 판사의 진보적 판결은 아서의 판단이 옳았음을 확인해 주었다. 아서가 다른 곳에 쏟아야 할 에너지를 이 상고심에 쏟을 필요가 없었던 것이다.

하지만 18개월 후, 법정변호사회가 나를 판사로 지명했을 때, 나는 때가 왔다는 것을 알았다. 아서를 찾아가야 했다. 단지 털어놓기 위해서가 아니라 조언을 구하기 위해서였다.

민주주의 시대 사법 체계의 변화

1994년 발효된 헌법은 남아프리카공화국 법원 체계에 대담한 새 제도를 도입했다. 바로 헌법재판소였다. 1990년부터 협상가들은 당시의 사법부를 어떻게 할 것인가를 둘러싸고 치열하게 토론했다. 판사들 중에는 용감하게 아파르트헤이트에 반대하는 목소리를 낸 사람들이 있었다. 법에 여지가 있을 때마다 정의와 평등을 추구하는 방향으로 판결한 판사들도 있었다. 하지만 이런 이들은 소수였다. 대부분의 판사들은 자신들의 의무가 단순히 법조문에 써있는 대로 법을 적용하는 것이라고 생각했고, 기계적으로 법을 적용했다. 아파르트헤이트 의회가 제정한 부당한 법들에 의문을 가지는 것이 의무라고 여기지 못했으며, 정의로운 결과를 위해 자기 앞에 놓인 사건들에 법적 원칙과 가치를 적용해야 한다는 생각도 하지 않았다.

실제로, 백인인 남아프리카 사람들 대부분이 그랬듯이, 많은 판사들이 아파르트헤이트를 지지했다. 이런 태도는 판결에서도 드러났다. 아파르트헤이트에 대적했다는 이유로 사람들을 재판정에서 혹독하게 대하는 경우가 있었다. 아프리카민족회의와 범아프리카회의 군인들에게 주저 없이 장기간의 징역형을 선고하거나 심지어 사형을 선고하는 판사들도 있었다.

이런 판사들에게, 새로운 민주주의와 입헌 체제에서도 계속 그 자리를 맡도록 해야 할까? 일부 협상가들은 그래서는 안 된다고 생각했다. 아예 사법부를 새로 구성해야 한다고 생각하는 사람들도 있었다. 혹은 현직 판사들 모두를 철저하게 평가하는 절차를 마련해야 한다는 의견도 있었다. 아파르트헤이트 체제에서 부당한 법을 집행했던 역할에 대해 공개적인 질의를 거친 후, 새로운 헌법에 따라 판사라는 공직을 부여해야 한다는 것이었다.

좀 더 신중한 주장도 제기되었다. 남아프리카공화국은 불확실한 전환의 시기를 맞고 있으므로 지속성과 안정성이 필요하다는 의견이었다. 이런 의견을 가진 이들은 기존 판사들을 유지하는 것이 도움이 되리라 전망했다. 남아프리카공화국의 판사들은 경험이 많고 유능했으며, 사법부는 국제적으로 높은 평가를 받고 있기도 했다. 상급심 법원들이 적용하던 절차적 공정성에 관한 규범은 전반적으로 훌륭하다는 평이었다. 특히 블룸폰테인의 대법원은, 아파르트헤이트의 정책과 법에 관해 우울한 판결들을 내리긴 했지만, 그 문제를 제외하면 신중한 법리 기준을 갖춘 학술적 법원으로서의 명성을 지키고 있었다.

만델라를 비롯해 해방운동에 참여했던 사람들은 저마다 아파르트헤이트 판사들에 대한 경험을 가지고 있었다. 이들은 몸소 고통을 겪으면서 그 체제가 얼마나 잔혹할 수 있는지를 알게 되었다. 하지만 가끔씩은, 이 체제에서도 정의와 평등을 수호하는 판사들이 영향력을 발휘할 여지가 있었다는 점에서 그 덕을 보기도 했다.

켐프톤 공원의 협상가들은 실리적인 타협안을 채택했다. 결국 신중론이 받아들여졌다. 판사들을 대량으로 해고하지는 않되, 현재의 사법부를 그냥 두지도 않기로 했다.

타협안은 세 부분으로 이루어졌다. 첫째, 아파르트헤이트 체제에서 임명된 판사들은 자리를 보존하도록 했다. 임시 헌법은, 헌법이 발효되기 직전에 판사직에 있던 모든 사람이 이 헌법 아래서 "정히 임명된 것으로 간주"될 것임을 명시적으로 밝혔다. 이 판사들은 "해당 법률에 따라 직위를 계속하여 유지"할 수 있었다.

둘째, 이후 임명되는 모든 판사는 새로 구성되는 사법위원회를 거쳐야 했다. 사법위원회는 독립적으로 판사 후보자를 면접해 대통령에게 추천하도록 했다. 이는 헌법의 목적과 원칙에 따라 사법부를 개선하기 위해서였다.

세 번째는 가장 중요한 내용으로, 임시 헌법은 아주 새로운 재판소를 창조해 헌법을 해석하고 적용하는 과업을 담당하도록 했다. 새 헌법을 지키는 수호자의 역할을 부여한 것이다. 헌법의 해석·보호·집행 등 모든 사안에 대한 관할권을 이 재판소가 갖도록 했다. 이로써 기본권 침해, 국가 행위의 합헌성에 관한 다툼, 의회에서 통과되는 법률의 유효성, 국가기관 사이의 쟁의 등이 이 재판소에서 다루어지게 되었다.

1994년 5월 만델라가 대통령이 되면서 가장 먼저 해야 했던 일이 바로 이 새로운 재판소의 수장을 임명하는 것이었다. 뛰어난 능력과 고결함을 갖춘 사람, 남아프리카공화국 법체계를 억압의 수단에서 정의의 매개체로 탈바꿈시킬 수 있는 법률가가 그 수장이 되어야 했다. 이스마일 마호메드 판사의 강력한 개인적 로비가 있었음에도 불구하고, 만델라 대통령은 그를 임명하지 않았다. 대통령은 대신 아서 차스칼슨을 헌법재판소의 수장으로 임명했다. 법조계와 정치계에서 모두 이 결정을 환호했다.

먼저 새로운 재판소의 구성에 대해 생각해야 했다. 협상 결과 재판관은 호주의 최고법원(7명)이나 캐나다와 미국 연방대법원(각각 9명) 보다 많은 수를 두기로 했다. 다양성과 포용성을 최대한 확보하기 위해 11명의 재판관으로 구성하기로 결정되었다. 그중 최소한 4명은 기존에 판사로 재직한 사람이어야 했다. 만델라는 이 자리에 로리 아커만, 리처드 골드스톤, 이스마일 마호메드, 톨리 마달라를 지명했다.

마호메드와 마달라 재판관은 1990년, 아파르트헤이트를 종식시키는 헌법을 둘러싼 협상이 시작된 이후 임명을 수락했다. 몇 달이 지나 만델라 대통령은 이미 임명한 네 명에 더해, 공개 면접 과정을 거쳐 두 명을 추가 임명했다. 존 디드코트와 요한 크리글러였다. 두 사람 모두 아파르트헤이트 체제에서 판사직을 수행했지만 부정의에 맞서 비판의 목소리를 낸 사람들이었다. 이렇게 재판관 6명과 새 재판소의 수장 아서 차스칼슨에 더해, 대통령은 판사 출신이 아닌 4명을 재판관으로 임명했다. 피우스 랑가, 이본 목고로, 케이트 오리건, 알비 삭스였다. 이들은 임기를 마치던 2009년 10월 11일에 은퇴하기까지, 헌법재판소에서 15년 동안 재직했다. 4명 모두 헌법재판소의 법리 형성에 두드러진 기여를 했고, 특히 오리건 재판관은 깊이 있는 사고와 고결함을 가진 법학자로 세계적인 명성을 얻었다.

처음에는 사법부 위계에서 헌법재판소가 어떤 지위를 갖는지 분명하지 않았다. 헌법재판소는 헌법적 사안을 관장하는 최고법원이었다. 그런데 헌법은 기존의 보통법 등 다른 법들을 인정했다. 이 법들이 헌법의 구속을 받는다고 규정하면서 말이다. 헌법재판소의 지위가 불분명했기에, 당장은 블룸폰테인에 있는 대법원이 보통법을 포함해 헌법을 제외한 모든 사안에 있어 여전히 최고법원으로 기능했다. 헌법재판소가 헌법을 모든 법 가운데 최고 우위의 법으로 자리매김하고, 스스로 헌법의 수호자로서 독보적 지위를 가지려면, 논쟁적인 사건들에서 주의 깊게 논지를 전개하고 때로는 사법적 경합을 치러야 했다.

헌법재판소의 수장으로서 아서의 위치 역시 마찬가지로 모호한 구석이 있었다. 헌법은 최고의 법이고, 새 헌법은 헌법재판소를 요하네스버그에 세우도록 구체적으로 명하고 헌법의 수호자이자 해석자가 되도록 했다. 하지만 아파르트헤이트 종식 당시 최고 재판관Chief Justice이었던 블룸폰테인의 대법원장이 계속 그 직위를 유지하도록 규정한 것도 헌법이었다. 헌법은 최고 재판관이 국가적으로 중요한 역할을 행하도록 했는데, 그중에는 대통령과 각 주의 주지사에게 취임 선서를 시키는 일이 포함되어 있었다.

1994년 당시 최고 재판관은 마이클 맥그레거 코빗이었다. 1994년 5월 10일, 프리토리아의 유니온 빌딩에서 세계가 지켜보는 가운데 넬슨 만델라가 민주적 입헌 국가인 남아프리카공화국 최초의 대통령으로 취임 선서를 할 때, 이를 주재한 것이 바로 그였다.

코빗 대법원장은 케이프타운 출신의 매우 사려 깊고 자유로운 정신을 가진 인물로서, 오길비 톰슨 대법원장이 챙기는 후배였다. 1950년대에 케이프 법정변호사회에서 변호사로 활동하는 동안 그는 유색인의 선거권 박탈을 격렬하게 반대했다. 케이프타운에서 판사로 임명된 이후에는 예리한 법적 분석 능력으로 담대하게 진보적 판결을 내리는 치밀한 법률가로 명성을 얻었다. 반아파르트헤이트 활동을 한 이력이 분명한데도 오길비 톰슨 대법원장은 블룸폰테인의 대법원에 코빗이 임명되어야 한다고 밀어붙였고, 아파르트헤이트 정부는 이에 동의했다.

아파르트헤이트 시대의 엄혹한 상황을 완화시키려는 코빗 판사의 노력은 대법원에서도 계속되었다. 1960년대와 1970년대를 지나는 동안, 정부의 교도소 정책은 특히 정치범들에게 가혹했다. 정치범을 수용하는 시설이 별도로 있었는데, 흑인 정치범은 로벤 섬으로, 백인 정치범은 프리토리아 중앙교도소로 보내졌다. 정치범들에게는 최신 뉴스에 대한 접근이 차단되었다. 보복적인 조치였다. 정치범들은 잡지를 읽을 수 없었고, 신문은 조각조각 잘라서 제공되었다. 단신도 들을 수 없었으며, 정부의 홍보용 라디오 방송을 청취하는 것조차 금지되었다. 넬슨 만델라와 함께 종신형을 선고받았던 사람들 가운데 하나인 데니스 골드버그는 백인 정치범들과 함께 법정에서 이 정책에 저항했지만 패했다. 고등법원과 대법원 모두, 정치범에게 최신 소식을 전면 차단할 권한이 교도소 당국에 있다고 인정했다.

대법원 재판부의 다수 의견이 적용한 심사 기준은 그리 엄격하지 않았다. 교도소장이 수용자들의 환경에 관한 사안을 결정할 때, 관심을 가지고 재량을 행사한 것이라면 문제가 없다는 기준이었다. 교도소장이 그런 기준에 미치지 못했음을 수용자들이 입증하지 못했으므로, 교도소장이 교도소법이나 하위 규정들을 무시했다고 판단할 근거가 없다고 했다.

코빗 판사는 홀로 반대했다. 이 정책이 위법하다며, 그는 감동적인 내용의 의견서를 썼다. 유죄가 확정되어 형을 사는 수용자는, 법률이 명시적으로 박탈하거나 교도소에 있는 한 근본적으로 부합할 수 없는 부분을 제외하고는, 일반 시민이 갖는 모든 기본적인 권리와 자유를 지닌다고 했다. 물론 수용자에게는 더 이상 이동의 자유가 없으며, 바깥 세계와 제한적인 접촉만 할 수 있을 뿐이고, 교도소 생활의 규율·규칙·규정을 지켜야 한다. "그럼에도 불구하고 침해되어서는 안 되는 기본권이 상당히 많다. 그런 기본권이 부정될 때 이들은 법적 구제를 받을 권리가 있다." 바로 이 기본권들 때문에, 교도소 당국이 정치범에게 최신 소식을 완전히 차단할 권한이 없다고 그는 논증했다.

코빗 판사의 반대 의견은 여타 위대한 반대 의견들이 그랬듯이 결국에는 승리했다. 1993년, 대법원은 수용자의 권리에 대한 그의 접근이 옳다고 만장일치로 판결했다. 그뿐만이 아니었다. 코빗 판사의 반대 의견은 즉각적인 효과도 있었다. 교도소 당국은 법정 싸움에서 이겼음에도 불구하고 태도를 부드럽게 바꾸어 정치범에게 최신 소식이나 정치적인 소식을 금지하는 규칙을 완화했다. 골드버그의 문제 제기와 코빗 판사의 반대 의견이 교도소 당국을 부끄럽게 한 것이 분명했다. 아파르트헤이트 법원에서 소송의 효과를 보여 준 또 하나의 사례였다.

아파르트헤이트 시대가 거의 끝날 무렵인 1989년, 정부는 코빗을 대법원장이자 최고 재판관으로 임명했다. 코빗 판사는 1923년 9월 출생으로, 1993년 말에 은퇴하기로 예정되어 있었다. 그러나 이 시기는 당시 켐프톤 공원의 협상가들에게 참으로 중요했다. 새 헌법의 완성이 눈앞에 있고 민주주의로 이행하는 시점에서, 널리 존경받는 인물이 사법부를 이끄는 것이 모두의 바람이었다. 코빗이야말로 바로 그런 인물이었기 때문에 사람들은 전환기 3년 동안 더 자리를 지켜달라고 그에게 요청했다. 1996년 마침내 그가 은퇴를 앞두었을 때, 만델라 대통령은 공식 국가 연회를 베풀어 감사를 표시했다. 이 자리에서 만델라 대통령은 그의 "정의를 향한 열정", "인종차별에 대한 예민함", "지적 엄정함", 그리고 "명료한 사고"에 대해 칭송했다.

최고 재판관은 새 대통령을 취임시키는 것과 같은 중요한 국가적 직무 외에도, 새로 만들어진 사법위원회의 의장을 맡도록 헌법상 규정되어 있었다. 그 첫 번째 정기 회의가 1994년 12월 초 블룸폰테인의 대법원에서 개최되었다. 코빗이 회의를 주재했고, 바로 그 자리에서 내가 임명을 앞두고 면접을 치르게 되었다.

판사로 임명되기 전부터 나는 코빗 대법원장과 인연이 있었다. 그가 로즈 장학생을 선정하는 전국위원회의 의장을 맡고 있을 때 비서로 활동한 적이 있었다. 나는 코빗의 동료 법관들이 무기력하게 아파르트헤이트를 방조하고 있다는 요지의 냉혹한 학술적 비평문을 쓴 적도 있었는데, 코빗 대법원장이 그 글을 흥미롭게 읽었고 조심스럽게 수긍하기도 했다는 사실을 알고 있었다. 하지만 그의 지혜와 연륜에도 불구하고, 내 문제에 대해 조언을 구하기는 쉽지 않았다. 이 문제는 너무 어렵고 은밀하고 난처한 것이었다. 정치적으로도, 또 개인

적으로도 온전히 신뢰할 수 있는 사람이 필요했다. 헌법에 따라 헌법
재판소장이 사법위원회의 구성원이 되었고, 그 자리에는 아서 차스
칼슨이 있었다. 내가 신뢰할 수 있고 신뢰해야 하는 사람이 바로 그라
고 생각했다.

고등법원 판사로 임명되다

다시 한 번 나는 아서의 사무실로 전화해 약속을 잡았다. 아서는
수수한 법률지원센터 사무실에서 역시 수수한 헌법재판소의 새로운
공간으로 자리를 옮겼다. 당시 헌법재판소는 지금처럼 밝고 널찍하
며 개방적인 건물에 있지 않았다. 오늘날 세계적으로 알려진 훌륭한
예술 작품들도 아직 수집되기 전이었다.

대신 시청에 인접한 번화가 브람폰테인의 복합 상업 지구에 재판
관 집무실, 사무처의 사무실과 법정이 임시로 마련되었다. 남아프리
카 인권위원회SAHRC나 토지청구법원과 같은 다른 새 헌법기관들이
북쪽의 부유한 교외 지역에 사무 공간을 선택했던 것과 달리, 재판관
들은 일부러 헌법재판소의 위치를 요하네스버그의 중심부로 정했다.
그들이 선택한 장소는 동서로 높이 뻗은 능선이 하이펠트 평원의 분
수령이 되고 북쪽과 남쪽으로 모두 도시의 주택가가 보이는 곳이었
다.

지금 헌법재판소 건물은 창의적인 설계로 높이 평가받고 있지만,
빈민 지역에 위치하고 있는 것은 예전과 마찬가지이다. 헌법재판소
는 아프리카 남부에 존재하는 거의 모든 언어와 아프리카 대륙에서

구사되는 대부분의 언어가 사용된다는, 인구가 밀집한 국제도시 힐브로우 바로 옆에, 도시 공간 틈에 자리 잡고 있다.

나는 아서의 새 비서인 철저하고 부지런한 아프리카너 푸셰 양과 통화해 약속 시간을 잡으면서 개인적인 일이라고만 말했다. 그곳에 도착하자 아서가 헌법재판소 입구 보안대로 마중을 나왔다. 그는 새 집무실로 나를 안내하면서, 동료 알비 삭스 재판관이 헌법재판소를 위해 수집하기 시작한 예술 작품들을 일부 보여 주었다. 집무실에서 그는 먼저 차를 권했고, 나는 기쁘게 받아들였다. 그는 근엄한 태도로 의자를 권했다. 자리에 앉으면서 나는 HIV에 대한 이야기를 하고 싶지 않은 충동이 생기는 것을 느끼고, 지체 없이 털어놓기로 했다. "아서, 제가 판사로 지명된 것을 아시지요. 그런데 드릴 말씀이 있습니다. 저는 HIV에 감염되었습니다."

그의 얼굴에 놀란 표정이 번졌다. 뜻밖의 이야기였음이 분명했다. 그는 먼저 안타까움과 염려를 표시했고, 나는 작은 목소리로 감사하다고 말했다. 그는 잠시 침묵했다. 그러더니 질문을 시작했다. 건강은 어때요? 마음은 어떤 상태인가요? 예후는 어떤가요? 치료될 가능성이 있나요? 의사는 뭐라고 말했죠?

나는 이 병에 치료법은 없으며, 효과적인 치료법이 나오리라는 희망도 아직은 없다고 말했다. 언젠가는 내가 에이즈 때문에 병에 걸려 죽을 것이 확실해 보인다고도 했다. 그럼에도 불구하고 사실 그 무렵까지 나는 건강했다. 길버트 마커스(나는 결국 그와 그의 부인 제니에게 나의 감염 사실을 말했다)를 비롯해 친구들과 정기적으로 스쿼시를 하고 있었고, 전반적으로 건강이 양호했다. 하지만 (외부 유기체와 싸우는 중요한 혈세포를 측정해 질병에 대한 신체 저항력의 표지로 기능하는)

CD4 수치가 줄어들고 있는 것은, 내 몸이 바이러스의 피해에 취약해지고 있음을 의미했다. 나는 아서에게 내 몸 상태가 천천히, 하지만 계속해서 나빠지고 있다고 말했다.

그리고 내가 당면한 딜레마에 대해 물었다. 제가 판사 임명을 받아들여야 할까요? 감염 사실을 공개하지 않고 그래도 되는 걸까요?

아서는 섣불리 긍정도 부정도 하지 않았다. 찬찬히 생각하더니 HIV 감염인으로서의 삶이 어떤지, 이에 관련한 외국법은 어떤지 질문했다. 외국법에서는 취업 전에 HIV 감염 여부를 밝히는 문제를 어떻게 다루나요? 제네바에 있는 국제노동기구ILO의 입장은 어떤가요? 나는 많은 선진 법제도에서, 구직 시 HIV 감염 여부를 밝히라고 요구하는 것은 바람직하지 않은 것으로 간주된다고 설명했다. 국제노동기구도 HIV 감염 여부를 밝히라는 요구를 하지 말라고 권고하는 입장이었다.

아서는 신중히 생각한 끝에 입장을 정리했다. 그는 내가 사법위원회의 절차를 따라야 한다고 말했다. 사법위원회는 분명 나를 판사로 추천할 테고, 그렇게 되면 임명을 받아들여야 한다고 했다. 내가 왕성하게 활동할 날들이 앞으로 많이 남아 있었다. 아서는 남아프리카공산당의 대표인 조 슬로보를 언급했다. 만델라 대통령은 최근 첫 내각을 구성하면서 그를 주택 장관으로 임명했고 슬로보는 이를 받아들였다. 사람들은 그의 병이 심각한 상태라는 사실을 알고 있었지만, 아무도 병에 걸렸다는 이유로 내각에서 일해서는 안 된다고 말하지 않았다. 아서는 인권법 활동을 했던 법률가들이 사법부에 있어야 한다고 말했다. 내가 판사가 되는 것은 중요한 의미가 있는 일이었다.

마침내 아서는 결론을 내렸다. 감염 사실을 공개적으로 밝힐 필요가 없다고 말했다. 아직까지 건강하므로 나의 상태는 사법위원회나 대통령이 염려할 일이 아니라고 했다. 나는 안도하는 마음으로 그의 집무실을 나왔다. 나는 아직 공개적으로 말할 준비가 되어 있지 않았다. 많은 HIV 감염인들이 내면화하는 공포와 압박이 엄청난 무게로 나를 고통스럽게 짓누르고 있었다. 하지만 잠시 모면했을 뿐이라는 사실을 모르지는 않았다. 1994년 12월, 나는 요하네스버그 고등법원 판사 임명을 받기 위해 블룸폰테인에 가서 면접을 치렀다. 사법위원회는 다른 세 명과 나를 판사로 추천했다. 우리 네 사람은 넬슨 만델라 대통령이 고등법원에 임명한 최초의 판사들이었다. 나는 뛸 듯이 기뻤다. 하지만 이런 기쁨에는 HIV 감염 사실과 나 자신의 나약함 때문에 우울한 그림자가 드리워져 있었다. 이제 활동가이자 변호사로서가 아니라 헌법을 따르는 판사로서 대중에게 봉사하겠다고 약속했으니, 결국 언젠가는 대중을 맞닥뜨려야 할 터였다.

에이즈 치료법의 등장과 공개 발표문

3년 후, 병이 다음 단계로 진행되었다. 시간이 지나면서 결국 질병이 내 신체의 취약한 곳을 파고들었다. 나는 민주주의가 도래해, 권리에 기초한 헌법이 만들어지는 모습을 볼 수 있었고, 이 체제에서 판사가 될 수 있었다. 그리고 이제는 몸이 쇠약해져 에이즈로 죽을 날을 앞두고 있었다.

하지만 구원의 손길이 나를 기다리고 있었다. 거의 기적과도 같은 치료법이 등장했던 것이다. 의사는 이 치료법을 시도하기 위해서는 먼저 내 몸을 에워싸고 있는 기회 감염성 질병을 떨쳐 내야 한다고 했다. 쉬운 일은 아니었다. 첫 2주 동안 엄청난 양의 항생제를 투여했는데도 폐렴이 사라지지 않았다. 차선책으로 더 강력한 조치가 필요했다. 게다가 이전에 디플루칸(플루코나졸)*이라는, 비싸지만 굉장히 효과적인 새 진균 치료제를 써 쫓아냈던 구강 칸디다증이 재발했다.

그러는 중에도 나는 판사로서의 일을 놓지 않았다. 단지 의무를 다하기 위해서만은 아니었고, 나 자신을 위한 일이기도 했다. 쉽게 무너질 수 있는 상황에서 계속 일을 하는 것이 균형을 유지하는 데 도움이 되었다. 물론 쉽지는 않았다. 그 몇 달 전, 나는 요하네스버그 고등법원 본청이 아닌 외부에서 근무하는 일에 배치되었다. 샤퍼빌과 세보켕으로 유명한 발 타운십 인근의 강변 마을 베리니깅의 순회 법원을 주재하는 일이었다. 자연히 이동 시간이 많아져, 매일 아침 베리니깅으로 한 시간 동안 운전해서 출근했다. 점심시간에는 판사 집무실 바닥에 누워 오후 심리를 위해 기운을 차려 보려 애썼다.

바닥에 누워 나 자신의 고통스러운 숨소리를 듣고 있던 당시에는, 내가 회복될 수 있을지 도무지 가늠할 수가 없었다. 질병과 죽음이 끝도 없이 밀려온 암울한 15년 동안 수백만 명이 생명을 잃었다. 그런데 지난해부터 에이즈의 판도가 급격히 바뀌기 시작했다. 약제를 혼합하는 기법으로 에이즈를 관리할 수 있게 된 것이다. 1996년 북미의 의사들은 자신들이 에이즈 환자들을 치료하고 있으며, 그중에는 병이 심각한 사람들도 있으나 이 치료법으로 완치를 돕고 있다고 발표

---

* 디플루칸(Diflucan)은 제약 회사 화이자가 판매하는 제품명이고, 플루코나졸(Fluconazole)은 약물명이다.

했다. 이 기적 같은 이야기에, 죽음을 기다리던 많은 사람들이 다시 삶의 활기를 얻게 되었다.

나 역시 그랬다. 말로 다 표현할 수 없는 어마어마한 기쁨이었다. 치료를 받은 뒤로 생활이 달라졌다. 눈 깜짝할 사이에 일어난 일이었다. 나는 1997년 11월에 항레트로바이러스제를 먹기 시작했다. 악성 기회 감염성 질병 때문에 온통 피폐해진 상태였는데, 겨우 몇 주도 지나지 않아 건강이 회복되었다. 이 치료약의 효과는 그야말로 기적에 가까웠다.

건강이 회복되었음을 알리는 첫 번째 징표는 배고픔이었다. 그냥 배고픈 것이 아니었다. 미친 듯이 배가 고팠다. 하루 종일 그랬다. 전에는 아무것도 먹지 못했는데, 이제는 하루에 식사를 세 번이 아니라 네 번씩 하기도 했다. 빠졌던 체중도 빠른 속도로 회복되었다. 기회 감염성 질병으로 내 몸이 황폐해지는 것을 보면서 지치고 처져 있던 나는 활기를 되찾았다. 면역 반응의 핵심 징표가 되곤 하는 피부색도 회복되었다. 보기에도, 느끼기에도, 나는 건강을 되찾고 있었다.

하지만 큰 비용이 들었다. 문자 그대로 건강을 돈으로 사는 셈이었다. 치료약은 엄청나게 비쌌다. 당시 판사의 수입은 1년에 36만 랜드에 조금 못 미쳤는데, 남아프리카 인 대부분에게 이는 굉장한 액수였다. 같은 시기에 남아프리카 인 가운데 4분의 3 이상은 가계 수입이 월 4천 랜드가 안 되었다. 내 경우에는 세금 등을 공제한 1만6천 랜드가 매달 재무부로부터 통장에 입금되었다. 치료약이 비싼 것은 희귀하고 값비싼 약제가 포함되어 있기 때문이었다. 프로테아제 억제제인 노비르 혹은 리토나비어*라는 약제였다. 매달 들어가는 약값이 수입의 4분의 1을 넘었다. 내 집을 돌보아 주는 분에게 비용을 지불하고, 주택 담보대출을 갚고, 일상적인 가계 운영비와 생활비를 제하고 나면 감당할 수가 없었다.

하지만 아프리카에 사는 수백만의 사람들에게 이 비용은 상상을 초월하는 것이었다. 그들도 나와 똑같이 에이즈로 죽음을 맞고 있는데, 그들은 도저히 치료약을 살 수 없는 형편이었다. 나는 내 지위와 월급 덕에 목숨을 사고 있었던 것이다.

판사와 의회 의원이 가입하는 법정 의료보험은 에이즈 치료를 지원하지 않았다. 불합리하고 부당하게도, 에이즈는 보험 지급의 대상에서 제외되었다. 고혈압이나 암, 당뇨와 싸우는 동료들은 병원에서 진료를 받고, 입원을 하고, 약을 먹으며 보험을 청구할 수 있었다. 조슬로보는 1995년 1월 5일 사망하기 전까지, 만델라 대통령의 내각에 있던 마지막 몇 개월 동안 값비싼 병원 치료를 받아야 했다. 내가 가입한 것과 동일한 의료보험에서 당연히 그 비용을 지원했다. 하지만 내가 에이즈와 싸울 때 의료보험은 아무런 도움을 주지 않았다.

에이즈와의 싸움은 계속되었다. 목숨을 부지하기 위해서는 매달 돈을 구해야 했다. 다행히 나는 그럴 수 있었다. 내가 운이 좋은 사람이라는 사실을 나는 잘 알고 있었다. 한 친구 때문에 매우 감동받은 일이 있었다. 본인들은 알아채지 못했겠지만, 나는 그 일로 주변의 친구와 동료들이 내 상황에 대해 어떻게 느끼는지 알 수 있었다. 법정에서 돌아온 어느 오후, 항레트로바이러스제 청구서가 날아온 날이었다. 응용법학연구소에서 함께 일했던 동료인 길버트 마커스가 내 집

---

* 노비르(Norvir)는 제약 회사 애보트가 판매하는 제품명이고, 리토나비어(Ritonavir)는 약물명이다.

무실로 들어왔다. 그는 아무 말 없이 우편함에 봉투를 하나 밀어 넣고 나갔다. 열어 보니 그 안에는 4천 랜드짜리 수표가 들어 있었다. 한 달 치 생명이었다.

응용법학연구소에 있을 때 에이즈 법 프로젝트에서 함께 활동했던 동료이자 가까운 친구인 재키 아크맛은, 판사의 봉급도, 씀씀이가 후한 친구도 없는 사람들을 매우 안타까워했다. 내가 죽음과 사투를 벌인 지 1년 후인 1998년, 재키는 치료행동캠페인TAC을 설립했다. 그는 어려서부터 음험한 정치의 기술을 익혔으며, 일찍부터 반아파르트헤이트 투쟁에 참여한 인물이었다. 그는 이제 자신의 HIV 감염 사실을 세상에 알리고 약값이라는, 생사가 걸린 문제와 싸우기 시작했다.

치료행동캠페인은 생명을 구하는 약, 항레트로바이러스제의 특허를 소지한 초국적 제약 회사들을 표적으로 삼았다. 약제의 제조 비용 자체는 대부분 상당히 저렴했다. 하지만 특허권을 가진 제약 회사들은 가격을 높게 책정할 수 있었으며, 실제로 그렇게 했다. 생명을 살릴 수 있는 연구를 계속하려면 자금을 모아야 한다는 것이 그들의 주장이었다. 그러나 많은 사람들은 이 주장에 의구심을 품었다. 제약 회사들이 주주들에게 두둑한 배당금을 지불하고, 대표들에게 몇 억 달러에 달하는 보너스를 지급했기 때문이다.

백번 양보해 향후 연구 개발을 위해 가격을 높게 책정할 필요가 있다 해도, 하나의 대륙 전체에 번지고 있는 대규모 위기 상황에서 그럴 수는 없는 일이었다. 전 세계에서 가장 가난한 수천만 명의 사람들이 아프리카에서 에이즈로 죽음을 맞이하고 있었다. 치료제가 없어서가 아니었다. 치료제는 있었다. 순전히 제약 회사의 특허와 가격 책정 정책 때문이었다. 이는 당연히 용납할 수 없는 일이었다. 아프리카에서 에이즈를 둘러싸고 일어난 도덕적 위기 상황에서는 기업과 정치, 양 측면에서 새로운 사고와 전에 없던 융통성이 필요했다.

1998년 당시만 해도 사람들은 활동가들이 제기하는 주장이 과하다고 생각했다. 하지만 몇 년 지나지 않아 에이즈 치료 논쟁의 도덕적 지형이 바뀌었다. 에이즈의 경우만이 아니라 좀 더 넓은 의미에서, 가난한 사람들도 '적절한 보건 의료를 누릴 권리'가 있다는 사고의 전환이 이루어졌다. 오늘날 활동가들의 이런 주장은 보건 의료 정책 입안자, 정부, 국제기구, 심지어 제약 회사에게도 널리 받아들여지고 있다. 이렇게 도덕적 지형을 바꿀 수 있었던 것은, 치료행동캠페인과 전 세계 지지자들이 힘을 모았기 때문이다. 이들은 에이즈 치료제에 대한 특허를 비도덕적으로 남용하는 제약 회사들을, 원칙을 내세워 영리하게 공격했다.

가까운 동지가 죽음을 맞으면서 재키는 활동에 더욱 매진했다. 트세코 사이먼 은콜리는 아파르트헤이트에 대항해 활동하던 용감하고 주장이 분명한 인물이었다. 그는 1957년생으로, 1984년 9월에 세보켕을 포함해 발 타운십을 삼켰던 그 타운십 반란을 적극적으로 조직했다. 그는 지도적인 역할을 했고, 내부 봉기에 참여했던 다른 유력 지도자들과 함께 체포되었다. 이들은 모두 오늘날 '델마스 재판' Delmas Trial으로 알려진, 요하네스버그 동쪽 외곽의 타운에서 열렸던 재판에 회부되었다. 사이먼은 피고인 13번이었고, 다른 피고인들과 마찬가지로 반역죄와 살인죄로 재판을 받았다.

사이먼에게는 특별한 면이 있었다. 그는 타운십 출신의 반아파르트헤이트 지도자였던 동시에, 공개적으로 당당히 커밍아웃한 게이이기도 했다. 성적 지향에 관해 투사와 같은 용기를 보였던 사이먼 덕분에 반아파르트헤이트 저항에 참여했던 국내 지도자들은 레즈비언과 게이의 평등에 대해 가졌던 거부감을 떨쳐버릴 수 있었다. 헌법의 평등 조항에 성적 지향이 포함된 것은 사이먼의 용기에서 비롯된 직접적인 결과였다.

헌법이 발효되고 겨우 4년이 지난 1998년 12월, 사이먼은 에이즈로 사망했다. 그를 잃은 슬픔은 너무나 컸다. 새로운 치료제도 그에게는 효과가 없었다. 비가 오던 어느 날 밤, 요하네스버그 시내에 마련된 사이먼의 장례식에 사람들이 모였다. 성마리아 성당에서 이 슬픈 예식이 진행되었다. 1971년 1월, 보안 경찰이 곤빌 오비 프렌치-베이타그 신부를 테러 혐의로 체포했던 (그러고 나서 독방에 가두었다) 바로 그 장소였다.

재키는 사이먼을 추모하러 온 사람들 앞에서 감동적인 연설을 했다. 이 연설에서 그는 치료행동캠페인의 설립을 공표했다. "무리한 것을 요구하는 게 아닙니다." 에이즈 치료를 위한 정부 예산이 제한되어 있다는 것을 그는 알고 있었다. 하지만 "살려야 하는 사람들 모두의 생명을 살리기 위해" 무슨 일이든 해야 한다고 힘주어 말했다.

이 캠페인에 자금을 지원하는 사람들이 생기기 시작했다. 조직가, 현장 활동가, 사무 행정가, 전략가로 팀이 구성되었다. 핵심 내부 성원으로는 마크 헤이우드와 네이션 게펀이 있었다. 옥스퍼드 대학에서 공부를 한 마크는 빈곤한 사람들의 정의를 위해 인생을 바치겠다며 남아프리카공화국으로 온 영민한 전략가였다. 네이션은 컴퓨터를 다루는 능력이 뛰어났는데, 정의에 헌신한다며 치료행동캠페인에서 꼬박 10년을 일했다. 치료행동캠페인이 세계에서 가장 효과적인 시민사회 운동의 하나로 국제적 인지도를 얻게 된 것은, 마크와 네이선이 예리한 분석과 번뜩이는 전략들을 계속해서 내놓았기 때문이다. 사이먼과 재키의 대중 연설을 생각할 때, 내가 계속 침묵을 지킬 수 없다는 사실이 점점 분명해지고 있었다.

사이먼이 죽은 직후, 또 다른 죽음이 여기저기서 머리기사를 장식했다. 어떤 HIV 감염인의 이야기였다. 그녀의 이름은 구루 들라미니였는데, 콰마슈라는, 더반 근처 타운십 출신의 여성이었다. 구루는 사이먼처럼 대의를 위해 캠페인을 벌여서 유명해진 것도 아니었고, 에이즈로 사망한 것도 아니었다. 그녀는 공포가 만들어 낸 폭력에 의해 죽임을 당했다. 죽음으로써, 가장 통렬한 방식으로 그녀는 운동가가 되었다. 우리의 무지와 편견, 폭력적 증오가 만들어 낼 수 있는 상처의 상징으로서 이름이 널리 알려졌다. 구루 들라미니는 자신의 HIV 감염 사실을 공개적으로 말했기 때문에 죽었다. 1998년 12월 1일, 사이먼이 사망했던 바로 그날, 구루는 줄루어 라디오방송 인터뷰에서 자신이 HIV 감염인이라는 사실을 밝혔다. 그녀는 인터뷰에서 솔직했다는 이유로 불행한 일을 겪었다. 3주 후, 콰마슈 출신의 동료 주민들이 그녀를 살해했던 것이다. 그들은 그녀에게 돌을 던졌고, 때리고 칼로 찔러 죽음에 이르게 했다.

그 죽음이 내 마음을 흔들었다. 내가 누리고 있는 삶의 편안함과 보호를 그녀는 누리지 못했다. 그런 그녀가 소리 내어 말할 수 있었다면 나도 할 수 있을 터였다. 왜 나는 그러지 못하는가?

아서 차스칼슨은 내가 병으로 고통받았고 다시 건강을 회복했다는 사실을 알고 있었다. 나는 가끔씩 아서와 그의 사랑하는 아내 로레인과 함께 식사를 했다. 우리의 대화에서는 내 건강에 대한 이야기가 빠진 적이 없었다. 아서는 헌법재판소를 새로 꾸리는 일과 초반의 중요한 판결들을 통해 법리를 세우는 작업을 하느라 무척 바빴다. 그럼에도 불구하고 내가 잘 지내고 있는지 늘 따뜻한 관심을 보였다.

하지만 사이먼의 죽음과 뒤따른 구루의 죽음을 보고, 이들과 나의 너무나 다른 처지를 생각할 때, 내가 더 이상 침묵할 수 없다는 사실이 분명해졌다. 하지만 어떻게 이 침묵을 깰 것인가? 언제가 좋을까? 나는 다시 아서를 찾아갔다. 1999년 초, 구루가 사망한 직후 나는 헌법재판소 재판관으로 지명되었다. 1999년 부활절 주말에 아서가 점심 식사를 하자며 나를 집으로 초대했다.

아서의 계획은 이러했다. 이 기회를 유리하게 이용해, 최대한의 효과를 거둘 수 있도록 공개 발표를 해야 한다고 말했다. 헌법재판소 재판관 임명을 위한 사법위원회 면접이 있기 전에, HIV 감염과 성공적으로 에이즈 치료를 받고 있다는 사실을 발표하라는 것이었다.

아찔할 정도로 대담한 계획이었지만, 옳은 길이라는 생각이 들었다. 게다가 이 말을 해준 사람은 완벽한 아서, 그 철저한 도덕주의자이자 영리한 법 전략가이며 나를 아끼는 친구였다.

가까운 친구, 그리고 동료들과 함께 신중하게 공개 발표문을 작성했다. 판사로서의 이력 대신, 낙인과 치료라는 삶과 죽음의 문제에 초점을 맞추려 했다. 내가 목소리를 낼 수 있었던 것은 순전히 친구와 가족들이 보여 준 사랑과 지지 때문이라고 강조했다. 무엇보다 가장 중요한 것은 항레트로바이러스제가 내 목숨을 살렸다는 점, 그러나 엄청난 비용을 지불해 목숨을 살 수 밖에 없었으며 나와 똑같이 에이즈로 죽음을 맞고 있는 대부분의 아프리카 인들은 이 비용을 감당할 수 없다는 점이었다.

이 발표문은 큰 반향을 일으켰다. 남아프리카공화국을 비롯해 아프리카와 여타 지역에 상당히 긍정적인 영향을 미쳤다. 공직에 있으면서 HIV 감염 사실을 공개한 사람이 아프리카에서 아직까지 내가 유일하다는 사실은, 이 질병에 찍힌 낙인이 얼마나 끈질기고 심각하게 내면화되어 있는지를 드러낸다. 오랜 세월 끝에 감행한 공개 발표는 내게 엄청난 해방을 가져다주었다. 그리고 상상 밖의 격려와 지지를 얻었다. 오늘날까지도 나는 넘치는 대중의 지지와 사랑으로 힘을 얻는다.

그러는 동안, 사이먼의 장례식에서 재키가 요청했던 내용이 전지구적 건강과 치료를 위해 활동하는 전 세계 활동가들에게 알려졌다. 2년마다 열리는 대규모 국제에이즈회의가 2000년에 아프리카에서는 처음으로 더반에서 개최되었다. 회의가 시작되기 전 오후에 치료행동캠페인은 대규모 시위를 이끌었다. 감동적이고 활기차고 주장이 분명한 시위였다. 이 시위에서 그들은 제약 회사, 의사, 보건 의료 정책 입안자, 정부 각료에게 단순하고 원칙적인 요구를 들이댔다. 가난한 사람들도 의약품을 이용할 권리를 가져야 한다는 것이었다. 이 요구를 거부하는 것은 비도덕적이고 용납할 수 없는 일이었다.

시위 다음 날 아침, 나는 회의에서 기조 강연을 했다. 나 자신이 아프리카에서 의약품에 대한 가용성과 접근성의 부당함을 보여 주는 살아 있는 증거라고 말했다. 내가 아프리카의 HIV 감염인 또는 에이즈 환자의 전형적인 모습은 아니었다. 전형적인 모습은 흑인 이성애자 여성이고, 나는 백인 게이 남성이었다.

하지만 나의 존재를 통해, 에이즈를 둘러싼 아프리카의 엄청난 부정의를 드러낼 수 있는 측면이 있었다. 수백만 명의 사람들이 하루에 미화 1달러 미만으로 살고 있는 대륙에서 나는 미화 4백 달러에 달하는 약값을 매달 감당할 수 있었기 때문이다. 나는 이렇게 말했다. "아프리카의 빈곤, 그 한가운데에서 저는 당신들 앞에 서있습니다. 저는 건강과 체력을 돈으로 살 수 있기 때문입니다. 목숨을 살 수 있는 능력이 있기 때문에 제가 지금 이 자리에 있습니다."

음베키 대통령이 에이즈 과학에 의문을 가지다

불과 몇 년도 지나지 않아, 치료행동캠페인은 최초의 설립자들이 점쳤던 가능성 그 이상을 이루어 냈다. 무엇보다 먼저, 아프리카의 가난한 사람들이 제조비가 얼마 되지 않는 특허 의약품을 저렴하게 이용할 수 있도록 제약 회사들과 싸우는 것이 그들의 목표였다. 원칙에서 솟아오르는 분노가 적절한 방향으로 모이고 노련한 전략을 만나, 치료행동캠페인은 제약 회사를 설득하고 압박하고 망신을 주는 데 성공했다.

더반 에이즈 회의가 끝나고 몇 년 후, 빌 클린턴 미국 전 대통령과 마이크로소프트의 설립자 빌 게이츠가 이 운동을 지원했다. 두 사람 모두 아프리카에서의 약물 치료에 깊은 관심을 가졌으며, 이를 위해 재단을 설립했다. 이들이 개인적으로 관여하면서 많은 제약 회사의 정책이 획기적으로 바뀌었다.

어떤 회사는 가격을 크게 낮추었다. 어떤 회사는 남아프리카공화국이나 인도 혹은 다른 나라에 있는 제약 회사가 의약품을 생산해 값싸게 공급할 수 있도록 허가했다. 또한 다른 지역에서 제조된 약품을 수입업자가 들여올 수 있도록 허용하기도 했다. 엄격한 특허법을 집행한다면 불가능한 일들이었다.*

하지만 1999년 하반기에 더반 회의를 준비하던 팀이 마무리 작업을 하고 있을 때, 전혀 예상치 못한 문제가 생겼다. 목숨이 위태로운 사람들에게는 기업의 비타협적 태도나 비싼 약값보다 훨씬 두려운 문제였다. 에이즈의 보편적 치료라는 치료행동캠페인의 목표에 어마어마한 정치적 위협이 될 이 재앙의 진원지는 깜짝 놀랄 만한 데 있었다. 바로 넬슨 만델라의 후임으로 1999년 5월 남아프리카공화국의 대통령이 된 타보 음베키였다.

그가 대통령에 취임하던 당시는 이 전염병이 이 나라의 생명과 건강을 잔인하게 갉아먹고 있던 때였다. 불과 10년도 지나지 않은 사이에, 임산부 진료소를 이용하는 여성들 가운데 유병률이 1990년 0.8 퍼센트에 미치지 않던 것에서 1999년 20퍼센트 이상으로 치솟았다. 음베키 시대가 시작되던 무렵 사망자 수는 이미 무서운 수준이었다. 1999년에 남아프리카공화국에서 에이즈와 관련해 사망한 사람은 25만 명 정도로 추정된다.

타보 음베키 대통령은 이 죽음과 고통의 위기에 어떻게 대처할 것인가? 만델라와 달리, 음베키는 민주주의를 위해 싸우던 국내 활동가들의 거칠고 혼란스러운 정치 운동 속에서 정치적 역량을 쌓은 사람이 아니었다. 그는 1960년대 초반 어린 나이에 망명을 떠났으며, 아프리카민족회의 엘리트에 속해 고위직으로 훈련받았다. 영국 서섹스

---

* 특허법에서는 특허권자에게만 독점적으로 제조·판매·수출 등의 권리를 부여하는데, 제약 회사들이 자발적으로 다른 제약 회사의 생산과 판매, 병행 수입 등을 허용한 것이다.

대학에서 경제학 학위를 취득한 그는 전문적인 행정가라는 후광 속에 대통령직에 올랐다. 또한 자칭 철학적 소양을 지닌 독립적 사상가로서 명성을 가지고 있었다.

음베키의 지도력에서 이런 특징이 도움이 되기도 했다. 하지만 자기중심적 사고와 기이한 논증에 빠지는 경향 때문에 에이즈 확산에 대한 관리는 한마디로 끔찍한 지경에 이르렀다. 취임하고 나서 불과 몇 달이 지나지 않았을 때, 음베키 대통령은 에이즈에 관한 이상한 시각을 드러내기 시작했다. HIV와 전염병의 확산, 그리고 에이즈 치료에 대해, 이미 승인된 의학적·과학적 접근을 뒤엎으려는 신호를 보내기 시작한 것이다.

1999년 10월 음베키 대통령은 상원 의회에서 연설을 했는데, 에이즈의 피해를 말하면서 지도부딘 또는 아지도티미딘을 가리키는 이름인 AZT를 직접 언급했다. AZT는 생명을 구하는 항레트로바이러스 혼합 치료*에서 가장 중요한 의약품 가운데 하나였다. 이 약은 1964년에 처음으로 합성되어 특정한 암을 치료하는 데 사용되었다. 그러다가 사반세기가 지난 1980년대 후반에 HIV 감염인을 위한 항레트로바이러스 치료에 사용되면서 대단한 희망을 주는 듯 보였다. 하지만 이 약이 단독으로 사용되는 단일 요법에서는 빠르게 내성이 생겨 약의 항레트로바이러스 성질이 소용없어진다는 연구 결과가 발표되면서 그 희망이 꺾였다.

그 뒤 우울한 실망의 시기를 지나 에이즈 치료가 큰 전환을 맞았

---

* 레트로바이러스의 증식을 억제하는 약물을 세 가지 이상 동시에 투여하는 치료법으로 일명 '칵테일 요법'이라고도 불린다.

다. 내 생명을 살렸던 바로 그때였다. 의사들이 AZT를 두 가지 혹은 그 이상의 다른 항레트로바이러스제와 혼합해 사용하면서부터 상황이 바뀌었다. 한두 가지의 요법은 효과가 없지만 혼합 치료를 하면 바이러스의 진행을 막는다는 사실을 알아냈던 것이다. 이 새 요법은 믿기 어려울 만큼 효과적이었다. 부작용도 거의 없었다. 이 치료로 말미암아, 에이즈로 죽어 가던 환자들이 마치 드라마의 한 장면처럼 완전히 건강을 회복할 수 있게 되었다.

음베키 대통령이 1999년 대통령에 취임했을 무렵, 이 치료법은 이미 자리 잡혀 있었다. 하지만 비용이 엄청나게 높았기 때문에 광범위하게 시도되지는 못하고 있는 상황이었다. 수많은 가난한 아프리카 인들에게는 단 한 번의 기회도 돌아가지 않았다. 그래서 앞에서 언급했듯이 대량의 약제 보급을 둘러싸고 많은 현실적인 문제들이 제기되었던 것이다. 당시에는 항레트로바이러스제가 누구에게나 놀랄만큼 효과가 있다는 것을 알지 못했다. 오늘날 우리는 남성과 여성, 부자와 빈자, 청년과 노인, 흑인과 백인, 미국인, 유럽 인, 아프리카인을 막론하고 항레트로바이러스제의 효과를 알고 있다.

치료행동캠페인은 이를 예견했다. 생각만 하면서 주저하고 지체할 시간이 없다고 보았다. 지지자들과 함께, 치료행동캠페인은 행동을 촉구했다. 그들은 이 약이 효과가 있다는 것을 알았으며, 필요한 모든 사람에게 약물 치료를 제공해야 한다고 주장했다. 에이즈 대유행으로 인한 아프리카의 고통과 불행을 멈추는 것이 핵심 목표였다.

하지만 음베키 대통령의 기이한 발표는 어두운 그림자를 드리웠다. 의회에서 AZT에 대해 언급하면서, 음베키 대통령은 항레트로바이러스 치료의 바탕이 되는 과학적 전제를 공격했다. 그는 강변하기를, "이 약에 대해 이런저런 이야기가 있지만, 이 약의 독성이 사실상 건강을 위협하는 수준이라고 주장하는 과학 문헌이 많다."라며, 정부는 이것이 "대단히 염려스럽다."고 했다. 또한 "의학 연구자들이 이 무시무시한 경고에 귀 기울이지 않는 것은 무책임한 일"이라고 주장했다. 따라서 그는 보건부 장관 차발랄라-음시망에게 "진실이 무엇인지" 알아보기 위해 "이 사안을 자세히 살펴보도록" 긴급히 요청했다고 말했다. 그는 상원 의원들이 "이에 관해 인터넷에 올라와 있는 엄청난 양의 문헌"을 찾아보고 AZT의 위험을 깨달아야 한다고 독려했다.

이 연설에는 협박이 들어 있었다. 첫째, 공직자들에게 직접 인터넷에서 조사해야 할 의무가 있다고 말하는 듯했다. 전문가에 의존해서는 안 된다! 어려운 문제에 관해 공직자가 직접 대량의 문서를 뒤져야 한다는 뜻이었고, (대통령 자신도 그랬듯이) 그렇게 하지 않는 공직자라면 문제가 있다고 보는 것이었다. 무서운 도발이었다. 대부분의 공공 정책은 과학적 합의로부터 얻어지는 지식과 전문성에 의존해 만들어진다. 그런데 음베키 대통령의 임기 동안에는 그렇게 하지 않겠다는 말인가?

둘째, AZT의 효과는 과학적으로 전혀 의심되지 않았다. 의사들과 과학자들이 30년 이상 반복해 철저하게 연구했고, HIV 감염에 대한 AZT의 효능과 중요성은 의심의 여지가 없었다. 핏속에 있는 이 치명적인 바이러스의 레트로바이러스 복제를 억제하는 데 이 약제는 상당히 효과적이었다. 1980년대 말 의사들의 유일한 실수는, 지식이 불충분했던 탓에 이 약제를 한 가지만, 즉 단일 요법으로 사용했던 것이다. 그렇게 처치했을 때 바이러스는 빠른 속도로 AZT와 다른 약물을 앞질러 진행했다. 하지만 의사들은 삼중 요법, 즉 혼합 치료를 발견하는 쾌거를 통해 이 오류를 바로잡았다.

AZT에 있다는 독성은 어떤가? 여느 약물 치료와 마찬가지로, 이 약제를 부적절하게 많이 사용하면 몸에 해롭다. 이 점은 아스피린도 마찬가지이다. AZT의 '독성'에 대한 이야기는 모두, 에이즈와 사투하는 사람은 물론이고 어떤 환자에게도 의사가 절대 투여할 리 없는 복용량에 기초한 것이었다.

또한 음베키 대통령이 언급한 인터넷상의 '과학적 문헌'은 전혀 과학적이지 않았다. 신빙성 없는 비주류의 연구자들과 그들의 정치적 옹호자들이 만들어 낸 음모론적 유언비어성 이야기들이었다. 존경받는 주류의 과학자들은 이런 이야기들을 무시하거나 경악스러워했고, 그런 이들에 대해 무책임하고 몰지각한 사람들이라고 평했다.

나는 이런 사실을 잘 알고 있었다. 내 몸의 건강과 활기가 분명하게 이야기해 주고 있었기 때문이다. 에이즈가 끔찍하게 내 몸을 덮쳐 휩쓸고 지나간 뒤, 이제 내 몸에는 생생하고 힘찬 기운이 넘쳤다. 음베키 대통령이 1999년 10월 의회에서 연설을 하던 때, 나는 거의 2년 동안 매일 정량의 항레트로바이러스제를 복용하고 있었다. 내가 여전히 살아 있는 이유였다.

하지만 1999년 10월이 지나면서 음베키 대통령은 에이즈 과학에 대한 그 엉뚱한 관점을 점점 더 공개적으로 드러냈다. 그는 에이즈 의학을 의심하는 반대자들을 대통령 차원에서 강력하게 지원했다. 에이즈의 바이러스 병인학과 약물 치료의 유효성과 안전성, 에이즈가 아프리카에서 비극적인 영향을 미치고 있음을 보여 주는 통계의 신뢰성과 그 의미에 대해, 그는 여러 차례에 걸쳐 의문을 제기했다.

이런 비주류적 관점이 어떻게 신생 아프리카 민주주의 국가 수장의, 그렇게 뛰어나고 사려 깊은 지도자의 관심을 끌게 되었을까? 이제 남아프리카공화국 새 민주주의 정부의 최고 행정 수장이 된 사람, 아프리카 대륙에서 가장 영향력 있는 사람이자, 전 세계적으로도 권력을 행사할 수 있는 가장 영향력 있는 아프리카 인의 관심을 말이다.

두 개의 묵직한 짧은 단어에 답이 있었다. 인종과 성이다. 북미와 남미, 유럽과 호주에서 에이즈의 유행은 대부분 나 같은 남성들, 즉 백인으로서 게이이거나 혹은 스스로 게이라고 인정하지 않더라도 다른 남성과 성관계를 맺었던 사람들에 집중되어 있었다. 1980년대 중반의 극심한 공포 속에서도 아프리카 이외의 국가에서 이 전염병이 이성애자들 사이에 유의미한 수준으로 퍼진 적은 없었다.

이 질병이 전 세계로 번지면서, 남아시아와 남동아시아에서도 같은 현상이 나타났다. 소득수준이 낮거나 중간 정도인 국가들은 남아프리카공화국과 마찬가지로 보건 의료 체계를 적절히 갖추지 못한 상태였다. 이 때문에 많은 사람들은 이들 나라에서 대량 감염 사태가 발생할 위험이 있다고 생각했다. 하지만 이 바이러스가 인도나 타이 같은 나라에서 광범위하게 전파된 적은 한 번도 없었다.

그런데 아프리카는 달랐다. 바이러스가 이성애자 아프리카 인들 사이에 섬뜩할 정도로 거세게 퍼졌다. 통계가 이 차이를 설득력 있게 보여 준다. 1990년에 타이와 남아프리카공화국의 유병률은 모두 전국적으로 1퍼센트 미만으로 추정되었다. 하지만 1995년 남아프리카공화국에서 공공 임산부 진료소를 이용하는 임신부 사이의 유병률이 10퍼센트 이상으로 치솟았다. 반면 타이의 유병률은 오히려 줄어들었다.

에이즈가 이성애 인구 사이에 대량으로 발병하고 퍼졌던 유일한 대륙이 아프리카였다. 우간다 남쪽의 모든 나라에서, 성적 접촉으로 감염되는 바이러스가 원인이 되어 에이즈 대유행이 일어났다. 이 차이는 무엇 때문일까? 아프리카 사람이 흑인이라서? 아니면 흑인의 성관계에는 다른 점이 있나?

물론 그렇지 않다. 아프리카에서 에이즈가 유행한 특별한 과정과 양상을 설명하려는 많은 이론적 시도가 있었다. 보건 의료 서비스가 제대로 제공되지 않아서라거나, 동시에 여러 명의 성적 파트너를 두는 독특한 관행으로 말미암아 HIV의 전파 속도가 빨라졌다고 보기도 했다. 그러나 전문가들은 이런 주장에 이의를 제기한다. 내가 보기에도 만족스럽지 않다. 이런 주장은 모두, 에이즈 대유행을 겪지 않았던 다른 사회에도 존재하는 환경적이거나 행동적인 현상에 근거를 두고 있기 때문이다.

의학이나 바이러스학, 병리학 훈련을 받지 않은 변호사로서 내 견해를 말하자면, 현재의 설명은 아프리카에서 발생한 유행이 대륙 전반에 걸친 현상이 아니라는 사실을 간과한 것이다. 이 유행은 대륙 남단에서만 일어났다. 아프리카의 에이즈 대유행은 거의 전적으로 중부와 남부의 이성애 인구 집단에 한정되어 있다. 서부의 경우 30년 전에 이 유행이 우간다를 휩쓸고 지나간 뒤로는 아직까지 3~4퍼센트 이상의 국가 유병률을 기록한 나라가 없다. 서아프리카의 유병률은 대부분 2.3퍼센트에서 4퍼센트, 혹은 더 낮다. 이곳에서는 에이즈가 심각한 보건 의료 문제이기는 하지만 대규모의 문제는 아니다. 역학적 실마리를 찾으려는 노력은 따라서 아프리카 전체가 아니라 중부와 남부 아프리카의 민족들, (이들이 공통으로 가장 넓게 사용하는 언어가 반투어이기 때문에) 즉 '반투어 사용자'라고 부르는 사람들에게 초점을 맞춰야 한다.

향후의 연구에서는 결국 행동적이거나 환경적인 것이 아니라 생리학적 특성에 주목하게 되리라는 것이 나의 추측이다. 중부와 남부 아프리카의 민족들에게 독특한 HIV 전염 민감성이 있음을 과학자들이 발견할 것이다. 간단히 말해, HIV 감염에 특별히 취약한 유전적 공통 인자가 이 지역 사람들에게 있을 것이라고 생각한다. 왜 이 지역에서 세계의 다른 곳과 비교해 유례없는 HIV 대유행이 일어났는지 이로써 설명될 것이다.

음베키 대통령은 이 점을 놓쳤다. 그는 이 전염병이 아프리카 대륙 전체의 문제이며, 모든 흑인 아프리카 인이 성적 접촉을 통해 전염된다고 생각했다. 이런 생각에서 그는 에이즈 과학자, 의사, 전염병 학자들이 모든 아프리카 인에 대해 모욕적인 인종적 고정관념을 덮어씌우고 있다고 책망했다.

아주 잘못된 생각이었다. 하지만 오류의 심각성을 떠나 핵심은, 이 생각이 맞든 틀리든 별로 상관이 없다는 것이다. 많은 경우 HIV가 성관계로 전염되고 중부와 남부 아프리카에서만 대유행이 일어나고 있다는 사실과, 우리가 이 질병을 위한 치료를 제공할지 말지의 문제는 전혀 상관이 없었다. HIV가 성관계를 통해 전염되는 경우가 압도적으로 많다는 사실은 사람들이 예방적 조치를 취하도록 독려하는 방법을 생각할 때 물론 매우 중요하다. 또한 만일 중부와 남부 아프리카 민족들이 특별히 이 바이러스에 유전적으로 취약하다면, 이 점이 물론 연구의 우선순위에 영향을 미칠 것이다.

하지만 성적 접촉을 통해 바이러스가 전염된다는 사실은, 바이러스 자체와 질병에 대한 이해나 의학적 치료 가능성과는 상관이 없다. 아프리카에서 전염 경로가 문제가 된다면, 우리가 성적 접촉에 의한 감염을 낯부끄러운 것이라고 생각할 때에만 그렇다. 잘못한 일이라고, 뭔가 수치스러운 일이라고, 다른 말로 하면 당신이 HIV 감염인을 성적 죄인이라고 낙인찍는다면 말이다. 그런 시각에서 보면, 다른 곳은 그렇지 않은데 당신이 살고 있는 대륙에서만 성적 접촉으로 전염되는 질병이 대유행하고 있음을 꼬집는 과학적 발견에 거부감이 들 것이다.

음베키 대통령은 상황을 그렇게 보는 것 같았다. 의회에서 연설한 직후, 그는 '대통령 에이즈 자문 패널'을 설립했다. 구성원 중 거의 절반이 신망을 받지 못하면서 거칠게 목소리만 높이는 에이즈 부정론자들이었다. 대통령이 이 패널에 부여한 핵심 과업 가운데 하나가 'HIV가 에이즈의 원인인지 여부를 판단하는 것'이었다. 터무니없는 질문이었다. 이미 과학적으로 인정된 증거를 통해 HIV가 에이즈의 원인임이 확인된 지 오래였다. 이 질문은 마치 지구가 둥근지 묻는 것과 같았다.

그럼에도 불구하고 음베키 대통령은 그가 구성한 패널에 대한 비판에 격렬하게 반응했다. 세계의 지도자들에게 서신을 보내, 자신을 비판하는 사람들이 조직적으로 "지성에 대한 겁박과 테러리즘의 캠페인"을 벌이고 있다고 했다. 그는 에이즈 부정론자들을 진정한 지적 탐구의 순교자로 떠받들었고, 클린턴 대통령과 다른 지도자들에게 이렇게 말했다. "초기 인간 역사로 치자면" 이들은 "이단자로 몰려 화형에 처해지는 사람들이다!"

세계의 에이즈 전문가들이 2000년 7월 더반에서 모이기 얼마 전,

음베키 대통령은 자신과 반대 입장에 있던 지도자 토니 레온에게 보낸 서한에서, HIV가 아프리카에서 시작되었다고 말한 사람들을 비난했다. 대통령의 말에 따르면 이런 주장은 "무모하고 모욕적"이었다. 그러나 스스로 이 바이러스 자체를 부끄러운 것이라고 생각하지 않고서야, 어떤 바이러스가 물리적으로 존재한다는 사실이 모욕적일 이유가 무엇이겠는가?

그리고 만일 바이러스가 아니라면, 우간다로부터 대륙의 남쪽에 걸쳐 죽음과 질병의 고통을 주고 있는 전염병의 원인은 무엇이란 말인가? 음베키 대통령의 견해는 더반 에이즈 회의의 공식 개회 석상에서 아주 분명히 드러났다. 치료행동캠페인의 대규모 시위가 있고 바로 몇 시간 후 음베키 대통령의 연설이 있었다. 이 연설에서 그는 에이즈의 맹위를 바이러스 탓이 아닌 빈곤 탓으로 돌리려 했다. 거의 1만5천 명의 전 세계 과학자, 의사, 보건 의료 종사자, 활동가 들 앞에서, 대통령은 세계 "최대의 사망 요인이자 남아프리카공화국을 비롯한 전 지구상에서 발생하는 건강 문제와 고통의 가장 큰 원인은 극빈"이라고 말했다.

이 말 자체는 불편할 것이 없었다. 불편했던 것은 그가 거침없이 끌어내려 했던 추론이었다. 에이즈가 바이러스로 유발되는 것이 아니고, 환경적 현상이라는 것이었다. 그는 "수백만 우리 국민의 면역체계가 무너지는 이 매우 걱정스러운 현상"에 대한 비난을 HIV에만 돌릴 수 없다고 했다. "내 생각에, 바이러스 하나에 우리의 모든 비난을 돌릴 수는 없다."

이후 음베키 대통령은 2001년 10월 한 대학교 청중들 앞에서 에이즈에 대한 과학적 지식을 받아들인 사람들을 향해 아주 혹독한 공격을 했다. 그의 표적은 치료 활동가들이었다. 에이즈로 인한 사망자 수가 증가하는 가운데, 치료행동캠페인은 타운십과 도시를 행진하며 모든 사람을 위한 항레트로바이러스제를 요구하고 있었다. 음베키 대통령은 "플래카드를 들고 다니는" 사람들을 직접 겨냥했다. 그의 표현에 따르면, 이들은 흑인 아프리카 인을 "보균자, 하류층의 인간" 이라고 여기는 사람들이고, "열정을 분별 있게" 사용하지 못하는 사람들이었다.

그의 말에 따르면, 과학자와 치료 활동가들은 "타락한 사람들이 자초한 질병으로 죽어 가는데 이들을 살려야 한다"는 식의 이상한 주장을 하는 것이었다. 에이즈에 대한 전통적인 설명은 아프리카 인에 대해 "세계에서 유일하게 선천적으로 문란한 보균자"라는 낙인을 찍고 있으며, 과학을 추종하는 사람들은 아프리카에 대해 "욕정의 죄에 빠져 죽음을 피할 수 없는 운명"이라고 선언했다고 덧붙였다.

그야말로 비과학적 흉포함에 숨이 턱 막히는 이야기였다. 하지만 더 큰 문제는 실제로 이어질 두려운 정책적 결과였다. 만일 에이즈의 원인이 바이러스가 아니라면, 치료를 위해 항레트로바이러스제가 사용되어서는 안 되었다. 빈곤이 에이즈의 원인이라면 약은 당연히 효과가 없다. 따라서 에이즈는 항레트로바이러스 치료가 아니라 빈곤 퇴치 프로젝트로 다뤄야 했다.

이런 논증에 따라 음베키 대통령은 유일하게 알려진 에이즈 치료법인 항레트로바이러스제에 대한 정부 차원의 보급을 허용하지 않기로 했다. 너무나 많은 생명과 고통이 걸린 끔찍한 일이었다. 남아프리카공화국에서 수십만 명이 병들어 죽어 가고 있는데, 정부가 터무니없는 토론의 연막으로 결단을 늦추고 지연시켰다. 실현 가능했고 시의 적절했던 항레트로바이러스 치료 정책을 음베키 대통령이 좌절시킨 결과, 보수적으로 계산해서 33만 명이 넘는 생명(또는 역학자들이 말하는 220만의 인년人年)이 희생되었다.

헌법재판소의 설립과 새로운 헌법의 탄생

음베키 대통령의 에이즈 정책에 저항이 없었던 것은 아니다. 이 치명적인 질병으로 죽는 사람이 많아지면서 활동가들은 법원의 문을 두드렸다. 활동가들이 저항의 방법으로 법원을 찾을 수 있었다는 것은 그 자체로 새 헌법 제도의 핵심 성과 중 하나를 보여주는 일이기도 했다. 사실 이 성과를 일구는 데 음베키 대통령 본인이 중심적인 역할을 했다.

1994년에 남아프리카 인들은 임시 헌법 아래 민주주의를 이뤄 냈다. 이 임시 헌법은 물러나는 아파르트헤이트 정부와 아프리카민족회의, 기타 교섭 단체 사이에 타결된 협상의 산물이었다. 이들 중 헌법을 제정하는 역할을 맡도록 선출된 사람은 아무도 없었다. 그래서 1994년 4월 모든 남아프리카 인의 손으로 선출된 남아프리카공화국의 첫 의회가 제헌의회로서의 역할까지 맡게 되었다.

과거 의회와 마찬가지로, 의회는 입법 기구였다. 아파르트헤이트의 종식과 더불어 의회는 곧 중요한 개혁 법안들을 제정하기 시작했다. 새 의회가 처음으로 했던 의정 활동 중 하나는 〈토지권반환법〉의 제정이었다. 이 법에 따라 악명 높은 1913년 〈원주민토지법〉에 의해 토지를 빼앗겼던 흑인 남아프리카 인들이 그 토지에 대한 소유권을 회복할 수 있도록 하는 절차가 시작되었다.

또한 새 의회는 제헌의회 기능을 했다. 이를 위해 의회의 상원과 하원이 자리를 함께해야 했다. 여기에는 역사적 의미가 있었다. 앞서 1장에서, 보통선거에서 유색인의 투표권을 보호하기 위해 고안된 엄격한 헌법 개정 절차를 아파르트헤이트 정부가 회피하려고 어떤 꼼수를 부렸는지를 서술한 바 있다. 그때도 의회의 상원과 하원이 함께 자리했다. 그리고 이제 상원과 하원이 함께하게 된 것도 그때와 같은 절차에 따른 것이었다.

새로 출범한 민주주의 시대의 입법자들이 제헌의회를 구성해 최종 헌법을 집필하는 책임을 맡았다. 헌법재판소는 초기 판결문* 중 하나에서, 구질서에서 새 질서로 넘어갈 때 전면적 권력 이양 대신 두 단계의 전환 계획이 있었음을 설명했다. 1993년 말에 합의된 임시 헌법 아래 임시정부를 세워 연정을 통해 국가를 통치하도록 했고, 그동안 최종 헌법을 만들게 했다. 그리고 남아프리카공화국 최초의 전국적 민주 선거에서 보통선거를 실시해 선출된 국가의 입법부가 헌법 제정 기구로서의 기능까지 이중적으로 담당하고, 주어진 시간 내에 새 헌법의 초안을 작성하도록 했다.

하지만 새 헌법은 협상가들이 미리 합의해 놓은 지침을 준수해야 했다. 이들이 마련해 놓은 34개의 헌법 원칙이 새 헌법의 주요 기틀이 되었다.

---

* 한국에서는 헌법재판소의 재판 결과를 '판결'이 아닌 '결정'이라고 부르지만, 남아프리카 공화국에서는 이런 구분이 없고, 재판의 성격도 한국과 다소 차이가 있어, 이 글에서는 헌법재판소를 포함한 모든 법원의 재판 결과를 '판결'이라고 번역했다.

새 헌법은 모든 사람에게 남아프리카공화국 시민권을 부여하고 평등을 실현하기 위해 헌신하는 민주적 정부 체계를 마련해야 했다. 또한 새 헌법은 모든 사람의 기본권을 견고히 지켜야 했다. 여기에는 평등과 차별 금지가 포함되었다. 그리고 이 권리들을 사법적으로 집행할 수 있어야 했다. 달리 말하면 권리 침해를 주장하는 사람이 법원을 이용할 수 있어야 했다.

중요한 것은, 의회가 더 이상 최고의 지위에 있지 않다는 점이었다. 대신 헌법이 최고의 지위에 있게 되었다. 입법부, 행정부, 사법부 사이에 권력분립이 이루어지고, 이 기관들의 책임성, 반응성, 개방성을 보장하기 위해 견제와 균형이 있어야 했다. 언어와 문화의 다양성이 인정되고 보호되어야 하며, 이를 증진하기 위한 여건이 장려되어야 했다.

마지막으로, 협상가들은 한 가지 급진적인 시도를 하는 데 동의했다. 과거 헌법 분야에 없던 새로운 시도였다. 그들은 새 헌법이 발효되기 전에, 헌법 조문이 실제로 협상가들이 채택했던 원칙에 부합하는지의 여부를 독립 기구가 결정하도록 하는 데 합의했다. 따라서 새 헌법이 제헌의회에서 통과되더라도, 모든 조문이 헌법 원칙에 부합한다고 이 독립 기구가 승인하기 전까지는 효력이 없다고 임시 헌법은 명시했다.

그 독립 기구는 법적 전문성을 가져야 했고, 두루두루 존경도 받아야 했다. 이 기구의 결정에 격렬한 반대가 있더라도 이겨낼 수 있는 위상이 있어야 했다.

그런 독립 기구가 바로 헌법재판소였다. 사형제가 위헌이라는 역사적 판결을 내린 후, 헌법재판소의 초기 과업이면서 가장 부담이 컸던 일 가운데 하나가 최종 헌법을 승인하는 일이었다. 1996년 5월 8일, 제헌의회가 새 헌법의 초안을 채택했고, 헌법재판소는 즉각 활동에 들어갔다. 정당뿐만 아니라 이 헌법 절차와 결과에 관심 있는 사람이라면 누구나 반대 의견을 제출할 수 있도록 문을 열었다.

5개의 정당과 84개의 민간단체들(여기에는 기업과 고용주 단체도 포함되었다)이 이의를 제출했다. 정당, 제헌의회 자신, 27개 단체와 개인들이 헌법재판소에서 발언 기회를 얻었다. 가능한 한 포용적이고 존중하는 태도로 절차가 진행되어야 했다.

이 과업은 대단히 까다로운 것이었다. 헌법재판소는 이 임무가 사법적인 것이지 정치적인 것이 아니라고 조심스럽게 설명했다. 헌법재판소의 역할은 헌법을 승인하는 일인데, 문제는 헌법이 본질적으로 정치적 권한을 다룬다는 점이었다. 하지만 제헌의회의 정치적 선택이 옳다거나 그르다고 말하는 것은 헌법재판소의 역할이 아니었다. 헌법재판소는 최종 헌법상 조문의 정치적 타당성은 "본 재판소가 상관할 바가 아니"라고 강조했다. 더 큰 관심은 협상에서 채택된 헌법 원칙이 최종 헌법에 충실하게 반영되도록 하는 것이었다.

헌법재판소가 이렇게 주의 깊게 선을 그었지만 경계는 여전히 아슬아슬했고, 9일 동안의 구두 변론은 힘겹게 진행되었다. 1996년 7월 11일, 헌법재판소는 판단을 유보했다. 그리고 모든 재판관이 판결문 작성에 참여했다. 특정 재판관의 이름으로 판결문을 내지 않고 각자의 전문성과 작문 실력을 발휘해 하나의 결정문을 내어 놓았다. 이는 '법정 판결'judgement of the court이라고 부르는 것으로, 재판관 개인에게 귀속되지 않는다. 대신 모든 헌법재판소 구성원이 여기에 서명을 한다.

이는 헌법재판소가 자신의 입장을 가장 강력하게 표현하는 방법이며, 절차적인 문제를 떠나 대개 아주 중요한 쟁점에 대해서만 이 방식을 활용한다.

1996년 9월 6일, 헌법재판소는 판결을 내렸다. 우선 헌법 초안이 기념비적인 성취라고 밝혔다. 헌법 조문들 가운데 압도적 다수가 원칙들을 준수했으나 몇 가지 작은 측면에서 다소 부족한 점이 있다고 판단했는데, 다음과 같은 것들이었다.

먼저, 고용주 단체만이 아니라 개별 고용주에 대해 단체교섭에 참여할 권리가 인정되고 보호되어야 했다. 초안에서 일부 법률을 헌법 심사 대상에서 제외한 것도 폐기되어야 했다. 새 헌법을 개정하기 위해서는 특별 다수결을 포함하는 특별 절차가 요구되어야 했다. 헌법 조문에서 보호되는 기본권·자유권·시민권을 약화하는 방향의 개정은 좀 더 엄격하게 이루어져야 했다. 공익 보호관, 회계 감사원, 공익 사업위원회의 독립성과 중립성이 적절히 보호되어야 했다. 지방정부를 위한 조항이 개선되어야 했다. 주의 권한과 기능이 임시 헌법상의 권한과 기능에 비해 현저히 작고 약한 점도 수정되어야 했다.

이런 사안들을 지적함과 동시에, 헌법재판소는 헌법 제정자들에게 용기를 북돋는 메시지를 보냈다. 발견된 미준수 사항들은 중요한 문제들이기는 하지만, 이것 때문에 이미 원칙에 부합한 다른 조문을 제정하는 데 방해가 되어서는 안 된다는 것이었다.

헌법재판소가 초안 승인을 거부했으므로, 제헌의회는 다시 소집되어 수정에 대해 합의해야 했다. 타협이 더 필요했다. 그 결과 헌법재판소가 요구한 수정들이 실제로 이루어졌고, 1996년 10월 11일, 제헌의회는 수정된 헌법안을 채택했다.

그러나 일부 정당이 이의를 철회하지 않아, 헌법재판소는 추가 심리를 열어 11월 중에 3일 동안 반대 측 주장을 들었다. 마침내, 헌법재판소는 남은 이의 사항 중 어느 것도 타당하지 않다고 판결했으며, 1996년 12월 4일 다음과 같이 선고했다.

우리는 1996년 10월 11일 제헌의회를 통과한 수정안, 즉 1996년 남아프리카공화국 헌법의 모든 조문이 헌법 원칙을 준수함을 승인한다.

헌법이 마침내 승인되었다. 그로부터 6일 뒤, 1996년 12월 10일 세계 인권의 날에 만델라 대통령이 새 헌법에 서명했다. 헌법은 1997년 2월 4일에 발효되었다.

보건 의료에 대한 기본권

임시 헌법과 최종 헌법 사이에는 한 가지 중요한 차이가 있었다. 에이즈 활동가들이 음베키 대통령의 정책에 도전할 때 이 차이는 매우 중요하게 작용했다.

임시 헌법과는 달리, 최종 헌법은 사회적·경제적 재화에 대한 권리를 담았다. 이는 미국이나 캐나다의 헌법, 심지어 유럽 인권 협약과도 현격히 다른 점이다. 남아프리카공화국 헌법은 최소 수준의 사회적 급부 없이는 평등, 자유, 표현과 종교의 자유, 결사의 자유와 같은 권리가 향유될 수 없음을 명시적으로 인정한다. 다른 헌법적 권리를 향유할 수 있으려면 교육, 사회보장, 식량, 물, 주거, 보건 의료가 갖취져야 한다.

새 헌법에는 두 가지 종류의 사회경제적 권리가 있다. 첫째, 기초교육에 대한 권리와 응급치료를 거부당하지 않을 권리다. 이 권리들의 정의가 헌법에 명시되어 있지는 않지만, 이 권리들은 절대적이다.

둘째, 절대적이거나 즉각적이지 않은 사회경제적 권리들로, 이런 권리들이 더 많다. 여러 사회적 재화에 '접근할'to have access 권리로 표현되는 것들로, 적절한 주거, 보건 의료 서비스, 충분한 식량과 물, 사회보장, 고등교육 등의 사회적 재화가 여기에 포함된다.

이 두 번째 유형의 권리들은 정부가 즉각 실현하지 않아도 된다. 헌법은 국가가 각 권리의 "점진적 실현을 위해 가용한 자원 안에서 합리적 입법 및 기타 조치를 채택"하도록 의무를 부여한다.

음베키 대통령은 전환기 협상에 참여했던 주요 아프리카민족회의 참가자들 가운데 한 명으로, 헌법이 최고 규범으로 인정되는 체계를 만들기 위해 싸웠다. 입법부와 행정부가 과거 아파르트헤이트 시절처럼 무소불위의 권력을 행사해서는 안 되었다. 이와 같은 관념, 그러니까 입법 행위와 행정 행위에 대해 헌법적 심사가 이루어져야 한다는 관념이 새 헌법의 심장부에 놓여 있었다. 에이즈의 원인에 대한 의심 때문에 결과적으로 항레트로바이러스 치료 보급을 꺼린 음베키 대통령 본인의 행위가, 이제 바로 그 절차의 적용을 받게 되었다.

대단한 드라마를 위한 무대가 마련되었다. 수백만 명의 남아프리카공화국 HIV 감염인들이 그저 죽음을 기다리게 될지, 아니면 생명을 얻게 될지를 결정하는 드라마가 막을 올렸다.

에이즈
치료를
둘러싼
논쟁

사건번호 2001/21182

2001년 11월 26일 월요일 여름 아침, 만일 당신이 길을 걷다가 잠시 발길을 돌려 프리토리아 고등법원의 널찍한 로비에 들어가 안내판에 적힌 그날의 사건 목록을 살펴보았다면, 여태껏 법원에 제기된 가장 중요한 사건 중 하나를 발견할 수 있었을 것이다. 그날 아침, 버나드 은고페이 고등법원장이 사건번호 2001/21182의 심리를 한 법정에 배정했다. 치료행동캠페인이 보건부를 상대로 제기한 소송이었다.

프리토리아의 처치 스퀘어를 고상한 자태로 압도하고 있는 이 화려한 법원 건물에서는 과거 많은 중요한 법적 다툼이 있었다. 가까이는 1964년 넬슨 만델라의 목숨이 걸려 있던 재판이 이 법원에서 열렸다. 만델라 시대 이전에도 중대한 사건들이 많았는데, 1914년 아프리카너 봉기, 1922년 광산 노동자의 파업, 제2차 세계대전 당시 나치 운동(유색인 선거권 사건에서 용기 있게 반대 의견을 펼쳤던 슈라이너 판사가 나치 추종 단체의 지도자였던 로비 라이브란트에게 반역죄로 사형을 선고했다), 1952년의 불복종 운동 등의 사건에서 생사를 가르는 쟁점들이 제기되었다.

1980년대를 거치면서 응용법학연구소와 법률지원센터에서 활동하던 나와 동료들을 비롯한 공익 변호사들이 많은 사건을 프리토리아 고등법원으로 가져갔다. 경찰 구금 시설에 갇힌 활동가들을 위해, 정부의 대아파르트헤이트 계획으로 토지를 빼앗기게 된 주민들을 위해, 아파르트헤이트 군대의 징집을 거부하는 종교적·양심적 거부자를 위해, 아파르트헤이트 군대에 대항했다고 반역죄로 기소된 투쟁가를 위해, 우리는 이 로비를 지나 법정에 들어가서 정의를 부르짖었다.

　노동법원industrial court의 권한이 커지고, 1979년과 1980년 노동 개혁 이후 노동조합의 권리가 강해지고 노동자들에 대한 보호가 강화되면서 이에 반발한 고용주들이 소송을 제기했는데, 그 최초의 소송 역시 프리토리아 고등법원에서 다루어졌다.

　모두 중요한 사건들이었고, 그중 많은 사건들에 생사의 문제가 걸려 있었다. 하지만 어느 사건도 사건 번호 2001/21182와 같이 수많은 사람들의 삶과 죽음의 문제를 다루지는 않았다.

아주 실질적이고 즉각적인 문제

데클레르크 대통령이 아파르트헤이트 정부를 협상으로 이끌었던 1990년 2월 이후 10년 동안, 남아프리카공화국에서 HIV 감염은 천문학적으로 증가했다. 임산부 진료소를 이용한 임신부들의 유병률이 극적으로 치솟았다. 1990년에 0.76퍼센트였던 수치가 5년 후인 1995년에는 10.44퍼센트로 거의 15배가 증가했다. 역학 전문가들이 법정에서 증언할 때 언급했던 마지막 해인 2000년에는 24.2퍼센트로 올라갔다. 24.2퍼센트! 공중 보건 시설을 방문한 전체 임신 여성 가운데 거의 4분의 1이 HIV에 감염되어 있다는 뜻이었다.

　주에 따라 유병률은 차이가 있었다. 가장 심각했던 콰줄루-나탈 주의 경우 전체 유병률이 36.2퍼센트였다. 요하네스버그와 프리토리아가 위치한, 이 나라 산업의 심장부라 할 하우텡 주도 상황이 특별히 더 낮지는 않아서, 2000년 조사 결과 평균 유병률이 29.4퍼센트였다. 25세와 29세 사이의 임신 여성이 특히 많았는데, 이들 가운데 30.6퍼센트가 HIV에 감염된 것으로 나타났다. 거의 3분의 1이었다.

믿기 어려운 수치였다. 1990년 이전, 이 전염병이 무서울 정도로 빨리 아프리카 남부로 번지고 있던 시절에도 도저히 상상할 수 없었을 만큼 상황이 좋지 않았다. 더 안 좋았던 것은, 감염의 증가 추세가 안정되고 있다는 신호가 없었다. 오히려 반대로, 남아프리카공화국은 이 유행성 전염병이 세계 어느 곳보다 급속히 퍼지고 있는 나라였다.

역학자들이 증거를 토대로 추정하기로, 프리토리아 고등법원이 이 사건의 심리를 열었던 2001년까지 5백만 명의 남아프리카 인이 HIV에 감염되어 있었다. 확산 속도가 폭발적이었다. 감염인이 엄청난 기세로 증가하는 가운데 많은 사람들이 죽어 가기 시작했다. 2000년까지 남아프리카공화국에서 에이즈로 사망한 사람의 수는 연간 27만 명으로 추정되었다. 거의 750명이 매일 죽어 가는 셈이었다.

그중에는 내가 아는 사람들도 있었다. 이는 특별한 경우가 아니었다. 모든 남아프리카 인 주변에는 그렇게 죽어 가는 사람들이 있었다. 그들은 우리의 남편이고 아내이고 연인이었고, 우리의 부모, 형제, 조카, 이모, 삼촌이었으며, 우리의 친구, 우리의 이웃, 모임의 회원이자 직장 동료였다. 2000년까지, 에이즈로 인한 죽음은 사람들의 얼굴에 슬픔과 상실의 깊은 상처를 새겼으며, 남아프리카공화국에 심각한 상흔을 남겼다.

인종적인 문제도 있었다. 물론 HIV 감염은 모든 인종에게 나타났다. 하지만 다른 집단보다 흑인들 사이에서 열 배나 더 빨리 퍼지고 있었다. 음베키 대통령이 에이즈 통계에서 주목한 이 인종적 특징은 정확했다. 현실적으로 에이즈는 주로 흑인들 사이에서 퍼지고 있는 질병이자 죽음의 문제였다. 그리고 남부 아프리카만의 독특한 현상이었으며, 감염인 중에는 이성애자가 압도적으로 많았다.

이 같은 양상에 대한 음베키 대통령의 반응은 분노였다. 앞에서 설명했듯이 그는 HIV의 존재 자체에 의문을 가졌다. 또한 HIV가 성적 접촉으로 감염되는지 여부에 대해, 그리고 HIV 검사의 가치에 대해 의문을 제기했다. 그는 HIV가 에이즈의 원인이라는 주장을 비웃었다. ("바이러스가 증후군의 원인이 될 수 있나요?" 음베키는 의회에서 질문했다. 하지만 그는 이미 답을 가지고 있었으며 자신의 질문에 스스로 답했다. "그럴 수 없습니다. 왜냐하면 증후군이란 후천적 면역결핍에서 비롯된 일군의 질병을 말하기 때문입니다.") 이 모든 쟁점에 관한, 압도적인 과학적·의학적 증거들이 눈앞에 있음에도 그는 이를 외면했다.

대통령의 행보를 칭찬하는 사람들도 있었다. 그들은 대통령의 의문이 정당하며 심지어 반가운 철학적 탐구라고 말했다. 위기가 극도에 달한 상황에서 케이프타운 대학의 부총장은 "온갖 추측에 현혹되지 않는 (대통령의) 단호함과 지성"을 칭송했다.

하지만 이 추상적인 질문 뒤에는 오싹하리만큼 현실적인 쟁점이 놓여 있었다. 누가 살고 누가 죽을 것인가? 에이즈로 죽어 가는 사람들의 생명을 살리기 위해 치료약을 보급할 것인가, 말 것인가? 특히 2001년 당시에는 HIV에 감염된 임신부로부터 신생아가 감염되는 것을 막기 위해 공중 보건 시설 의사가 치료를 원하는 임신부에게 약을 처방하도록 허용할 것인가라는, 아주 실질적이고 즉각적인 문제가 있었다.

사망자 수가 증가하고 수십만 명의 남아프리카 인들이 죽어 가는 상황에서, 이 문제는 더욱 긴급하고 고통스러운 것이 되었다. 한편 그 배경에는 또 다른 중요한 문제가 있었다. 남아프리카공화국이 민주주의와 입헌주의로 이행하는 과정에서 이는 핵심을 찌르는 문제였다. 위와 같은 일들을 해결하는 데 법과 헌법이 개입할 수 있는가?

몇 개월이라는 소중한 시간이 흐른 뒤, 법원은 남아프리카 인들에게 '그렇다'고 대답했다.

HIV에 감염된 채 태어나는 아기들

죽음의 위기 상황에서 법원에 호소하게 된 동력은 이 전염병의 비통한 측면에서 나왔다. 바로 HIV에 감염되어 태어나는 신생아의 수였다. 대부분 감염은 성적으로 활동적인 젊은 사람들, 즉 가임 인구 사이에서 발생했다. 젊은 사람들이 성관계를 맺으면 그렇듯 이들은 아이를 임신했다. 의료적인 개입이 없는 상태에서는 HIV 감염 여성에게서 태어난 아기의 약 3분의 1이 바이러스에 감염된다. 출산 과정에서 엄마의 혈액에 노출되며 감염되기도 하고, 출산 후 엄마가 갓난 아기에게 모유를 수유하는 과정에서 감염되기도 한다.

재판이 있기 얼마 전, 남아프리카공화국에서 발생한 HIV 감염 가운데 매년 6만 건 이상이 모자 감염*인 것으로 추정되었다. 이 사건

---

* 모자 감염은 태아기 또는 출산 전후에 태아가 모체로부터 직접 감염되는 것을 말하며, 수직 감염이라고도 부른다.

을 법원에서 다투고 있을 때쯤에는, 매년 7만 명의 아기가 감염된 채 태어난다는 사실이 인정되고 있었다.

당시 HIV에 감염된 채 태어나는 아기는 살아남을 가능성이 적었다. 면역 체계가 아직 발달하지 않은 상태에서 HIV의 공격을 받으므로 아기는 만성적인 질병에 걸린다. 이스턴케이프 주 이스트 런던에 있는 세실리아 마키웨인 병원 소아과 병동의 한 의사는 아기의 고통을 이렇게 표현했다.

인간으로서 겪어야 하는 신체적·정신적 고통이 병동에 가득합니다. 쇠약해진 신생아들이 산소 호흡기와 온갖 종류의 항생제, 분무 요법으로 겨우 숨을 쉬고, 칸디다증이 퍼져 비경구 항진균제를 투약받으며, 피부 발진으로 가렵고 아픈데다가 삼킬 때 고통이 너무 커서 아무것도 먹지 않으려 합니다. 어떤 아기들은 고통스러운 회음부 발진과 더불어 설사를 합니다.

희망의 돌파구: 새로운 치료법의 등장

이 극심한 고통 가운데 상당 부분은 피할 수 있었다. HIV 모자 감염을 결정적으로 줄일 방법을 과학이 알려주고 있었다. 사실 과학적으로 이미 방법은 나와 있었고, 이는 더 의심할 여지가 없는 것이었다.

소송이 있기 6년여 전인 1994년, 소아과 에이즈 연구 그룹이 획기적인 연구 결과를 발표했다. HIV 감염 여성의 아기들에게 처음으로 희망의 빛을 비추는 발표였다. 이 연구에는 음베키 대통령의 골칫거리이자, 1999년 10월에 상원에서 그가 공격했던 AZT에 관한 내용이 담겨 있었다. 이 연구 결과에 따르면, 임신부에게 임신 초기인 첫 14주 이후부터 정기적으로 AZT를 투여해 자녀의 HIV 감염 위험을 현저히 줄일 수 있다는 사실이 분명히 밝혀졌다. 이 간단한 절차를 통해, 평생을 괴롭히는 질병으로부터 아기를 구할 수 있었다.

AZT를 장기 복용하는 것으로는 성인 에이즈 환자의 죽음을 막을 수 없다는 우울한 연구 결과가 발표된 뒤에 나온 이 연구는, 어둠 속에 나타난 한 줄기 빛과도 같았다. 이는 HIV에 감염되었거나 에이즈를 앓고 있는 여성들, 의사들, 그리고 이 병의 전염을 관리하는 사람들에게 큰 희망을 안겨 주었다. AZT의 장기 사용이 아닌 단기 사용이 의학적으로 매우 중요할 수 있음을 보여 주는 연구였다.

이 연구 결과에 따라 금세 많은 선진국에서 HIV 감염 임신부를 위한 최소 치료 기준을 새로 채택했다. 이런 여성은 임신 14주부터 AZT를 투약받도록 했다. 본인을 위해서가 아니라 아직 태어나지 않은 아이를 위해서였다.

그런데 한 가지 문제가 있었다. AZT는 여전히 아주 비쌌다. 1994년에는 아직 치료행동캠페인이 존재하지 않았다. 치료행동캠페인이 분노와 원칙을 바탕으로 캠페인을 벌여 약값을 내리는 데 성공한 시기는 1990년대 후반에서 2000년대 초반이었다. 1994년 당시에 임신부에게 임신 14주차부터 매일 5회 1백 밀리그램의 AZT를 제공하기 위해서는 턱없이 비싼 비용을 지불해야 했다. 아프리카 국가들 대부분의 보건 의료 예산이 바닥날 정도였으며, 개발도상국가들로서는 감당할 수 없는 수준이었다.

하지만 과학은 점점 더 많은 희망을 주고 있었다. 1996년에 과학자들은 성인 에이즈 환자를 위한 혼합 치료의 놀라운 효과를 보고했다. 이보다 더 좋은 뉴스가 또 있을까? 그런데 더 좋은 뉴스가 정말 있었다. 1998년 타이의 연구 결과는 AZT의 단기 요법 역시 아주 안전하며 모자 감염을 줄이는 데 매우 효과적임을 밝혔다. 이 연구는 임신 후기에 훨씬 적은 양을 투약해도 모자 감염이 절반으로 줄어든다는 것을 보여 주었다.

이는 남아프리카공화국과 같은 개발도상국가에 특히 중요한 연구 결과였다. AZT 단기 요법은 훨씬 싸고 현재의 예방 사업에서 쉽게 활용할 수 있다는 점에서 희망적이었다.

자원과 보건 의료 기반 시설이 남아프리카공화국과 비슷한 타이는 이 연구 결과를 바탕으로 서둘러 새로운 요법을 실행에 옮겼다. 시간을 허비하지 않고 1999년에 전국적으로 HIV 모자 감염 예방 사업을 도입했으며, 그 결과 신생아의 감염을 절반으로 줄이는 데 금방 성공했다. 그만큼 고통 또한 즉시 줄어들었다.

아프리카에서는 어땠을까? 이 대륙에서는 결과가 달랐을까? 물론 다르지 않았다. 바로 다음 해인 1999년에 코트디부아르와 부르키나파소에서 진행된 연구는, 임신 중 AZT 단기 요법을 실시한 경우, 아프리카 대륙에서 흔히 그렇듯이 엄마가 아기에게 지속적으로 모유를 수유하는 경우에도 모자 감염이 유의미하게 감소했음을 보여 주었다. 이는 대단히 희망적인 결과였다. 모유 수유에도 불구하고 모자 감염이 3분의 1 이상 줄어들었던 것이다.

이는 서부 아프리카의 이야기였다. 남아프리카공화국에서도 결과가 같았을까? 그렇다. 결과는 다르지 않았다. 케이프타운 근방 칼리처의 의사들은 AZT 단기 요법이 HIV 감염을 대략 절반으로 줄인다는 사실을 밝혔다. 아파르트헤이트가 종식된 후의 혼란 속에서 보건 의료 체계가 흔들리고 있었기에 이 요법에 대한 기대는 특히 컸다. 연구 결과, 타운십 내에서 꽤 복잡한 항레트로바이러스제 투약 요법까지도 가능하며, 생명과 건강 면에서 효과가 상당하다는 점이 밝혀졌다.

하지만 소송에 결정적으로 작용했던 획기적 발전은 AZT가 아니라 네비라핀*에 관한 과학적 연구였다. 네비라핀은 비핵산 계열의 역전사효소억제제non-nucleoside reverse transcriptase inhibitor, NNRTIs라고 불리는 항HIV 약물군에 속하는 약물이다. 이 억제제는 AZT와는 다른 기제로 HIV의 복제를 막는다. 둘 다 바이러스의 재생산 주기에서 같은 단계를 표적으로 하지만 말이다.

네비라핀은 효과가 빠르고 강력하다. 또한 '반감기'가 길다. 이 말은, 인간의 신체가 신장이나 배변을 통해 제거하는 데 시간이 오래 걸리며, 따라서 약리학적 속성이 그만큼 오래 몸에서 기능한다는 뜻이다. 의사들은 네비라핀이 HIV에 대항하는 무기고에 들어가야 할 필수적인 무기임을 즉각 알아차렸다. 특히 모자 감염의 위험을 줄이는 데 효과적이었다. 이 약물은 몸에 빨리 흡수되며, 무엇보다도 쉽게 태반을 통과한다는 점이 중요했다. 태반은 자궁에서 태아와 엄마를 연결하면서 핏속의 해로운 물질로부터 태아를 보호하는 장벽이다. 네비라핀은 이 태반을 쉽게 통과하는 성질이 있었다.

또한 네비라핀은 AZT보다 훨씬 싸고 사용하기 쉬웠다. 모자 감염

---

* 네비라핀(Nevirapine)은 약물명이며, 제약 회사 베링거잉겔하임이 바이라문(Viramune) 이라는 제품명으로 판매한다.

을 막기 위해서는, 출산 중인 산모에게 네비라핀 2백 밀리그램을 1회 경구 투여하고, 출산 후 48시간에서 72시간 내에 신생아에게 1회분을 경구 투여하면 되었다.

소송이 있기 얼마 전, 우간다에서 약물 처치에 대한 비교 실험이 이루어진 적이 있었다. 이 실험에서는 AZT를 출산 시 1회 경구 투약하고, 출산 중 매 3시간 동안 추가로 투약한 뒤, 출산 후 7일 동안 신생아에게 매일 2회 투약하는 방법을 네비라핀의 투약 방법과 비교했다. 결과는 흥미진진했다. 네비라핀을 사용한 집단에서는 신생아 10명 중 1명꼴로 HIV에 감염된 반면, AZT를 사용한 집단에서는 두 배 정도가 감염된 것으로 나타났다. 이처럼 네비라핀 단기 요법은 HIV 감염을 예방하는 데 대단히 큰 효과가 있었다.

연구자들과 의사들은 네비라핀을 칭송했다. 물론 1회 투약이 최선의 치료는 아니었다. 모든 임신부에게 지속적인 혼합 요법을 제공하는 것이 한 가지 약물을 단기 요법으로 제공하는 것보다 아기와 임산부 모두를 위해 더 나을 것이었다. 네비라핀을 1회만 투약하면 약물에 내성이 생겨 나중에 혼합 요법에서 같은 약제를 사용하는 데 문제가 되지 않을지에 대한 의문도 있었다. 그럼에도 당시 의사들은 이 약물 처치가 간단하고, 비용이 저렴하며, 널리 이용될 수 있다는 점에 열광했다. 이 약물은 1회 투약만으로도 다른 항레트로바이러스 치료와 비교해 뒤지지 않을 정도의 수준으로 감염을 낮추었다.

의약품규제위원회MCC는 이미 네비라핀을 HIV 감염인 또는 에이즈 환자인 성인·청소년·아동에 대해 HIV의 치료 목적으로 사용할 수 있도록 등재한 상태였다. 2001년 4월 의약품규제위원회는 등재 범위를 확장했다. 출산 당시 항레트로바이러스 치료를 받고 있지 않은 임산부에게 모자 감염 위험을 줄일 목적으로 네비라핀을 사용할 수 있도록 허용했다. 등재 조건으로, 제조사는 이 약의 작용에 관한 데이터를 계속 제공해야 했다. 그리고 환자들에게 모유 수유의 위험성을 말해 주어야 했다.

여러 연구들을 통해 압도적인 증거가 쌓이면서 과학적·의학적 합의가 빠르게 이루어졌다. HIV 감염 여성에게 항레트로바이러스 치료를 제공해 자녀에게 바이러스가 전염될 위험을 줄여야 한다는 것이었다.

2000년에 세계보건기구WHO, 그리고 전 세계적 전염병 유행에 대처하는 합동 유엔 기구인 유엔에이즈UNAIDS가 제네바에서 전 세계 전문가들과 중요한 회의를 개최했다. 전문가들은 만장일치로 모자 감염을 예방하는 데 항레트로바이러스 치료가 안전하고 효과적이며, 이 내용이 HIV 감염 여성과 그 자녀를 위한 최소 치료 기준에 포함되어야 한다고 결론 내렸다.

그 후 독일 제약 회사인 베링거잉겔하임은 영리한 행보를 보였다. 2000년 7월, 국제사회에서 다국적 제약 회사들에 대한 도덕적 비판의 불을 지핀 더반 회의 직후, 베링거잉겔하임이 놀라운 제안을 했다. 모자 감염을 예방하는 데 사용하도록 네비라핀을 남아프리카공화국 정부에 5년 동안 무료로 제공하겠다고 공언한 것이다. 놀랍게도 음베키 대통령 정부는 이 제안을 거절했다. 그런데 무료가 아니더라도, 네비라핀 정량 투약에 필요한 것으로 추정된 비용은 아주 적었다. 아기 한 명당 10랜드에 지나지 않았다.

네비라핀 더하기 컴비비어: 내가 복용한 약제들

나는 AZT와 네비라핀을 둘러싼 격렬한 대중 토론에 큰 관심을 갖고 있었다. 두 가지 약제 모두 내 핏줄기를 타고 흐르고 있었기 때문이다. 이 약들의 항레트로바이러스 성질 때문에 나는 살아 있었다. 이약들 덕분에 건강하고 활기차게 생활할 수 있었다. 2000년 말경 나는 고등법원 판사로 6년째 재직 중이었다. 당시 사법위원회가 블룸폰테인의 대법원 소속으로 나를 임명하도록 대통령에게 추천했다. 내가 에이즈에 대한 음베키 대통령의 입장을 공개적으로 거침없이 비판해 왔음에도 불구하고 음베키 대통령은 사법위원회의 추천을 받아들였고, 내 임명장에 사인했다. 이 임명장은 아직도 헌법재판소 집무실 벽에 걸려 있다.

내가 그처럼 활기차게 일할 수 있었던 것은 순전히 항레트로바이러스 치료 덕분이었다. 처방 약제에는 물론 AZT와 네비라핀이 들어 있었다. 2000년부터 나는 두 가지 약제를 모두 복용해 왔다. 그해에 주치의 데이비드 존슨이 컴비비어Combivir로 처방을 바꾸면서 네비라핀 1정과 컴비비어 1정을 복용하게 되었다. 컴비비어는 AZT와 함께, 라미부딘Lamivudine이라고도 알려진 3TC를 혼합한 약이다.* 컴비비어로 바꾼 이유는 전에 복용하던 약제 혼합보다 훨씬 저렴했기 때문이다.

새로운 약제 혼합을 계기로 나는 음베키 대통령이 AZT에 가진 의

---

* 라미부딘은 약물명이고, 3TC는 제약 회사 글락소 스미스 클라인(GSK)이 판매하던 제품명이다.

혹에 더욱 적극적으로 촉각을 곤두세우게 되었다. 그리고 네비라핀에 대한 새로운 연구 결과들에도 열정적으로 관심을 가졌다. 나는 치료행동캠페인 회의에서 발언했고, 전국 노동조합 연합인 남아프리카 노동조합회의와 치료행동캠페인이 공동 개최한 더반 특별 회의에서도 발언했다. 건강한 내 몸 상태에 대해 말하면서, 음베키 대통령이 품은 의심이 얼마나 어리석고 끔찍한 것인지를 증언했다. 도저히 잠자코 있을 수 없었다. 나 자신의 삶이, 내가 살아 있다는 사실 자체가 두 약제가 가진 효능의 증거이며, 법원에서 다투고 있는 그 유용성과 안전성을 매일매일 입증하고 있었기 때문이다.

정부가 완강히 버티다

증거가 그렇게 많이 축적되고 있는데도, 정부는 여전히 HIV 감염 임신부가 항레트로바이러스 치료를 받을 수 있도록 결단을 내리지 않았다.

2000년에 제네바 전문가들은 남아프리카공화국을 겨냥해, 시범사업(연구 및 교육기관)이나 연구 환경에서만 항레트로바이러스 치료를 받을 수 있도록 제한해야 할 타당한 이유가 없다고 결정했다. 다시 말해, 국제적인 수준에서 의학 및 과학적으로 분명한 합의가 존재하고 있었다. 신생아의 감염을 막기 위해 항레트로바이러스제를 대중적으로 보급해야 하며, 이런 노력이 지체 없이 폭넓게 이루어져야 한다는 것이었다.

하지만 남아프리카공화국은 결정을 질질 끌었다. 그러면서 권위 있는 전문가들이 하지 말라고 했던 바로 그 방식대로 했다. 항레트로 바이러스제를 시범 사업에만 한정해 제공했던 것이다.

베링거잉겔하임 회사의 놀라운 제안을 받아들여, HIV에 감염된 엄마들이 누구나 조건 없이 네비라핀을 사용해 자녀의 감염을 막을 수 있게 하는 대신, 음베키 대통령 정부는 일부 시범 의료 기관에서만 네비라핀을 사용하게 했다. 주마다 겨우 2곳, 총 18곳으로 숫자를 한정했다. 전국에서 가장 인구가 많은 하우텡 주의 경우, 종전에 지정된 연구 기관인 크리스 하니 바라과나 병원 외에, 나탈스푸루잇 병원과 카라퐁 병원이 지정되었다.

소송이 시작된 이후 (2001년 10월 17일 기준으로) 레라통 병원, 칼턴빌 병원, 코로네이션 병원, 요하네스버그 병원에서도 신생아 감염 예방 사업이 실시되었다. 추가로 2001년 11월 세보켕 병원에서, 2002년 2월에는 프리토리아의 가-랭쿠와 병원에서 사업을 시작했다. 하지만 여전히 터무니없이 적은 숫자였다. 시범 의료 기관이 상대하는 인구는 전체 인구 중 겨우 10퍼센트에 지나지 않았다. 결과적으로 시범 의료 기관으로 선택되지 않은 공중 보건 의료 기관의 의사들은 임산부와 신생아에게 네비라핀을 처방할 수 없었다. 제약 회사가 정부에 무상으로 약을 제공하겠다고 하는데도 말이다.

정부는 누구나 공공 진료소에서 네비라핀을 이용할 수 있게 하는 것을 거부했을 뿐만 아니라, 주요 정책적 책무도 방기했다. 모자 감염을 예방하는 포괄적 전국 사업을 개발하고 시행해야 할 책무 말이다.

활동가들과 아동 전문가들은 이런 사업을 실시해야 한다고 오랫동안 보건부 장관 차발랄라-음시망과 음베키 대통령에게 청원했다. 그러나 청원은 모두 무시되었다.

극도로 조심스럽게 행보하라
: 수브라머니 사건과 그루트붐 사건의 유산

더반 회의가 끝나고 6개월이 지나 2000년 후반이 되었을 때, 이 분야의 의사들 그리고 이들과 연대하는 활동가들은 선뜻 내키지 않는 결론을 내렸다. 소송을 해야겠다는 것이었다. 가슴에 묵직한 돌을 품고 무겁게 내린 결정이었다.

의사와 활동가들은 왜 주저했을까? 여러 이유가 있었다. 이들 가운데 많은 사람은 아프리카민족회의 지지자였고, 일부는 회비를 내는 정당원이었다. 자신들의 이상을 대변한다고 생각하는 정부, 자신들이 싸워 권력을 부여한 정부를 상대로 소송을 제기하는 것은 불편한 일이었다. 정부에서 일하는 사람들 가운데는 전직 활동가였던 이들과 오랜 관계를 갖고 있는 경우도 많았다. 소송을 제기함으로써 이런 조직 활동과 신뢰 관계를 위태롭게 만들 위험이 있었다.

게다가 소송은 그 속성상 본질적으로 대립적이다. 법정 사건은 서로 반대하는 양측이 다투는 것이다. 한쪽의 견해, 한쪽의 당사자, 한쪽의 이해관계에서 상대편과 겨룬다. 이미 사이가 틀어진 양쪽 당사자들은 이 과정에서 훨씬 더 멀어질 수 있다. 대부분의 사건에서 판사는 한쪽이 옳고 다른 쪽이 틀렸다고 말해야 한다. 법원은 누가 이기고 누가 지는지를 결정한다. 한쪽은 승리해서 나가고, 다른 쪽은 고개를 숙인 채 떠날 것이다.

활동가들 및 이들과 연대하는 보건 의료 전문직 종사자들은 정부와 대적하지 않고 협력해 일하기를 원했다. 정부가 마땅히 해야 할 일을 법원이 강제하는 상황을 바라지 않았다.

소송을 망설였던 중요한 이유가 또 있었다. 소송을 하면 아직까지 거의 탐구된 바 없는 법의 영역에서 모험을 해야 했다. 앞선 경험을 고려하면, 유리한 결과를 기대하기는 어려웠다. 그동안에는 패배만 있었다. 이 소송에서 원고들이 요구하는 것은, 보건 의료권을 보장해야 하는 정부의 책임에 대한 판단이었다. 아주 논쟁적인, 법과 정책의 영역이었다.

당시 헌법재판소가 보건 의료 접근권에 관해 내놓은 판결은 단 하나였다. 권리장전에 사회경제적 권리를 추가한 최종 헌법이 1997년 2월 4일 발효되고 겨우 9개월 뒤인 11월, 헌법재판소는 보건 의료 접근권에 관한 최초의 판결을 내렸다. 원고는 티아그라지 수브라머니라는 41세 남성이었다. 그는 만성 신부전 말기 환자였다.

수브라머니는 투석을 받을 수 있게 해달라고 요청했고, 헌법재판소는 이를 거절하는 판결을 내렸다. 그는 얼마 지나지 않아 사망했다.

이 판결은 굉장한 비판을 받았다. 하지만 헌법재판소의 판단은 의심할 바 없이 옳았다. 수브라머니가 문제 삼았던 보건 의료 정책에서는 성공적 치료가 가능한 급성 신부전증 환자에게만 투석을 허용했다. 그는 중증 신장병 말기로, 회복 불가능한 상태였다. 투석으로 생명을 연장할 수는 있겠지만, 그에게 투석을 하면 생존 가능성이 더 큰 다른 사람들에게 치료를 제공하지 못하는 상황이었다.

헌법재판소의 판결은, 비록 가슴 아프긴 했으나 분명했다. 정부가 수브라머니의 보건 의료 접근권을 실현하기 위한 합리적 조치를 취하지 않았다고 판단할 수 없었다. 적어도 생존 가능성이 있는 사람들에게 투석 기회를 주는 분배 정책이 잘못이라고 보건 의료 행정가들에게 말할 수 없었다. 그러나 헌법재판소의 결정이 옳았더라도, 이 판결이 소를 제기하려는 사람들에게 보내는 신호는 분명했다. 헌법재판소가 쉽사리 보건 의료 행정가의 정책적 결정에 손대지 않으리라는 것이었다.

사회경제적 권리 영역에서의 두 번째 판결도 비슷한 신호를 주었다. 수브라머니 사건으로부터 3년 후에 내려진 판결이었다. 이에 대한 논란은 훨씬 적었다.

아이린 그루트붐은 케이프타운 근처 빈민 지역인 델프트에 거주하던 찢어지게 가난한 사람들 중 한 명이었다. 이들은 직접 무허가 주택을 짓기로 하고 사유지에 판잣집을 세웠다. 그런데 그 땅은 저비용 주택 개발지로 공식적으로 지정된 곳이었기 때문에 정부는 그루트붐을 강제로 퇴거시켰다. 그녀를 비롯해 그곳에 같이 살던 사람들은 갈 곳이 없었다. 유난히 비가 많이 오고 춥던 케이프의 한겨울이었다. 정부는 그들에게 응급 거처를 제공했다. 그 이상으로 정부가 어떻게 해야 했을까?

그루트붐은 정부가 자신에게 주택을 공급하기 위해 해야 할 일을 충분히 다하지 않았다고 주장했다. 헌법재판소는 만장일치의 판결문에서, 그루트붐에게 구체적으로 주거 접근권right of access to housing을 실현시키는 내용의 판결을 선고하지 않았다. 대신 좀 더 넓게 판결했다. 헌법재판소는 정부의 주택 정책이 전체적으로 헌법에 부합하지 않는다고 선고했다. 하지만 이 판결로 그루트붐의 실제 상황을 바꿀 수는 없었다.

헌법재판소는 판결문에서, 정부의 주택 정책은 전체적으로 볼 때 절박하게 주거가 필요한 사람들을 위한 내용을 명시하지 않았다고 질책했다. 또한 정부가 그루트붐과 같은 사람들을 위한 주택 정책을 마련할 의무가 있다고 판단했다. 그녀와 같은 사람들이란, "머물 땅이 없고, 머리 위를 덮는 지붕이 없고, 견디기 힘든 열악한 환경이나 위기 상태에서 살고 있는 사람들"을 가리켰다. 헌법재판소는 정부 정책이 무효라고 선고했다.

하지만 그루트붐은 이 판결을 통해 구체적으로 어떤 구제도 받지 못했다. 헌법재판소의 판결이 있고 몇 년 후 사망했을 때, 그녀는 여전히 판잣집에 살고 있었다. 일부 논평가들은 사회경제적 권리에 대한 헌법재판소의 판결을 조롱했다. 대단한 법적 잔치에도 불구하고 그루트붐 씨가 번듯한 집 없이 죽음을 맞이했다는 사실을 지적했다. 사건에 참여했던 변호사들, 증거들, 주장들, 법관들(사건을 심리했던 법관이 모두 14명이었다)이 그에게 집을 제공하지 못했다.

맞는 말이다. 끝내 판잣집에서 죽음을 맞이한 그루트붐을 보며, 가난한 사람들을 위해 변호사와 판사가 할 수 있는 일의 한계를 겸허하게 생각하게 된다. 하지만 훗날 역사는 그루트붐 사건의 판결에 대해 당시 조롱받았던 것보다 높게 평가했다. 이후 많은 논평가들이 이 판결을 칭송했다. 이들이 주목한 것은, 헌법재판소의 판결로 가난한 사람 중에서도 극빈자를 위한 정책이 마련되는 등 전반적인 개선이 이루어졌다는 점이다. 헌법재판소가 정부로 하여금 주택 계획 전반을 엄밀하게 재검토하도록 요구했다는 것, 그리고 가장 가난한 사람들이 보호받지 못했다는 이유로 정부의 주택 정책 전체를 위법이자 위헌이라고 판단했다는 사실이 높게 평가되었다. 이 판결로 주택 정책이 크게 바뀌었고, 가난한 사람들 다수가 그 혜택을 입었다.

이것이 정통한 의견이자 역사의 판단이다. 하지만 2001년, 에이즈로 고통받고 죽어 가는 아기들을 위해 의사와 활동가가 무엇을 해야 할지 결정해야 했던 당시는 그루트붐 판결이 있고 나서 채 1년이 지나지 않았을 때였다. 그 판결의 한계와 헌법재판소의 조심스러운 태도가 아직 생생했다. 수브라머니 사건과 그루트붐 사건에서 얻은 교훈은 이것이었다. 극도로 조심스럽게 행보하라.

스티브 반투 비코라는 공통의 기억

이 모든 염려에도 불구하고, 2001년 중반이 되자 소아과 의사와 활동가들은 더 이상 가만히 있을 수 없었다. 음베키 행정부에 보낸 청원은 무시되었고, 에이즈로 인한 사망자 수는 더 증가하고 있었다. HIV에 감염된 젊은 여성과 임신부의 수도 많아지고 있었다. 그리고 HIV에 감염된 채 태어나는 신생아의 수는 신기록에 이르고 있었다.

이 행동에 참여한 많은 소아과 의사와 다른 의사들에게는 한 가지 특별한 기억이 있었다. 그 기억이 이들을 행동하게 했다. 카리스마 있고 달변이던 흑인 운동 지도자 스티브 반투 비코에 관한 사건이었다. 경찰은 그를 아파르트헤이트 질서에 매우 위협적인 존재라고 보았고, 1977년 9월 체포 상태에서 그를 구타해 죽음에 이르게 했다. 이 일이 일어나고 있을 때 의료 전문가들은 그의 죽음을 막기 위한 어떤 행동도 하지 않았다.

1977년 8월 18일, 보안 경찰은 그레이엄스타운 근처에서 스티브 비코를 체포했고, 포트 엘리자베스로 데리고 가 독방에 구금했다. 3주 후인 9월 12일, 비코는 프리토리아에서 사망했다. 조사 결과, 사망 원인은 머리 부상으로 인한 광범위한 두뇌 손상과, 이로 인한 혈액 순환계의 손상 및 파종성 혈관 내 응고, 요독증을 동반한 신부전으로 밝혀졌다.

국가가 임명하는 의사인 지역 담당 외과의에게는 구금 관련 법률에 의거해 경찰 보호 아래에 있는 피구금인을 접견할 수 있는 권한이 있었다. 이 권한은 엄청난 것이었다. 왜냐하면 보안 경찰 수사관을 제외하고 피구금인을 만날 수 있는 거의 유일한 사람이었기 때문이다.

비코가 포트 엘리자베스의 보안 경찰 관할 아래 있을 때, 해당 지역의 외과의는 아이버 랄프 랑과 벤저민 터커였다. 이들이 1977년 9월 7일과 11일 사이에 비코를 접견했다. 내과 전문의인 허쉬도 접견했지만, 구금 상태에 있는 비코의 안녕을 주로 책임져야 하는 담당 의사는 랑과 터커였다.

이 의사들은 비코가 극심한 부상을 입고 반혼수상태에서 소변에 젖은 채 족쇄를 차고 담요 위에 누워 있는 모습을 보았다. 쇠창살에 족쇄가 채워진 채 매트에 누워 있는 상태에서, 그들은 여러 차례 그를 검진했다. 그러나 두 사람 가운데 누구도 자신이 본 것을 보고하지 않았으며, 비코를 살리기 위해 개입하지 않았다. 오히려 비코가 감금되어 있는 동안 랑 의사는 보안 경찰의 요청에 따라 확인서에 서명했는데, "스티브 비코가 입을 열지 않는다고 문제를 호소한 보안 경찰 구센 대령의 요청으로 그를 검진했다. 나는 수용자에 대해 어떤 비정상적인 점이나 건강상 이상의 증거를 찾지 못했다."라는 내용이었다.

터커 의사는 비코가 끔찍한 부상을 입고 있는데도 불구하고 경찰이 그를 프리토리아로 이송할 수 있도록 허가했다. 경찰은 위독한 그를 발가벗긴 채 아무런 의료 감독 없이 지프차 뒤에 내던졌다. 비코는 이미 외상으로 인한 뇌병변을 앓고 있었는데 이때쯤에는 의식을 잃고 있었다. 이 말도 안 되는 상황 속에서 고된 여정이 죽음을 재촉했을 것임은 거의 확실했다.

이후 전 세계가 지켜보는 가운데 사인에 대한 조사가 이루어졌고, 시드니 켄트리지 변호사는 가족을 대리해 비코의 담당 의사들을 상대로 신랄한 반대신문을 했다. 랑 의사는 자신이 서명한 확인서가 잘못된 것임을 시인했다. 사실 그 확인서는 "심각하게 부정확했다." 하지만 랑 의사는 그 확인서가 갖는 중요성도, 경찰이 그것을 나중에 폭력 혐의를 덮기 위해 사용할지 모른다는 사실도 인식하지 못했다고 주장했다. 랑 의사와 터커 의사 모두 의학적 자질의 부족이나 태만, 의료 과실에 대해서는 부인했다.

비코가 보안 경찰에게 붙들려 있는 동안 겪었던 끔찍한 상해는 사인을 조사하는 과정에서 괴로울 정도로 상세하게 드러났다. 이런 증거에도 불구하고 사인 조사를 담당한 치안판사는 경찰 측에 책임을 묻지 않았다. 치안판사는 비코의 뇌 손상이 아마도 보안 경찰관들과의 "실랑이 중에" 발생했을 것이라고 판단했다.

실랑이라니! 치안판사는 그나마 랑 의사와 터커 의사의 일견 부도덕하고 불명예스럽게 보이는 행위에 대해 해명이 필요하다고 보았다. 전문가답지 못한 행위임이 명백해 보일 때prima facie case(반증이 있기 전까지는 겉으로 보기에 증거가 있거나 그렇게 보이는 사건), 법은 법원이 이 사실을 의료위원회에 알릴 수 있게 했다. 치안판사는 이 법에 따라 행동했다. 두 의사에 대한 증거자료를 의료위원회에 송부한 것이다.

하지만 의료위원회 소속 위원들은 대부분 아파르트헤이트 정부가 임명한 사람들이었다. 1980년 6월 17일, 의료위원회는 18 대 9로 두 의사가 부도덕한 행위를 했다는 증거가 없다고 판단했다. 그리고 이 결정에 따라, 두 의사에게는 아무런 조치도 이루어지지 않았다.

전국의 많은 의사들이 이에 대해 분개했다. 비츠 의과대학은 이 결정을 맹렬히 비난하는 내용의 성명서를 채택했다. 의료위원회를 규탄한 이 성명서는, 당시 학장이었던 유명한 고고 인류학자 필립 토비아스Phillip Tobias 교수의 이름으로 전 세계에 발표되었다.

결국 비츠 대학 등 여러 대학 병원의 의사들을 비롯한 일군의 의사들이 의료위원회를 법원에 제소했다. 이들은 두 의사에게 면죄부를 준 의료위원회의 결정을 번복하라고 촉구했다. 의료계가 공식적으로 랑 의사와 터커 의사의 태만함을 묵인하는 모습이 수치스러웠던 것이다.

5년 후, 프리토리아 고등법원장이었던 보스호프 판사가 전원재판부의 재판장을 맡았다. 법원은 원고들의 주장을 받아들여, 두 의사가 해명해야 할 부정행위가 명백히 존재하는데도 불구하고 조사할 필요가 없다고 판단했던 의료위원회의 결정을 폐기했다. 그리고 의료위원회가 이들에게 조치를 취해야 한다고 판결했다.

의료위원회는 항소를 고려했으나 결국 그러지 않기로 결정했다. 위원회는 그 뒤로도 여러 해 동안 시간을 끌고 나서야 조치를 취했다. 랑 의사는 부도덕한 행위를 한 것으로 인정되어 경고와 징계를 받았다. 터커 의사는 부도덕한 행위와 함께 불명예스러운 행위를 한 것이 인정되어 징계위원회로부터 3개월 의사 면허 정지를 권고받았지만 집행이 2년간 보류되었고, 그사이 그는 은퇴했다.

하지만 터커 의사는 의료위원회 총회의 결정에 따라 의사 명부에서 삭제되었으며, 나중에 공개적으로 참회했다. 비코가 사망하고 14년이 지난 1991년, 그는 스티브 반투 비코를 치료하고 보호했어야 할 의사로서의 역할을 소홀히 한 점에 대해 사과했다.

비코의 비극을 통해 남아프리카공화국의 많은 의사들이 부끄럽고 비통한 기억을 갖게 되었다. 그들은 같은 의사로서 잔인함과 부도덕함 앞에 침묵한 것을 수치스러워했다. 여기에는 두 가지 차원이 있었다. 하나는 의사 개인에 대한 것으로, 자신의 권한을 이용해 고통을 막을 수 있었음에도 손을 놓고 방관했다는 점이었다. 비코를 담당한 의사들은 입을 열었어야 했다. 그랬다면 엄청난 비극을 피할 수 있었을 것이다.

다른 한 가지 차원은 의사 전문가 조직에 대한 것이었다. 의료위원회가 처음에 두 의사에게 아무런 조치도 취하지 않기로 함으로써 모든 의사를 욕보였다는 것이다.

원로이자 존경받는 의사인 케이프타운 대학의 피터 폴브 교수는 진실과 화해 위원회에 나아가, 비코를 담당했던 의사들, 또 이 사건에 대한 다른 의사들의 수치스러운 행적에 대해 비코 가족에게 사과했다. 폴브 교수는 1997년 6월 진실과 화해 위원회에서 증언하면서, 비코 사건이 "국가가 자신들의 의무에 대해 간섭할 때 의사 개인 및 단체가 이를 비굴하게 받아들였음"을 보여 준다고 말했다. 그는 이 사건에서 제기된 윤리적 문제에 대해 의료계 내에서 "계속 고민하겠다."고 밝혔다.

결국 폴브 교수의 말대로 되었다. 상황은 좀 달랐지만, 정부가 공중 보건 시설에서 HIV 감염 임신부에게 항레트로바이러스 치료를 제공하지 않는 것은, 의사들로서는 스티브 비코가 아파르트헤이트 경찰에 의해 겪었던 학대만큼이나 부끄러운 일이었다. 의사들은 비코 사건에 대한 기억으로 행동에 나서게 되었다. 의사로서 병을 치료함으로써 환자들에게 도움을 주고 피해를 막겠다고 서약했으므로, 가만히 있지 말아야 할 의무가 있다고 생각했다.

역사가 반복되지 않아야 한다는 의사들의 의지는 확고했다. 유력한 소아과 의사들과 HIV 치료 관련 전문의 집단이 나서서, 정부를 상대로 소송을 준비 중인 변호사와 활동가들에게 자문을 제공하겠다고 밝혔다. 그중에는 요하네스버그 종합병원의 아동 병동 수석의인 피터 쿠퍼 교수도 있었다. 음베키 대통령이 한 줌의 시범 의료 기관 외에는 네비라핀을 사용하지 못하도록 금지한 것에 저항해, 쿠퍼 교수는 원하는 HIV 감염 임신부에게 약을 제공했다. 이 약은 성공회교회에서 기증받은 것이었다. 정부는 쿠퍼 교수를 징계하겠다고 협박했지만, 그럼에도 그는 정부를 상대로 한 소송에서 원고 편을 들고 나섰다. 그는 역사의 가르침을 이해하고 새겨들은 의사들 가운데 하나였다.

소송하기로 결정하다

2001년 7월 21일, 원고 측 변호사들은 보건부와 각 지방정부의 보건 의료 담당 간부들에게 서한을 보냈다. 소송에 대해 설명하고, 14일 이내에 조치를 취할 것을 촉구하는 내용이었다. 이 서한은 장관과 보건 의료 담당 간부들에게, 왜 지정된 시범 의료 기관 외에 다른 공중 보건 의료 기관에서는 환자들이 네비라핀을 이용할 수 없게 하는지 이유를 설명하라고 요구했다. 그리고 네비라핀을 원하는 임신부 환자에 대한 처방 결정권을 공중 보건 진료소 의사들이 갖도록 제도를 마련하라고 요구했다. 정부는 아무런 조치도 취하지 않았다. 이로써 소송을 피할 수 없게 되었다.

2001년 8월 21일 화요일, 원고들은 프리토리아 고등법원에 소장을 제출했다. 원고들의 요구는 두 가지였다. 하나는 선언적인 것으로, 법원이 정부의 책임을 자세히 설명해 달라는 것이었다. 공공 병원과 진료소에서 출산하는 HIV 감염 임신부에게 정부가 네비라핀을 제공해야 할 의무가 있다는 내용의 판결을 기대한 것이다. 둘째는 이 선언이 현실에서 실현될 수 있도록 만드는 판결을 내려 달라는 것이었다. 원고들은 임신부가 공중 보건 시설에서 네비라핀을 사용할 수 있도록 정부를 강제하는 판결을 법원이 내려 주길 바랐다.

원고들이 요청한 구제의 범위는 좁은 것이었다. 공중 보건 시설을 이용하는 임신 여성에만 초점을 두었기 때문이다. 사법적 권한을 행사해 달라는 요청도 대단한 내용이 아니었다. HIV 감염 임신부가 원할 때 공중 보건 시설에 종사하는 의사들로 하여금 네비라핀을 제공할 수 있도록 자유를 주라는 것이었다. 제약 회사가 네비라핀을 무상으로 제공하겠다고 정부에 제안했던 공식 기록도 있었으니, 이는 영리한 발상이었다.

원고들이 판결을 촉구한 범위는 좁았지만, 그 배경에는 훨씬 거대한 문제들이 있었다. 항레트로바이러스 치료 비용은 갈수록 저렴해졌고, 건강과 일상생활을 회복시키는 치료 효과의 증거도 나날이 쌓였다. 그런데도 에이즈로 인한 사망자 수는 가파르게 치솟고 있었다. 나처럼 항레트로바이러스 치료로 목숨을 유지하는 사람들만 그렇게 생각하는 것이 아니었다. 점차 모든 사람의 눈에 그 사실이 똑똑히 보였다. 생명을 구할 수 있는 치료제를 정부가 남아프리카의 가난한 사람들에게 보급하지 않고 계속 버틸 수 있을까?

이제 에이즈로 인한 죽음과 삶을 가르는 결정권이 이 나라의 법체계와 헌법으로 넘어갔다.

각계각층 원고들의 진술서

치료행동캠페인은 부대표 시포카지 음타티의 진술을 바탕으로 유려한 기초 진술서*를 작성했다. 여기에 전문가들이 긴밀하게 결합했다. 두 번째 원고는 하룬 살루지 의사로, 비트바테르스란트 대학 의과대학의 지역사회 소아과를 대표하는 소아과 전문의였다. 그의 말에는 특히 권위가 있었다. 2000년 11월, 그는 여러 소아과 전문의들과 함께 "우리의 아기들을 구합시다"Save Our Babies라는 캠페인을 시작했다. 아기들을 위한 항레트로바이러스 치료의 필요성을 널리 알리려는 목적이었다. 살루지와 그의 동료들이 보기에는 에이즈가 아동의 삶과 건강에 어떤 영향을 끼치는지 너무나 분명한데, 보건부가 이 현실을 무시하고 있었다.

"우리의 아기들을 구합시다" 캠페인에서는 전국의 의료 전문가와 아동 보건 의료인들 273명에게서 탄원 서명을 받았다. 모자 감염을 줄이기 위해 정책을 마련하라는 탄원이었다. 2000년 12월, 이 탄원서는 차발랄라-음시망 보건부 장관에게 전달되었다. 그러나 9개월 후 소송이 시작될 때까지도 장관은 아무런 응답을 하지 않았다.

---

* 기초 진술서(founding affidavit)는 남아프리카공화국 소송 절차에서 소장에 첨부해 제출하는 것으로, 소송 당사자 또는 관계인이 청구 원인을 뒷받침하는 사실을 적는다.

살루지 의사는 공중 보건 의료 체계에 의지하고 있는 여성들에게 신속히 네비라핀을 보급하는 일이 "절박"하다고 말했다. 그가 진술서의 결론 부분에서 밝힌 이유는 간단했다. "아이의 생명은 소중"하기 때문이다.

더반에 소재한 아동 권리 센터도 원고로 참여했다. 캐티 바브다 대표는 가장 가슴 아픈 일 중 하나가, 심각한 병으로 죽어 가는 자녀를 둔 엄마를 대하는 일이라고 증언했다. 피할 수 있는 병이었는데 말이다. 그녀는 이 엄마들이 "이런 일을 막을 치료법이 있었는데 정부가 제공하지 않았다는 사실을 알고 크게 분노하고 망연자실하는 경우가 많다."고 했다.

콰라이샤 압둘 카림 의사는 에이즈 역학에 관한 전문가로서의 증언을 담은 진술서를 제출했다. 어린 자녀를 가진 어머니이기도 한 그녀는 이 병의 고통을 '이환율*과 사망률morality의 증가'로 설명했다. 고통과 죽음이 늘어나고 있다는 사실을 전문용어로 설명한 것이다. 카림 의사는 이 바이러스가 경제적으로 활동적인 연령 집단, 즉 15세와 49세 사이의 젊은 사람들 사이에서 특별히 높은 비율로 퍼지고 있다고 언급했다. 생애 최고의 시기를 보내고 있는 사람들 사이에서 말이다.

케이프타운 대학의 로빈 우드 교수는 HIV와 치료 의학에 관한 상세한 증거자료를 제출했다. 임상적 실험 및 국제적 조사 결과, 그리고 합의된 전문가들의 견해에 기초해 작성한 진술서였다. 그는 이런 자료들에 비추어 볼 때, HIV 감염 여성을 위한 최소 치료 기준에 모자

---

* 이환율(morbidity)은 일정 기간 내에 발생한 환자의 수를 인구 집단 대비 비율로 표시한 수치를 가리킨다.

감염 예방이 포함되어야 함이 "확실"하다고 법원에 진술했다.

저명한 케이프타운 대학 경제학자인 니콜리 나트라스 교수는 항레트로바이러스제의 비용에 대한 대중적 오해를 반증하는 구체적 증거를 제시했다. 모자 감염을 예방하는 전국 단위 사업은 과도하게 비싼 것이 전혀 아니며, 오히려 국가 비용을 절약해 줄 것이라고 설명했다. 그녀는 HIV에 감염된 아동이 끔찍한 기회감염 때문에 그 짧은 생애 동안 치료를 받아야 한다는 사실을 지적했다. 따라서 감염된 아동의 수가 적을수록 의료 비용도 줄어든다. 그녀는 자세한 분석을 통해, 예방 사업으로 초래되는 전체 보건 의료 비용(자발적 상담과 검사에 드는 비용, 약값, 그럼에도 불구하고 감염되어 태어나는 아동을 치료하는 데 들어가는 비용을 포함)이, 어떤 사업도 하지 않으면서 HIV에 감염되어 태어나는 모든 아동을 치료할 때 드는 비용보다 적다는 사실을 보여 주었다.

치료행동캠페인은 전문가에게만 증거자료를 받은 것이 아니었다. 이 바이러스로 인한 고통을 직접 목격한 젊은 엄마들이 자신의 개인적인 경험을 매우 적극적으로 진술했다. 여기에는 밝은 이야기도 있었고, 어두운 이야기도 있었다. 케이프타운 외곽의 칼리처 타운십 출신의 25세 어머니인 봉기웨 음쿠튜켈와가 그중 하나였다. 그녀는 1999년 임신했을 때, 자발적으로 검사를 받은 후 항레트로바이러스 치료를 받아 아기가 HIV에 감염되지 않도록 막을 수 있었다고 이야기했다. 역시 칼리처에 사는 음풀레니 출신의 부시시웨 마쿤고는 비통한 이야기를 했다. 그녀는 1999년에 자발적으로 HIV 검사를 받았다. 1개월 된 딸 노마지지가 폐렴과 설사, 탈수로 몹시 아팠고 HIV 양성이라는 진단을 받았기 때문이다. 딸은 2000년 1월 31일, 생후 9개월 만에 사망했다. 그녀는 9세 아들에게도 엄마가 HIV에 감염되었다는 사실을 알려야 했다. 만일 정부가 항레트로바이러스제 보급을 제대로 했더라면, 딸 노마지지가 생명을 잃고 마쿤고 가족이 그런 비극을 겪는 일을 분명히 막을 수 있었을 터였다.

발 지역의 지지 집단에서 활동하는 자원 활동가이자 상담가인 사라 라렐레는 이 소송에 대한 이야기를 듣고 자발적으로 진술서를 제출했다. 당시 그녀는 에이즈로 인한 질병이 심각한 상태였다. 아들을 조산했는데, 아기는 한 달이 지나도록 네비라핀을 투약받지 못한 채 병원에 있었다. 출산 전에 그녀는 세보켕에 있는 집에서 60킬로미터 떨어진 크리스 하니 바라과나 병원을 찾아가 네비라핀 한 알을 얻어 놓았다. 그런데 불행하게도 생각보다 일찍 출산의 기미가 찾아왔고, 약을 집 식탁 위에 두고 오고 말았다. 그녀가 출산한 세보켕 병원에는 네비라핀 알약도 시럽도 없었다.

사라 라렐레는 HIV 치료의 흔치 않은 부작용인 젖산산증lactic acidosis으로 2002년 4월 14일 사망했다. 요하네스버그 이오빌에서 열린 장례식에는 나도 참가했다. 조문객들은 비탄에 빠져 있었다. 무엇보다 그녀가 겪은 항레트로바이러스제 부작용이 앞으로 비슷한 사례의 출현을 알리는 신호가 되지 않을지 모두 두려워했다. 다행히 그런 일은 일어나지 않았지만, 사라 라렐레의 죽음으로 인해 에이즈 치료 운동에 긴장이 감돌았다.

간호사인 치디 마홀로노코는 본인의 이야기를 했다. 그녀는 보이파통이라는, 1992년 6월에 학살이 일어나 민주주의 협상을 위태롭게 했던 그 타운십에서 일했다. 항레트로바이러스제를 비롯해, 내가 에이즈를 앓고 있을 때 구강칸디다증을 완화시켰던 플루코나졸, 즉 디플루칸이라는 의약품 등 에이즈와 기회 감염을 치료하는 약제들 덕분에 자신의 일과 환자들에게 희망이 생겼다고 했다. 그런데 HIV 모자 감염을 막을 수 있도록 정부가 돕지 않아 이 희망이 좌절되었다. 마홀로노코는 간호사로서의 전문적 의견에 더해 다음과 같은 말로 전략적 펀치를 날렸다. "만일 HIV를 처치할 수 있게 약을 보급했다면, 우리는 지금 법정 싸움에 시간과 돈을 낭비하고 있지 않을 것입니다. 가난한 사람들의 수명을 연장했을 테고, 정부와 보건 의료 부문에 대한 지역의 신뢰도 더욱 두터워졌을 것입니다."

원고 측의 최종 진술서는 간호사인 비비언 노쿠졸라 마테불라가 작성했다. 그녀는 코파농의 발 타운십 병원에서 일했는데, 정부 정책에 따라 그 지역의 가장 큰 병원인 소웨토의 크리스 하니 바라과나 병원에만 네비라핀이 보급되었다. 마테불라는 이런 네비라핀 보급 제한이 임신부에게 어떤 영향을 끼치고 있는지 충격적인 사례를 말해주었다. 자신이 돌보던 한 임신부가 2000년 6월 마지막 주에 산기가 있었는데, 아기의 생명을 살릴 수 있는 치료를 받으려면 크리스 하니 바라과나 병원으로 가야 한다는 이야기를 들었다. 이미 산통은 시작되었고, 그 먼 곳까지 가려면 혹독하고도 고된 여정을 감내해야 했다. 그러나 그녀는 그렇게 했다. 아기를 HIV로부터 구하기 위해서였다.

정부의 답변

정부 측 답변서에 첨부된 진술서를 작성한 진술인들은 이 강력한 증거들을 대체로 부인하지 않았다. 대신 시범 의료 기관에 국한해 네

216

비라핀을 허용하는 정부의 방침을 설명하는 진술서를 제출했다. 정부의 주장을 간단히 요약하면, 시간이 더 필요하다는 것이었다. 그리고 에이즈 위기에 대한 대응책을 선택하는 것은 사법부가 아닌 행정부의 권한 영역이며, 치료행동캠페인이 법원에 그 선택을 요구하는 데 반대한다고 했다. 또한 엄선된 장소에서 연구와 교육을 시작하기로 한 정부의 결정은 책임감 있고 옳은 것이라고 주장했다. 지금 의사들에게 네비라핀을 처방하도록 허용한다면, 보건 의료 체계가 흔들리고 예산상 문제가 생길 것이며, 환자들이 애매한 질환에 비싼 약을 요구하는 선례가 될 수 있다는 것이었다.

보건 담당 부서장 아얀다 은트사루바는 보건부 장관을 대신해 진술서를 제출했다. 그 외에 정부 에이즈 사업의 수장인 노노 시메렐라 의사와, 의약품규제위원회에 있는 원로 통계학자 조너선 버너드 레빈 의사, 의약품규제위원회 회원인 필립 추크우카 온예부조 의사가 정부 측을 대변해 증언했다.

놀랍게도 은트사루바는 인신 공격적인 진술을 했다. 아기를 살리려고 항레트로바이러스제를 확보하려다 실패한 사라 라렐레의 비통한 이야기에 대해, 그녀가 "본인과 자식의 건강에 소홀했다."고 비난한 것이다. 또한 원고들이 네비라핀 보급의 구조적 문제와 운영상의 복잡한 문제를 무시한 채 행정부의 정책적 선택에 해당하는 결정을 법원에서 구하고 있다고 말했다. 그는 모유 수유를 하는 경우에도 네비라핀이 HIV 감염을 낮추는지는 아직까지 밝혀진 바가 없다고 했다. 이 약이 의약품으로 조건부 등재되어 있다면서, 연구 교육기관은 여전히 그 유효성과 안전성에 대한 자료를 제출해야 한다고 했다. 네비라핀을 1회 투여받은 어머니들의 내성에 대한 의문도 제기했다. 상당수가 모유 수유를 하는 인구 집단에 엄격한 조치 없이 네비라핀을 보급하는 것은 안전하지 않다는 것이었다.

은트사루바는 약이 공공 부문에서 사용되기 전에 시험을 거치는 것은 전 세계적 관행이라고 주장했다. 공공 부문의 의사들이 아무 약이나 처방할 수 있도록 허용한다면 혼란이 발생할 것이라고 했다. 예산도 압박을 받을 것이고, 부대 서비스를 갖추지 않고 네비라핀을 제공하면 정부가 손해배상 소송에 휘말릴 가능성도 있다고 했다.

그는 정부의 정책이 비합리적이거나 위헌적이지 않다고 말했다. 정부는 모든 요인을 따져 봐야 하므로 네비라핀을 공중 보건 시설에 보편적으로 보급하기에 앞서, 연구 교육 사업을 채택하기로 결정한 것이라고 했다. 필수적인 부대 서비스도 갖추지 않고 네비라핀을 투약하면 공중 보건에 위기가 발생할 수 있으므로, 점차적이고 점진적으로 접근해야 한다는 것이었다.

은트사루바는 모자 감염 예방 사업이 비용 면에서 효과적일 수 있다는 데 동의했지만, 네비라핀을 사용함으로써 다른 비용이 발생할 것이라고 했다. 그러면서 시범 사업을 하는 핵심 이유가 비용 문제에 관한 자료를 수집하기 위한 것이라고 주장했다. 그는 법원을 안심시키며 말하기를, 정부는 이 시범 의료 기관에서 지식을 축적해 향후에 전국적으로 사업을 확대하기 위해 구상 중이라고 했다.

시메렐라 의사 역시 이런 주장을 강조하는 진술서를 제출했다. 그녀는 예방 사업의 혜택이 그 우려에 비해 훨씬 크다는 세계보건기구의 결정을 받아들이면서도, 연구를 계속하라고 이 기구가 권고했다는 점을 부각했다. 레빈 의사는 필요한 정보를 모두 확보한 상태에서 HIV 모자 감염 통제를 위한 장기 전략을 고안하기 위해 시간이 더 필요하다고 강조했다. 그는 네비라핀이 모자 감염을 줄이는 것은 사실이지만, 아마도 그 수치는 원고들이 주장하는 50퍼센트보다 훨씬 적을 것이라는 말로 진술서를 마무리했다.

제네바의 세계보건기구에서 일하던 임상 면역학자 온예부조 의사역시 정부를 위해 진술서를 제출했다. 그는 본인이 남아프리카 의약품규제위원회의 구성원으로서 발언하는 것이라고 조심스레 밝혔다. 그의 진술은 세계보건기구의 공식적 견해를 반영하는 것이 전혀 아니었다. 온예부조 의사 역시 의약품규제위원회가 네비라핀의 등재를 조건적으로 승인했음을 지적했다. 그 이유는 우간다에서 단 한 차례 시행된 임상 실험을 통해 얻은 자료밖에 없기 때문이었다. 따라서 네비라핀의 "안전성, 유효성, 내성에 관해 더 많은 정보가 필요"하다고 말했다. 그리고 덧붙이기를, "HIV 수직 감염에 대한 조치가 전체 공중 보건에 미치는 영향에 생태학적 차이가 작용할 가능성"이 있다고 했다. 이 말이 무슨 뜻인지는 분명하지 않았다.

정부는 중앙정부와 지방정부의 보건 예산 및 이용 가능 인력과 자원에 관한 광범위한 증거를 첨부했다. 계속 반복되는 이야기가 있었다. 하나는 운영상의 어려움, 즉 항레트로바이러스제의 보급으로 발생하는 혼란에 관한 것이었고, 다른 하나는 예산의 제약이었다.

치료행동캠페인의 재답변

치료행동캠페인은 정부 측에 대응해 다시 진술서('재답변서'rejoinder 라고 부른다)를 제출했다. (부대표인) 시포카지 음타티는 치료행동캠페인이 HIV에 감염된 모든 임신 여성에게 곧바로 네비라핀을 제공하라고 주장하는 것이 아님을 지적했다. 정부가 대응책을 마련하라는 것이 핵심이었다. 정부는 HIV 감염 여성들을 위한 포괄적이고 전국적인 수준의 모자 감염 예방 계획을 세우지 못했다.

치료행동캠페인의 답변에 첨부된 진술서 가운데 하나는, 진실과 화해 위원회에서 의료계의 윤리적 실패에 대해 비코 가족에게 사과했던 폴브 교수의 것이었다. 그는 의약품규제위원회의 위원으로 활동한 적이 있었다. 이 경험을 바탕으로, 네비라핀을 등재했다는 사실 그 자체가 의약품규제위원회가 그 약의 안전성과 유효성을 인정했음을 뜻한다고 설명했다. 조건부 등재라고 해서 불안해하거나 이상하게 생각할 일이 전혀 아니었다. 네비라핀은 사용해도 문제없다고, 그는 단언했다.

치료행동캠페인의 답변 가운데 로즈 대학의 '공익사업 책임성 감시'Public Service Accountability Monitor의 책임자인 콤 앨런, 웨스턴케이프 주의 용감한 보건 공무원 파리드 압둘라의 진술은 특히 강력했다.

앨런은 돈이 없다는 정부의 주장을 겨냥했다. 이스턴케이프 주에서 2000~2001년 회기에 에이즈 사업에 3천3백만 랜드를 배당했지만, 회계감사원 보고서에 따르면 이 돈은 에이즈 사업에 사용되지 않았다고 했다. 실제로 이 돈은 포트 헤어 대학의 공식 재단으로 이전되었다. 이는 에이즈 사업을 위한 돈이 없는 것이 아니라, 자금이 있음에도 불구하고 정부의 해이한 예산 편성과 명확한 사업 계획의 부재로 말미암아 긴급하게 필요한 곳에 에이즈 사업 예산이 사용되지 않고 있음을 보여 주는 결정적인 증거였다. 이에 대해 정부는 이스턴케이프의 에이즈 사업 예산 3천3백만 랜드가 국고로 귀속되어야 했다는 설명의 진술서를 제출했다. 이 자금을 사용하지 않은 게 고의가 아니었다는 것이다.

압둘라가 제출한 증거에는 웨스턴케이프 주가 정부의 제한에 강력히 반발해 네비라핀을 누구나 이용할 수 있도록 조치했던 일이 자세히 설명되어 있었다. 결과는 매우 성공적이었다. 정부가 우려하던 혼란은 발생하지 않았다.

프리토리아 고등법원이 사건을 심리하다

모든 진술서가 공식적으로 제출되고, 사건은 심리를 앞두고 있었다. 그해 여름 어느 월요일, 프리토리아 고등법원 밖에서 활동가들이 노래를 부르며 현수막을 흔들었다. 이들 가운데 많은 사람들이 대담하게 'HIV 양성'이라고 쓰인 티셔츠를 입고 있었다. 이 티셔츠는 전직 대통령인 넬슨 만델라가 나중에 치료행동캠페인의 창립자 재키 아크맛을 만나러 뮤젠버그에 있는 그의 사택을 방문했을 때 입으면서 유명해졌다.

심리 당일, 일반 관객들로 꽉 찬 방청석에 긴장감이 흘렀다. 치료행동캠페인 측 변호사는 명망 높은 칙선 변호사 길버트 마커스, 1980년대 아서 차스칼슨이 아파르트헤이트를 좌절시키는 많은 사건을 다룰 때 도움을 준 변호사 제프 버드렌더, 역시 법률지원센터에서 활동하는 변호사 본가니 마졸라였다. 이길 수 없는 싸움에 나선 정부 측 변호사들과 나란히 섰을 때, 법정의 분위기는 아파르트헤이트 정부에 대항해 싸우던 힘겨운 법정 투쟁을 상기시켰다. 하지만 법정을 꽉

채운 활동가들은 희망의 끈을 단단히 붙들고 있었다. 그래야 했다. 그들 가운데 많은 경우 자신이 HIV 감염인이었다. 혹은 사랑하는 사람이나 친구가 감염되었거나 에이즈로 죽어 가고 있었다.

고등법원장은 크리스 보타 판사에게 이 사건을 심리하도록 배당했다. 보타 판사는 법조 경력은 두드러지지 않았지만(그의 판결이 판례집에 수록된 적은 거의 없었다) 겸손하고 학구적이며 독서와 배움이 깊은 사람으로 알려져 있었다. 인본주의자이자 철학자로서 명망이 있었고, 법관으로서는 꼼꼼하고 부지런한 것으로 알려져 있었다.

정부 측 변호사는 매우 경험이 많은 칙선 변호사이자 음베키 대통령과 가족 관계인 마루모 모에란을 비롯해 고모소 모로카, 바시르 발리, 필립 코펜이었다.

11월 26일 월요일과 27일 화요일 이틀에 걸쳐, 양측을 대리하는 변호사들이 판사 앞에서 맹렬하게 주장을 펼쳤다. 둘째 날 변론이 끝났을 때, 판사는 판결을 유보했다.

프리토리아 고등법원의 놀라운 판결

보타 판사는 일처리가 빠르다고 알려져 있었다. 이 사안이 성격상 어렵고, 증거자료가 매우 많으며, 많은 진술서가 줄을 이은데다 서면이 그렇게 길었음에도 불구하고, 사무처는 2주도 채 지나지 않아 판사가 선고할 준비를 마쳤다고 양측 당사자에게 알렸다. 선고 기일은 2001년 12월 14일 금요일이었다.

그날 아침 10시, 사람들이 자리를 가득 메운 법정에서 보타 판사가 판결을 선고했다. 결과는 치료행동캠페인의 승리였다. 치료행동 캠페인의 주장은 대부분 받아들여졌다. 보타 판사는, 원고들이 요구하는 조치를 누릴 권리가 그들에게 있음이 입증되었다고 말했다. 사건의 핵심은, 임신·출산 관련 등의 보건 의료 서비스에 대한 권리를 점진적으로 실현하기 위해 정부가 가용 자원 안에서 합리적으로 입법적인 조치 및 기타 조치를 취했는지 여부였다. 이는 권리장전 제27조 제2항에서 정부에 요구하는 내용이었다.

따라서 진짜 쟁점은, 정부가 시범 의료 기관을 정해 제한적으로 네비라핀을 보급했던 조치가 제27조 제2항에 따른 의무를 준수한 것인지 여부였다. 치료행동캠페인이 법원에 정책적 선택을 요구하고 있다는 주장은 잘못된 것이라고, 보타 판사가 말했다. "행정부의 조치가 헌법상 의무를 충족하는 합리적인 것인지 여부를 선고한다고 해서, 법원이 행정부의 과업을 맡는 것은 아니다."

판결문에는 수브라머니 판결과 그루트붐 판결이 모두 언급되었다. 보타 판사에 따르면, 수브라머니 판결은 사회 서비스에 대한 접근권이 아니라 긴급한 의료적 치료를 거부당하지 않을 권리를 다룬 것으로서 성격이 크게 달랐다. 이번 사건은 그루트붐에 가깝다고 그는 말했다. 그루트붐 사건처럼 이 사건에서도 정부는 가용 자원 안에서 해당 권리를 점진적으로 실현하기 위해 합리적인 조치를 취할 의무를 가졌다.

그루트붐 판결의 상당 부분을 인용하며, 보타 판사는 정부가 그 의무를 다하지 않았다고 결론지었다. 정부가 각 주에 시범 의료 기관을 지정한 것 자체는 비난할 수 없었다. 이는 최근 등재된 약의 효과를 추적할 수 있는 센터를 두고 부정적인 징후를 찾으려 한 "신중한 예방책"이었다. 그럼에도 불구하고, 증거에 따르면 정부는 겨우 18개 시범 의료 기관을 지정하는 것보다 많은 일을 할 수 있었다. 비용은 크지 않았다. 혼란이나 혼돈이 일어나리라는 증거도 없었다.

의사가 네비라핀을 무차별적이고 무책임하게 처방하도록 허용해서는 안 된다는 정부 측 주장에 보타 판사도 동의했지만, 치료행동캠페인이 요구한 바는 그게 아니었다. 보타 판사는 제대로 된 검사와 상담을 거친 후에만 네비라핀을 처방해야 한다고 못 박았다. 정부 정책의 핵심 문제는 네비라핀을 전혀 얻을 수 없다는 것이었다. 이 문제가 해결되면 융통성과 실용성이 생길 터였다. 시범 의료 기관을 없앨 필요는 전혀 없었다. 판사는 덜 체계적이고 조금 부족하더라도, 보급 통로를 추가로 제공하는 것이 "전부가 아니면 아예 포기하는 선택보다는 훨씬 낫다."고 판단했다.

따라서 시범 의료 기관 외의 공중 보건 영역에서 네비라핀 사용을 금지한 정부 정책은 합리적이지 않았다. 시메렐라 의사는 모자 감염 예방을 위한 포괄적 보급 계획을 조금도 구체적으로 밝히지 못했다. 바로 이것이 비합리적인 일이었다.

따라서 판사는 치료행동캠페인의 두 가지 요청을 모두 받아들였다. 정부의 의무와 임신부의 권리가 무엇인지에 대한 선언적 판결을 내렸고, 또한 이 선언이 현실에서 구현되도록 더욱 구체적인 판결도 내렸다. HIV에 감염된 임신부가 공공 부문 어디에서나 네비라핀을 구할 수 있도록 조치하라고 정부에 요구한 것이다. 이 판결은 정부에게 즉시(변호사들이 좋아하는 용어로 "지체 없이") 효과적인 포괄적 전국 사업 계획에 착수할 것을 요구했다. 또한 정부가 한 일을 2002년 3월 31일까지 법원에 보고하라고 명했다.

판사는 판결문을 모두 읽어 내린 뒤 폐정했다. 법정은 아수라장이 되었다. 사람들은 기쁨과 안도의 눈물을 흘렸다. 치료행동캠페인은 원하던 바를 얻었다. HIV에 감염된 모든 임신부가 항레트로바이러스 치료를 받을 수 있게 하라고 정부에 요구하는 판결 말이다. 너무나 많은 생명이 달린 일이었다. 그동안 너무 많은 고통이 있었다. 하지만 아직 다 끝난 것이 아니었다. 길고 고된 싸움이 남아 있었다.

정부가 헌법재판소에 항소하다

정부는 항소하기로 결정했다. 일부 활동가들은 크게 실망했다. 이는 판결 집행이 지연된다는 것, 따라서 HIV 감염과 고통, 죽음이 계속된다는 것을 뜻했다. 항소는 판사의 판결을 정지시키기 때문이다. 길고 복잡한 항소 절차가 진행되는 동안, 수천 명, 아니 수십만 명의 신생아가 HIV에 감염되어 태어날 터였다.

하지만 이 판결에 불복하기로 한 정부의 결정은 전혀 놀라운 것이 아니었다. 음베키 대통령은 자신의 명예를 걸고 에이즈에 의문을 제기했다. 이 문제에는 지식인으로서뿐만 아니라 아프리카 지도자로서의 그의 평판이 걸려 있었다. 게다가 항레트로바이러스제 보급에 대한 의심은 단순히 부수적인 쟁점이 아니었다. 에이즈 치료에 반대하던 사람들에게 그것은 핵심적인 문제였다. 항레트로바이러스제가 독성이 있고 인체에 해로우며, 제약 회사들이 수익을 얻기 위해 아프리카 대륙 사람들에게 약을 팔아먹으려고 한다는 주장이 에이즈 치료를 부정하는 운동의 핵심에 있었던 것이다.

2002년 초반 고등법원의 판결 이후 정부가 항소하겠다고 발표했을 때, 그리고 이 법정 싸움에서 가장 결정적인 시기에 충격적인 문서 하나가 등장했다. 이 문서는 아프리카민족회의 구성원들 사이에서 넓게 배포되었는데, 제목은 "카스트로 롱와니Castro Hlongwane, 포장마차, 고양이, 거위, 발과 입, 그리고 통계: HIV/에이즈와 아프리카인의 인간화를 위한 투쟁"이었고, 저자에 대한 정보는 없었다. 이 문서는 대단히 음모론적인 문체로, 에이즈로 사망한 유명 인사 두 사람이 사실은 항레트로바이러스제 투약 때문에 숨진 것이라는 주장을 담았다. 이 두 사람은 2000년 10월에 사망한 음베키 대통령의 대변인 파크스 만카홀라나, 그리고 2001년 6월 에이즈로 사망하기 전 용감한 모습과 달변으로 국제적 명성을 얻었던 어린 소년 은코시 존슨이었다.

2007년 음베키 대통령의 전기 작가인 마크 게비서는 이 문서가 음베키 자신의 시각을 반영한 것이었음을 그가 직접 확인해 주었다고 기록했다. 항레트로바이러스제를 판매해 수익을 올리고 있는 제약회사들이 부유한 국가의 시장이 줄어들자 아프리카에서 약을 팔고 있다는 주장이었다. 이 문서에 따르면, 이 약들은 상당한 독성이 있는데다가 전혀 불필요했다. 에이즈의 원인은 바이러스가 아니기 때문이다. 에이즈는 환경 때문에 발생하는 질환으로, HIV가 아니라 빈곤이 그 원인이라는 것이었다.

이런 관점을 가지고 있는 한, 음베키 대통령과 그 정부의 구성원들은 법원의 명령을 받아들일 수 없었다. 그것은 불가능한 일이었다. 가능한 모든 조치를 동원해 항레트로바이러스제의 배포에 저항하는 것은 그들에게 굉장히 중요한 일이었다. 따라서 항소는 당연했다.

치료행동캠페인은 이에 맞서 싸웠다. 항소가 진행되면서 보타 판사의 판결 집행이 지연되었기 때문에, 판결 중 가장 중요한 부분은 즉시 효력을 발해야 한다는 결정을 법원에 요청했다. 상황에 따라서는 HIV에 감염된 임신부가 공중 보건의를 통해 즉시 네비라핀을 이용할 수 있게 정부가 허용해야 한다는 주장이었다. 즉시 집행 명령을 내리게 하려면 소송 당사자가 항소 중에 회복 불가능한 피해가 발생할 것임을 법원에 입증해야 한다. 이를 입증하는 것은 어렵지 않았다. HIV에 감염되어 태어나는 모든 아기가 그 피해를 입증했기 때문이다. 2002년 3월 11일, 보타 판사는 치료행동캠페인이 요구하는 즉시 집행 명령을 내렸다.

그러자 정부는 복잡한 법적 계책을 부렸다. 즉시 집행 명령 자체에 대한 항고 허가를 신청한 것이다. 2002년 3월 25일, 보타 판사는 이 신청을 기각해 자신의 판결을 재확인했다. 그럼에도 정부는 흔들림이 없었다. 항레트로바이러스제에 대한 반감은 음베키 대통령의 행정부에 깊숙이 자리 잡고 있었으므로, 이들은 즉시 집행 명령에 대해 헌법재판소에 긴급히 항고를 제기하기로 결정했다. 항레트로바이러스 치료 확대에 저항하는 정부의 투지가 어느 정도인지를 잘 보여 주는 대목이었다.

헌법재판소는 휴정 기간이던 2002년 4월 3일에 특별 심리를 열어 정부 측 주장을 들었으며, 바로 다음 날 결정을 내렸다. 즉시 집행 명령에 항고하려는 정부 측 시도를 기각하는 결정이었다. 헌법재판소가 이후 설명한 바에 따르면, 보타 판사가 내린 즉시 집행 명령의 실제 효력 범위는 상당히 좁았다. "주치의가 의학적 필요성을 인정하고, 감독관이 적절하다고 여기며, 이미 검사와 상담을 위한 시설이 갖추어진 상태에서 정부에게 네비라핀을 제공하도록 요구한다 해서 보건 의료 서비스에 심각한 해악이 발생할 리 없다는 데 의심의 여지가 없다."라고 헌법재판소는 판단했다. 그러므로 본심 항소 재판을 앞두고 즉시 집행 명령을 시행해도 괜찮다는 것이었다.

이제 중요한 질문이 남아 있었다. 헌법재판소는 이 항소의 본안에 대해 어떻게 판단할 것인가?

헌법재판소가 당면한 어려움

헌법재판소는 즉시 집행 명령을 허가하고 나서 한 달 뒤, 네비라핀 사건에 대한 정부 측의 반대 주장을 들었다. 2002년 5월 2일 목요일, 5월 3일 금요일, 5월 6일 월요일, 총 3일에 걸쳐 대리인이 변론을 했다.

당시는 헌법재판소가 설립된 지 채 8년이 되지 않은 때였다. 1994년 10월 31일 11명의 재판관이 처음 자리를 함께했으며, 겨우 3개월 뒤인 1995년 2월 15일에 첫 사건에 대한 심리를 열었다. 이때 재석했던 재판관은 헌법재판소장인 아서 차스칼슨을 비롯해, 아커만, 디드코트, 크리글러, 랑가, 마달라, 모하메드, 목고로, 오리건, 삭스였다. 골드스톤은 해외에 있어서 다른 이가 임시 재판관으로 임명되었다. 시드니 켄트리지로, 주임 사제 사건에서 주임 사제의 대리인이었고, 비코 사건의 사인 조사 심리에서 진실을 밝히는 데 기여했던 그 변호사였다. 헌법재판소가 다룬 첫 번째 사건은 매우 어려운 쟁점에 대한 것이었다. 바로 사형 제도였다. 하지만 헌법재판소는 이 문제를 힘들이지 않고 풀어 갔다. 4개월가량 뒤인 1995년 6월 6일, 헌법재판소는 만장일치로 사형제가 헌법에 부합하지 않는다고 선고했다.

이 판결은 특이한 형식을 취했다. 11명의 헌법재판관 각각이 왜 사형이 위헌이라고 생각하는지를 설명하는 별개의 판결문을 작성했기 때문이다. 이 판결문의 다양함과 재판관들의 다채로운 논증의 힘은 대단한 영향력을 발휘했다. 이 특이한 절차를 통해, 서로 다른 배경을 가진 재판관들이 논증과 접근의 차이에도 불구하고 동일한 결론에 이를 수 있음을 보여 주었다. 그 결론은 바로 민주적 남아프리카공화국에서는 사형 선고를 용인하지 않겠다는 것이었다.

네비라핀 사건은 국가에 의한 처형의 문제는 아니었지만, 그와 마찬가지로 삶과 죽음의 문제를 다루고 있었다. 아파르트헤이트 체제에서 교수형 집행이 최고조에 달했을 때, 단일 연도 동안 사형 집행이 가장 많았던 해는 1987년이었다. 그해에 164명이 프리토리아에서 사형 선고를 받고 처형되었다. 네비라핀 사건은 공식적인 처형의 참상을 낳지는 않았지만, 역시 수많은 생명이 달려 있는 문제였다.

네비라핀 사건이 어려웠던 가장 큰 이유는, 격론이 진행 중인 보건 정책에 대한 정부 결정을 다루어야 했기 때문이다. 이 전염병의 유행 자체가 두렵고 낯선 일이었으며, 에이즈에 대한 항레트로바이러스 치료의 놀라운 가능성이 분명 보이기는 했지만 이 역시 완전히 새로운 것이었다.

이 거대한 도전에 헌법재판소는 어떻게 응할 것인가?

첫 8년 동안 헌법재판소가 내린 판결에서는 두 가지 특징이 두드러졌다. 우선 재판관들이 사회 변화를 위한 중요한 움직임들에 부응하는 모습을 보였다. 헌법에 따라, 사법부는 사회 변화라는 과업에 필수적으로 참여할 수밖에 없었다. 아파르트헤이트가 종식될 무렵 남아프리카공화국은 불평등과 배제, 약탈로 분열되어 대단히 부정의한 사회였다. 헌법은 이런 사회를 바꾸기 위해 설계되었고, 헌법재판소가 진심을 다해 이 역할을 받아들이고 있다는 점은 분명했다. 판결들을 보면 사회정의를 증진시키고 불평등을 줄이며 부당한 차별을 추방하기 위한 사법적 방법을 헌신적으로 찾고 있음을 알 수 있었다.

헌법재판소의 패기를 보여 주는 두 번째 측면이 있었다. 헌법에 의거해, 정부에 반하는 판결을 내리는 데 주저함이 없었다. 헌법 문언에는 명시적으로 헌법이 최고 규범이라고 규정되어 있으며, 입법부와 행정부를 비롯해 사법부도 헌법 조항에 구속되었다. 헌법재판소는 헌법의 최고 규범성을 적극적으로 수용했다. 만일 의회나 정부의 행위가 헌법에서 벗어나면, 주저 없이 그에 반하는 판결을 내렸다.

헌법재판소가 문을 열고 얼마 되지 않아 커다란 시험을 맞이한 사건이 있었다. 이 나라 최초의 민주적 지방정부 선거가 1995년 11월 1일 시행될 예정이었다. 그런데 아프리카민족회의가 장악한 중앙정부와, 반대 정당[이자 아파르트헤이트 시절의 지배 정당]인 국민당이 장악한 웨스턴케이프 주 사이에 논쟁이 촉발되었다. 국민당은 전환기에 구성된 연합 정부에 참여하고 있었지만, 국민당이 장악한 웨스턴케이프 주 정부가 만델라 대통령에 맞서 헌법재판소에 사건을 제기했다.

1995년 6월 7일 만델라 대통령은 지방선거 실시의 근거가 되는 법조항을 개정하는 내용을 공포했다. 지방선거 기간 동안 영향력을 행사할 주 위원회 구성원의 임명권이 달려 있는 문제였다. 대통령의 공포로써, 이 임명 권한을 웨스턴케이프 주가 갖지 못하고 중앙정부가 가져가게 되었다.

만델라 대통령은 법에 명시된 대통령의 권한에 따라 행동한 것이었다. 1994년 11월, 의회는 지방정부를 재구조화하는 과정에서 대통령에게 공포를 통해 해당 법조항을 개정할 수 있는 권한을 부여했다. 웨스턴케이프 주는 이 권한에 이의를 제기했다. 헌법의 기본 원칙인 권력분립 조항을 근거로 들었다. 의회가 제정한 법을 대통령이 공포에 의해 개정할 수 있게 하는 권한을 의회가 대통령에게 부여할 수 없다고 주장했다.

이 사건에서 헌법재판소가 맞닥뜨린 도전, 그리고 네비라핀 사건에서 더욱 첨예하게 다가온 도전의 무게를 이해하기 위해, 잠시 논의에서 벗어나 헌법의 최고 규범성과 권력분립, 법치주의에 대해 살펴보자.

헌법의 최고 규범성, 법치주의, 권력분립

미국의 헌법이 이른바 뼈대와 같은 조항들로 이루어진 것과 달리, 우리 헌법은 아주 구체적이고 상세하게 표현되어 있으며 전문前文과 14개 장으로 나뉘어 있다(권리장전, 의회, 대통령과 중앙정부, 주, 지방정부, 법원과 사법부, 민주주의를 지원하는 독립 기구, 공공 행정, 재원 조달 등에 대한 것이다).

첫 장은 상징적인 의미에서 가장 중요하다. 제목은 "기본 규정" Founding Provisions이고, 여기에는 6개의 조sections, 즉 법률가가 법률 문서를 부분으로 나누어 숫자를 매겨 부르는 단위가 6개 있다. 제1조에서는 남아프리카공화국이 주권을 가진 하나의 민주주의 국가로 건립된 기반이 되는 가치를 밝힌다. 남아프리카공화국 헌법의 토대를 이루는 근본 가치들을 명시한 것이다.

제1조에 명시된 가치는 다음과 같다. 첫째, 인간의 존엄성, 평등의 실현, 인권과 자유의 증진이다. 둘째, 비인종주의non-racialism와 비성차별주의non-sexism이다. 셋째, 헌법의 최고 규범성supremacy of the Constitution과 법치주의rule of law이다. 그리고 넷째는 민주주의 정부의 성인 보통선거권(투표권), 전국적 일반 선거인명부, 정기적 선거 및 복수 정당제를 통해 책임성·반응성·개방성을 보장하는 것이다.

아마도 상징적으로나 현실적으로 헌법의 중심이 되는 규정은 제2조일 것이다. 제2조의 제목은 "헌법의 최고 규범성"으로, 헌법의 최고 규범성과 법치주의를 기본 가치로 채택하면서 확실한 실효성을 부여한다. 그리고 "이 헌법이 남아프리카공화국의 최고법"이라고 재차 강조한다. 그 결과 두 가지 중요한 함의가 뒤따른다. 소극적으로는, 헌법과 불일치하는 법률이나 국가 행위는 효력이 없다는 것이다. 적극적으로는, 헌법에 의해 부여된 의무는 반드시 준수되어야 한다는 것이다.

제2조를 통해 헌법은 이상적인 법적 세계를 창조한다. 그 이상을 현실로 구현하는 과업을, 헌법은 입법부·행정부·사법부 세 국가기관 모두에 부여한다.

제2조는 헌법이 최고법이라고 규정함으로써, 또 헌법이 최고 규범이라는 말의 두 가지 실질적 의미를 규정함으로써, 법치주의 원칙의 심오한 측면을 압축적으로 보여 준다. 법치주의는 모든 권력, 특히 국가권력이 법에 의해, 법의 명령에 따라 행사되어야 한다는 개념이다.

법을 심사하는 방법이 이 개념 속에 들어 있다. 권력은 법에 따라 행사되어야 하므로, 법이 그 적용을 받는 사람에게 반드시 적절한 안내를 제공할 수 있어야 한다. 한 선구적인 법철학자가 최근 설명했듯이, 법이 사람들에게 날벼락처럼 다가와서는 안 된다. 자신의 행위에 따른 법적 결과를 예상하고, 법을 준수함으로써 (세금을 피하는 일이든 형사 기소를 피하는 일이든) 부정적인 결과를 피할 수 있어야 한다. 이 말은, 법이 감추어져 있거나, 소급 적용되거나, 명확하지 않거나, 지키기 불가능하거나, 계속해서 변하는 상태에 있지 않아야 한다는 뜻이다. 구체적인 법적 판단을 내릴 때에는 일반적이고 눈에 보이는 법 규범(규칙)을 적용해야 한다. 이 기준에 부응하지 않는 법은 사람들이 제대로 준수할 수 없다.

헌법 제1조와 제2조는 남아프리카공화국의 이런 높은 이상을 담고 있다. 이 가운데 제2조는 특히 획기적으로 현실을 변화시키는 데 기여한다. 과거 특별히 억압적이었던 역사의 부분을 꽁꽁 묶어, 다시는 그런 일이 일어나지 않도록 하려 했던 것이다.

아파르트헤이트 체제에서는 의회가 최고 우위에 있었다. 남아프리카공화국의 의회 주권 모델은 1910년 런던의 웨스트민스터 의회로부터 물려받은 것이었다. 의회가 통과시킨 법안은 무엇이든 법이 되었다. 진정한 민주주의 국가에서는 이런 체제도 받아들여질 수 있을 것이다. 만일 입법부가 나쁜 법을 통과시킨다면 유권자가 투표로 그 입법부를 쫓아낼 수 있기 때문이다. 하지만 아파르트헤이트 체제의 남아프리카에서는 백인만 투표할 수 있었다. 1948년부터 아파르트헤이트 의회는 선거로 통제할 수 없는 웨스트민스터식 권한을 적극 남용해, 백인과 흑인을 분리하고 흑인을 백인 아래 종속시키는 작업을 했다.

어떤 법이든, 아무리 억압적이고 모멸적인 법이라도 아파르트헤이트 입법부는 마음대로 제정할 수 있었고, 실제로 종종 그렇게 했다. 로마-네덜란드 보통법의 규정도, 법원의 판결도, 공정성의 원칙도, 작은 변화조차 이끌어 내지 못했다. 의회가 제정한 것이 가장 상위의 법이고, 그 법은 반드시 집행되어야 했다. 이런 상황을 피할 수 있는 유일한 방법은 법원이 해석을 통해 법의 가혹함을 덜어 주거나, 구체적인 사건에서 법을 적용하지 않는 묘수를 찾는 것이었다. 아파르트헤이트 시대에 인권 변호사들의 활동이 그런 틈새에서 이뤄졌다.

그러나 이 좁은 틈새를 제외하고, 의회는 가장 상위에 있었다. 판사의 판결이 못마땅하면 의회는 법을 개정했다. 아파르트헤이트 의회는 자주 그렇게 했다. 1963년에는 법치주의가 의미하는 모든 것을 위반하는 법을 통과시키기까지 했다. '소부퀘 조항'Sobukwe clause이라는 별명이 붙은 법으로, 범아프리카회의의 설립자이자 당시 로벤 섬에 수용되어 있던 로버트 소부퀘에 대해 법무부 장관이 매년 출소 금지 명령을 내릴 수 있도록 한 것이었다. 법원이 선고한 형이 만료된 뒤에도 말이다.

헌법 제2조는 이런 일을 막는다. '소부퀘 조항'은 엄두도 낼 수 없다. 헌법 제2조는 헌법 자체와 헌법에 담긴 가치가 최고 우위에, 즉 입법부, 대통령을 포함한 행정부, 판사와 법원보다 상위에 존재한다고 규정한다. 웨스트민스터식 의회 우위의 식민지 유산 대신, 헌법은 법치주의 정신에 따라 철저히 이 땅에서 형성된 제도와 이상의 혼합체를 창조했다. 법원은 이제 헌법과 부합하지 않는 입법을 폐기할 수 있고(법률의 위헌성이나 대통령령의 무효 여부는 헌법재판소의 확인을 받아야 한다), 그러면 의회가 헌법에 부합하는 방식으로 다시 법을 제정할 수 있다. 이렇게 법원과 의회는 헌법에 대한 대화를 이어 간다.

이런 대화는 헌법 협상을 통해 얻어 낸 것이다. 아파르트헤이트 시대에 법치주의를 위반하는 일은 너무 흔하고 뿌리 깊고 끔찍한 수준이었기 때문에, 헌법 초안을 작성할 때 사람들 사이에 헌법과 헌법의 가치가 최고 우위에 있어야 한다는 점에 공감대가 형성되어 있었다. 민주주의를 준비하는 협상에 참여해 임시 헌법을 이끌어 냈던 모든 관계자, 최종 헌법을 작성한 제헌의회의 모든 참여자가 이에 동의했다.

물론 헌법의 최고 규범성을 절대 건드릴 수 없도록 한 것은 아니다. 헌법은 돌판에 새겨진 것이 아니며, 의회는 제74조에 따라 헌법을 개정할 수 있다. 하지만 헌법 개정에는 보호 장치가 있어서 특별한 절차가 준수되어야 한다. 일반 입법을 개정하는 데는 입법부의 단순 다수 표결로 충분하지만, 헌법의 경우 가중 다수결super-majority이 있어야 개정할 수 있다.

아주 단순한 헌법 개정이라도 하원에서 3분의 2의 다수 득표가 있어야 한다. 상원에서도 9개 주 가운데 6개 주가 개정을 지지해야 한다.

조건이 더 까다로운 경우도 있다. 존엄성, 평등, 헌법의 최고 규범성, 법치주의라는 기초 가치를 규정한 제1조를 개정하려면, 하원 구성원 가운데 75퍼센트가 찬성해야 하고, 상원 9개 주 가운데 6개 주가 지지해야 한다. 개정된 조항도 마찬가지로 견고하게 보호된다. 똑같이 4분의 3이라는 압도적 다수가 찬성해야 바꿀 수 있다.

실제로 헌법이 개정된 사례가 있긴 하지만 개정이 잦은 일반법에 비하면 아주 드문 일이다. 세금 징수권을 부여하는 〈세입법〉Revenue Act은 매년 수차례 개정되지만 헌법은 그렇지 않으며, 이는 올바른 접근법이다. 헌법이 돌판에 새겨진 것은 아닐지라도, 개정은 만만찮은 일이고 냉정하게 생각해야 한다. 헌법은 나라의 기틀을 세우고 미래로 향하는 길을 제시한 것이므로 섣부르게 수선해서는 안 된다.

제헌의회에서 임시 헌법을 교체하고 만델라 대통령이 최종 헌법에 역사적인 서명을 했던 1996년 말부터 18년 동안, 이 문서는 겨우 17번 개정되었다. 가장 최근 개정했던 제17차 개정안은 2012년 말경에 채택되었고 2013년 2월 1일 대통령의 동의를 얻었다. 두 가지 주요 개정 내용 가운데 하나는 최고 재판관이 사법부의 수장이라는 점과 최고 재판관만이 사법부의 규범과 기준을 세우고 감독할 책임을 갖는다는 점을 명시한 조항을 둔 것이었다. 이로써 사법부는 온전히 자체적으로 행정과 기준을 관장할 권한을 가지게 되었다.

17차 개정에서 중요한 진전이 하나 더 있었다. 2013년 8월 23일에 발효되는 조항에 따라, 헌법재판소는 마침내 모든 사건을 관할하게 되었다. 개정 전에는 헌법에 관한 사건만 심리할 수 있었다. 이는 실무적으로 보면 대단한 제약은 아니었다. 헌법은 최고 상위법이고 모든 법이 이에 종속되기 때문에, 결국 모든 법적 쟁점이 어떤 측면에서 헌법적 쟁점이 될 수밖에 없었다. 이런 상황에서 소송 당사자가 자신의 분쟁에 헌법적 용어로 옷을 입히는 것은 전혀 어렵지 않았다. 또한 헌법재판소가 부정의를 바로잡기 위해 개입해야겠다고 생각했다면, 사건을 심리할 정당한 헌법적 근거를 찾는 것은 어렵지 않았다.

하지만 이번 개정으로 헌법재판소의 위계가 말끔히 정리되었다. 이 조항은 헌법재판소가 모든 사안에 대해 이 나라의 최고법원이라고 명시했다. 헌법재판소는 비헌법적 사건도 심리할 수 있다. 다만, 사건에서 다루는 법적 쟁점이 공적으로 중요해 헌법재판소가 검토할 필요가 있는 경우에 그러하다.

법치주의와 판사의 권한

헌법재판소가 사법부의 수장으로 자리 잡으면서 중요하게 부각된 법치주의의 또 다른 측면이 있다. 바로 판사의 역할이다. 법체계가 존재하려면 사람이든 조직이든 누군가가 법을 해석하는 과업을 맡아야 한다. 유대법이나 이슬람법 등 종교적 법체계에서는 영적 지도자가 법을 해석한다. 이런 지도자의 판단이 인간을 뛰어넘는 법원法源으로서 권위가 있다고 보는 것이다.

로마인들은 더욱 온전히 인간적인, 인간적이라서 더욱 복잡한 방법을 개척했다. 비종교적, 즉 세속적 규범에 뿌리를 둔 법체계를 구상한 것이다. 인간 이성에서 비롯된 권위를 인정하는 비범하고도 해방적인 관념이었다. 이들은 권위의 근본인 규범들을 표로 나열해 공개하고, 일반 원칙을 지침으로 삼아 구체적인 사건을 판단하도록 했다. 따라서 판사가 누가 되었든 자의적으로 결정할 수 없으며, 근거를 가지고 논리적으로 결정을 도출해야 했다.

로마법은 기독교 시대가 도래하기 450년 전에 12표법law of the Twelve Tables으로 성문화되었다. 로마 집정관이 법을 해석했으며, 신부가 아니라 민간인 판사가 분쟁을 결정했다. 현대적인 법의 개념이 탄생한 것이다. 민간인 판사 체제는 이제 알파벳, 포장도로, 수로와 함께 고

대 로마 문명이 전 세계에 남긴 공통의 유산이 되었다.

남아프리카공화국의 법체계는 로마법 전통에 직접적으로 뿌리를 둔다. 1600년대 중반 네덜란드법은 르네상스 법학자들이 해석하고 발전시킨 로마법에 기초를 두고 있었다. 1652년에 백인 정착민들이 아프리카 남단으로 가져온 법적 원칙과 절차가 이 로마-네덜란드 식이었다. 이 전통으로부터 공정함에 대한 이성적 원칙들이 전해 내려왔고, 1950년대에서 1980년대까지 반아파르트헤이트 변호사들은 이 원칙들을 앞세워 아파르트헤이트 이데올로기의 침탈을 저지하려했다.

영국은 1806년 케이프를 점령한 후 로마-네덜란드 법을 폐기하지 않기로 결정했다. 정복에 따른 혼란을 최소화하기 위해서였다. 대신 그 위에 자신들의 증거법, 형사 절차, 재판 절차를 접목시켰다. 덧붙여 신탁과 같은 영국법 제도와 현대의 기업·회사법도 포함시켰다.

영국법이 덧씌워졌어도 아프리카너 법학자들은 여전히 로마법에서 파생된 자신들의 법체계를 보호하고자 했다. 그래서 내가 법을 배울 때만 해도 라틴어를 읽을 수 있어야 학위를 취득할 수 있었다. 오랜 시간 공부해야 하는 몹시 힘든 요구 조건이었다. 하지만 나는 라틴어 공부를 즐겼다. 라틴어를 처음 배우기 시작한 건 고등학교 2학년 때 프리토리아 남자고등학교에 입학하면서였다. 내게 이 과목은 아동보호 기관에서 살던 시절에는 아득히 멀었던, 지적 도전과 성취의 세계로 입성하는 상징 같은 것이었다.

나는 스텔렌보스 대학에서 4년 내내 라틴어를 공부했다. 심지어 전공 심화 과정 동안 법학 공부를 그만두고 라틴어와 고전 문화를 전공하려고까지 했다. 옥스퍼드 대학에 가서도 처음에는 라틴어와 고

대 그리스어를 공부할까 고민했다. 그런데 3개월 동안 그리스 문헌을 붙잡고 씨름하며 낙담한 끝에 그것이 내가 원하는 인생이 아님을 깨달았다. 1977년 1월, 모든 것이 비현실적으로 선명해지던 북반구의 차가운 겨울 어느 날이었다. 나는 사람들의 삶을 실제로 개선시킬 수 있는 능력을 키우고 싶었다. 학술적인 고전 연구는 그것과 거리가 멀었다. 아버지를 통해 형사 사법제도를 접했던 충격적인 기억을 의식적으로 떠올린 적은 별로 없었지만, 그렇다고 그 기억을 아주 잊은 적도 없었다.

나는 특이하게도 라틴어를 좋아했지만, 대부분의 법학도들은 의무적으로 라틴어를 배워야 하는 것 때문에 몹시 괴로워했다. 법 실무를 위해 라틴어를 요구하는 것이 시대에 뒤떨어지고 설득력 없는 일이라는 사실은 점차 분명해졌다. 만델라 대통령 내각의 초대 법무부 장관인 둘라 오마르가 맨 처음 했던 일 가운데 하나가, 라틴어를 필수 요건에서 제외하는 내용으로 1994년 의회 입법을 이끈 것이다.

결과적으로 20세기의 남아프리카공화국 법은 로마법, 로마-네덜란드 법, 영국 법의 요소를 두루 가진 독특한 혼종이 되었다. 헌법은 이렇게 풍부한 혼종의 전통을 보존하면서 남아프리카공화국 법을 더욱 풍부하게 만들었다. 로마법과 로마-네덜란드 보통법을 유지하면서도 이것이 헌법에 종속되도록 만들었던 것이다. 그리고 권리장전의 정신·취지·목적을 증진하도록 보통법을 발전시키는 의무를 판사들에게 부여했다.

법치주의가 준수되려면, 법과 헌법의 해석을 둘러싸고 발생할 수밖에 없는 분쟁을 해결하는 제도나 기구가 있어야 한다. 따라서 사법부가 엄청난 권한을 행사하게 되는데, 헌법은 판사에게 구체적인 책임을 부여함으로써 이런 측면을 강조한다. 사법부는 입법부·행정부와 더불어 세 개의 국가조직 가운데 하나이다. 입법부는 법을 제정할 수 있지만, 법을 설명하고 헌법을 해석할 권한은 오직 사법부만이 갖는다. 이렇게 국가조직들의 권력은 분립되어 있다.

입법부가 사법부보다 상위에서 법을 판단하도록 의회고등법원High Court of Parliament을 설치했던 것을 1952년 대법원이 무효라고 판결했을 때, 바로 이 원칙이 적용되었다. 입법부와 행정부는 법을 판단할 수 없고, 오로지 사법부만이 그럴 권한을 갖는다는 원칙 말이다.

하지만 사법부의 권한은 사법부 자신의 목적을 위해, 혹은 사법부 자신의 이익을 위해 행사할 수 있는 권한이 아니다. 이는 언제나 헌법의 구속을 받으며 헌법 정신을 구현하기 위해 행사되어야 하는 권한이다. 그리고 판사의 권한과 관련해 특별한 점이 있다. 언제나 근거가 있어야 한다는 것이다. 정부 공무원이나 심지어 의회 의원과 달리, 판사는 판결이 어떻게 내려졌으며 사건 안에서 세부적인 판단이 어떻게 내려졌는지 이유를 제공해야 한다. 이것이 권한의 남용을 막는 결정적인 보호 장치이다.

또 다른 보호 장치는 법원의 심급 제도에 있다. 판결은 언제나 항소의 대상이 된다. 치안판사의 판결은 고등법원에 항소할 수 있다. 고등법원 판사의 판결은 세 명의 고등법원 판사로 구성된 전원부나 대법원에 항소할 수 있다. 고등법원과 대법원의 판결을 포함해 모든 치안판사 또는 판사의 판결은 헌법재판소에 항소할 수 있다.

헌법재판소의 판결은 번복될 수 없다. 하지만 헌법재판소는 '이성'reason이라는 최종적인 법원 앞에서 책임을 진다. 대법원의 판결과 마찬가지로(대법원 판결의 10건 가운데 약 9건은 최종 확정된다), 헌법재판소는 언제나 엄밀한 연구와 분석으로 논증한다. 권한의 남용이나 논리의 공백, 일관성이나 원칙으로부터의 일탈, 헌법적 가치와 이상에 대한 배반이 있다면, 그것은 결국 빤히 드러날 것이다.

헌법재판소가 채택한 방식 자체도 추가적인 보호 장치로 작동한다. 헌법재판소는 헌법의 수호자로서 자신의 위치를 막중하게 인식하고 있다. 재판관들은 법과 헌법의 의미를 결정하는 최종 권한을 가지고 있다는 사실을 잘 알고 있으므로, 이 권한을 아주 조심스럽게 사용한다.

2012년 9월 내렸던 판결이 좋은 예이다. 부소장 디크강 모세네케 재판관은 이 사건의 판결문에서 위엄 있게 권력분립을 설명하고 적용하는 내용을 써내려 갔다. 중앙정부는 수십억 랜드를 들여 남아프리카공화국에서 가장 부유하고 가장 인구가 많은 하우텡 주의 도로를 보수한 뒤 도로 사용자에게 전자 통행료를 부과해 그 비용을 회수하려고 했다. 그러자 사람들이 격렬하게 반대했다. 이들은 공직자의 의사 결정 과정에 문제가 있었다고 주장하며 통행료 부과가 적법한지 의문을 제기했다.

소송 당사자들은 정부의 전자 통행료 징수를 막기 위해 임시적 집행정지 결정을 고등법원에서 받아 냈다. 고등법원은 임시적 집행정지 결정을 내리면서 많은 요소들을 비교하며 고려해야 했다. 그중 하나가 전자 통행료에 관한 법적 주장의 설득력을 검토하는 것이었다. 다른 하나는 만일 임시적 집행정지 결정이 내려진다면 어느 쪽의 손해가 더 큰가, 즉 정부인가 아니면 전자 통행료에 반대하는 운전자들인가 판단하는 일이었다. 그런데 이렇게 어려운 요소들을 따지면서 고등법원은 중요한 측면을 간과했다. 권력분립이라는 측면을 고려하지 않은 것이다. 즉 임시적 집행정지 결정을 내렸던 판사는 다른 국가 기관인 행정부가 취한 정책적 판단에 사법부가 간섭하는 데 좀 더 주의했어야 했다.

전자 통행료의 도입 여부는 시민들의 권리와 직접 관련된 것이 아니었다. 이것은 정책적 문제, 즉 공공 도로에 투자된 돈을 어떻게 회수할 것인가의 문제였다. 물론 시민들의 권리와 관계가 있기는 했다. 모든 시민은 정부에 적법한 정책 결정을 요구할 권리를 가지기 때문이다. 하지만 이 권리, 즉 행정적 정의에 대한 권리를 제외하면 이 사건에서 달리 문제가 된 권리는 없었다.

게다가 정부는 채무국으로서 남아프리카공화국의 국제적 위상에 심각한 손상을 입고 있었다. 반면, 이 결정이 적법하게 이루어졌는지에 대한 사법적 판단이 온전히 나오기 전에 전자 통행료를 징수해 운전자들이 겪게 될 손해는 통행료를 지불하는 것 정도였다. 소송 결과 이 결정이 위법한 것으로 선고될 수도 있지만, 그래도 운전자들의 다른 권리가 침해되는 것은 아니었다.

부소장 모세네케 재판관은, 법원은 헌법의 요구에 따라 모든 국가 기관이 법 안에서 행동하도록 만들어야 한다고 설명했다. 이 말은, 만일 전자 통행료를 부과하기로 결정한 것이 위법한 행위라면, 법원은 이 결정을 무효화시킬 것이라는 뜻이었다. 사기나 부패의 증거가 있거나 도로 기관이 불법적으로 행동했다면 법원이 개입할 것이다. 하지만 이런 정황이 없다면, 공공사업의 재원을 어떻게 마련할지에 대한 정책을 세우고 집행하는 것은 행정부의 영역이다. 따라서 법원은 헌법적 명령 없이 행정부나 입법부의 고유한 영역에 개입하는 것을 삼가야 한다. 공공 자원을 어떻게 끌어내고 재정비할 것인지를 결정하는 임무는 행정부의 기능과 영역의 핵심이다.

모세네케 재판관은 공공 자원을 어떻게 모으고 사용할 것인가 하는 문제에는 복잡하고 상충되는 수많은 요소들이 얽혀 있다는 점을 지적했다. 사법부는 이런 분야의 판단은 할 수 없다. 사법부가 할 수 있는 것은 예산을 마련하는 방법이 아니라 옳고 그름을 결정하는 일이다.

헌법재판소는 원심의 임시적 집행정지 결정을 파기했다. 전자 통행료 반대자들은 나중에 전원재판부 심리에서 정부의 결정이 행정적 정의에 어긋나는 것임을 입증할 기회를 갖게 될 것이었다. 그때까지는 정부 정책이 근거 없는 사법적 방해에서 벗어나야 했다. 전자 통행료라는 공공 정책에 대한 시비는 원래 있던 곳으로 다시 돌아갔다. 법원이 아니라 정치와 공공 토론의 장으로 말이다. 헌법에 대해 책임을 지는 판사들이 아니라, 대중과 유권자들에 대해 책임을 지는 정치인들이 이 결정에 대한 부담을 떠안아야 했다(2013년 10월, 대법원은 전자 통행료에 대한 본안 청구를 기각한 고등법원의 판결을 확정했다).

헌법재판소가 판결문을 작성하는 방식에서도 권력분립의 문제는 민감하게 고려된다. 종종 정부와 대화하는 형태의 판결문 작성 방식이 채택되는 것이다. 또한 어떤 법률이 헌법에 부합하지 않아 무효로 선고되면, 헌법재판소는 거의 항상, 무효 선고가 효력을 발휘하기 전에 의회가 문제를 해결할 시간을 준다.

지방정부와 같은 정부 기관에 어떤 행위를 하도록 판결을 내릴 때, 헌법재판소는 해당 지방자치 당국과 그 관할 아래에 있는 사람들이 제대로 이야기를 나누어 해결책을 찾으라는 요구 사항을 판결에 포함하기도 한다. 당사자들이 서로 "제대로 소통하도록" 요구한 판결을 처음 내린 것은 2008년 2월 강제 퇴거를 둘러싼 사건이었다. 헌법재판소는 안전하지 않은 건물에 살고 있던 점유자와 이들을 퇴거시키려 한 요하네스버그 시에 서로 협상하라고 요구했다. 시가 점유자와 함께 최선의 방법을 모색하지 않은 채 퇴거 조치를 할 수는 없다고 했다. 이후 헌법재판소는 많은 사건에서 유사한 판결을 내렸다. 정부 공직자들로 하여금 그 관할 아래에 있는 사람들과 대화하도록 요구하는 것은 사법적 권한을 성공적으로 사용한 사례였다.

거듭 강조하다시피 판사들이 극도로 조심스럽게 권한을 행사하는 가장 큰 이유는 권력분립의 원칙 때문이다. 군주제나 독재 국가처럼 위에서 아래로 통치가 이루어지는 나라에서는 존재하지 않던 원칙이다. 세계적으로도 그렇지만, 아프리카 대륙 또한 독재의 경험이 많다. 이런 체제는 거의 예외 없이 악하다. 이웃 나라 스와질란드에는 여전히 군주가 지배하는 전제정치가 남아 있으며, 짐바브웨의 정부는 법원 판결을 대놓고 무시하곤 한다.

남아프리카공화국 헌법은 이런 식의 무법적인 권력 사용을 거부한다. 헌법은 국가권력이 결코 한 사람이나 하나의 단체에 의해 행사될 수 없도록 규정하고 있다. 권력은 세 개의 국가조직인 입법부·행정부·사법부에 분배된다.

권력을 이렇게 분할하고 나면, 세 국가기관은 서로 존중해야 하고 다른 조직의 역할을 침범해서는 안 된다는 당연한 결론에 이른다. '소부퀘 조항'은 모든 사람에게 일반적으로 적용되는 것이 아니라 한 개인을 겨냥해 만든 법이기 때문에 법치주의에 위배된다. 그런데 이 조항은 권력분립 원칙에도 위배된다. 왜냐하면 어떤 범죄자의 수용 기간을 결정하는 권한을 법원에게서 빼앗아 행정부 소속인 법무부 장관에게 주었기 때문이다.

웨스턴케이프 사건

처음으로 권력분립 원칙에 기반해 행정부와 입법부의 행위에 도전했던 웨스턴케이프 사건에서, 헌법재판소 재판관들의 의견은 갈렸다.

다수는 웨스턴케이프 주의 주장을 받아들였다. 차스칼슨 재판관이 다수의 편에서 판결문을 작성했다. 그는 의회가 "최고 우위의 권력을 가지며 헌법이 정한 바에 따라서만 제약을 받는다는 주장은 더이상 타당하지 않다."라고 지적했다. 입법자는 이제 "모든 방면에서 헌법 조항의 구속을 받으며 헌법이 부여한 권한만을 가진다."고 했다. 헌법이 의회의 권한을 규정했다. 헌법은 의회에, 오로지 의회에만 남아프리카공화국의 입법 권한을 부여했다. 차스칼슨 재판관의 판결문에 따르면 이 말은 의회가 그 입법 권한을 대통령에게 위임할 수 없다는 뜻이었다.

따라서 만델라 대통령에게 법 개정 권한을 부여한 법 조항은 무효였고, 법 개정을 위한 대통령의 공포도 무효였다. 웨스턴케이프 주의 국민당 정부 측이 승리한 것이다.

1995년 9월 22일 헌법재판소가 선고한 이 판결은 법률 언어로 만델라 대통령과 그의 행정부에 공개적으로 퇴짜를 놓은 것이나 마찬가지였다. 그러나 만델라 대통령은 그렇게 받아들이지 않았다. 그는 이 일을 남아프리카 인들에게 법의 힘에 대해 교육하는 기회로 삼았다. 대통령은 공중파 텔레비전에 출연해 헌법재판소가 자신에게 반대하는 판결을 내렸다고 설명했고, 그 판결을 온전히 받아들인다는 점, 헌법과 법치주의에 따라 그렇게 해야 한다는 점을 강조했다. 법치주의의 승리였다.

1995년 이래 헌법재판소는 정부에 반대하는 많은 중요한 판결들을 내렸다. 적절한 절차와 보증 없이 테러 용의자들을 미국 당국에 넘겨 사형 선고에 처하게 할 수 없다는 판결이 있었다. 동성 파트너 사이의 합의된 성관계를 금지하는 법을 무효화시켰고, 그루트붐 사건에서는 정부의 주택 정책 전체를 폐기했다. 또한 오직 의회만이 수용자의 선거권을 빼앗을 수 있으며, 선거위원회는 그렇게 할 수 없다고 판결했다. 의회가 그렇게 결정하지 않는 한, 수용자는 선거권을 갖는다는 것이었다.

그리고 이제 2002년이 되었다. 헌법재판소는 민주주의로 들어선 이래 8년 만에 헌법재판소의 능력과 권한을 시험하는 가장 중대한 쟁점과 마주했다.

1995년 첫 심리 이후 7년 동안 헌법재판소의 구성원도 달라졌다. 아서 차스칼슨이 여전히 헌법재판소를 이끌고 있었으며, 이제 최고재판관의 지위에 있었다. 부소장인 피우스 랑가가 부최고재판관 Deputy Chief Justice이었다. 이들과 함께 네비라핀 사건에 참여한 재판관은 아커만, 골드스톤, 크리글러, 마달라, 은코보, 오리건, 삭스였다. 목고로와 야쿱이 잠시 부재중이어서, 임시 재판관 두 사람이 참여했다. 아프리칸스어를 사용하는 프리토리아의 고등법원 판사 벤 두 플레시스s, 얼마 후 헌법재판소에 정식으로 임명된 탬빌 스퀘이야였다.

재판관들 가운데 일부는 임명되기 전에 아프리카민족회의와 어떤 식으로든 관련된 적이 있었다. 차스칼슨은 아프리카민족회의나 관련 정당에 가입한 적은 없지만 리보니아 재판에서 만델라를 비롯한 피고인들을 변호한 적이 있었다. 그리고 아프리카민족회의가 남아프리카에서 이루고자 하는 보편적 사회정의의 가치에 그도 동참하고 있음은 의심의 여지가 없었다.

아프리카민족회의가 망명의 시절을 보내는 동안, 한번은 아서가 아프리카민족회의 지도자들과 소통하는 것을 본 적이 있다. 1989년 6월, 저명한 법철학자 로널드 드워킨이 옥스퍼드 대학 근처에 있는 넌햄 공원에서 아프리카민족회의의 '법과 헌법 위원회'와 남아프리카공화국의 판사·변호사들 사이에 만남을 주선했다. 어느 날 저녁 아서는 우리 몇 명을 이끌고 법적 협상에 참여하지 않는 아프리카민족회의 지도자들을 만났다. 우리는 근처 교외에 있던 영국의 독지가 데이비드 애스터의 집으로 갔다. 그곳에는 카리스마 넘치는 타보 음베키가 와있었고, 역시 망명 중에 있던 아프리카민족회의 지도자이자, 망명 전 만델라와 함께 만델라-탐보 법률사무소를 운영했던 올리버 탐보도 있었다.

우리를 대표해 이야기를 하고, 우리를 그들에게 소개해 준 사람이 바로 아서였다. 나는 그가 탐보를 지칭할 때 경의를 표하는 태도에 놀랐다. '탐보 씨'라고도 하지 않았고, 물론 '올리버'라고 이름을 부르지도 않았다. 대신 정중하게 '대표님'Mr. President이라고 불렀다. 마치 탐보가 남아프리카공화국의 대통령President이 되리라 생각하는 듯했다. 훗날 탐보는 일찍 사망했고 넬슨 만델라가 대통령이 되기는 했지만, 아서가 탐보를 존경하고 그의 이상을 존중했다는 사실은 의심의 여지가 없었다.

헌법재판소가 네비라핀 사건을 판결하다

이제 아서, 즉 차스칼슨 최고 재판관이 항레트로바이러스 치료 확대 거부라는, 정부 보건 정책의 핵심 기조를 뒤집을 권한을 가진 헌법재판소의 재판장으로 앉아 있었다.

긴장된 분위기에서 3일에 걸친 변론이 끝난 뒤 다들 녹초가 되었다. 만일 블룸폰테인의 대법원에서처럼 재판관이 끼어드는 횟수를 어느 쪽 주장이 더 받아들여지지 않는지를 나타내는 신호로 해석한다면, 힘든 시간을 보낸 쪽은 분명 정부 측 대리인들이었다. 치료행동캠페인 측 주심 변호사인 길버트 마커스의 회상에 따르면, 치료행동캠페인의 주장이 결코 순조롭게 진행되었다고 할 수만은 없지만 그래도 항소심 과정에서 중단되지 않은 채 가장 길게 변론했던 순간이 있었다. 네비라핀 지급을 거부하는 정부 정책 때문에 HIV 감염 여성이 겪는 끔찍한 어려움을 법정에서 설명할 때였다.

두 달이 지나지 않아 판결이 내려졌다. 2002년 7월 5일, 헌법재판소는 정부의 항소를 기각한다고 선고했다. 보타 판사의 명령에 한정된 좁은 범위의 판결이었고, 재판관마다 결론에 이른 법적 전개 방식도 달랐지만, 모든 핵심적인 세부 내용에서 치료행동캠페인의 승리였다.

최종 헌법을 승인했던 판결처럼 네비라핀 사건의 판결도 '법정 판결'이었다. 앞에서 언급했듯 이는 헌법재판소가 가장 강력하게 의견을 표명하는 방법이다. 재판관 모두 판결문 작성에 참여해 의견의 전체나 일부가 누구의 것인지를 전혀 밝히지 않고, 모든 재판관이 의견 전체에 대해 똑같이 책임을 나누었다. 헌법재판소는 각 재판관들과 그들의 공적 지위를 최대한 하나로 모아 그 권위로 말하고 있었다.

판결문은 인상적인 문구로 시작했다. 헌법재판소는 에이즈의 유행을 대단히 심각하게 접근하고 있는 문서를 인용했다. 이 문서에 따르면, 남아프리카공화국에서 일어나고 있는 에이즈의 유행은 "이해할 수 없는 재앙"이며 "남아프리카공화국이 새로운 민주국가로 태어난 이후 맞은 가장 중대한 도전"이었다. 에이즈를 진압하기 위한 정부의 싸움은 "최우선 순위"에 있었으며, 이 전염병은 "수백만의 생명을 앗아 가고, 고통과 시름을 안겨 주고, 두려움과 불안을 일으키고, 경제를 위협하고 있다."고 했다.

누가 한 말일까? 헌법재판소는 곧이어 그 출처를 공개했다. 바로 정부 문서에서 인용한 것이었다.

헌법재판소는 이어서 이 전염병 유행과 관련된 정부의 활동을 서술하고, 왜 정부가 시범 의료 기관을 설치해 네비라핀의 효과를 연구하려고 하는지를 설명했다. 곧이어 이 문제의 핵심 쟁점에 이르렀다. 핵심은 시범 의료 기관 사업이 아니라 다른 곳에 있다고 했다. "민간 보건 의료 서비스를 이용할 경제적 능력이 없고, 해당 연구·교육기관을 이용할 수도 없는 엄마와 자녀에게는 어떤 일이 일어날 것인가?" 헌법재판소는 비판을 담고 있으면서도 절제된 언어로, 얼마나 오랜 시간이 지나야 다른 곳에서도 네비라핀을 이용할 수 있도록 하려는 것인지 정부의 계획이 뚜렷하지 않다고 지적했다.

이런 문제를 제기했으니, 치료행동캠페인이 요청한 대로 구제받게 될 것은 분명했다. 하지만 헌법재판소는 더 나아가, 소송으로 이어지게 된 이 뜨거운 정치적 대립을 회피하지 않고 직시했다. 에이즈에 대한 논쟁이 "비정상적인 수준으로 정치적·이념적·감정적 언쟁으로 가득 차" 있다고 지적했다. 또한 이 참사의 규모를 볼 때 피할 수 없는 일이었겠지만, 그럼에도 불구하고 "이 사건에도 이런 언쟁이 깔려 있다는 것이 안타깝다."라고 말했다. 이로 말미암아 "앞으로 공통의 적에 대항해 반드시 힘을 합쳐야 하는 정부와 비정부기구들 사이의 관계가 상처를 입었을 뿐만 아니라, 이 사안을 더욱 해결하기 어렵게 만들었을 수도 있다."고 했다.

하지만 결국 "우리는 겹겹이 놓인 논쟁을 헤치고 분명한 만장일치의 결론에 이를 수 있었다."고 헌법재판소는 밝혔다. 정부에 불리한 결론이었다. 헌법재판소는 정부가 네비라핀의 보급 확대를 거부하는 네 가지 이유인 유효성, 약제의 내성, 약제 안전성, 공중 보건 제도의 역량을 검토했다.

헌법재판소는 각각에 대해 정부의 주장에 신뢰성이나 설득력 있는 증거의 기반이 부족하다고 판단했다. 유효성에 대한 장관의 염려는 그가 의존하고 있는 데이터로 "입증되지 않았다." 내성은 어떤가? 이 위험은 "잠재적 혜택과 비교해 볼 때 적었다." 헌법재판소가 지적하기를, "아동이 감염되는 경우 생존 가능성이 그렇게 적고 고통이 그렇게 심각하다는 점을 볼 때, 약간의 내성에 대한 위험"은 "감수할 만"했다.

안전성에 대해서는 "가상의 쟁점에 불과하다."고 했다. 게다가 치료행동캠페인의 요청이, 설비가 이미 적절히 갖추어진 곳에만 네비라핀을 보급하는 것이기 때문에 역량은 문제가 아니었다.

정부 정책은 다른 여지없이 시범 의료 기관에만 네비라핀을 공급하도록 했고, 생명을 살릴 수 있는 약을 엄마와 아기에게 제공하지 않았다. 헌법재판소는 이런 정책이 합리적이지 않다는 고등법원의 판단을 확인해 주었다. HIV 모자 감염 예방에 대한 정부 정책 전체가 재검토되어야 한다는 뜻이었다.

그렇다면 헌법재판소는 어떤 판결을 내려야 할 것인가? 정부 측은 그루트붐 사건에서처럼 단순히 선언적인 판결을 내려야 한다고 주장했지만, 재판소는 이를 받아들이지 않았다. 선언적 판결은 양측의 권리와 의무가 무엇인지를 이야기할 뿐 실질적인 효력은 없다. 이 사건에서 헌법재판소는 자신의 의무를 좀 다르게 보았는데, 그것은 효과적인 구제가 제공되도록 보장하는 것이었다. 이 사건은 상황을 고려할 때 상세하고 구체적인 주문이 필요했다. 그렇게 하면서도 행정부의 영역을 침범하지 않는, 즉 권력분립 원칙을 위반하지 않는 판결을 내려야 했다.

결론적으로, 헌법재판소는 전폭적인 판결을 내렸다. 정부로 하여금 네비라핀 이용에 대한 제한을 없애고, 의사들이 필요로 할 때 네비라핀을 처방할 수 있도록 허용하라고 주문했다.

또한 마지막으로, 판결문에서 네비라핀을 언급했다고 해서 HIV 모자 감염을 예방하는 더 나은 방법이 있을 때 정부가 그 정책을 채택할 수 없다는 의미가 아님을 명시했다.

기념비적인 승리

헌법재판소가 판결을 선고한 날은 2년마다 열리는 국제에이즈회의 개회 이틀 전이었다. 2년 전인 2000년에 더반에서 이 회의가 개최된 바 있는데, 에이즈가 대규모로 확산되고 있는 아프리카에 항레트로바이러스제를 보급하는 문제에 관한 국제적 논의가 본격화된 계기가 바로 이 자리였다. 이후 2년 동안 많은 사람들은 다음과 같은 질문을 마음속에 간직하고 있었다. 2000년 더반 회의가 만들어 낸 추동력은 아프리카에서 HIV 감염인의 삶을 실제로 변화시키는 결과로 이어질 수 있을 것인가?

2002년 국제에이즈회의는 스페인의 바르셀로나에서 개최되었다. 1만8천 명이 넘는 과학자, 행정가, 정부 관계자, 보건 종사자, 활동가들이 아름다운 지중해 항구의 국제컨벤션센터 홀을 가득 채웠다. 나를 비롯해 수많은 사전 회의들 여기저기에 참여하고 있던 사람들에게 헌법재판소의 판결 소식이 빠른 속도로 전해졌다. 헌법재판소의 판결은 더반 회의에서 제기되었던 중대한 질문에 대해, 부분적이긴 하지만 의미 있는 응답을 주었다. 아프리카의 가난한 사람들에게 약제 보급이 확대되고 고통이 줄어들 것이었다. 물론 죽음도 줄어들 것이다. 이 판결은 그야말로 획기적인 진보였다.

사방에서 환호성이 터져 나왔다. 판결문은 바로 여러 웹사이트에서 받아 볼 수 있었고, 이후 셀 수 없이 많은 자리에서 이를 연구하고 분석하고 인용했다. 지난 30년 동안 아프리카의 전염병 유행에 관한 뉴스 가운데 얼마 되지 않는 정말 좋은 뉴스였다.

10년이 훨씬 지난 지금에도 이 네비라핀 판결의 중요성은 아무리 강조해도 지나치지 않다. 치료행동캠페인은 약제가 너무 비싸 도저히 구할 수 없는 문제에 제동을 걸기 위해 설립되었다가, 어쩔 수 없이 대통령의 에이즈 부정론으로 관심을 돌리게 되었다. 치료행동캠페인은 용기와 능력, 훌륭한 전략을 보여 주었다. 이들은 함께할 단체들을 주의 깊게 선택했는데, 남아프리카 노동조합회의, 남아프리카

교회협의회SACC, 여성 단체와 아동 단체들이 여기에 포함되었다. 이들을 비롯한 여러 단체들이 치료행동캠페인과 함께 대통령에 도전하며 이성적인 정책과 치료를 촉구하는 캠페인을 벌였다.

남아프리카공화국의 일부 언론인들과 정치 분석가들이 음베키 대통령의 에이즈 과학을 문제 삼긴 했지만 호응을 얻지는 못했다. 사회는 움츠리고 침묵했다. 음베키 대통령은 빛나는 역사와 다수 지지층을 가진 지배 정당의 지도자였다. 많은 사람들이 그를 거스르는 것을 두려워했다. 수 세기 동안 인종주의로 억압받은 대륙에서 성적으로 전염되는 질병의 대유행은 폭탄과 같은 쟁점이었다.

결과적으로 지식인 엘리트 집단의 저명한 구성원들 다수가 침묵했다. 기업가들 역시 말이 없었다. 한편 적극적으로 대통령에게 굽실거린 사람들도 있었다. 그의 정당과 각료의 구성원들은, 강단이 있어 보였던 사람들조차 HIV가 에이즈의 원인이라는 말을 1년 이상 감히 공개적으로 꺼내지 못했다. 각국의 외교관들도 겁을 먹었다. 두려움 때문에, 혹은 순응, 복종, 아첨으로, 기득권층의 많은 사람들이 섬뜩한 침묵을 지켰다. 치료행동캠페인과 여타 활동가들이 남아프리카 노동조합회의와 언론계의 지지자들과 함께 대통령의 생각이 비극적인 결과를 초래할 것이라고 대통령을 설득시키느라 애쓰고 있는 동안 말이다. 이들의 투쟁은 성공하지 못했고 음베키 대통령은 미동도 하지 않았다.

이 암울했던 시기에 활동가들은 법원을 찾았다. 마지막까지 주저했지만 어쩔 수 없는 선택이었다. 소송을 하겠다는 이들의 결정은, 터무니없이 높은 약제 가격과 전쟁을 치르던 그 능력과 예지력을 바탕으로 한 것이었다. 헌법이 법치주의를 채택하면서 사법부는 이들의 증거와 주장을 고려할 권한을 지니게 되었으며, 이들의 손을 들어 주는 판결을 내릴 권한을 갖게 되었다.

활동가들이 얻어 낸 판결은 치료 접근성뿐만 아니라 합리성의 승리였다. 법치주의와 입헌주의 자체의 기념비적인 승리이기도 했다. 웨스턴케이프 사건을 비롯해 그전에 있었던 어떤 사건보다도, 네비라핀 사건은 비합리적인 정부 행위에 대한 법의 권한을 시험한 사건이었다. 헌법은, 그리고 헌법을 수호하기 위해 만들어진 헌법재판소는, 우수한 성적으로 이 시험을 통과했다.

도덕적·지적 권위의 원천으로서의 헌법재판소

정치사의 측면에서 볼 때, 헌법재판소의 판결은 정부로 하여금 이 전염병의 확산에 결단력 있는 행동을 취하도록 강제한 중심축이 되었다. 그리고 처음에는 마지못해 응했지만, 결국 판결에 효력을 불어넣은 것은 정부였다. 30개월 후인 2004년 12월, 마침내 항레트로바이러스제가 대규모로 보급되기 시작되었다.

오늘날 남아프리카공화국에는 2백만 명이 훨씬 넘는 사람들이 항레트로바이러스 치료 덕분에 살아 있다. 나도 그중 한 사람이다. 나는 판사와 의원을 대상으로 하는 의료보험 제도의 도움으로 약을 공급받는다. 약값은 이제 그리 비싸지 않다. 그리고 누구든, 부유하든 가난하든, 직장이 있든 없든, 비용을 감당할 수 없다는 이유로 에이즈 치료를 거부당하지 않는다.

항레트로바이러스제를 제공하는 남아프리카공화국 정부의 정책은 전 세계에서 규모가 가장 큰 공공 에이즈 치료 사업이다. 이것이 헌법재판소 판결이 갖는 가장 의미 있는 실제적 성과이다. 여전히 에이즈로 죽어 가는 사람들이 많지만, 이 판결은 셀 수 없이 많은 생명을 살렸다. 네비라핀 판결은 그루트붐 판결보다도 더 많은 이들의 삶, 수십만 명에서 결국에는 수백만 명에 이르는 사람들의 삶을 확연하게 변화시켰다. 이 판결로, 죽음을 목전에 두었던 이들이 치료받을 기회를 얻었다. 이런 식으로 헌법재판소의 판결은 현실에서 극적으로 힘을 발휘했다.

헌법재판소는 공적 사고와 논의에도 깊은 영향을 미쳤다. 치료행동캠페인 판결이 있기 21개월 전, 헌법재판소가 산딜 은그코보 재판관의 감동적인 판결문을 통해 HIV 감염인에 대한 직장 내 차별을 금지한 사건이 있었다. 1996년 자크 칼 호프만은 남아프리카항공SAA에 객실 담당 승무원으로 지원했다. 지원자는 거의 2백 명이었다. 호프만은 다른 지원자 11명과 함께 혹독했던 4단계 시험을 통과했다. 이로써 그가 이 일에 적합하다는 것이 입증되었다. 건강검진 결과도 이상이 없었다. 하지만 채용 조건 중 하나였던 HIV 검사 결과 그가 양성이라는 사실이 밝혀졌다. 그는 에이즈의 원인인 바이러스를 가지고 있었다. 국적 항공사인 남아프리카항공은 그의 채용을 거부했다.

호프만은 엄청난 충격을 받았다. 그는 에이즈 법 프로젝트의 변호사에게 상담을 했고, 이들은 사건을 고등법원으로 가져갔다. 판사는 남아프리카항공이 HIV 감염을 이유로 차별할 권한이 있다고 판결했다. 에이즈 법 프로젝트는 헌법재판소에 항소했으며, 헌법재판소가 고등법원의 판결을 뒤집으면서 이들은 큰 승리를 거두었다. 헌법재판소는 남아프리카항공이 호프만의 채용을 거부할 수 없다고 판결했다.

은그코보 재판관은 판결문의 일부를 할애해 에이즈에 대한 의학적 사실을 제시했다. 남아프리카항공이 에이즈의 기초적 의학에 대해 다투지 않았음에도 그렇게 했다. 판결은 2000년 9월 28일에 선고되었는데, 음베키 대통령이 공개적으로 에이즈의 원인과 치료에 대해 의혹을 표하기 시작하던 때로부터 11개월이 지난 뒤였다. 이 판결은 대통령의 의혹에 대한 공손하지만 날카로운 답변이라고 할 수 있었다.

그러나 당시 은그코보 재판관이 에이즈 과학을 승인했다는 사실은 거의 알려지지 않았다. 그의 판결은 주로 고용 차별의 금지 효과와 관련해서만 주목을 받았다.

하지만 남아프리카항공 판결이 내려진 지 21개월 후 네비라핀 판결이 선고되면서 이 부분이 분명해졌다. 이 네비라핀 판결은 정부가 에이즈 약제에 관해 필요한 조치를 취하지 않은 것에 대한 질책일 뿐만 아니라, 그것이 고통스럽고 전혀 불필요한 논쟁 때문이었다는 점에 대한 질책이기도 했다. 가난한 여성들도 HIV 감염으로부터 아기를 보호하기 위해 항레트로바이러스제를 사용할 법적 권리가 있으며, 그렇게 할 수 있도록 이들에게 방법을 제공할 헌법적 의무가 정부에 있다고 판결한 것은, 결국 대통령의 에이즈 부정론에 대한 치명타였다.

음베키 대통령은 에이즈에 대한 자신의 입장을 행정부의 신조로 만들었다. 활동가들의 압력, 국제적으로 과학자들이 보내오는 탄원, 논평가들의 신랄한 비난에도 전혀 동요하지 않았다. 이런 상황에서 그의 정당과 정부의 구성원을 비롯해 대부분의 기득권층 엘리트들이 겁에 질려 침묵을 지켰다.

이와 대조적으로, 헌법재판소는 때가 되자 주저 없이 자신이 가진 도덕적 자본을 이 사안에 쏟았다. 헌법재판소의 판결은 공손하고 절제되었으며, 대통령에 대해 정중한 태도를 취했다. 하지만 의학을 승인하는 입장은 명백했고, 그것이 판결의 중심축이었다.

에이즈의 유행에 대한 정부의 대응에는 대통령이 보증한 에이즈 부정론이 계속 따라다녔다. 2002년 3월, 이 사건이 헌법재판소에서 진행되고 있을 때, 보건부 장관인 차발랄라-음시망은 정부가 소송에서 져도 그 판결을 따르지 않겠다고 겁박했다.

만일 정말 이런 태도를 유지했다면 법치주의와 헌법에 위기가 닥쳤을지도 모르겠다. 하지만 다행히도 이성적인 판단이 우위에 있었다. 법무부 장관 페누엘 마두나 박사는 정부가 헌법재판소의 판결을 따를 것이라고 사람들을 안심시켰다.

2012년 12월, 마두나 박사가 헌법재판소를 방문한 일이 있었다. 15년의 임기를 마치고 은퇴하던 나의 동료 재판관 자크 야쿱을 위한 환송 행사에 참석하기 위해서였다. 행사장에 가기 전에 마두나 박사는 잠시 내 집무실에 들렀다. 나는 그 자리에서 정부가 헌법재판소의 판결을 따르겠다고 말했던 것이 음베키 대통령 본인의 뜻이었는지 물었고, 그는 그렇다고 대답했다. 자신의 독단적 견해에 반대하는 헌법재판소의 결정을 받아들임으로써, 음베키 대통령은 넬슨 만델라 대통령보다 어떤 의미에서는 훨씬 더 상징적으로 남아프리카공화국 법치주의의 승리를 보여 주었다. 역사가 그의 유산을 평가할 때, 이 사실은 긍정적인 업적으로 중요하게 인정되어야 한다.

헌법재판소의 권위 있는 논증은 매우 중요한 의미가 있었다. 이로 인해 대중과 정부의 담론이 바뀌었고, 음베키 대통령 정부는 더욱 폭넓은 조치를 취하게 되었다. 이 판결은 에이즈에 대한 권위 있고 도덕적으로 설득력 있으며 정치적으로 반박의 여지가 없는 과학적 근거와, 이에 부합하는 공적 조치가 필요하다는 사실을 공언한 것이었다.

이로써 헌법재판소는 단순히 의사 결정 권한을 갖는 제도들 가운데 하나가 아니라, 다른 무엇과도 비교할 수 없는 도덕적·지적 권위의 원천으로서 존재감을 갖게 되었다. 은퇴한 동료 재판관 케이트 오리건은 헌법재판소를 '이성의 장'forum for reason이라고 불렀다. 네비라핀 판결은 이런 측면을 아주 잘 보여 준다. 헌법재판소는 이성을 지키는 깊은 권위에 기대어 말하면서 동시에 수십만 명의 생명을 살렸으며, 숫자로 다 표현할 수 없는 커다란 고통을 피하게 했다.

법치주의가 위풍당당하게 모습을 드러내는 순간이었다.

다양성과
입헌주의

게이라는 자각

　내가 남들과 다르다는 사실을 처음 알아차린 것은 아주 어릴 때였다. 서너 살 무렵이었을 것이다. 당시 아버지는 콰줄루-나탈 주의 행정 수도이자 두 번째로 큰 도시인 피터마리츠버그의 시청에서 전기 기사로 일했다. 아버지의 일터 중에서 가장 오랫동안 근무한 곳이었다. 간혹 술 때문에 한바탕 곤욕을 치른 것을 제외하고는 거의 4년 동안, 어머니, 아버지, 로라 누나, 지니 누나, 나, 이렇게 우리 가족 다섯 명은 도시 변두리 월리스 길 11A번지에 새로 지어진 임대주택에서 여느 평범한 가족처럼 생활했다. 한 줄로 늘어선 작고 아늑한 집들 옆으로 초원이 펼쳐져 있었고, 그 옆으로는 음순두지 강이 빠르게 흐르고 있었다. 그 강둑과 흙탕물에서 나는 동네 아이들과 뛰어놀았다.

　음순두지 강을 사이에 두고 우리가 살던 백인 노동자 거주지와 도시에서 더 멀리 떨어진 복잡한 인도인 주거지역이 나뉘었다. 시내 중심부에서 인도인 구역으로 이어지는 도로가 있었는데, 월리스 길 근처에 있는 다리를 지나게 되어 있었다. 어느 토요일 오후, 나는 처음으로 낯선 광경을 보고 문화적 충격에 강렬하게 사로잡혔다. 그날이 토요일이었던 것은 분명하다. 아버지가 집에 계셨으니 말이다. 화려하게 장식된 오색의 차량 행렬과 화환을 쓰고 뒤따르는 군중들이 음악과 폭죽, 그리고 온갖 반짝거리는 것들과 함께 길가 마을에서 시작해 다리를 향해 요란하게 전진하고 있었다.

　손에 닿을 듯 가까운 곳이었다. 지금 생각해 보면 그 행사는 매년 열리는 힌두교 전차 축제인 라트 야트라Rath Yatra였던 것 같다. 사원에 있던 신의 형상을 온갖 장식으로 치장한 전차에 안치한 후 큰길을 따라 행차하는 행사이다. 낯설고 흥미롭고 화려하고 생동감이 넘치는 광경이었다. 캘빈교 백인 가정에서 자란 어린아이의 눈에는, 아주 환상적이고 이국적인 장면이었다.

그 광경에 흠뻑 빠져 마음을 빼앗겼던 기억이 난다. 길을 건너가 더 가까이에서 볼 수는 없었을까? 아니, 그럴 수는 없었다. 그런 행동은 철저하게 금지되어 있었다. 그들은 인도인이고, 그것은 그들의 문화였다. 그들은 별난 우상숭배를 하고 있었다. 이방인. 그 의미는 분명했다. 열등하다는 것. 지금 생각하면 너무나 부끄럽지만, 돌이켜 보면 어머니가 때때로 인도인들을 가리켜 인종차별적인 용어들을 사용했던 기억이 난다. 어머니의 말투에는 당시 백인들이 일반적으로 가지고 있던 인종주의적 태도는 물론이고, 우리 가족의 낮은 사회적 지위에서 비롯한 특유의 날카로움도 배어 있었다. 윌리스 길에서 가장 지위가 높은 사람은 경찰이었다. 이에 비하면 시청 전기 기사였던 아버지의 권위나 위상은 훨씬 아래였다. 게다가 우리 가족은 가난했다. 집도 우리 소유가 아니었고, 생계를 유지하는 것조차 버거웠다. 알코올중독으로 종종 부끄러운 모습을 보이던 아버지는 일자리를 간신히 유지했다(결국 아버지는 직장을 잃었고, 누나들과 나는 더 아래쪽, 퀸스타운에 있는 아동보호 기관으로 이사하는 비극을 겪게 되었다).

하지만 이 모든 일에도 불구하고, 우리에게는 한 가지 우수한 사회적 특성이 있었다. 우리는 백인이었다. 얼마나 다행한 일인지. 흑인이 아니라 백인이라는 사실 말이다. 우리는 인도인도 아니고, 유색인도 아니었다. 백인, 더 분명하게 말하자면 당시 널리 사용된 용어로 '유럽인'이었다. 비유럽인이 아니라는 것은 적어도 나쁘지 않은 일이었다.

하얀 것이 가치 있고 우월하고 고결하고 깨끗하고 바람직하다고 생각하는 의식을, 나는 성격이 형성되던 아동기와 청소년기, 심지어는 성인이 된 후로도 어느 시기까지는 가지고 있었다. 어린 시절을 돌아보면, 흑인이라는 건 대체 어떤 느낌일까 생각하며 불쌍해하기도 했다. 상상이 되는가! 내가 마침내 인종주의의 어리석음과 무서움을 깨닫고 온전히 부끄러움을 느끼게 된 것은 옥스퍼드 대학 시절, 1977년 9월 스티브 비코가 살해당한 뒤 그의 글을 읽으면서부터였다.

그리고 나서 역시 옥스퍼드 대학에 있을 때, 로이소 농사라는 친구를 만나면서 처음으로 흑인과 아주 가깝게 사귀게 되었다. 후에 그가 비츠 대학의 부대표가 되고 내가 운영위원회 의장을 맡으면서 우리는 함께 일했다. 여러 친구들을 사귀면서 내가 깨닫게 된 점은, 인종주의의 가장 큰 어리석음은 빈곤함을 양산한다는 것, 즉 터무니없는 우월함의 고치 안에 사람들을 가두어 독특함·다름·다양성이라는 호화롭고 풍요로운 잔치 속에서 배를 곯게 한다는 것이다. 무지에서 비롯된 오해는 차치하더라도 말이다.

한편 특권층의 강력한 표식인 하얀 피부를 가지고 태어난 사람들의 사회에서도, 나는 아주 일찍부터 내가 다르다는 것을 알고 있었다. 아주 위험하게, 어쩌면 수치스럽게 달랐다. 이 다름은 학교에 가기 전부터, 인도인을 이방인라고 생각하기 전부터, 내가 압도적으로 흑인이 많은 땅에서 백인 소수자로 살고 있다는 사실을 깨닫기 오래전부터 내 안에 존재했다.

그 자각은 소변을 보다가 처음 생겨났다. 어느 날 길 건너편에 살던 배리, 가스와 같이 화장실에 갔는데, 그 애들은 변기 앞에 서서(그때 우리는 겨우 변기 앞에 설 수 있을 정도의 나이였다) 다리를 떡 벌리고 자신 있게 오줌을 누었다. 그러나 나는 다리를 얌전히 모으고 섰다. 그러고 싶었다. 배리와 가스처럼 다리를 떡 벌리고 오줌을 누기가 싫었다. 왜일까? 알 수 없었다. 하지만 그 다름이 내게는 중요하게 느껴졌다. 나를 그 아이들과 구분 짓는, 설명하기 어려운 차이점이 있었다. 그리고 그 사실을 비밀로 해야 한다는 것도 어렴풋하게나마 알고 있었다. 사람들에게 말할 수 있는 이야기가 아니었다. 자랑할 일이 아니라, 감추어야 했다.

왜 이 다름을 수치스러운 것, 감추어야 하는 것이라고 느꼈을까? 얼핏 기억나는 일들이 있다. 어린 시절 내 머릿속에 깊이 새겨진 두 사건이 있는데, 하나는 곰 인형에 대한 것이다. 누나의 이름을 따온 고모이기도 한 로라 고모가 내게 선물로 주셨던 것 같다. 로라 고모는 아버지의 사촌으로 미혼이었다. 조부모님이 남아프리카로 와서 아버지를 낳았을 때, 고모네 가족은 스코틀랜드를 떠나 캐나다로 향했다. 로라 고모가 한번은 화려한 모습으로 피터마리츠버그에 왔는데, 북미인의 세련미와 유복함이 느껴졌다.

어머니는 곰 인형에 입힐 작은 옷을 만들어 주겠다고 했다. 털북숭이 곰이 발가벗은 채 있었기 때문에 이는 좋은 생각인 것 같았다. 어머니는 내게 어떤 옷을 입히면 좋겠냐고 물었다. 나는 곰에게 어울리는 치마나 원피스가 좋겠다고 대답했다. 좋은 대답이 아니었다. 왜 여자아이 옷이냐고 어머니가 물었던 것이다. 어머니는 어리둥절한 표정에, 약간 당황한 기색이었다. 내 취향에 곤란해 하는 듯, 어머니가 다시 물었다. 곰이 바지를 입어야 하지 않겠니, 가스나 배리처럼? 아니요, 나는 대답했다. 전 원피스가 좋아요. 분명히 틀린 대답이었다. 남자아이는 곰 인형에 여자아이의 옷을 입히고 싶어 해서는 안 되기 때문이다.

내 대답에도 불구하고 어머니는 남자아이의 옷을 만들었다. 귀여운 작은 바지와 짧은 소매 티셔츠였다. 나는 당황했지만 실망한 기색을 감추었다. 그 일은 성 역할이 어떻게 만들어지고 주입되는지에 관한 첫 번째 분명한 가르침이었다.

다음 사건은 좀 더 충격적이었다. 나는 고집이 센 아이였던 것 같다. 버릇이 없었을 수도 있다. 딸 셋을 낳고 얻은 첫 아들이었으니 말이다(내가 태어나기 전에 부모님은 로라, 지니, 다프니를 낳았는데, 형편이 어려워 어쩔 수 없이 다프니를 입양 보내기로 했다. 그런데 그 직후 나를 임신하고 출산하면서 가족이 다시 늘어났다). 그러니까 다른 집에 입양되지 않은 것은 물론, 나는 남자아이로서 특별 대우와 특권을 누렸다. 젠더 형성에 관한 또 하나의 가르침이다.

어느 날, 아주 어릴 때였는데, 내가 어떤 부당한 대우에 소리를 지르며 반항해서 아버지의 기분을 언짢게 했다. 아버지는 단호하게 반응했다. 겨우 17세가 지났을 때인 1939년, 연방방위군Union Defence Force에 동원되어 북아프리카의 파시스트 군대와 싸우다가 부상을 입고 포로가 되기까지 했던 한 남자의 반응으로서 그리 놀라운 것은 아니었다. 아버지는 전쟁 중 상당 기간을 이탈리아의 전쟁 수용소에서 포로로 지냈는데, 언어를 사랑하는 그는 그곳에서 이탈리아어를 배우기도 했다. 돌아온 뒤 아버지는 그때 겪었던 일들에 대해 한마디도 하지 않았지만, 아버지의 누나들, 그러니까 고모들이 나중에 이야기한 바에 따르면 아버지의 알코올 의존은 그때부터 시작되었다고 했다.

이 퇴역 군인은 비명을 지르는 꼬마 아이를 어떻게 다루어야 할지

고민하다가 강경하게 나가기로 결심했다. 아버지는 엄하게 말했다. 네가 여자아이처럼 소리를 지른다면, 여자애 옷을 입어야 할 것이다. 이 말에 나는 더 거세게 반항했다. 그러나 아버지는 내가 온몸을 버둥거리고 서럽게 울부짖는데도 아랑곳하지 않고, 억지로 누나 옷을 하나 꺼내 내게 입혔다. 그리고 제대로 창피를 주려고 이웃들이 볼 수 있게 정원으로 나가도록 했다. 아버지는 눈물을 흘리며 반항하는 내게, 남자아이는 여자아이처럼 소리를 질러서는 안 된다는 가르침을 공개적으로 받아들이게 만들었다. 나는 최대한 빨리 집 안으로 달려 들어가 부끄러운 여자 옷을 벗어 버렸다.

이 사건으로 나는 젠더 정치에 관한 두 가지 가르침을 얻었다. 첫 번째는 위계에 관한 것이었다. 여자아이는 분명히 위계가 낮았다. 여자아이와 여자아이에 관계된 모든 것이 열등하지 않다면, 왜 남자아이에게 여자아이의 옷을 입히는 것이 그렇게 수치스러운 처벌이 될 수 있겠는가? 두 번째는 순응하지 않는 데 따르는 위험이었다. 남자로서 행동해야 하는 방식이라는 게 있고, 그로부터 벗어나면 불명예와 공개적인 모욕이 따른다는 것이었다.

소변을 볼 때 나는 가스나 배리와는 조금 다른 자세로 서는 것이 편했다. 그럴 때면 내가 여자아이처럼 느껴지기도 했다. 곰 인형에 여자아이 옷을 입히고 싶었던 것과 비슷한 이유에서였을 것이다. 그래서 이 사실을 비밀로 해야 했다. 여자아이 같은 걸 원하는 것, 남자아이보다 여자아이와 놀고 싶은 것(이 갈망은 우리 가족이 흩어지고 상황이 현기증 나도록 불안하게 내려앉으면서 마음속에서 더욱 커졌다)은 무슨 수를 써서라도 감추고 살아야 했다.

그로부터 수십 년 동안 나는 나의 '다름'을 숨기고, 내 경험과 느낌이 다른 사람들과 다르다는 사실을 감추면서 지냈다. 학창 시절을 보내는 동안, 나는 '계집애 같은 남자'라는 이야기를 들을까 두려워했다. 그 두려움은, 그것이 사실이라서 그 수치스러운 낙인으로부터 영원히 벗어날 수 없으리라는 것을 알기 때문에 생기는 죄책감 어린 공포였다. 가려진 망토 밑에서 나는 정말로 계집애 같은 남자였고, 계집애 같은 남자가 되고 싶어 했기 때문이다. 하지만 나 자신에게 진실해지는 것, 실제 삶과 행동에서 계집애 같은 남자가 된다는 것은 생각도 할 수 없는 일이었다. 현실에 순응하지 않을 때 치러야 할 대가는 너무나 커보였다.

나는 '퀸'queens이라 불리는, 주저 없이 대놓고 여성스럽게 행동하는 게이 남성들을 남몰래 늘 존경했다. 그들에게는 내게 없는 용기가 있었다. 나는 오히려 더 남성적으로 보이려고 노력했다. 몸을 똑바로 세우고 목소리는 낮추었다. 요란한 몸짓과 발언은 삼갔다. 럭비도 했고 여자아이들과 사귀었다.

물론 당시에는 내가 다른 남자아이들과 다른 것이 '게이'라서, 그러니까 내가 이성보다는 동성에게 성적으로나 감정적으로 끌리는 분명한 성향을 가져서라는 사실을 알지 못했다. 나 자신을 게이라는 범주로 인식하고 정치적 의미에서도 게이라는 정체성을 받아들인 것은 나중의 일이었다. 하지만 내가 바라는 내 모습은 남자아이/여자아이라는 엄격한 구분을 흔드는, 불투명하지만 중요한(그리고 수치스러운) 것임을 아주 어린 시절부터 뚜렷이 알고 있었다.

사춘기가 시작된 후에야 이런 마음속의 감정 때문에 다른 사람들에게 붙지 않는 꼬리표가 내게 붙게 된다는 사실을 깨달았다. 프리토리아 남자고등학교 2학년 때였다. 나는 온 힘을 다해, 가능한 한 다른 남자아이들과 똑같이 보이려 했고, 대체로 성공했다.

내가 15세였던 1968년 말 무렵, 전국 라디오방송의 어느 영어 프로그램에서 매주 일요일 저녁 도발적인 내용을 잇달아 방송했다. 이 프로그램의 제목은 〈부서진 고리〉The Broken Link로, 약물 사용, 학생 운동, 반체제 등 여러 가지 논쟁적인 사안을 다루었다. 꽤 많은 사람들이 이 프로그램을 들었다. 그럴 만했다. 내가 기억하기로 깊이 있고 시사하는 바가 많은 프로그램이었으며, 흥미롭지만 그렇다고 자극적일 정도는 아니었다.

그러던 어느 일요일 저녁, 나는 3층의 자그마한 발코니 방에 있었다. 서니사이드의 붐비는 에셀렌 길과 트로이 길이 만나는 모퉁이의 교통 체증 상황이 내려다보였다. 나는 그 방에서 휴대용 라디오에 귀를 대고 〈부서진 고리〉를 들었다. 나의 인식이 영원히 바뀌는 순간이었다. 이날 주제는 동성애였다. 그때까지 들어본 적이 없는 단어 같았다. 라디오에서는 스스로 동성애자라고 밝힌 사람들의 인터뷰가 흘러나왔고, 요하네스버그에 동성애자들이 모이는 클럽이 있다고도 했다. 맨디라는 이름의 레즈비언에 대한 이야기도 나왔는데, 절제되고 사실적이며 공감되는 내용이었다.

무엇보다 내 마음을 흔들었던 것은, 그 프로그램이 동성애를 있는 그대로의 사실로 표현했다는 점이었다. 그런 일이 있다. 어떤 남자, 어떤 여자는 동성애자이다. 아주 단순한 문제였다.

그러나 그때 나는 깜짝 놀라 충격에 휩싸였다. 나도 그런 것일까? 당연히 아닐 거야. 하지만 사춘기에 문득문득 강렬하게 나를 사로잡았던 성적 환상이 그것으로 설명되었다. 나는 종종 나보다 나이가 많은 남자아이나 남자 선생님에게 집착에 가까운 애정 어린 감정을 품었다. 또한 왜 어린 시절부터 여성스러운 것을 원했는지도 설명이 되었다.

하지만 한 가지 분명한 것이 있었다. 온 마음을 다해, 나는 동성애자이고 싶지 않았다. 낙인이 찍히고 고립되고 욕을 먹는, 성 정체성이 다른 부끄러운 소수자, 그 행동이 너무 경멸스럽고 죄 많고 부도덕해서 범죄로 간주되었던 그런 사람들의 집단에 속하고 싶지 않았다. 나는 진지하고 심각하게 맹세했다. 내가 정말 동성애자라면, 자살하리라. 이후 다행히도, 나는 신중하게 그 최종 결정을 미루곤 했다.

그러나 사춘기 때의 감정이 가라앉고 청년기로 접어들면서, 점점 더 분명해지는 것이 있었다. 〈부서진 고리〉 방송에서 묘사했던 것, 라디오에 귀를 대고 듣던 내 가슴을 요동치게 하던 그것이 요하네스버그라는 대도시의 어느 부정한 외국인 이단 종교 이야기가 아니라는 사실이 피할 수 없이 명백해졌다. 그것은 바로 나의 모습이었다.

이후 15년 동안, 거의 서른 살이 될 때까지, 나는 의지의 마지막 한 가닥까지 사용해 깨어 있는 모든 순간을 이 자각과 싸우며 보냈다.

다양성을 존중하고 기뻐하는 남아프리카공화국의 헌법

하지만 우리는 물론 모두 다르다. 그것이 인간성의 아름다움이고, 자연의 아름다움이다. 이 세상에는 무한대의 다양성이 존재한다. 우리는 모두 고유하고 독특하며 복제 불가능한 존재이다. 우리 가운데 많은 사람들이 나처럼 게이라는 것을 깨닫게 되지는 않더라도, 어린 시절에 다른 사람들과 다르다는 것에 대해 극심한 두려움을 경험한다.

그리고 기쁘게도, 우리의 개별적인 특이함은 태어나면서, 혹은 상황이나 선택에 의해 속하게 된 집단의 특이성 속에서 발현된다. 언어, 사투리, 신념, 문화, 종교, 민족, 사회적 계층, 인종의 차이를 드러내면서 말이다.

다름을 존중하고 그 가치를 인정하지 않을 이유가 무엇인가? 서로의 다름 속에서 기뻐하지 않을 이유는 무엇인가? 남아프리카공화국의 헌법은 다름을 존중하고 축하한다. 헌법은 다음과 같은 감동적인 전문으로 시작한다.

우리 남아프리카 인은

과거의 불의를 인정하고,

우리 땅의 정의와 자유를 위해 고통을 당한 이들을 기리며,

우리나라의 건국과 발전을 위해 노력한 이들에게 경의를 표하고,

남아프리카가 이 나라에 거주하는 모든 이에게 속하며 다양성 속에서 하나됨을 믿는다.

그러므로 우리는, 다음을 위해, 자유롭게 선출된 우리의 대표를 통해 본 헌법을 공화국의 최고법으로 채택한다.

과거의 분열을 치유하고 민주적 가치, 사회정의 및 기본적 인권에 근거한 사회를 건설하고,

통치의 기반이 인민의 의지에 있고 모든 시민이 법률에 의해 동등하게 보호받는 민주적이고 열린 사회의 기초를 마련하며,

모든 시민의 삶의 질을 개선하고 각자 잠재력을 마음껏 발휘할 수 있게 하고,

국제사회에서 주권국가로서의 정당한 지위를 차지할 수 있도록 연합된 민주주의 남아프리카를 건설한다.

우리 인민에게 신의 가호가 있기를.

은코시 시켈렐 이아프리카, 모레나 볼로카 세티하바 사 헤소.

갓 세인 수드 아프리카. 신이여, 남아프리카를 축복하소서.

무드지무 파툿셰자 아푸리카. 호시 카테키사 아프리카.[*]

헌법에서 '다양성'이라는 단어를 명시적으로 언급하는 유일한 부분이 바로 이 아름다운 전문이다. 우리 헌법은 남아프리카공화국이 여기에 살고 있는 모든 사람에게 속하고, "다양성 속에서 하나 된다"united in our diversity고 맹세한다. 이 단어가 다른 곳에서는 언급되지 않지만, 다양성은 이 나라를 건국한 헌장에 깔려 있는 가장 근본적인 전제 가운데 하나이다. 마땅히 그럴 만하다.

남아프리카공화국은 정말 다양한 국가이다. 흑인이 숫자상 압도적으로 많지만(79퍼센트, 유색인과 백인은 각각 9퍼센트, 인도계와 아시아계 남아프리카공화국인은 2.5퍼센트), 2011년도 인구총조사에 따르면 모국어가 무엇이냐는 질문에 어느 하나의 언어나 문화적 집단이라고 답한 사람은 그리 많지 않았다(반올림했을 때, 줄루어 23퍼센트, 코사어 16퍼센트, 아프리칸스어 14퍼센트, 영어 10퍼센트, 페디어 9퍼센트, 츠와나어 8퍼센트, 소토어 8퍼센트, 총가어 5퍼센트, 스와티어 3퍼센트, 벤다어 2퍼센트, 은데벨레어 2퍼센트였다).

---

[*] 마지막 세 줄의 원문은 "Nkosi Sikelel' iAfrika. Morena boloka setjhaba sa heso. God seën Suid-Afrika. God bless South Africa. Mudzimu fhatutshedza Afurika. Hosi katekisa Afrika"로서 "신이여 남아프리카를 축복하소서"의 의미를 남아프리카공화국에서 사용하는 여러 언어(줄루어/코사어, 소토어/페디어/츠와나어, 아프리칸스어, 영어, 벤다어, 총가어 등)로 표현한 것이다.

어느 한 종교가 우세하지도 않다. 종교를 밝힌 응답자를 살펴보면, '시온기독교회'ZCC와 '기타 사도 교회'를 가장 많이 꼽았다. 전자에는 5백만 명, 후자에는 550만 명의 신자가 소속되어 있는데, 전체 인구에 비하면 각각 10퍼센트 남짓한 정도이다.

전문에 이어 제1조에 열거된 기본 가치와 함께, 헌법 전체가 우리의 다양성이 그 자체로 가치 있으며 남아프리카공화국인으로서 우리를 풍요롭게 한다는 정신에 그 뿌리를 두고 있다. 다름에 대한 약속은 헌법 전체가 터 잡고 있는 소중한 기틀이다. 우리 헌법의 묵시적인 '기본 가치'인 것이다.

헌법의 기본 규정: 시민권, 국기, 언어

헌법 제1장의 '기본 규정'은 남아프리카공화국인의 보편적인 시민권을 확립하고 있다. 이 규정은 역사적으로 특별히 중요하다. 아파르트헤이트 체제는 남아프리카의 흑인들을 여러 개의 유사 '독립' 흑인 자치 구역, 즉 반투스탄으로 분리시켜, 남아프리카를 '백인' 국가로 유지하려 한 바 있기 때문이다. 이는 1980년대에 무트세와 콰은데벨레 지역에 대해 아파트르헤이트 정부가 실제로 시도한 일이기도 했다. 다시 있어서는 안 될 일이다. 시민권 조항은 시민권이라는 권리·특권·혜택을 모든 시민이 동등하게 향유할 자격을 가지며, 그에 따르는 의무와 책임도 동등하게 져야 한다고 단언한다.

기본 규정의 다른 조항에서는 대통령이 공포를 통해 국가國歌를 정하도록 하며, 제5조는 [검은색, 금색, 녹색, 흰색, 붉은색, 파란색의 여섯 가지 색으로 다양성을 상징하는] 국기의 색깔을 묘사하고 헌법 별표 1에 제시된 도안의 모양을 언급한다.

기본 규정에서 다양성에 대한 헌신이 단연 돋보이는 부분은, 국가의 공용어에 대한 골치 아픈 문제를 다룬 조항이다. 여기서는 공용어를 하나가 아니라 11개(페디어, 소토어, 츠와나어, 스와티어, 벤다어, 총가어, 아프리칸스어, 영어, 은데벨레어, 코사어, 줄루어)로 정함으로써 이 문제를 해결한다.

또한 국가가 이 언어들의 지위를 높이고 사용을 증진하기 위해 "실질적이면서도 적극적인" 조치를 취해야 한다고 규정한다. 모든 공용어는 "동등하게 존중되어야 하며 공평한 대우를 받아야" 한다. 헌법에 따라 의회가 만들어야 하는 범남아프리카언어위원회PanSALB는 공용어를 비롯해 여타 언어들, 즉 코이어·나마어·산어 등과 수화의 사용을 증진하고 이를 위한 기반을 조성해야 한다. 또한 범남아프리카언어위원회는 독일어·그리스어·구자라트어·힌디어·포르투갈어·타밀어·텔루구어·우르두어 등 남아프리카공화국의 지역사회에서 흔히 사용되는 언어들과, 종교적 목적으로 사용되는 아랍어·히브리어·산스크리트어 등의 언어가 존중되도록 도모하고 보장해야 한다.

2011년 인구총조사에 따르면 영어가 모국어인 사람은 전체 인구의 9.6퍼센트에 지나지 않았지만, 영어는 남아프리카공화국에서 가장 널리 이해되는 언어이자 남아프리카공화국 사람들 대다수에게 제2의 언어이다. 결과적으로 남아프리카공화국에서는 다른 많은 다언어 국가에서 그렇듯이 영어가 업무상 통용어가 되었다. 영어는 의회에서, 비즈니스 세계에서, 법정에서 가장 많이 사용되는 언어이다.

하지만 공용어 조항은 단순한 상징성 이상의 중요성을 갖는다. 정부를 상대하는 사람이나 소를 제기하는 사람은 누구든 공용어 가운데 어느 하나로 그 절차를 밟고 응답을 들을 권리가 있다. 헌법재판소에서도 공용어 중 하나로 소를 제기할 수 있다. 재판관이 그 언어를 모를 경우, 헌법재판소는 통역관을 제공한다. 유일한 요구 사항은 소를 제기하는 사람이 헌법재판소에 이를 고지해야 한다는 것이다. 어떤 사람이 서면에 사용하지 않은 다른 공용어를 법정에서 사용하고자 한다면, 사무처에 알려서 필요한 준비를 할 수 있도록 해야 한다.

다시 말해, 헌법에서 이 조항은 하나의 이상적인 세계를 창조했다. 단일한 업무용 언어, 즉 영어만 존재하는 것이 아니라, 11개의 공용어가 진정으로 존재하는 그런 세계 말이다. 물론 이 이상 세계는 현실과 거리가 있다. 소수집단들은 여전히 이 약속이 지켜지지 않으며 차별이 존재하는 현실에 대해 불만을 토로한다. 다른 헌법적 약속과 마찬가지로, 이 조항이 현실에서 완전히 실현되려면 아주 먼 길이 남아 있다.

헌법은 남아프리카공화국의 다양성을 인정하는 것에서 한발 더 나아간다. 이 나라의 토착적 법 전통, 즉 전통적인 관습법 체계를 공식적으로 인정한 것이다. 헌법에 의해, 법원은 헌법과 법률의 구속을 받는 범위 안에서, 관습법이 적용될 수 있는 사안에 대해 반드시 관습법을 적용해야 한다. 구성 요소와 기원 면에서 풍부하고 다양한 법체계가 이렇게 헌법 아래 하나로 통합되었다. 헌법은 가장 상위의 법으로 그 모든 것 위에서 권한을 행사하며, 헌법의 가치는 모든 영역을 아우른다. 모든 보통법과 관습법은 법률과 행정행위가 그러하듯 헌법의 구속을 받으며 반드시 헌법에 부합해야 한다.

'성적 지향'이 헌법의 평등 조항에 포함되다

우리 헌법이 다양성을 유난히 중시하는 것은 역사적인 배경 때문이다. 아파르트헤이트는 숨 막히는 기억을 유산으로 남겼고, 그 기억은 협상가들이 길을 잘못 들 때마다 지속적으로 그리고 겸허하게 상기시켰다. 관용적이어야 한다는 것, 그리고 헌법에서 시민권의 개념을 포용적으로 열어 두어야 한다는 점을 말이다.

아파르트헤이트는 '일치'에 가치를 두었다. 무엇보다도 이른바 인종적 순수함을 소중히 여겼고, 백인과 유럽 문화를 대단히 중요하게 생각했다. 분리, 배제, 순종, 〈통행법〉과 신체 수색, 그 모든 것의 체계(후에 헌법재판소장이 된 피우스 랑가는 진실과 화해 위원회에 제출한 글에서 이를 "모멸적 체계"라고 표현했다)는 단일 문화, 단일 인종, 단일한 피부색이 다른 어떠한 것보다 우월하고 가치 있다는 전제 위에 설립되었다. 헌법에 대한 협상을 진행하는 동안에도 그 부끄러운 역사는 계속 진행되고 있었고, 이는 헌법 초안 작성자들에게 헌법 조항 하나하나에 다양성의 가치를 인정하는 정신을 담아야 한다고 말해 주었다.

협상가들은 그 요청에 귀를 기울였다. 이들의 열정 덕분에 게이와 레즈비언 커뮤니티를 대표하고 있던 나와 여타 로비스트들이 협상 과정에 참여할 수 있었다. 아파르트헤이트는 가장 부끄러운 부분인 인종차별에 초점을 두고 있었고, 또한 여성에 대한 차별, 특히 흑인 여성에 대한 차별이 가장 긴급한 문제였지만, 그 와중에도 아파르트헤이트의 억압이 다중적이었음을 우리가 주장할 수 있었다는 뜻이다. 다름에 대한 보호는 인종차별 문제에 멈춰서도 안 되며, 성차별로 한

정되어서도 안 된다. 가능한 한 많은 조건들을 포함해야 하는 것이다.

우리는 협상 과정에서 젠더 통치gender domination를 폭넓게 이해해야 한다고 주장할 수 있었다. 젠더 통치를 단순히 여성을 남성에 종속시키는 문제로 봐서는 안 되며, 젠더 억압은 성 소수자에 대한 차별과 박해 역시 포함한다. 나는 인종·성별·연령·문화·종교 차원에서의 보호는 헌법을 작성할 때 상대적으로 '쉬운 문제들'이라고 말했다. 여기에 아무도 이의를 제기하지 않았다. 어려운 문제는 레즈비언·게이·바이섹슈얼·트랜스젠더·인터섹스인 사람들에 관한 것이었다. 이들은 대부분의 근대 정치체제에서 그랬듯이 아파르트헤이트 체제 아래에서 집단적으로 매도당하고 낙인찍혔다. 이들이야말로, 숫자로 볼 때 힘 있는 집단들보다 훨씬 더 헌법적 보호가 필요한 소수자라고, 나는 주장했다.

우리는 기술적으로는 법적·헌법적 주장을 내세웠지만, 좀 더 정서적인 면, 즉 당시 사회에 감돌던 전환기의 관대함이라는 전반적인 분위기에도 호소했다. 우리는 이 측면을 부각시켜 레즈비언과 게이도 헌법적 개방성과 포용성의 새 시대에 수혜자로 포함되어야 한다고 촉구했다.

무엇보다도 우리 주장에서 가장 중요했던 점은, 레즈비언이나 게이로 알려진 사람들이 자유를 위한 투쟁에 참여했다는 사실이었다. 1962년 넬슨 만델라가 해외에서 돌아와 '민족의 창'의 활동을 돕기 위해 콰줄루-나탈에 있던 중 체포되었는데, 당시 그는 신분을 위장하고 있었다. 백인 동료였던 세실 윌리엄스의 운전수로 분장했는데, 윌리엄스는 아프리카민족회의 내에서 게이로 알려져 있었다.

가장 중요한 인물이자 말에 거침이 없던 아파르트헤이트 시대의 게이 활동가는 트세코 사이먼 은콜리였다. 사이먼은 1984년 9월 발 항쟁에 참여했다는 이유로 체포되어 재판에 회부되었다. 그보다 앞서 20대 중반에 사이먼은 게이·레즈비언 정치 활동에 뛰어들기 시작했다. 정치적인 이유로 체포되었다는 것은, 게이인 그가 억압에 대항한 어떤 싸움에서도 물러날 수 없었음을 뜻한다. 그는 타운십에서 태어나 자랐고 또한 게이이기도 했다. 성적 지향의 정치는 그에게 선택의 여지가 있는 가외의 것이 아니었다. 존재의 중심이자, 정치적 헌신 전체의 중심이었다.

교도소에서도 사이먼은 믿기 어려울 정도로 대담하게 행동했다. 그는 동료 피고인들에게 커밍아웃했으며, 인간으로서의 존엄성을 인정하고 관용으로 자신을 대할 것을 요구했다. 문제는 일상적이지만 중요한 사안, 그러니까 재판을 기다리고 있는 수용자들의 식사 준비와 관련해서 불거졌다. 사이먼이 게이라는 것이 밝혀지면서 식사 당번 명부에서 제외되었고, 그는 이를 받아들이지 않았다. 사이먼은 동료 수용자들 앞에서 그들의 편견에 대해 거침없이 열변을 토했고, 자신도 음식을 배식할 수 있어야 한다고 주장했다.

동료 피고인들은 그의 주장을 받아들였다. 민주화 이후 정치 지도자가 된 포포 몰레페와 모슈아 '테러' 레코타, 사이먼의 가까운 친구로 후에 칙선 변호사이자 임시 판사가 된 5번 피고인 그시누무지 말린디를 비롯해, 델마스 재판에서 함께한 사이먼의 동료들은 게이로서의 사이먼을 하나의 인격체로 온전히 받아들였다. 교도소에서 사이먼과 동료들 사이에 일어난 일이 남아프리카의 정치의식에 있어 하나의 분수령이 되었다고 보는 것은 지나친 과장이 아니다.

사이먼의 이야기에는 현실적인 교훈이 담겨 있고, 그만큼 감동적이다. 게이와 레즈비언을 박해하는 데 있어 최대 협력자, 또한 포용에 있어 최대의 적은 비가시성invisibility이다. 인종이나 성별의 차이와는 달리, 성적 지향은 당사자가 커밍아웃하지 않는 이상 겉으로 드러나지 않는다. 일단 가족, 이웃, 지역사회, 신자, 일터의 동료들이 동성애가 다른 세상의 일이 아니라는 것을 알면, 즉 자신에게 레즈비언 혹은 게이인 자매·형제·이웃·동료·친구가 있다는 사실을 알게 되면, 태도는 빠르게 변한다. 대부분의 사람들은 의심과 무지와 편견에서 이를 받아들이는 쪽으로 신속히 움직인다.

어떻게 그러지 않을 수 있겠는가? 일단 알고 난 후에는, 동성에게 끌리는 것이 이성에게 끌리는 것만큼이나 자연스럽고 인간적인 일이라는 사실을 알게 된다. 왼손잡이처럼 말이다. 둘 모두 소수이지만 자연스러운, 인간성의 다른 모습인 것이다. 왼손잡이와 동성애 지향을 측정한 결과를 보면 양쪽 모두 인구의 5~10퍼센트 사이로, 이는 모든 사회·문화·종교·인종·대륙에 걸쳐 나타난다. 두 경우 모두 인정되어야 함은 물론이다.

과거에는 왼손잡이 역시 무지에서 비롯된 학대에 희생되곤 했다. 1950년대 지니 누나는 학교에 갈 나이가 되자 월리스 길에 있던 우리 집 근처 수녀원이 운영하던 학교에 입학했다. 이 학교의 수녀들은 누나가 왼손으로 글씨를 쓰는 것을 보고 누나를 때렸다. 아직도 누나는 수녀들이 자신의 왼손에 매질했던 일을 기억한다. 그들이 그렇게 했던 것은 뒤떨어지고 잘못된 교육 윤리를 가지고 있었고 무지했기 때문이다. 어머니는 얼른 학교를 옮겼고, 새 학교에서는 누나가 왼손잡이라는 사실을 자연스럽게 받아들였다. 실제로도 그렇듯이 말이다 (나의 동성애 성향이 자연스럽고 바꿀 수 없는 것과 마찬가지로).

교사가 왼손으로 글씨 쓰는 학생을 때린다는 건, 요즘에는 생각조차 할 수 없는 일이다. 마찬가지로 누군가 레즈비언·게이·바이섹슈얼·트랜스젠더·인터섹스라고 밝히는 사람을 꾸짖거나 벌주는 일 또한 생각조차 할 수 없어야 한다. 성적 다양성도 왼손잡이나 오른손잡이의 분포처럼 우리 인간성의 자연스러운 모습이다.

나의 커밍아웃은 사이먼보다는 훨씬 용기가 덜 필요했으며, 덜 극적이었다. 나는 양복을 차려입은 전문직 백인 남성이었기 때문이다. 당시 나는 요하네스버그 법정변호사회 소속 변호사로 사회생활을 시작한 참이었다. 30세의 나이에 법조 활동을 시작하면서, 나는 굳게 결심했다. 스스로 나 자신을 부정하던 가슴 아픈 몸부림에서 벗어나리라. 요하네스버그에서 변호사 활동을 시작한 달에, 나는 나의 첫 번째 남자 애인, 비츠 대학에서 건축을 가르치던 빌헬름 한과 함께 웨스트덴의 작은 집에서 동거 생활을 시작했다.

2년이 채 되지 않았을 때, 빌헬름은 미국 텍사스 주 휴스턴에서 교직을 맡게 돼 이사했다. 그가 떠나고 오래지 않아 나는 HIV에 감염되었다. 빌헬름은 20년 후에 남아프리카공화국으로 돌아왔고, 2008년 3월 전립선암으로 자신의 고향에서 숨졌다. 너무나 감사하게도 사망하기 이틀 전 나는 그의 곁을 지킬 수 있었다. 빌헬름과 나는 우리가 서로를 얼마나 깊이 아꼈는지, 서로에 대한 사랑이 삶에서 얼마나 중요했고 또 여전히 그러한지에 대해 이야기를 나눴다.

짧았던 이성과의 결혼 생활이 실패로 끝나고, 긴 고뇌의 시간 끝에 찾아온 빌헬름과의 관계를 통해 나는 용기를 얻었고 자랑스럽게 말할 수 있게 되었다. 다시는 내 본성에 깊이 내재되어 있어 나를 인간으로 존재하게 하는 어떤 것에 대해 사과하지 않겠다고 말이다. 나는 다시는 게이라는 이유로 미안하다고 말하지 않으리라 결심했다. 그리고 공개 석상에서 레즈비언과 게이의 평등에 대해 이야기하기 시작했다. 변호사로서 게릴라 전사, 양심적 병역 거부자, 반아파르트헤이트 단체, 토지를 빼앗긴 마을을 변호하는 활동과 더불어, 나는 게이와 레즈비언의 평등을 위해 목소리를 내었다.

빌헬름이 미국으로 떠난 뒤, 사이먼과 나는 친구가 되었다. 그가 감옥에 있을 때였다. 사이먼은 변호사로서 나의 정치적 활동을 통해 나에 대해 알고 있었고, 또 당당하고 공개적으로 커밍아웃한 게이라는 사실도 알고 있었다. 델마스 사건으로 기소당한 사람들이 고립된 구금 시설에서 풀려나 보석 신청을 할 수 있게 되었을 때, 사이먼은 내게 만나자고 요청했다. 그가 법원에 처음으로 출두하기 바로 전에, 나는 교도소를 찾아갔다.

우리는 게이에 대한 정치적 철학을 공유했다. 우리 두 사람 모두 자신의 성적 지향이 정치적 의미를 가지고 있다고 떠들썩하게 주장하는 이들이었다. 그리고 우리는 서로에게서, 모든 사람을 아우르는 남아프리카공화국의 평등·정의·존엄을 향한 투지를 보았다. 물론 그 안에는 성 소수자를 위한 완전한 평등을 포함한, 모든 사람의 정의를 위한 투지가 담겨 있었다.

당시 이미 나는 사이먼이 대단한 인물이라는 걸 알고 있었다. 애석하게도 그런 사이먼이 1998년 12월 에이즈로 사망했다. 나의 생명을 살렸던 항레트로바이러스 치료가 그에게는 듣지 않았던 것이다. 하지만 그가 남아프리카공화국 입헌주의에 미친 영향, 단지 성적 지향에 관한 것만이 아니라 우리 헌법에 평등의 정신이 단단히 자리 잡게끔 만드는 데 미친 영향은 매우 중대했다.

1985년 체포되어 1988년 법원이 모든 혐의에 대해 무죄를 선고할 때까지, 사이먼 은콜리는 조금도 주저하지 않고 자신의 주장을 펼쳤다. 델마스 재판 당시 보여 준 그의 모습과 단호한 목소리는 남아프리카에서 평등과 존엄을 되찾으려는 우리의 노력 가운데 역사적으로도 중요한 의미가 있다. 케이프타운 단체인 레즈비언게이활동가 OLGA 소속의 사람들 및 다른 진보적 활동가들이 알비 삭스를 비롯해 헌법과 법률 초안 작성 위원회 사람들을 만났을 때, 사이먼의 태도가 중요한 역할을 했다. 그의 태도 때문에 분명한 자각, 연대, 수용이 형성되었다. 정의로운 사회를 향한 우리의 여정이 레즈비언과 게이 등 성적 소수자를 배제하고는 완성될 수 없다는 것을, 우리는 사이먼이 있었기에 헌법 협상가들에게 설득력 있게 주장할 수 있었다.

그리하여 역사에 길이 남을, 임시 헌법의 평등 조항이 만들어졌다. 평등 조항의 보호 범위는 대단히 포괄적이고 넓었다. 이 조항은 어떤 이유라도 부당하게 차별하는 것을 금지했다. 명시적으로 14개 차별 금지 사유를 언급했다.* 인종, 젠더, 성sex, 민족적 또는 사회적 출신, 피부색, 연령, 장애, 종교, 양심, 신념, 문화, 언어가 여기에 포함되었다. 그리고 놀랍게도 '성적 지향'sexual orientation이 있었다. 당시 세계 어느 나라의 헌법도 이 단어를 명시적으로 언급하지 않았다. 이는 레즈비언·게이·바이섹슈얼·트랜스젠더·인터섹스에 대한 명시적 보호를 제공하는 것으로, 남아프리카공화국이 세계 최초였다.

나는 그 폭넓은 보호의 수혜자가 되었다. 1994년 말 만델라 대통

---

* 1996년 최종 헌법의 평등 조항에는 임시 헌법에 나열된 차별 금지 사유에 태생, 임신 여부, 혼인 상태가 추가되었다.

령은 사법위원회의 추천을 받아들여 나를 고등법원의 판사로 임명했다. 나는 공개적이고 당당하게 커밍아웃한 게이 남성이었다. 동시에 민주적 입헌주의라는 새 프로젝트에 헌신하는 남아프리카 인이기도 했다. 당연한 일이지만, 나의 성적 지향은 내가 기여하고자 하는 일에 방해가 되지 않았다. 오히려 반대로, 나는 나 자신이 게이이기 때문에 억압을 더 잘 이해할 수 있었다고 생각한다. 그 경험은 모든 형태의 차별에 대해 판단할 때 도움이 되었다.

　이런 감각은 인종주의가 강한 사회에 사는 흑인, 성 억압적 사회에 사는 여성, 혹은 레즈비언이나 게이에게만 고유하게 생기는 것이 아니다. 모든 사람이 가질 수 있다. 우리 모두 독특함과 다름의 중요성을 알고 소중하게 여길 수 있다. 우리는 누구나 독특하고 다르다는, 이 단순한 이유 때문이다. 우리가 해야 할 일은 그저 주의 깊게 귀 기울이고, 다가가 그 풍요로움을 끌어안는 것이다.

아픈 역사의 교훈

우리가 국가적으로 포용을 중요하게 외치게 된 이유를, 오로지 아파르트헤이트의 그 숨 막히던 시절 때문만이라고 할 수는 없을 것이다. 헌법 협상가들 역시 포용의 중요성에 대해 단호한 지침을 가지고 있었다. 아프리카 대륙의 다른 지역에서 벌어졌던 비극의 역사는 다양성을 존중하는 것이 실용적으로도 반드시 필요하다는 점을 이들에게 경고해 주었다.

　아프리카 대륙은 인종 간 유혈 갈등과 전쟁으로 분열되어 왔다.

1967~1970년의 나이지리아 내전에서는 약 3백만 명의 비아프라 인들Biafrans이 사망했는데,* 대부분 기근과 질병에 의한 죽음이었다. 남수단에서는 1983~2005년 사이에 대략 2백만 명이 전쟁·기근·질병으로 목숨을 잃었다. 1972년 부룬디에서는 인종 학살이 일어나 10만 명이 살해되었다. 르완다에서는 1994년의 상반기 몇 달 동안 (남아프리카공화국이 아파르트헤이트에서 민주주의로 향하는 마지막 단계를 밟고 있던 바로 그 무렵) 약 90만 명이 몽둥이에 맞고 칼에 찔려 사망했다. 단 90일 동안 벌어진 일이다. 그 작은 나라에서, 말할 수 없이 길고 끔찍했던 세 달 동안, 매일 1만 명이라는 상상도 하기 어려운 숫자의 사람들이 살해되었던 것이다.

갈등의 원인은 복잡했다. 식민 지배 정권이 분열을 조장해 착취에 이용했던 경우가 많았다. 하지만 공통적으로, (언어적·민족적·인종적 다양성을 약점이 아닌 힘의 원천으로 인정하는) 포용적 정치체제를 건설하려는 노력과 능력이 없다는 점이 중요한 요인이었다.

바로 그 노력이 남아프리카공화국의 헌법 프로젝트를 특별하게 만들었다. 같은 대륙에서 일어난 슬픈 일들은 우리로 하여금 관용과 포용의 길을 택하지 않을 수 없게 했다. 또한 냉정하고 신중하게 생각해 볼 때도 그 방향이 옳았다. 소수자들이 자신들의 미래를 남아프리카공화국에서 찾을 수 있도록 독려하는 헌법 조항을 채택하는 것이 모든 정당에게 타당한 선택이었다. 1972년 우간다에서 악랄한 독재

---

* 비아프라 또는 비아프라공화국(Republic of Biafra)은 1967년 나이지리아에서 군사정권에 반발한 이보 족이 독립을 선언하며 출범한 국가로, 나이지리아와의 전쟁에서 패해 1970년 멸망했다.

자 이디 아민이 불과 90일의 기한을 주고 [우간다 경제에서 큰 비중을 차지하고 있던] 수만 명의 아시아인과 인도인들을 추방했다. 그들은 모든 것을 두고 떠났다. 우간다는 가난해졌고, 풍부한 기술과 전문성을 잃었으며, 번영하던 사업은 무너졌다. 투자 자본도 사라졌다.

곧이어 모잠비크와 앙골라에서 수십만 명의 백인들이 떠났다. 1974년의 성공적인 쿠데타로 포르투갈에서 독재정치가 끝나면서, 아프리카에서의 포르투갈 식민 정치 역시 극적으로 막을 내렸던 것이다. 망명 중이던 아프리카민족회의는 식민 통치로부터 독립한 앙골라와 모잠비크의 급진적 개혁을 지지했다. 하지만 포르투갈어를 사용하는 백인들 대부분이 이 두 나라를 떠나는 것을 보고 정신이 번쩍 드는 교훈을 얻었다. 당장은 가난하고 억압받는 사람들에게 가장 큰 보상을 주는 것처럼 보이는 방법이, 장기적으로 훨씬 더 큰 어려움을 초래할 수 있다는 것 말이다.

이웃 나라들의 경험을 보면서, 아프리카민족회의는 중도적인 정책, 즉 다양성의 가치를 인정하되 헌법에 의한 '적극적 차별 시정 조치'affirmative action를 허용하는 정책을 지지하게 되었다. 아프리카민족회의는 민주주의가 가난과 내전이 아닌, 좀 더 나은 삶과 평화를 가져오기를 바랐다.

또 다른 이유도 있었다. 반아파르트헤이트 투쟁에는 언제나 헌신적인 백인과 인도계 사람들이 있었다. 따라서 남아프리카공화국은 우간다에서처럼 소수자를 추방하거나, 모잠비크나 앙골라에서처럼 기술을 보유한 시민을 떠나게 한 전례를 따를 수 없었다.

그 결과 언어적·문화적·종교적·인종적 소수자를 최대한 고려한 헌법이 만들어졌다. 독립적인 세 국가기관에 권력을 분산함으로써 권력의 남용을 막고, 헌법의 최고 규범성과 법치주의를 확립하고 모든 권력의 행사를 그 규범과 가치 아래 종속시키며, 재산권을 보호하면서, 한편으로 적극적 차별 시정 조치를 명시적으로 규정한 헌법이었다.

인종차별 위에 만들어진 국가에서 이제 인종차별을 금지하고, 모든 사람이 인간으로서의 존엄성을 존중받아야 한다고 명시적으로 서약하는 헌법이었다. 여기에는 가난한 사람들이 최소한의 사회적 혜택을 보장받고, 평등한 보호와 법의 혜택이 모든 사람에게 약속되는 나라를 건설하고자 하는 이념이 담겨 있었다.

헌법의 다양성 추구는 어떤 감상에서 비롯된 것이 아니라, 견고한 정치적·사회적 계산을 바탕으로 한 것이기도 하다. 관용과 수용이 인간을 좀 더 행복하게 만드는 것은 사실이다. 관용과 수용은 선의와 호감을 불러일으킨다. 그러나 다양성은 단순히 따뜻한 느낌만이 아니라, 필수적 공익이라는 냉철한 개념에도 그 뿌리를 두고 있다. 우리가 경제적·문화적·지적으로 잘살 수 있도록, 우리의 '다름'을 관용하고 축하해야 한다. 물질적으로도 정신적으로도, 다양성은 우리에게 좋은 것이다.

이것이 남아프리카공화국이 헌정하는 법치주의와 입헌주의의 가장 근본적인 가르침이다.

코걸이를 할 권리: 수날리 필라이 판결

2007년 2월, 헌법재판소는 내 어린 시절을 떠올리게 하는 한 사건을 만났다. 피터마리츠버그에 있던 우리 동네에서 오색찬란한 라트 야트라 행렬을 보며 넋을 빼앗겼던 때 말이다.

다양성에 대한 헌법의 약속이 어느 범위까지 포괄하는지를 제대로 시험하는 사건이었다. 문제가 된 것은 최우수 공립학교인 더반 여자고등학교의 모든 학생에게 적용되는 어느 규칙이었다. 예전에 이 학교는 프리토리아 남자고등학교가 그랬듯이 백인만 입학했지만, 이제는 오래전부터 모든 인종의 학생이 다니고 있었다. 남인도인 타밀족의 후손인 한 어린 여자아이가 2002년 이 학교에 입학했다. 학생의 이름은 수날리 필라이였다. 9월 어느 휴일에, 수날리는 어머니의 허락을 받아 코를 뚫고 그 안에 작은 단추 모양의 금 장신구를 넣었다.

교장인 마틴은 수날리의 코걸이가 학칙을 위반했다고 지적했다. 학칙은 학생 대표, 부모, 학교 운영진의 의견을 반영해 신중하게 만들어진 것이었다. 입학할 때 수날리의 어머니는 자신과 수날리가 학칙을 준수하겠다는 내용의 동의서에 서명했다.

간단한 귀걸이, 즉 단순하고 동그란 단추 모양 귀걸이를 한쪽 귀에 한 개씩 착용하는 것을 제외하고, 학칙은 모든 장신구를 명시적으로 금지하고 있었다. 이에 따르면 코걸이는 금지된 것이었다. 따라서 수날리는 코걸이를 착용할 수 없었다.

하지만 수날리는 코걸이를 빼지 않겠다고 했다. 학교는 신중하게 대응했는데, 다음 해에 수날리 어머니에게 딸이 왜 계속 코걸이를 착용해야 하는지에 대한 이유를 글로 적어 달라고 요청했다. 수날리의 어머니는 코걸이가 남인도 출신 여성들 사이에서 오랫동안 지켜 내려온 전통이라고 설명했다. 젊은 여성이 신체적으로 성숙한 때가 되면 코를 뚫고 코걸이를 착용하도록 했는데, 이는 그 여성이 혼인할 자격을 갖추었다는 표시였다.

수날리 어머니의 설명에 따르면, 오늘날 이런 관행은 딸들이 분별 있는 청소년이 되었음을 기념하는 것이었다. 수날리가 16세가 되면 할머니가 금 코걸이를 다이아몬드로 바꾸어 주게 된다. 어머니는 이 것이 종교적인 의례로서 수날리에게 영광을 베풀고 축복하는 것이라 고 말했다. 말하자면 그 코걸이를 착용하는 것은 멋을 부리려는 목적 이 아니라 가족의 오랜 전통이며 문화적 이유가 있었다.

학교 정책은 절대적인 것이 아니었고, 종교적인 이유로 예외를 허 용하기도 했다. 하지만 수날리의 어머니는 코걸이를 착용하는 이유 가 종교적인 것이라고 말하지 않았으며, 문화와 전통을 이야기했다.

학교는 조심스럽게 다음 단계를 밟았다. 인권과 힌두 전통에 저명 한 전문가들의 자문을 구했다. 전문가들은 수날리의 코걸이 착용을 학교가 허용해야 할 의무가 있는 것은 아니라고 말했다. 그런데 학교 가 수날리와 어머니에게 이 의견을 전하자 논쟁이 격렬해졌다. 사람 들은 어느 한편에 서기 시작했다. 타밀 족 문화의 권위자들은 타밀 전 통의 일부로 수날리에게 코걸이를 할 권리가 있다고 주장했다. 반면 그 주에서 교육 분야의 정치적 최고 책임자였던 콰줄루-나탈의 교육 부문 행정위원회 위원은 생각이 좀 달랐다. 학교의 편에 선 것이다.

결국 학교는 징계 심의회 날짜를 잡았다. 그러나 수날리 어머니는 물러서지 않았다. 평등 법원에 학교를 제소해 징계 절차를 중지시켰 다. 평등 법원은 2000년 〈평등법〉Equality Act에 의해 만들어진 기구 로, 기존에 존재하던 치안 법원과 고등법원 내에 설치되어 있다. 담당 판사는 기존의 판사나 치안판사 중에서 특별히 임명된 사람들이다. 〈평등법〉과 헌법상 평등의 약속을 위반하는 부당한 차별을 받았다고 주장하는 사건을 이 판사들이 맡는다.

평등 법원은 코걸이가 힌두 문화의 일부라는 힌두 전문가의 증언을 들었다. 그에 따르면 코걸이 착용이 의무 사항은 아니었다. 힌두 문화와 힌두 종교를 분리하는 것이 어렵기는 하지만, 코걸이가 종교적 의식은 아니라고 했다. 이 증언을 근거로 평등 법원은 수날리에게 패소를 선고했다. 학교의 편을 든 것이다. 학칙으로 인해 수날리가 차별을 당하기는 했지만, 평등 법원은 이 차별에 정당한 이유가 있다고 판단했다. 학칙은 학생들 사이에 통일성을 진작시키기 위한 것으로 용인되는 관례라는 것이었다.

수날리 어머니는 이를 받아들이지 못했으며 고등법원에 항소를 제기했다. 두 명의 판사가 사건을 심리했다. 고등법원장 부카 차발랄라와 콘딜 판사였다. 고등법원은 평등 법원의 판결을 뒤집어 수날리의 편을 들어주었다. 고등법원에서는 (학칙 자체로 보자면 모든 학생에게 평등하게 적용되므로) 학칙이 수날리를 직접적으로 차별하는 것은 아니지만 간접적으로 차별하는 것이라고 보았다. 코걸이는 종교적 또는 문화적으로 그녀에게 의미 있는 것이기 때문이다. 결국 그 학칙은 수날리와 같은 상황에 있는 사람들에게 부당하게 무리한 영향을 미친다. 고등법원은 수날리가 인도계 남아프리카 인으로서 역사적으로 불리한 차별을 겪었던 집단의 구성원이라는 점을 고려했다. 결과적으로 고등법원은 학칙을 적용하는 것이 부당하다고 판결했다.

이번에는 학교가 굴복하지 않았다. 행정위원회의 지지를 받아 헌법재판소로 향했다. 하지만 결국에는 학교가 패소했다. 헌법재판소가 반대 측의 손을 들어 준 것이다. 주요 판결문은 헌법재판소장 피우스 랑가가 작성했다. 아파르트헤이트 체제하에서 [〈통행법〉으로 인해]

자신이 겪었던 모멸적인 경험을 진실과 화해 위원회에 아주 감동적으로 진술했던 바로 그 재판관이었다.

랑가 헌법재판소장은 말했다. 쟁점은 수날리의 종교적 또는 문화적 신념이나 관행에 대한 침해가 있었는지 여부였다. 힌두와 타밀 문화의 정확한 경계와 정의가 불확실하기는 하지만, 수날리가 실체가 있는 문화에 소속되어 있음에는 의심의 여지가 없었다. 물론 코걸이를 의무적으로 착용해야 하는 것은 아니었다. 코걸이는 남인도, 타밀 혹은 힌두 문화 속에서 자발적인 표현이지만, 그래도 이 문화는 힌두 종교와 밀접하게 얽혀 있었다.

수날리가 코걸이를 착용하는 것이 자발적인 종교적·문화적 행위라고 해서 〈평등법〉의 보호를 받지 못한다는 의미는 아니었다. 오히려 반대로, 랑가 헌법재판소장은 이렇게 말했다. 그 학칙은 종교적 이유와 문화적 이유 두 측면 모두에서 차별적이다. 학교는 수날리의 편의를 도모하기 위한 합리적 절차를 밟지 않았기 때문에 결과적으로 그 차별은 부당했다. 코걸이를 허용한다고 해서 학교에 과도한 부담이 초래되는 것도 아니다. 그러므로 학교는 수날리에게 예외를 인정해야 한다.

이 판결문에서 가장 돋보이는 부분은, 수날리가 코걸이를 착용하도록 허용하면 다른 학생들도 예외를 인정해 달라고 주장할 것이고, 결국 학생들을 통제할 수 없게 될 것이라는 학교의 주장에 대해 랑가 헌법재판소장이 밝힌 의견이었다. 이 주장은 전형적인 '미끄러운 비탈길 논리'*였다. 즉 학교는 점점 더 많은 학생들이 레게 머리, 바디 피어싱, 문신을 하고, 속옷 같은 옷만 입고 등교하게 될 것이며, 마침내 모든 규율이 무너지고 혼란만 남을 것이라고 했다.

헌법재판소는 이 주장을 받아들이지 않았다. 첫째, 〈평등법〉은 진정성 있는 종교적·문화적 행위만 보호한다. 남용의 가능성이 있다고 해서, 자기표현을 하려는 순수한 의도를 가진 사람들이 권리를 향유하지 못하게 되어서는 안 된다. 둘째, 랑가 헌법재판소장은 다음과 같이 말했다. "지금까지 자신의 종교나 문화를 표현하는 데 두려움을 가졌던 다른 학생들이 표현할 용기를 갖게 된다면, 이는 축하할 일이지 염려할 일이 아니다. 더 많은 학생이 학교에서 자신의 종교와 문화를 자유롭게 표현할수록, 우리는 헌법이 상상하고 있는 사회에 좀 더 가까워질 것이다."

랑가 헌법재판소장은 미국의 한 판사가 '미끄러운 비탈길 논리'를 반박하며 사용했던 표현을 인용하면서, 설득력 있게 판결의 핵심에 이르렀다. "종교와 문화를 공개적으로 드러내는 것은 재앙의 시작이 아니라 학교, 나아가 우리나라를 풍요롭게 만드는 '다양성의 잔치'이다."

케이트 오리건 재판관은 별도로 의견을 작성했다. 다수 의견이 제안한 것보다 더 넓게 보호를 제공해야 한다는 내용이었다. 그는 진정한 종교적·문화적 신념의 문제보다도, 학교에서 모든 학생이 동등하게 자신의 가치를 인정받고 존중받는다는 느낌을 가질 수 있도록 다양성을 보장해야 한다는 데 이 문제의 방점이 있다고 보았다. 종교적 신념은 진정성이 있어야 하지만 문화는 좀 다르다고 말했다. 문화는 개인적인 신념이 아니라 여러 사람이 결합된 관행이다. 그가 보기에

---

* 처음의 어떤 결정으로 말미암아 (공이 비탈길을 굴러 내려가듯) 연쇄 작용으로 심각한 결과가 생긴다는 논리로, 도중의 수많은 변수를 무시해 논리적 오류가 발생한다.

중요한 것은, 그 관행이 개인의 진정한 신념에서 비롯되었는가가 아니라, 그 관행을 특정의 문화적 공동체가 따르고 있는지 여부였다. 수날리의 행위는 이 기준에 부합했고, 따라서 보호받아 마땅했다.

다양성은 경청하는 것이다

'코걸이 사건'의 판결은 상당히 진보적인 것이었다. 많은 사람이 보기에 학교가 사건을 처리했던 방식, 행정위원회 위원이 지지했던 조치는 그리 불합리한 것이 아니었다. 학교는 통일성을 원했지만 그렇다고 그렇게 완고하지도 않았다. 문제를 유연하게 처리했고, 인도계 사람들이 다수 포함된 학생 단체와 부모, 학교운영위원회가 검토하고 동의한 정책을 집행하려 했다. 종교적 예외를 인정하면 문화적 표현이 과도하게 넘쳐 날 것이라는 학교의 염려를 터무니없다고 할 수만은 없었다.

그럼에도 불구하고 랑가 헌법재판소장은 판결문에서 각 주장에 대해 하나씩 주의 깊게 설명했다. 포용성inclusiveness을 중요하게 생각하는 사회에서, '일치성'보다 다양성의 풍요로움이 왜 우위에 있어야 하는지를 이야기했다. 그의 판결문은 '다양성의 보호'라는 헌법적 약속을 사법부가 얼마나 진지하게 받아들이고 있는지를 보여 주었다. 또한 포용성을 인정한다는 것은, 자신의 안위나 '일치성'이 주는 편리함을 포기할 만큼 다양성을 중요하게 여겨야 한다는 것임을 일러 주었다. 판결문은 단순히 꾸짖고 가르치는 데 그치는 것이 아니라, 우리에게 그 여정에 기쁜 마음으로 동참할 것을 권유했다. 랑가 헌법재판소장이 말하듯이, 다양성을 드러내는 것은 "축하할 일이지 걱정할 일이 아니다."

그 관대한 정신과 분명한 근거에도 불구하고, 수날리 필라이에 대한 판결은 보편적으로 적용되지 못했다. 2013년 5월, 프리스테이트주의 벨콤에 살던 13세 학생 레라토 하데베는, 학교가 레게 머리를 금지해서 법원 명령을 구해야 했다. 이 학생은 라스타파리* 신자였다. 결국 고등법원은 학생의 종교적 다양성을 존중해야 한다며 레라토가 다시 수업을 받을 수 있게 하라고 학교에 명령을 내렸다.

이런 일은 다양성이라는 헌법적 가치와 실제로 그것이 실현되는 것 사이에 간극이 존재한다는 사실을 보여 준다. 그럼에도 불구하고 헌법재판소는 필라이 판결이 널리 적용될 수 있도록 또 다른 조치를 취했다. 다양성이 단순한 장식이 아니며, 강력한 정치적 의미가 있는 헌법적 원칙임을 보여 주기 위한 것이었다. 5년 후인 2012년 10월, (맥락은 전혀 다른 판결이었지만) 헌법재판소는, 의회의 개별 의원들이 (다수당이 지배하는) 선별위원회의 승인을 받지 않고 독자적으로 법을 입안할 권리가 있음을 인정했다. 모든 의원이 각자의 권리로서 법을 입안할 자격을 가진다고 선고한 판결이었다.

모호엥 헌법재판소장은 전원 일치로 의견을 모은 재판관들을 대표해 판결문을 작성하면서, 목적론적 해석을 통해 결론에 이르렀다. 의원 법안에 관한 헌법 조항을 해석하기 위해, 재판관들이 해당 조항

---

* 라스타파리(Rastafari)는 1930년대 자메이카에서 발달한 아브라함 계통의 종교이다. 에티오피아의 황제 하일레 셀라시에(Haile Selassie)를 숭배하며, 이 종교를 따르는 라스타파리안은 성경에서 레게 머리를 하도록 명하고 있다고 믿는다.

의 제정 이유와 의미를 전체 헌법 구조 속에서 파악하려고 노력했다는 의미이다.

모호엥 헌법재판소장은 관련 헌법 조항을 해석하는 데 있어, 의원들의 개별적인 입법 활동이 복수 정당 민주주의 원칙에 부합한다고 보는 것이 적절하다고 판단했다. 왜냐하면 의회의 본질과 구성 자체가, 개별 의원이 다수 정당의 승인 없이도 법안을 제출할 수 있는 전국적 장을 마련하는 것이기 때문이다. 헌법에 따라 모든 사람은 자신의 의견이 청취되고, 진지하게 고려될 권리를 가진다. 입법 과정에서, 이는 개별 의원이 법안을 추진하고 준비할 권한을 가져야 한다는 것을 의미했다. 모호엥 헌법재판소장은 이를 통해 우리의 대의·참여 민주주의가 더욱 발전할 것이라고 말했다.

그는 매우 설득력 있는 문장을 남겼는데, 다양성에 대한 헌법의 약속이 정치적으로 어떤 의미가 있는지를 정확하게 짚어 주는 것이었다.

"우리의 입헌 민주주의는, 목소리가 없는 사람들의 이야기가 경청되고, 소외된 사람과 힘없는 소수자의 생각을 우리가 설령 듣고 싶지 않더라도 들어야 하게끔 고안되어 있다."

다양성이란 '경청'에 대한 것이다. 헌법은 우리가 반드시 듣도록 만든다. 그 일을 기쁜 마음으로 하는 것은 우리의 선택이다.

입헌주의라는 도덕적 프로젝트

흑인과 여성, 레즈비언과 게이 등 과거에 억압받았던 사람들에게 평등에 대한 헌법적 약속을 실현하는 일은 쉽지 않았다. 아니, 쉽지 않다기보다 무척 험난한 여정이라는 사실이 여실히 드러났다. 여성에 대한 성폭력은 여전하며, 레즈비언은 이에 특히 취약하다. 타운십에 살고 있는 레즈비언은 더더욱 그렇다. 타운십에서는 마초적인 폭력 문화에서 비롯된 끔찍한 강간과 살인 사건이 발생하기도 한다.

이 때문에 레즈비언과 게이 커뮤니티의 활동가 중에서는 헌법적 보호의 가치를 의심하는 사람들도 생겨났다. 그들은 이렇게 생각했다. 우리에게는 헌법적 권리가 있고, 부당한 차별로부터 보호받을 권리가 있다. 심지어 2006년부터는 결혼할 권리도 갖게 되었다. 하지만 헌법적 평등의 약속이 강간과 살인으로부터 레즈비언을 보호할 수 없다면 무슨 의미가 있는가?

이런 의심은 타당하다. 법적 권리와 입헌주의만으로는 사회를 올바르게 바꿀 수 없다. 우리에게는 권리보다 훨씬 더 많은 것이 필요하다. 레즈비언을 비롯해 여성을 보호할 수 있으려면, 경찰 수사관부터 검사, 의사, 법원 공무원과 판사까지, 잘 조직되고 효율적으로 지휘될 수 있어야 한다. 이런 측면에서 볼 때, 정의를 집행하는 수준에는 여전히 통탄스러울 정도로 문제가 많다. 그래서 우리에게는 열심히 목소리를 내고 힘 있게 행동하는 적극적인 커뮤니티와 독립적인 시민 사회단체들도 필요한 것이다.

헌법적인 변화의 의미에 대한 회의가 지나치다는 생각이 들 때도 있다. 그레임 리드는 남아프리카공화국 작은 마을의 성 소수자 커뮤니티를 연구했는데, 연구 결과 '새로운 해방'에서 오는 새로운 소속감 혹은 시민 의식이 드러났다. 과거 인종적으로도, 그리고 성적 지향의 측면에서도 억압적이었던 법들을 폐기한 결과였다. 이렇게 권리는 매우 중요하고도 필요한 것이다.

하지만 2012년 6월, 끔찍한 사건이 일어났다. 게이이면서 트랜스젠더였던 타펠로 마쿠틀이라는 한 젊은 남자가 노던 케이프 외곽의 쿠루만이라는 마을에서 끔찍하게 살해당했다. 나는 살해 혐의를 받은 피의자가 법정에 선 광경을 텔레비전 방송으로 보았다. 타펠로의 친구·이웃·가족들이 대거 모습을 드러내, 그 젊은 생명에 가해진 말도 안 되는 폭력에 슬픔과 분노를 표했다. 어느 저녁 뉴스 화면에는 나이 든 한 여성이 등장했다. 겨울이라 담요를 허리에 두르고 있었는데, 타운십에 사는 노동자 계층 출신인 듯했다. 타펠로의 어머니이거나 이모, 혹은 이웃이나 할머니였을지도 모른다. 아니면 어렸을 때 그를 돌보던 사람이었을 수도 있다.

그 여성은 이렇게 쓰인 플래카드를 들고 있었다. "게이의 권리는 인권이다"GAY RIGHTS ARE HUMAN RIGHTS.

이후 성적 지향 때문에 살해당한 레즈비언의 장례식에도, 그들을 강간하고 살인한 피의자에 대한 재판에도, 비슷한 플래카드가 등장하는 모습을 종종 볼 수 있다.

헌법은 타펠로를 지키지 못했고, 지금도 레즈비언과 억압받는 많은 사람들을 지키지 못하고 있다. 헌법은 평등과 안전과 존엄에 대한 약속을 지키지 못했다. 하지만 헌법이 있기에, 증오 때문에 상처 입은 사람들을 대신해 그 이웃과 가족, 사랑하는 사람들이 밖으로 나와 시위를 할 수 있으며, 진정으로 차이를 포용하고 소수자를 받아들이는 사회를 만들기 위해 노력할 수 있다.

헌법은 우리가 함께 정의로운 사회를 만드는 길에, 그리고 인간으로서 우리가 다양한 존재이며 동등한 권리를 가지고 있음을 모든 남아프리카공화국 사람들이 이해하고 포용할 수 있도록 하는 데에도 도움을 준다. 이렇게 헌법은 정의로운 사회로 가는 길을 밝혀 준다. 그 빛은 우리 한 사람 한 사람에게, 지방에 살든 도시에 살든, 노동자 계층이든 부유층이든, 타운십 출신이든 도시 외곽 출신이든, 우리 모두가 입헌주의라는 도덕적 프로젝트 안에 포함되어 있다는 소식을 전하면서 시작된다. 이렇게 헌법은, 우리 모두 인간으로서 가진 복잡함을 더욱 풍부하게 이해하고 받아들일 수 있도록 돕는다. 물론 아직 갈 길이 멀다. 하지만 이 사실을 깨달을 수만 있다면, 우리는 이미 참으로 중요한 여정을 시작한 것이다.

빈곤,
사회정의와
헌법

뜻밖의 친절

　로라 누나가 세상을 떠나고 2년 후, 지니 누나와 내가 퀸스타운의 아동보호 기관에 있을 때, 어머니는 자신이 어린 시절에 살다가 아버지와 결혼해 딸들을 낳았던 블룸폰테인으로 이사했다. 어머니는 그곳 시청에서 타자 치는 일을 구했다. 우리와 가까이 있고 싶어서였다. 아동보호 기관에서는 1년에 딱 한 번 12월에만 가족을 방문할 수 있는 기차표를 끊어 주었다. 블룸폰테인에서 아동보호 기관까지 거리는 프리토리아보다 절반가량 가까웠다. 그래서 어머니가 연중에 우리를 만나러 오는 게 더 쉬워졌다.

　어머니가 이사한 후 맞은 12월 휴일에 우리는 켈너 길에 있던 어머니의 기숙사에서 함께 시간을 보냈다. 숙소에서 몇 블록만 걸으면 어머니가 일하던 시청이 나왔다. 시청은 프레지던트 브랜드 길에 있었는데, 사암으로 만든 건물이었고 맞은편에는 대법원이 있었다. 대법원 건물의 거대한 기둥과 눈길을 끄는 페디먼트pediment*와 외관이 인상적이었지만, 나는 그런 것들에 대해 별 생각이 없었다. 그곳에서 활동하던 변호사들과, 그 안에서 판결을 내리던 판사들은 내가 상상할 수 없는 다른 세계에 있는 듯했다. 지적 탐구의 세계, 시민 참여의 세계, 품위 있는 세계, 물질적 풍요의 세계 같았다. 내가 언젠가 그런 세계에 합류하리라고는 꿈조차 꿀 수 없었다.

　당시 우리에게는 절망적으로 돈이 없었다. 당장 이사 비용과 여행

---

* 박공. 고대 건축물에서 지붕 아래나 문 위쪽의 삼각형 부분.

경비를 갚아야 했다. 어머니는 8학년*까지밖에 공식적인 학교교육을 받지 못했고, 시청에서 어머니의 일자리는 아마 백인 노동자로서는 가장 낮은 자리였을 것이다. 월급은 처량할 정도로 적었다. 크리스마스에 우리는 퀸스타운을 떠나 집에 온 것을 기뻐하면서도, 선물도 장식도 없는 궁핍한 시간을 보냈다. 쇼핑할 돈이 없기 때문에 상점에도 가지 않았다.

지니 누나와 나는 웨페너스 길에 사는 앤, 리처드, 마틴과 어울려 놀았다. 우리처럼 12월에 퀸스타운에서 돌아온 친구들이었다. 이 아이들은 북적북적한 자스트론 길의 쳄브로 하우스 아파트에 살았다. 블룸폰테인의 찜통 같은 여름 더위를 피해, 우리는 가능한 한 자주 웨스트버거 길 꼭대기 나발 힐의 바람 없는 곳에 있던 시영 수영장에 갔다. 입장료가 2.5센트였는데, 웨페너스 길의 아이들과 함께 살았던 퉁명스러운 할아버지가 가끔 10센트를 보태 줘서 우리를 도와주곤 했다.

그러나 지니 누나와 나는 조금의 불만도 자기 연민도 없이 지냈다. 오히려 운이 좋다고 생각했다. 어머니가 종종 말했듯이, 지붕이 있고 밤에 몸을 눕힐 침대가 있었다. 자주는 아니더라도 충분히 먹었다. 퀸스타운의 보호기관에도 감사할 사람이 많았다. 전국의 장로교회 헌금함에 돈을 넣어 이 기관을 유지할 수 있게 해준 신도들과, 때때로 주말에 예고 없이 문 앞에 크림 케이크와 음료수 상자를 놓고 가서 우리가 실컷 먹을 수 있게 해주는 후원자들 말이다.

---

* 남아프리카공화국 학제에서는 'Standards'로 학년을 지칭하기도 하는데, 'Standard 6'이 8학년을 의미한다.

우리보다 훨씬 나쁜 처지에 있는 사람들이 많다는 말도 자주 들었다. 그게 사실이라는 걸 우리도 알고 있었다. 지니 누나와 나는 우리 처지를 비관하기보다 미래에, 특히 아버지에게 희망을 걸었다. 어머니는 아버지와 두 번째로 이혼했지만(내가 태어났을 때 처음 이혼했고, 우리가 피터마리츠버그로 이사하기 직전에 다시 결혼했는데 그때 나는 생후 18개월이었다), 숙련된 기능을 보유한 백인은 인기가 있었다(당시에는 일자리를 지키려고 흑인 기능공을 훈련시키지 못하게 했다). 아버지가 피터마리츠버그에서 일자리를 잃으면서 우리 가족의 불행은 시작됐다. 아버지가 다시 일을 시작하면, 안정된 직업을 갖기만 하면 쉽게 돈을 벌 수 있을 것이고, 모든 것이 변하리라 생각했다.

어머니도 우리가 희망을 잃지 않도록 신경을 썼는데, 자신이 꿈꾸는 일들에 대해 이야기해 줬다. 하나는 우리를 아동보호 기관에서 나오게 하는 것, 다른 하나는 내가 태어나기 전인 1951년 9월, 겨우 생후 4개월에 블룸폰테인에 입양 보냈던 셋째 다프니를 찾는 것이었다. 그 아이는 지금 어디 있을까? 어떻게 살고 있을까? 로라 누나가 죽은 후, 어머니는 끊임없이 애타게 생각했다.

그리고 나를 '좋은' 학교에 보내고 싶은 꿈이 있었다. 엘리트 공립 고등학교 중 하나여야 했다. 블룸폰테인의 그레이 칼리지나, 아버지가 10학년까지 다녔던 요하네스버그의 킹 에드워드 스쿨이나, 아니면 프리토리아 남자고등학교여야 했다. 내가 좋은 교육을 받게 되면 처지가 바뀌고 미래도 달라지리라 생각했던 것이다. 이런 생각을 하고 있었으므로 우리에게는 빈곤 자체를 불평할 이유가 없었다.

그러던 1월의 어느 날, 지니 누나와 내가 퀸스타운으로 돌아가기 직전에 놀라운 일이 일어났다. 지니 누나의 열세 번째 생일인 1월 12

일, 어머니 생일 다음 날이자 2년 전 로라 누나가 죽음을 맞이했던 바로 그날이었다. 어머니가 출근한 뒤 지니 누나와 나는 켈너 길의 집에 있었다. 우리에게는 지니 누나의 생일을 축하하기 위해 뭔가를 살 돈이 없었다.

그때 누군가 문을 노크했다. 문을 열자 하숙집 복도에 말쑥하게 잘 차려입은 30대 혹은 40대 초반으로 보이는 매력적인 여성이 서있었다. 비싼 옷을 입고 화장을 곱게 했으며 세련된 분위기를 풍겼다. 그녀의 우아한 신발과 핸드백이 아직도 기억이 난다. 장갑을 끼고 있었던 것 같고, 머리는 당시 유행하던 스타일로 올려 뒤로 묶고 있었다.

세련된 모습과는 사뭇 달리 그녀의 태도는 수줍은 듯했고 약간 불편한 것 같았으며 초조해 보이기도 했다. 그녀는 서둘러 아프리칸스어로 내게 말을 건넸다. "여기가 캐머런 가족이 사는 곳이니?" "네." 그녀는 줄 것이 있다고 했고 나는 아프리칸스어로 "고맙습니다"Dankie라고 말했다. 그녀는 주소가 적히지 않은 하얀 봉투를 건네고 떠났다. 나는 손에 봉투를 든 채, 그녀가 뒤도 돌아보지 않고 문밖으로 나가 값비싸 보이는 차에 올라타 떠나는 모습을 지켜보았다.

나는 방에 들어가 지니 누나에게 봉투를 주었다. 우리는 호기심을 참을 수 없어 봉투를 열어 보았다. 10랜드짜리 지폐가 들어 있었다. 우리는 어리둥절했고 환호했다. 10랜드라니! 믿을 수가 없었다. 지폐는 빳빳했고 버스럭거렸다. 그 여자는 누굴까? 어디서 온 걸까? 어떻게 우리를 알지? 왜 우리에게 돈을 준 걸까? 우리 처지를 그 여자가 어떻게 아는 걸까?

질문에 대한 답은 돌아오지 않았다. 흥분한 우리는 어머니가 퇴근해 집에 돌아오기만을 기다렸다. 마침내 집에 온 어머니는 기대 밖의 횡재에 함께 기뻐했지만, 우리의 궁금증을 푸는 데는 도움이 되지 않았다. 내 이야기 말고는 아무런 실마리가 없었고, 어머니는 이 퍼즐에 아무것도 보태지 못했다. 그래서 우리는 어떻게 이 돈을 쓸 것인지로 관심을 돌렸다. 어머니는 생활용품이 많이 필요했고, 지니 누나와 나는 새 학기를 위한 옷, 세면도구, 준비물 등이 필요했다. 어머니의 표현으로 이 돈은 이 모두를 위해 신이 보낸 것이었다.

하지만 우리는 생활용품들을 우선순위에서 미루었다. 그 대신 도로 끝에 있는 케이크 가게부터 들르기로 했다. 케이크 가게는 저녁 6시에 문을 닫으니 아직 시간은 충분했다. 우리는 함께 가게로 가서 화려한 크림 케이크를 골랐다. 나는 아직도 얇은 하얀 도화지 상자에 케이크를 담아 조심스럽게 들고 왔던 일, 켈너 길에 있던 집 식탁 위에 자랑스럽게 꺼내 놓은 뒤 환성을 질렀던 순간을 기억한다. 우리에겐 지니 누나의 생일 케이크가 있었다!

다음 날, 어머니는 출근하면서 우리에게, 집에서 필요한 것이나 퀸스타운에 가져갈 물건을 더 사도 괜찮다고 허락했다. 지니 누나와 나는 흥분해서 블룸폰테인의 상점들을 돌아다녔다. 살까 말까 고민할 돈이, 선택할 돈이, 물건 값을 치를 돈이 우리에게 있었다.

그 10랜드가 오늘날 가치로 하면 얼마나 되는지는 정확히 모르겠다. 내 기억에 당시 크림 케이크 하나에 2랜드가 안 되었던 것 같다. 오늘날 비슷한 케이크의 가격이 보통 80랜드를 넘는다는 점을 고려하면, 아마 4백~5백 랜드쯤 될 것이다. 공식 물가 상승률을 고려해 계산해 주는 웹사이트에 따르면 당시의 10랜드는 현재 가치로 686랜드라고 한다.

하지만 내 기억 속에서 그 돈은 몇 천 랜드쯤 되는 것만 같다. 그

10랜드가 우리 삶에, 우리 영혼에 미친 영향이 말할 수 없이 컸기 때문일 것이다. 지니 누나의 생일이 달라졌고, 정말 필요했던 물건들을 살 수 있었으며, 또한 그 잔상이 나의 정치적 의식에 큰 영향을 미쳤다.

어린 시절에 나는 종종 자선의 혜택을 받았다. 프리토리아 남자고등학교에 입학 허가를 받은 직후, 어느 이른 저녁 서니사이드에 있던 우리 아파트에 뜻밖의 손님이 찾아왔다. 학교 행정 담당관이었는데, 가난한 가정을 지원하기 위해 학교에서 특별히 운영하는 기금의 신탁 관리자라고 자신을 소개했다. 아마도 내가 8학년 때 만났던 수학과 라틴어 담당 교사 휴고 아커만 선생님이 그를 우리에게 보냈던 것 같다. 아커만 선생님은 나를 보살펴 주고 지도하는 멘토가 되었고, 나중에 헌법재판소에서 내 동료가 된 그의 형 로리의 가족을 비롯해, 그의 가족 모두가 나를 가깝게 대해 주었다.

그날, 담당자는 어머니와 내게 작지만 반가운 후원금을 주었다. 내가 그 돈으로 무엇을 했는지 기억하고 있다. 폴크루거 길의 학교 공식지정 상점에서 여벌의 하계 교복 셔츠와 카키색 바지를 샀다. 그전까지는 한 벌뿐인 교복을 밤에 빨아 말려서 입고 다녔다. 그 후로 몇 년 동안, 가끔씩 그런 일이 조용히 반복되었다. 그 덕분에 나는 필요한 물건을 사지 못해 곤란해지는 일을 겪지 않으면서, 브루클린·린우드·워터클루프 지역에 사는 넉넉한 중상층 가정 출신의 학생들이 대부분인 학교에 다닐 수 있었다.

내 마음에 깊게 새겨진 것은 이런 후원금, 기금이라는 익명의 메커니즘을 통해 전해지는 자선이 아니었다. 가장 생생하게 오래 기억에 남은 것은, 그 이름 모를 여성이 보여 준 신비롭고 넓은 마음이었다.

타인의 삶에 끼어들어 베푸는 친절이 얼마나 중요할 수 있는지 나는 이 일을 통해 깊이 이해하게 되었다.

사회 부정의를 타파하려고 할 때, 자선이 정치적 행동을 대신할 수 없다는 주장을 이해한다. 이는 관념적으로 맞는 말이다. 하지만 정치적 행동과 자선이 양립하지 말아야 할 이유는 없다. 사회정의가 곧바로 실현될 수 있지 않은 이상 (슬프게도 그럴 수 없음을 아는 이상) 당장의 자선은 미래에 이루어질 정치적 변화만큼 긴요한 것이다.

자선이 잠시의 위안으로 변화의 요구를 잠재우고, 급진적인 정치적 행동의 의욕을 꺾기 때문에 바람직하지 않다는 주장은, 터무니없이 관념적이고 정말이지 잔인하게 들린다. 물론 자선이 아니라 좋은 공공 교육이 있어야 빈곤에서 벗어날 수 있다. 가난한 백인 청소년이었던 내가 이 나라에서 (아마도 세계에서) 가장 좋은 공립학교 중 하나에 입학할 수 있었던 것은 대단한 행운이었다. 물론 구호금보다 고등교육을 제공하고 일자리를 창출하는 정치적·사회적 장치가 필요하다. 그리고 내 경우, 피부색 덕분에 교육과 취업 기회를 얻는 특권을 누린 것이 사실이다.

하지만 나는 구호금 또한 받았다. 매우 고마운 일이었고, 그것은 내 삶을 바꾸었다. 그리고 그 영향은 크고 장기적이었다. 좋은 교육, 좋은 기회, 좋은 일자리라는 현실적인 혜택들이 찾아올 때까지 우리는 모두 누군가의 보살핌과 너그러움을 필요로 한다. 내 경우에는 그 혜택이 때마침 다가와 삶을 바꾸어 놓았다. 우리는 모두, 그 이름 모르는 여인이 어머니와 지니 누나, 그리고 나의 궁핍했던 1963년 1월의 삶에 나타나 베풀었던 것과 같은, 그 황홀하게 현실적이고 구원적인 친절이 필요하다.

더 중요하게는, 우리 모두를 대신해 이웃에 따뜻한 보살핌과 관심을 보여 주는 정부, 헌법적으로 그럴 의무가 있는 정부가 필요하다.

헌법은 남아프리카공화국에 살고 있는 우리에게 바로 그런 정부를 선사하고 있다.

과거의 불평등을 바로잡는 과제

아파르트헤이트가 끝날 무렵, 남아프리카에서 가난한 사람과 부유한 사람을 가르는 선은 인종이었다. 백인은 대부분 잘살았고, 흑인은 대부분 가난했다. 남아프리카 사회에서 극심했던 이런 인종에 따른 기회 불평등을 바로잡으려면, 공적 자원을 분배하는 방식이 대폭 바뀌어야 했다.

상황이 이렇게 된 것은 아파르트헤이트 정부와 그 전임자들이 백인을 위해서 한 일 때문이었다. 정부는 1930년대부터 수십 년간, 말하자면 가난한 백인들의 문제를 해결하기 위해 노력했다. 가난한 백인이던 나도 그 혜택을 받았다. 정부는 백인만을 위한 명문 학교인 프리토리아 남자고등학교와 스텔렌보스 대학에 공적 자원을 퍼부었고, 덕분에 나는 일류 교육을 받고 로즈 장학금을 받아 옥스퍼드 대학에서 공부했으며, 법률가로서 직업을 가질 수 있었다. 내 삶은 인종에 따라 기획되고 인종에 따라 누군가를 배제하는 사회제도로부터 직접적이고 상당한 혜택을 받았다. 나는 차별 시정 조치의 백인 수혜자였다.

헌법 제정자들은 이 역사를 정확히 이해하고 있었다. 그런 이유로 권리장전 제9조 평등 조항은 남아프리카공화국에서 평등을 달성하기 위한 특별한 조치들을 명시적으로 상정하고 있다.

제9조는 5개 항으로 나뉜다. 제1항에는 놀라운 약속이 담겨 있는데, "모든 사람은 법 앞에 평등하고 동등한 법적 보호와 혜택을 받을 권리를 가진다."라는 규정이 그것이다. 둘째 문단인 제9조 제2항에서는 이 내용을 더 자세히 풀어낸다. "평등은 모든 권리와 자유를 완전하면서도 동등하게 향유하는 것을 포함한다."라는 문장으로 시작하며, 다음 문장은 아주 실질적인 내용을 담고 있다. "평등의 실현을 증진하기 위해, 부당한 차별로 인해 불이익을 당한 사람들 또는 그런 범주의 사람들을 보호하거나 처지를 개선할 목적으로 고안된 입법 조치 및 기타 조치를 취할 수 있다."

셋째 문단인 제9조 제3항은 국가에 의한 부당한 차별을 금지한다. 모든 형태의 부당한 차별이 금지되지만 이 조항에서는 명시적으로 금지되는 17개 사유를 나열했는데, 이를 통해 남아프리카공화국 헌법은 법의 역사에 한 획을 그었다. 차별로부터의 보호 사유에 '성적 지향'을 명시한 세계 최초의 국가가 된 것이다.

제9조 제4항은 부당한 차별에 대한 금지를 국가만이 아니라 그 이상으로 확장해 모든 사람에게 적용한다. "누구도" 금지된 사유로 누군가를 부당하게 차별해서는 안 된다는 것이다. 그리고 이 금지가 효력을 발할 수 있도록 입법할 것을 의회에 지시했는데, 2000년에 제정된 〈평등법〉이 그 결과물이었다.

평등 조항의 제5항은 17개의 명시적 보호 사유와 관련이 있다. 이 항에서는 변호사들이 말하는 이른바 입증 부담 또는 입증 책임이 누구에게 있는지를 규정한다. 법정 다툼에서는 양측 당사자 중 어느 한

편이 사실이나 이유를 증명해야 하는 부담을 갖는다. 어떤 중요한 사실이나 쟁점을 입증하지 못하면, 입증하지 못했다는 그 사실만으로 사건에서 패소하기도 한다. 입증 책임이 중요한 것은 바로 이 때문이다.

따라서 부당한 차별을 금지하는 법이 실제로 효과를 발휘하는 데 있어 제9조 제5항이 중요하다. 이 조항은, 이 조항에서 열거된 사유로 인한 차별은 "그 차별이 정당하다고 입증되지 않는 한" 부당하다고 말한다. 이는 당신이 연령, 인종, 문화, 성적 지향 등 이 조항에 열거된 이유로 차별당했음을 입증하면, 그런 차별 대우가 정당한 것이었다는 사실을 법원에 입증할 책임은 상대방이 지게 된다는 뜻이다.

하지만 평등에 대한 헌법의 약속에서 가장 흥미롭고 수수께끼 같은 부분은 제9조 제2항에 있다. 여기에서는 앞에서 언급했듯이 평등이 모든 권리와 자유를 완전하고 동등하게 향유하는 것을 포함한다고 설명한 다음, 평등의 이상을 증진시킬 수 있도록, 과거에 불이익을 당했던 사람들을 위해 특별 조치가 취해질 수 있다고 규정한다. 이 조항은 차별 시정 조치의 핵심에 있는 역설을 압축적으로 보여 준다. 헌법상 권리와 자유를 완전하고 동등하게 향유하기 위해서는, 과거의 불평등을 되돌리기 위한 조치가 취해져야 한다는 것이다. 헌법은 백지의 땅 위에 세워진 것이 아니다. 그러므로 이 조항이 필요했다. 헌법은 오히려 이 백지가 아닌 땅을 치유하고 수선하기 위해 고안된 것이다. 수세기 동안 고의적이고 배타적으로 백인에게 특권을 주었던 역사로 말미암아 피폐해진 이 땅을 말이다. 개선을 위한 조치가 없다면, 헌법 전문이 우리에게 부여하는 과제, 즉 "과거의 분열을 치유하고 민주적 가치, 사회정의, 기본적 인권에 기초한 사회를 세우는" 과제는 불가능할 것이다.

헌법재판소의 첫 번째 차별 시정 조치 사건

헌법의 시대가 시작되고 나서 10년 후, 헌법재판소에 이 헌법상 시정의 임무에 대해 설명할 기회가 찾아왔다. 브람폰테인의 콘스티튜션 힐Constitution Hill에 세워진 아름답고 빛으로 가득 찬 건물에서 헌법재판소가 심리한 첫 사건에서였다. 이 사건은 넓은 범위의 차별 시정 조치가 아니라 고위층의 법적 권리에 관한 것이어서 초점과 영향이 제한적이었다. 그럼에도 불구하고 이 사건을 통해 헌법재판소는 시정 조치와 입헌주의에 대한 중요하고 깊이 있는 이해를 보여 줄 수 있었다.

쟁점은 연금이었다. 문제를 제기한 사람들은 1994년부터 1999년까지 민주화 이후 의회에서 재직했던 의원들과 기타 정무직 공직자들이었다. 의회가 1994년 이후에 설치한 정무직 공직자 기금은 그 전에 의회에 들어온 사람과 민주화 이후에 들어온 사람들 사이에 차이를 두었다. 1994년 이후에 들어온 구성원에 대해 고용주 부담금을 더 높게 책정한 것이다. 그 이유는 1993년 후반 아파르트헤이트 의회가 해체되어 떠나면서 폐쇄적 연금 기금을 조성해 그 구성원의 연금 혜택을 보장하는 법을 통과시켰기 때문이었다. 새로 시작되는 의회의 새로운 구성원들은 여기에 가입할 수 없었고 그 혜택을 누리지 못했다.

반 히어든은 국민당 하원 의원이었다. 그는 1987년 선거에서 아파르트헤이트 의회 의원으로 선출되었고, 1994년 민주화된 첫 의회의 하원 의원이 되면서 전환기에 자리를 지켰다. 민주적 의회의 구성원이었던 그는 새로운 연금 규칙에 이의를 제기했다. 새 규칙은 새로 선출된 하원 의원에게 유리했다. 그는 이것이 차별적이라고 지적했다. 새 규칙에 따르면 1999년까지 연금에 납입되는 고용주 부담금이, 1994년 이전부터 재직했던 의원들의 경우 새 하원 의원들보다 적었다. 결국 1994년 이후에 하원 의원이 된 사람들이 그 전에 하원 의원이 된 사람들에 비해, 1994년부터 1999년까지 기간에 대해 훨씬 큰 급여액을 받게 되었다. 반 히어든은 이 연금 기금 규칙이 헌법의 평등 약속에 어긋난다고 주장하면서 소송을 제기했다.

케이프타운 고등법원은 그의 손을 들어 주었다. 판사는 이 차별이 허용될 수 없다고 판단했으며, 제9조 제5항의 입증 책임을 근거로 들었다. 이 입증 책임은 제9조 제2항의 '개선 조치'advancement measures에 적용되며, 차별에 책임이 있는 쪽, 즉 정부 측이 이 규칙이 부당하지 않다는 사실을 증명할 의무가 있다는 것이었다. 그러나 정부는 그렇게 하지 못했으며, 부담금에 차등을 둔 것이 평등을 증진하기 위한 것임을 입증하지도 못했다. 따라서 법원은 이 차별이 타당하지 않다고 선고했다.

연금 기금을 집행한 재정부는 헌법재판소에 항소했다. 헌법재판소는 케이프타운 고등법원의 판결을 뒤집고 재정부의 손을 들어 주었다. 재판관마다 접근 방식은 달랐지만 만장일치의 판결이었다. 일부 재판관들의 소수 의견은 이 사안이 제9조 제2항에서 말하는 개선 조치의 문제가 아니라는 것이었다. 이 사건은 제9조 제3항의 차별 사건이지만, 부당하지는 않은 차별이라는 의견이었다.

그러나 다수 의견은 이 사건이 개선 조치의 쟁점을 제기한다고 보았다. 판결문을 작성한 모세네케 재판관은, 제9조 제5항의 입증 책임이 개선 조치에 대해서는 적용되지 않는다는 중요한 판단을 내렸다. 달리 말하면, 부당한 차별에 의해 불이익을 당한 사람들을 보호하거나 그들의 처지를 개선하기 위해 채택한 정부 조치에 대해서는, 이 조치를 부당한 것으로 추정해 놓고 부당하지 않음을 정부에 입증하도록 하지 않는다는 것이었다.

모세네케 재판관의 논거는 간결했다. 헌법이 명시적으로 과거의 불평등을 개선하도록 조치를 취할 권한을 주면서, 겨우 몇 줄 뒤에, 사실상 바로 연이어서 이런 조치가 부당한 것이라고 추정하도록 하겠는가? 그런 해석은 비논리적이다. 이렇게 정부의 입증 책임을 제외시키고 나자, 이 조치의 합헌성을 판단하기 위한 질문은 훨씬 간단해졌다. 이 조치가 제9조 제2항의 요건을 충족하는지만 따지면 되었다. 결국 세 가지 질문만 남았다. 이 조치가 부당한 차별에 의해 불이익을 당한 사람들이나 그들이 속한 집단을 대상으로 했는가? 이 조치가 그런 사람들 또는 집단을 보호하거나 처지를 개선하기 위해 고안되었는가? 이것이 평등의 실현을 촉진했는가? 만일 그렇다면, 정부는 이 조치의 정당성을 입증할 부담을 안지 않아도 되었다.

모세네케 재판관은 연금 기금 규칙상의 차별이 세 가지 기준을 모두 충족한다고 판단했다. 이 차별은 분명히 1994년 이후 의원이 된 사람들을 대상으로 했다. 이들은 아파르트헤이트 의회가 해체되어 떠나면서 1993년에 만든 특별 연금 제도의 혜택을 받을 수 없었으므로, 불이익을 당한 사람들이었다. 이 조치가 이들을 보호하고 처지를 개선하기 위해 고안되었다는 점도 분명했다. 미래는 예측하기 어렵기 때문에, 이 조치가 실제로 이 집단을 보호하거나 개선시킬 것인지를 정부가 입증할 필요는 없었다. 정부는 합리적 개연성을 입증하는 것으로 충분했다.

마지막으로, 모세네케 재판관은 이 연금 기금 조치가 평등의 실현을 촉진한다고 판단했다. 이 부분에서 판결문의 핵심이 등장한다. 그는 이렇게 말했다. 평등이라는 목적은 "우리 헌법 설계의 기초이다." 평등의 실현은 실제로 집행할 수 있는 권리일 뿐만 아니라 핵심적인 가치이기도 하며, 헌법적 조화를 위해 모든 것은 평등을 기준으로 심사되어야 한다는 것이었다.

모세네케 재판관은 어째서 평등의 실현이라는 가치가 우리의 헌법에서 핵심 가치여야 하는지에 대해 찬찬히 설명했다. 헌법이 발효될 무렵, 남아프리카공화국은 깊이 분열되어 있었고, 대단히 불평등했으며, 인간의 가치에 대해 무감했다. 그래서 헌법 전문에서는 모든 사람의 동등한 가치를 회복하고 보호하며, 과거의 분열을 치유하고, 서로 돌보고 정의로운 사회를 건설할 것임을 다짐하고 있다. 그의 말을 빌리면, 헌법은 "모든 시민의 삶의 질을 향상시키고 각 개인의 잠재력을 펼치도록" 해야 한다고 분명히 밝히고 있다.

또한 남아프리카공화국의 최고법은 다른 나라의 비슷한 헌법들에 비해 평등을 더 강조하고 있다고 그는 지적했다. 법 앞의 평등 및 차별 금지 등의 권리들을 부여하는 것은 여타 헌법과 다르지 않다. 하지만 남아프리카공화국 헌법은 한발 더 나아간다. 즉 모든 국가 기관이 평등의 실현을 보호하고 증진해야 한다고 적극적 의무를 부여한다. 이 말은, 사법부도 같은 의무를 갖는다는 뜻이다. 따라서 판사는 의회나 행정부만큼이나 평등의 실현을 증진시켜야 할 헌법적 의무를 갖는다.

모세네케 재판관은 사회정의에 기초한 사회를 만들겠다는 약속은 헌법의 바탕을 이루는 민주주의 가치만큼이나 중요하다고 말했다. 그런 측면에서 헌법은, "법의 동등한 보호와 차별 금지뿐만이 아니라, 과거의 배제·강탈·치욕을 배상하기 위해 믿을 수 있고 지속적인 절차를 시작하는 것까지 헌법적 규율의 틀 속에 마련하고 있다."

남아프리카공화국의 역사와 헌법이 미치는 광범위한 영향을 생각할 때, 헌법이 담고 있는 평등의 개념은 "단순한 형식적 평등이나 차별 금지를 뛰어넘는다." 그 출발점이나 결과적 영향을 생각하지 않고 똑같이 대우하라고 요구하는 것은 옳지 않다는 뜻이었다(모세네케 재판관이 명시적으로 이렇게 말한 것은 아니지만 고등법원 판사가 이 사안에 대해 이렇게 잘못된 방식으로 접근했다고 암시한 것이다).

이 판결을 통해 시정 조치를 위한 문이 활짝 열렸다. 시정 조치에 대해서는 정부가 정당성을 입증해야 할 부담도 없어졌다. 그렇다면 헌법적 시정의 한계는 어디까지인가? 모세네케 재판관은 판결에서 중요한 기준을 마련했다.

첫째, 평등을 달성하려 할 때 과거에 이익을 누렸던 사람들이 희생을 감수해야 하는 경우가 많다는 점을 이해해야 한다. 그러니까 1994년 이후 재직하는 하원 의원 가운데 1993년 이전부터 재직했던 의원들은 새로운 의원들보다 연금을 적게 받게 된다는 뜻이었다. 그는 이런 종류의 손실을 가볍게 여겨서는 안 된다고 경고했다. 모든 사람이 동등한 가치와 존엄성을 가진 존재로 인정받는 비인종차별적·비성차별적 사회를 만드는 것이 우리의 장기적인 목표이다. 이 비전의 핵심에, 사회적 다양성이라는 헌법이 찬양하고 보호하는 가치가 담겨 있다고 그는 말했다.

모세네케 재판관은, 이런 점들을 고려하면 시정 조치가 "권력을 남용하는 것이어서는 안 되며, 우리의 장기적인 헌법적 목표를 위협할 정도로 그 혜택에서 배제된 사람에게 현저하고 부당한 해를 입혀서는 안 된다."라고 말했다.

이런 기준에 비추어 볼 때, 이 사건의 결론을 예측하기는 어렵지 않았다. 이 차별적 대우는 과거의 불이익을 완화시키기 위한 것이었다. 타당한 설계였고 초점도 분명했다. 반 히어든은 적은 연금을 받게 될 것이다. 하지만 그를 비롯한 1994년 이전 재직한 의원들은, 민주화 이전에 설정된 그들만의 배타적인 연금 혜택으로 "공공 연금 수급자 가운데에서도 특권층이었다." 이들은 취약하거나 소외된 사람들이 아니었다. 과거에 배제 혹은 차별을 당한 것도 아니었다. 그러므로 이 사건을 기각해야 했다.

이 판결에서 시정 조치의 한계를 설명한 부분은 중요하다. 시정 조치로 인해 "취약하거나 소외된" 집단이 불리해진다면 헌법이 허용하는 한계를 넘게 될 것이라고 보았다. 이 판결은 불이익을 당한 집단을 보호하고 평등을 증진하기 위한 시정 조치의 문을 열면서, 동시에 중요한 선을 긋고 있다. 만일 어떤 제도가 권력을 남용하거나 그 혜택에서 배제된 사람에게 과도한 해를 입힌다면, 법원은 이를 위헌으로 간주해 폐기하리라는 것이다.

반 히어든 판결이 다룬 쟁점은 협소한 것이었다. 소수의 공직자 집단, 그리고 그들의 연금 수급권에 대한 것이었다. 넓은 의미에서 '차별 시정 조치' 사건들은 아직까지 헌법재판소에 제기되지 않았다는 뜻이다. 헌법재판소는 '불이익'이 무엇이며, 보호받는 '범주'의 사람들이 누구인지에 대해 아직 자세히 설명하지 않았다. 인종인가? 계층인가? 이런 조치가 어떻게 평등의 달성이라는 목적에 부합하게 고안되어야 하는지에 대해서도 자세히 설명한 적이 없다.

앞으로 다른 사건들에서도 이 쟁점들이 제기될 것이다. 소송 당사자들과 사건을 판결하게 될 재판관들 앞에 흥미진진한 순간들이 기다리고 있다. 반 히어든 판결을 통해 분명히 알게 된 것은, 헌법 전반의 가치와 함께 평등을 추구하면서도 차이의 가치를 존중하는 헌법의 근본적 지향으로 이루어진 견고한 틀 속에서, 냉철하고도 공정한 사법적 판결이 가능하다는 점이었다.

'일차적 권리'와 '사회경제적 권리'

의회 연금 급여 사건에 대한 판결을 보면, 헌법상 평등의 약속은 광범위하고 급진적이기까지 하다. 헌법이 말하는 평등은 공허한 비전이 아니며 그저 형식적인 것도 아니다. 현실적인 조건으로 실현되어야 하는 실제적인 목적이다. 사람들의 삶에 분명한 변화를 가져다주어야 한다는 뜻이다.

반 히어든 판결에서 지적하듯, 남아프리카공화국 헌법은 이런 점에서 다른 나라의 헌법들보다 앞서 있다. 캐나다 헌법은 남아프리카공화국의 권리장전을 작성하는 데 하나의 모범이 되었지만, 우리만큼 입법부, 행정부, 사법부로 하여금 현실적으로 달성 가능한 평등을 목표로 노력하라고 요구하지는 않는다.

우리 헌법은 한발 더 나아간다. 헌법 초안자들은 단순히 원대한 약속으로서 평등을 말한 것이 아니라 그 이상의 것을 기대했다. 반드시 구체적인 권리를 약속해 현실에서 평등을 향유할 수 있게 해야 한다고 생각했다. 권리 자체만으로는 공허할 수 있음을 알았던 것이다. 유명한 경구가 그들의 마음에 있었다. 다리 밑에서 자지 못하게 하고, 거리에서 구걸하지 못하게 하며, 빵을 훔치지 못하게 하는 법을 부자나 빈자에게 똑같이 적용한다는, 그 허울뿐인 평등에 대한 격언이었다.

아파르트헤이트는 평등과 공정과 존엄에 대한 법치주의의 약속을 비웃으며 그 약속을 빈껍데기로 만들었다. 새 헌법은 달라야 한다고 초안자들은 생각했다. 빵을 달라는데 돌을 주는 헌법이어서는 안 된다. 필요한 곳에 자양분을 제공하는 것이어야 했다.

그래서 헌법은 실질적 평등권에 더해 '사회경제적 권리'라는 구명정을 띄웠다. 이것이 임시 헌법과 최종 헌법 사이의 가장 큰 차이이다. 임시 헌법에는 사회경제적 권리가 포함되어 있지 않았고, 이른바 '일차적 권리들'first-order rights만 있었다. 이는 대개 정부로 하여금 우리의 말이나 행동을 제약하지 못하게 하는 권리들이다. 표현의 자유, 종교의 자유, 양심의 자유, 결사의 자유, 이동의 자유 등이 여기에 포함된다. 이 권리들은 우리가 스스로를 표현하고 삶을 영위하는 방식에 정부가 간섭하지 못하게 한다.

최종 헌법은 여기에 더해 사회경제적 권리 혹은 복지권을 포함했다. 이 권리들은 정부로 하여금 무엇을 하지 못하게 하는 권리들이 아니다. 정부가 무엇을 해야 한다는 권리들이다.

이 때문에 제헌 의회에서는 힘겨운 협상과 긴긴 논의가 이루어졌다. 협상가들 모두 이런 종류의 권리를 포함하는 안에 의혹을 가졌다.

무엇보다 판사들의 역량이 부족하기 때문이었다. 판사들이 사회경제적 권리를 집행하기에 적절한 능력을 갖추고 있는가? 사람들의 사회적 욕구를 어떻게 충족시켜야 하는지 판단할 지혜나 경험이 이들에게 없는 것은 분명했다. 이들은 법률가로서 훈련되었다. 법률가는 의견이 충돌하는 사건을 다룬다. 소송은 대부분 양편으로 갈려 판사 앞에서 논쟁의 형태로 제기되고, 대립하는 당사자들이 법정에서 서로 반대되는 주장을 펼친다. 그리고 누가 옳고 그른지 결정하는 것은 판사(들)의 몫이다.

판사들은 언어의 의미를 결정하고, 서로 다투는 당사자들 사이에서 옳고 그름을 판단하며, 자기 앞에 놓인 사건에 선례(종전의 구속력 있는 판결)를 적용하는 기술을 가지고 있다. 그러나 다면적인 판단을 내리기에는 역량과 자원이 부족하다. 예산의 우선순위를 정하고, 예산을 조정하고, 무엇을 어디에 만들 것인가 등의 문제는 판사들이 제대로 살피기 어렵다.

사회적 권리에 관해 한쪽 당사자에게 유리하거나 불리한 결정이 이루어지면, 필연적으로 다른 결정과 우선순위에 영향을 미치게 된다. 그렇기 때문에 문제를 더 넓게 보아야 하고, 단순히 양측 당사자가 상반된 주장을 하면서 제기하는 문제의 시시비비만 가려서는 안 된다.

이 문제는 권력분립의 관점에서도 생각해 볼 수 있다. 권력분립은 4장에서 다루었던 원리로서, 국가권력이 세 개의 기관인 입법부, 행정부, 사법부로 나뉘어야 한다는 것이다. 각 기관은 나름의 능력과 과업을 갖는다. 사회경제적 권리를 집행하는 일을 판사가 판결하고 명령하는 것이 권력분립의 원칙에서 허용될까?

판사의 역량도 문제지만 사회경제적 권리에 대한 판단을 내림으로써, 국가 자원의 분배 방식을 법원이 정부에 지시하게 된다는 점에서도 이런 우려가 제기되었다. 즉 판사가 이런 일을 제대로 할 수 있을지에 대한 염려라기보다, 국가기관 중 사법부가 이 일을 하는 것이 정치적으로 옳은가에 대한 고민이었다.

사회경제적 권리에 관한 사건에서 당사자를 구제할 때는 언제나 예산과 정치적인 측면에서 상당한 영향을 미치게 된다. 가령 주거권에 관한 사건이라면, 법원은 필연적으로 다른 국가기관들에게 구체적으로 자원 분배에 대한 지시를 하게 된다. 결과적으로 입법부와 행정부의 예산 분배와 기타 정책 결정에 사법부가 개입하는 일이 발생하는 것이다.

그것이 왜 문제인가? 이는 민주주의 이론으로 일부 설명된다. 사법부는 선출되지 않는다. 사법부의 역할은 사람들을 대변하는 것이 아니라, 사람들의 권리를 판단하는 것이다. 무엇보다 사법부를 구성하는 판사들은 시민들을 대표하는 사람들이 아니라는 점이 중요하다. 그러므로 법원이 이런 종류의 결정을 하는 것은 민주적으로 옳지 않다는 주장이 제기된다.

하지만 결국에는 헌법에 사회경제적 권리를 포함해야 한다는 주장이 이겼다. 최종 헌법에는 정부에 대해 사회경제적 권리의 실현을 요구할 권리를 포함시켰다. 그리고 정부가 이 권리를 충족시키고 있는지 법원이 판단을 내릴 수 있도록 권한을 부여했다.

그것은 옳은 결정이었다. 사회경제적 권리를 포함시켜서는 안 된다는 주장에는 설득력이 부족했다. 이들이 말하는 일차적 권리(정부의 횡포로부터 자유를 보장하는 권리)와 사회경제적 권리(정부의 행위를 요구하는 권리)의 차이는 과장되었다. 모든 권리가 정부의 행위를 요구한다. 그리고 모든 권리는 예산을 필요로 한다.

가장 자명한 예가 선거권이다. 선거권은 모든 민주적 권리 가운데 기본이다. 그런데 법원이 정부에 대해 선거를 실시하도록 하거나, 또는 선거를 공정하게 실시하도록 명령하는 경우, 언제나 즉각적으로 예산 문제가 따른다. 법원의 명령에 따라 정부는 조치를 취하고, 예산을 준비하고, 돈을 쓰게 된다. 그런데도 사회경제적 권리를 권리장전에 포함하는 것에 반대하는 사람들은 선거권을 일차적 권리라고 본다. 하지만 법원이 이 권리를 집행하도록 하려면 법원의 판단이 예산에 영향을 미친다는 사실도 받아들여야 한다. 이처럼 [일차적 권리와 사회경제적 권리의] 분명한 구분은 어려운 것이다.

2008년 말 칼레마 모틀란테 대통령의 임명으로 내가 헌법재판소에 정식으로 취임한 뒤, 2009년 2월 처음 맡았던 사건들 중 하나가 바로 이런 경우에 해당되었다. 이 사건은 해외에 머물거나 여행하고 있는 등록된 유권자들의 권리에 관한 것이었다. 이들은 남아프리카 공화국 대사관이나 영사관에서 투표할 권리를 가지고 있을까? 선거법에 따르면 그렇지 않았다. 선거법에서는 공무로 해외에 나간 사람들(주로 외교관들)을 위해 극히 드물게 예외를 인정했지만, 그 밖에 해외에 체류하면서 특별 투표를 신청할 수 있는 요건은 엄격하게 제한하고 있었다.

몇몇 유권자들과 정당들이 이 제한에 도전했다. 헌법재판소는 신속히 결정을 내렸다. 만장일치로 이 제한이 비합리적이라고 판단했다. 등록된 재외 유권자라면 누구나 자신의 의사에 따라 투표할 수 있도록 조치할 의무가 정부에 있었다. 결국 법률상의 제한 요건은 폐기되었다. 이 판결은 상당한 예산을 필요로 했다. 선거위원회의 예산을 늘려야 했으며 정부는 추가 경비를 제공해야 했다. 투표용지도 더 많이 인쇄해야 했고, 이 용지를 해외로, 수십 곳의 대사관과 영사관(아마도 1백 곳 이상)으로 보내야 했다. 그리고 투표가 실시될 수 있도록 거의 모든 남아프리카공화국 공관에 외교관과 선거 공무원을 배치해야 했다. 민주주의 사회에서 가장 기본적인 권리를 유권자가 행사할 수 있도록 말이다.

그러므로 판사가 예산에 간섭하는 문제에 대한 염려는 현실적인 문제이긴 하나 과장된 것이다. 모든 법원 판결이 나름의 방식으로 예산에 영향을 미치며 일차적 권리들도 예외가 아니기 때문이다.

앞서도 말했듯이, 판사들이 적절한 훈련을 받지 못했으며, 사법부가 공공의 예산을 어떻게 지출할지를 결정하기에 적당한 국가 기관이 아니라는 염려가 있었다. 치료행동캠페인 사건에서 헌법재판소 스스로도 사회경제적 권리와 관련해서 판사가 할 수 있는 역할의 한계를 인정한 바 있다. 법원 판결이 다층적으로 사회경제적 효과를 발생시킬 수 있는 사안이라면, 법원은 그 문제를 해결하는 기관으로서 적당하지 않다고 밝혔던 것이다. 그래서 헌법재판소가 설명하듯이, 헌법은 사법부의 역할을 제한적으로 상정하고 있다. 사법부의 역할은 그저 정부가 헌법적 의무를 준수하기 위해 합리적인 조치를 취했는지 여부를 평가하는 것뿐이다. 법원의 판결이 예산에 영향을 미칠 수 있는 것은 사실이지만, 판결 자체가 예산의 재조정을 목적으로 하지는 않는다. 이런 접근을 통해 사법적·입법적·행정적 기능이 적절하게 헌법적 균형을 이룬다고 헌법재판소는 설명했다.

남아프리카공화국 헌법에 포함된 사회경제적 권리

헌법에 사회경제적 권리가 어떤 식으로 포함되었는지를 살펴보면 이런 접근이 드러난다. 사회경제적 권리와 이 권리에 대한 사법적 통제는 헌법 제정 시 특별히 신경을 쓴 부분이다.

사회경제적 권리에는 적절한 주거, 보건 의료, 식량, 물, 사회보장, 교육이 포함된다. 또한 권리장전에서는 모든 사람이 자신의 건강과 안녕에 유해하지 않은 환경을 누릴 권리와, 그 환경이 현재와 미래 세대를 위해 보호될 권리를 가진다고 규정한다.

하지만 이 권리들이 절대적으로 보장되는 것은 아니다. 이것은 '접근할 권리'rights of access이다. 모든 사람은 적절한 주거와 기타 사회적 혜택에 접근할 권리를 가진다. 접근이란 문이 열려 있어야 한다는 의미이며, 그 권리가 즉각적으로 보장되어야 한다는 뜻은 아니다.

아동의 권리는 다르다. 아동의 권리는 접근권으로 규정되어 있지 않다. 권리장전에서 아동의 권리 조항인 제28조는, 아동이 일정한 권리를 조건 없이 보장받아야 한다고 규정한다. 또한 모든 아동이 무조건적으로 기본적인 영양, 주거, 기본적 보건 의료 서비스, 사회 서비스에 대한 권리를 가진다고 규정하며, 이런 권리는 단계적으로 충족시키거나 미룰 수 없다고 되어 있다.

기초 교육에 대한 권리도 다른 사회경제적 권리와 달리 규정된다. 제29조는 모든 사람이 성인 기초 교육을 포함해 기초 교육을 받을 권리를 갖는다고 단순하게 규정한다. 여기서도 권리의 충족은 단계적이 아니라 즉각적으로 약속된다. 이와는 대조적으로 기초 교육 다음 단계의 교육을 받을 권리는 다른 사회경제적 권리와 같은 방식으로 표현되어 있다. 기초 교육을 넘어서는 추가 교육은 단계적으로 약속된 권리에 불과한 셈이다. 제29조에서는 모든 사람은 추가 교육에 대한 권리를 가지며, 국가는 합리적인 조치를 통해 이 권리가 점진적으로 이용 가능하고 접근 가능하도록 만들어야 한다고 규정한다.

절대적으로 규정되어 있는 또 다른 권리가 있다. 제27조 제3항은 "누구도 응급치료를 거부당해서는 안 된다."라고 분명하게 규정한다. 이 말은 민간 의료 기관이 응급 환자를 돌려보낼 수 없다는 뜻이다. 실제로 민간 의료 기관은 응급 환자가 안정되도록 충분한 치료를 제공한 뒤 환자를 공공 병원으로 보낸다.

하지만 그 밖의 사회경제적 권리에 대한 접근권은 모두 단계적으로만 약속되어 있다. 적절한 주거, 보건 의료, 식량, 물, 사회보장에 대한 권리들이 그렇다. 권리장전에는 각 권리에 대한 접근권과 짝을 지어 이 권리가 어떤 방식으로 반드시 실현되어야 하는지에 대한 의무 조항이 있다. 그 권리를 실현시키는 데 정부의 책임이 무엇인지가 여기서 설명된다. 각 의무 조항은 정부가 해당 권리를 점진적으로 실현하기 위해 반드시 가용 자원 내에서 합리적인 입법적 및 기타 조치를 취해야 한다고 말한다.

환경권은 다소 다르게 표현되어 있다. 앞에서 언급했듯이 권리장전은 모든 사람이 자신의 건강과 안녕에 유해하지 않은 환경을 누릴 권리를 갖는다고 정하고 있다. 이는 아주 일반적인 약속으로, 실효성을 담보하는 가시적인 장치는 없다. 하지만 이에 더해 권리장전에서는 모든 사람이 현재와 미래 세대의 이익을 위해, "합리적인 입법적 및 기타 조치를 통해" 환경에 대한 보호를 받을 권리를 갖는다고 정하고 있다. 이런 조치들을 통해 공해와 생태계 파괴를 방지하고, 환경

보존을 촉진하며, 생태적으로 지속 가능한 개발 및 천연자원 사용을 추진하면서, 정당성을 인정받는 사회경제적 개발을 촉진해야 한다.

각 권리에 대한 의무 조항이 요구하는 것은 단지 정부가 합리적인 조치를 취해야 한다는 것뿐이다. 법원이 정부의 예산을 결정하지는 않는다는 뜻이다. 사회경제적 권리에 해당하는, 물에 대한 접근권에 관한 유명한 사건인 마지부코 판결에서 케이트 오리건 재판관이 설명했듯이, 사법부는 "정책을 마련하거나 그 내용을 결정하려고 하지 않는다." 사법부는 단지, 정부가 정책을 마련하고 그 내용을 결정할 때 해당 권리의 실현을 위해 합리적으로 행동했는지 여부만을 판단한다.

하지만 실무적으로 이것은 어떻게 작동할까? 초기에 헌법재판소에 제기되었던 두 사건은 이 질문에 생생한 대답을 준다. 권리장전이 난해한 방식으로 사회경제적 권리를 한정했고, 모든 남아프리카 인들이 민주주의에 커다란 희망을 걸고 있는 상황에서, 이 최초의 판결들에 대한 기대는 아주 높았다. 그리고 두 판결 모두, 결과적으로 논쟁적이었다.

보건 의료에 대한 접근권과 수브라머니 판결

보건 의료 접근권에 대한 헌법재판소의 가장 유명한 판결은 네비라핀 사건, 즉 '보건부 대 치료행동캠페인'Minister of Health v TAC 사건이었다. 이 사건에서 헌법재판소는 정부를 향해 HIV에 감염된 이들이 항레트로바이러스 치료를 받을 수 있게 하라는 강력한 판결을 내렸다. 4장에서 이 극적인 판결과 그 의미에 대해 이야기한 바 있다. 하지만 사회경제적 권리에 대한 헌법재판소의 첫 판결은 그로부터 4년쯤 전에 있었다. 이 판결도 보건 의료 접근권에 대한 것이었고, 삶과 죽음이 걸려 있었다.

이는 최종 헌법이 시행된 지 채 10개월이 지나지 않았던 1997년 말에 선고된 판결로, 이 사건을 제기한 사람은 41세의 더반 남성 티아그라지 수브라머니였다. 이 사건 역시 4장에서 네비라핀 사건과 관련해 간략히 언급한 바 있다. 수브라머니는 병이 무척 깊었다. 허혈성 심장 질환과 뇌혈관성 질병을 앓고 있는 당뇨 환자였고, 지병으로 말미암아 1년 전에는 뇌졸중을 겪기도 했다. 1996년에는 신장도 망가졌으며 회복이 불가능한 상태였다.

헌법재판소는 11월 초에 수브라머니 사건을 심리했다. 당시 그는 만성 신부전 말기였고, 정기적인 신장 투석을 받아야 생명을 연장할 수 있는 상태였다. 투석이란, 신장이 더 이상 제대로 작동하지 않아 신장의 일을 대신하는 기계를 통해 환자의 피를 걸러서 혈관에 다시 넣어 주는 기술이다.

수브라머니에게는 투석이 절실하게 필요했다. 생명을 유지하려면 투석을 받아야만 했다. 하지만 투석에 대한 정부 정책이 그 기회를 막았다. 자격이 되지 않는다는 이유였다. 그래서 수브라머니는 민간 병원에서 투석을 받았지만, 몸이 아파 돈벌이를 할 수 없었으므로 재산은 곧 바닥났다. 그와 그의 가족은 더 이상 민간 병원의 치료 비용을 감당할 수 없었다. 생명을 유지하려면 공적인 보건 의료 서비스가 필요했다.

1997년 7월, 수브라머니는 더반 고등법원에 긴급 신청을 제기했다. 그의 주장은 1997년 2월 4일부터 시행된 최종 헌법에 새로 포함되었던, 보건 의료에 대한 헌법적 권리에 바탕을 둔 것이었다. 구체적으로는 제27조 제3항의 "누구도 응급치료를 거부당해서는 안 된다."라는 규정에 기반한 것이었다. 수브라머니는 제11조의 권리도 주장했다. "모든 사람은 생명에 대한 권리를 갖는다."라는 조항이다.

그는 더반 해안가에 있는 공공 의료 기관인 애딩턴 병원을 지목했다. 그 병원에는 투석 기계가 있었다. 그는 응급치료를 받을 권리와 생명에 대한 권리에 따라, 그 병원이 자신에게 투석 요법을 제공할 의무가 있다고 주장했다.

보건 당국은 반대했다. 사랄라데비 나이커 의사가 보건부 측에서 증언했다. 그녀는 신장학을 부전공으로 한 저명한 내과 전문의였으며, 애딩턴 병원에서 18년 동안 일했고 소송 당시 남아프리카 신장학회 회장이었다.

그녀는 신장 투석이 굉장히 비싼 처치이며, 그렇기 때문에 공급에 주의를 기울여야 한다고 설명했다. 그래서 콰줄루-나탈 주의 보건부는 신장 투석 공급에 대한 별도의 상세한 정책을 만들었다. 애딩턴 병원에는 만성 신부전으로 투병하고 있는 모든 환자에게 투석을 제공할 만큼 충분한 자원이 없다고 그녀는 설명했다. 이 병원의 신장과에서 콰줄루-나탈 주 전체를 담당해야 했고, 이스턴케이프 주의 일부 지역에서 오는 환자도 받아야 했다. 수브라머니와 같은 환자를 도우려면 투석 기계가 보충되고 훈련된 간호 인력이 더 있어야 했다. 하지만 병원의 예산으로 이는 불가능했다. 그래서 수브라머니가 도움을 받을 수 없었던 것이라고 했다.

나이커 의사에 따르면, 애딩턴 병원은 예산을 신청했지만 주 보건부에서 재정이 없다는 이유로 난색을 표했으며, 결국 병원은 제한적으로 투석을 제공하는 정책을 마련했다. 치료가 가능하고 신장 투석을 통해 호전될 수 있는 급성 신부전 환자만이 별도의 심사 없이 투석을 받을 수 있도록 한 것이다. 회복될 가능성이 없는 만성 신부전 환자들은 자연히 신장 투석 대상자가 되지 못했다.

수브라머니의 신부전은 치료될 수 없는 상태였다. 문제는 '회복이 불가능하지만 투석을 받을 수 있는 환자'에 그가 해당하는지 여부였다. 병원의 지침에 따르면, 회복이 불가능한 만성 신부전 환자가 투석을 받으려면 기본적으로 신장 이식이 가능해야 했다. 그런 환자는 신장 제공자를 찾고 이식이 이루어질 때까지 투석을 받을 수 있었다.

신장 이식이 가능한 환자로 인정받으려면 '중대한 혈관 질환이나 심장 질환'이 없어야 했으며, 그 밖의 다른 중대한 질환도 없어야 했다. 이는 허혈성 심장 질환, 뇌혈관 질환, 말초 혈관계 질환, 만성 간 질환, 혹은 만성 폐질환이 없어야 한다는 뜻이었다. 이 모든 조건은 슬프게도 수브라머니를 제외시켰다. 그는 온갖 질병들로 괴롭힘을 당하고 있었으므로 신장 이식이 불가능한 상태였고, 그래서 투석도 받을 수 없었다.

이런 자세한 설명을 근거로, 고등법원은 수브라보니의 청구를 기각했다. 법원은 수브라머니와 같은 처지에 있는 환자들에게 치료를 제공할 만한 예산이 정부에 없다는 점을 정부가 "확실히 증명"했다고 판단했다.

수브라머니는 긴급 항소로 이 사건을 헌법재판소로 가져갔다. 사건에 대한 심리는 1997년 11월 11일에 열렸으며, 판결은 16일 후인 11월 27일에 선고되었다. 고등법원과 마찬가지로 헌법재판소는 수브라머니의 편에 서지 않았다. 이틀 후인 11월 29일, 수브라머니는 사망했다. 이 비극적인 결과로 인해 헌법재판소의 판결은 굉장한 비판을 받았다. 많은 논평가들이 헌법재판소가 콰줄루-나탈 주 보건 당국으로 하여금 수브라머니를 돕도록 강제해 그의 생명을 살렸어야 한다고 말했다.

하지만 혹평에도 불구하고, 15년이 넘는 세월이 지난 시점에서 뒤돌아보건대, 헌법재판소가 달리 판결할 수 있었을지 상상하기 어렵다. 수브라머니의 주장은 응급치료를 거부당하지 않을 권리에 초점을 두었다. 헌법재판소는 이 권리의 목적이 관료적 요구나 다른 형식상의 이유로 인한 어려움 없이 응급 상황에서 치료받을 수 있도록 보장하는 것이라고 판단했다. 이는 갑작스럽게 곤경에 빠져 즉각적인 의료 조치가 필요한 사람이 응급차나 기타 응급 서비스를 거부당해서는 안 되며, 치료를 제공할 수 있는 병원에서 거절당해서는 안 된다는 것이었다. 수브라머니의 경우는 이런 상황에 포함되지 않았다. 그는 만성질환에 대한 치료를 계속 받아 생명을 유지하고자 했다. 즉 응급 상황이 아니었으며, 이런 종류의 요구는 이 권리에 담겨 있지 않았다.

그래서 수브라머니는 일반적인, 비응급의 보건 의료에 접근할 권리에 대해 주장해야 했다. 여기서 어려운 쟁점이 제기된다. 애딩턴 병원의 투석 정책이 합리적인가? 병원이 치료 가능한 급성 신부전 환자들만 투석을 받을 수 있도록 제한했기 때문에 그는 그 자격을 얻지 못했다. 그는 회복될 수 없는 상태였고 치료도 불가능했다. 투석을 허락한다면 그의 생명을 연장시킬 수는 있겠지만, 그 대신 생존 가능성이 더 높은 다른 누군가의 생명을 포기하는 결과가 초래될 터였다.

헌법재판소는 수브라머니의 고통스러운 처지를 잘 알고 있었다. 그와 가족에게 안타까움을 표했으며, 잔인한 딜레마를 인정했다. 생명 연장에 필요한 치료를 받기 위해서는 가난을 피할 수 없었다. 헌법재판소장 차스칼슨 재판관은 이렇게 말했다. "어렵고 받아들이기 쉽지 않은 사실은," 만일 수브라머니가 부유했더라면 "자신이 가진 돈으로 치료받을 수 있었을 것이다. 그러나 그는 부유하지 않으므로 정부가 치료를 지원해 주기를 바라는 수밖에 없다. 하지만 정부의 자원은 제한적이고 원고는 신장 투석을 받을 수 있는 요건을 충족시키지 못하고 있다."

차스칼슨 재판관의 말에 따르면, 정부는 대립되는 수많은 요구에 제한된 자원을 가지고 대응해야 하므로, 때로는 특정 개인의 구체적인 욕구에 초점을 두기보다 더 큰 사회의 요구가 무엇인지 전체적으로 접근해야 한다. 이 대목에서 차스칼슨 재판관은 보건 의료를 위해 지출할 수 있는 자금의 범위와 사용 방법에 대한 결정을 내려야 하는 기관이 바로 정부임을 강조했다.

"이런 선택에는, 정치적으로는 보건 예산을, 실무적으로는 우선순위를 정해야 하는 어려운 문제들이 있다. 정치적 기관과 이런 사안을 처리하는 책임을 지닌 보건 당국이 신의 성실의 원칙*에 따라 채택한 합리적인 결정에, 법원은 섣불리 개입하지 않을 것이다." 달리 말하면, 이 정책이 합리적이지 않다거나 신의 성실의 원칙에 따라 마련

---

* 신의 성실의 원칙(in good faith)을 줄여서 신의칙이라고도 한다. 진실함과 정직함으로 서로를 대하고 행동해야 한다는 원칙을 말하며, 신의칙에 따라 행동했다는 것은 진실로 그 행위가 옳고 적법하다고 믿었음을 의미한다.

되고 채택되지 않았음을 수브라머니가 입증할 수 없는 이상, 법원의 도움으로 그 결정을 뒤집을 수 없었다. 고통스럽기는 하지만, 헌법재판소는 콰줄루-나탈 보건 의료 행정가들의 투석 정책이 잘못되었다고 말할 수 없었으며, 수브라머니를 돌려보내야 했다.

수브라머니 사건은 헌법적 권리의 슬픈 한계를 보여 준다. 이 권리가, 없던 설비를 만들어 내거나 모든 사람의 생명권을 보장할 정도의 예산을 제공할 수는 없다. 정부가 사회경제적 권리를 실현하기 위해 합리적으로 행동한다면 정확히 헌법에서 요구된 대로 하고 있는 것이며, 헌법재판소는 여기에 끼어들지 않을 것이다.

하지만 수브라머니의 안타까운 사건에 대한 배경을 설명하면서, 헌법재판소는 사회권이 다른 모든 권리를 위해 꼭 필요하다는 점을 강조했다. 법적 권리란 사람들의 물질적 생활 여건이 바뀌지 않을 때 공허해진다는 말이었다.

차스칼슨 재판관은 우리 사회의 빈부 격차가 상당히 크다는 데 주목했다. 수백만 명의 사람들이 절대적 빈곤 상태와 비참한 처지에서 살아 가고 있다. 실업률이 높고 사회보장은 부족하며, 깨끗한 물과 적절한 보건 서비스도 누리지 못하고 있다. 그는 이런 상황을 해결하겠다는 다짐, 그리고 우리 사회를 인간의 존엄성, 자유, 평등이 존재하는 사회로 변화시키겠다는 다짐이 새 헌법 질서의 중심에 있다고 설명했다. 그리고 진지하게 덧붙였다. "이런 상황이 계속되는 한, 그 염원은 공허한 수사修辭가 될 것이다."

적절한 주거에 대한 접근권과 그루트붐 판결

헌법재판소가 사회경제적 권리에 관해 내렸던 두 번째 판결에서도 격론이 벌어졌다. 이 사건은 적절한 주거에 접근할 권리에 대한 것으로, 역시 4장에서 간략히 설명한 바 있다. 헌법재판소는 수브라머니 사건과는 달리 이 사건에서 최소한의 제한적 구제를 제공했다. 그럼에도 불구하고 이 판결에 대해서도 많은 비판이 쏟아졌다.

아이린 그루트붐은 케이프타운 동부 변두리의 판잣집에 사는 찢어지게 가난한 사람들 가운데 하나였다. 월리스덴이라는 부락에는 물에 잠긴 땅이 있었는데, 이들은 이곳에 살고 있었다. 그루트붐은 이웃들과 마찬가지로 정부가 보조하는 저가 주택을 신청했다. 그녀는 몇 년 동안 대기자 명단에 올라 있었는데, 여러 차례 문의했지만 한 번도 명확한 대답을 듣지 못했다. 끔찍한 환경에서 언제까지 살아야 할지 알 수 없었으므로, 그녀와 이웃 주민들은 1998년 9월 말에 월리스덴을 떠나기 시작했다. 이들은 근처 빈 땅에 판잣집과 임시 거처를 지었으며, 이 땅을 '누웨 루스트'Nuwe Rust, 즉 '새로운 휴식'이라고 불렀다.

그러나 불행하게도 이 땅은 사유지였고, 게다가 저가 주택 개발 용지로 공식 지정되어 있었다. 따라서 거주민들은 그럴 의도가 없었다고 부인했지만, 남의 땅에 무단 침입한 셈이 되었다. 1999년, 케이프타운 시 정부의 지원을 받아 토지 소유주는 그루트붐에 대한 강제 퇴거 명령을 얻어 냈다. 하지만 그녀와 이웃 주민들은 갈 곳이 없었다. 때는 유달리 비가 많이 내리고 추운 케이프타운의 한겨울이었다. 그루트붐은 긴급 거처가 제공되긴 했지만 자신들이 주거가 불안정한 처지에 놓이게 되었으며, 주거에 대한 접근권이란 정식 거처를 기다리는 동안 정부가 소정의 주거를 제공해야 함을 의미한다고 주장했다.

이 사건에 대한 심리가 진행 중이던 당시, 나는 블룸폰테인의 대법원에 정식으로 임명되기 전 1년 동안 헌법재판소에서 임시 재판관으로 근무하고 있었다. HIV 감염인으로서 항레트로바이러스 치료를 받으며 건강하게 지내고 있다는 공개 발언을 한 직후였으므로 사회경제적 권리에 대한 문제에 특별히 강한 관심을 갖고 있을 때였다. 나는 그루트붐 사건에 참여해 재판부의 한 사람으로서 판결을 내렸다.

재판부의 판결은 만장일치였고, 야쿱 재판관은 대표로 작성한 판결문에서 그루트붐에게 집이나 구체적인 거처를 가질 권리를 부여하지 않았다. 상황이 절박해 다른 사람의 주택지로 확보된 땅으로 이주했던 사정을 인정하면서도, 이를 용인할 수는 없다고 주의를 주었다. 그는 견딜 수 없이 열악한 환경에서 살고 있는 사람들이 아직 많이 있다는 사실을 이 사건을 통해 상기하게 된다는 것, 그리고 문제가 개선되지 않는다면 사람들이 계속해서 그런 환경에서 벗어나기 위해 법을 어기고자 하는 유혹에 빠질 수 있다는 점도 지적했다.

야쿱 재판관은 이렇게 말했다. "이 사건은 모든 사람의 존엄성과 평등에 대한 헌법의 약속이 여전히 많은 사람에게는 먼 이야기라는 가혹한 현실을 뼈저리게 느끼게 한다. 사람들이 열악한 생활환경을 견딜 수 없어 토지 침입이라는 방법에 기대게 되어서는 안 된다. 이런 종류의 자구책은 용인될 수 없다. 이 나라에서 주택 부족 문제를 해결하기 어려운 중요한 이유 중 하나가 주택 개발에 적당한 토지가 없다는 점이기 때문이다."

그루트붐은 주택에 대한 접근권의 실현을 위해 합리적 조치를 취해야 하는 의무에 따라 정부가 즉시 제공해야 하는 필수적이자 최소 수준의 조치가 무엇인지 규명해 달라고 헌법재판소에 요구했다. 국제법적으로도 사회권의 '최소 핵심 요소'minimum core component를 국내 법원이 규명하고 이에 구속력을 부여해야 한다는 강력한 의견이 존재한다.

그러나 헌법재판소는 이 요청을 받아들이지 않았다. 사람들의 욕구를 충족하고 제기된 권리를 충족시키는 구체적인 방법은 너무나 다양하다는 것이 이유였다. 이 '최소 핵심' 접근을 채택하지 않은 것에 대해 상당한 비판이 있었지만, 헌법재판소는 그 입장을 견지해 왔고 그렇게 하는 것이 옳았다. 최소 핵심 접근은 남아프리카공화국의 조건에서 적절하지 않으며 경직된 것이어서 상황에 따라 적용하기 어렵다. 정부가 가용 자원 내에서 해당 권리의 점진적 실현을 보장하기 위해 합리적 조치를 취해야 한다는 헌법의 원칙에도 맞지 않다. 최소 핵심을 정함으로써 무엇이 합리적인지를 미리 정해 놓으면, 정부의 지출을 사법적으로 감독하는 식으로 구상한 헌법적 절차와도 어긋나게 된다.

따라서 각 권리에 대한 최소 핵심 내용을 정해 정부가 언제나 무조건적으로 충족시켜야 한다는 의무를 부여하는 대신, 헌법재판소는 사안별로 사회경제적 권리에 대한 법리를 발전시키는 데 초점을 두었다.

그루트붐 사건에서 헌법재판소는 정부의 주택 정책을 자세하게 검토했으며, 그동안 이루어진 주요 성과들을 인정했다. 정부는 거액의 예산을 들여 상당히 많은 주택을 건설했다. 하지만 가장 절실한 사람들을 위한 주택 공급 부분이 빠졌다는 이유로 헌법재판소는 이 정책에 문제가 있다고 보았다. "토지에 접근하지 못하는 사람들, 머리 위를 덮을 지붕이 없는 사람들, 견디기 힘들 만큼 열악한 환경에서 살고 있는 사람들, 홍수나 화재 등의 자연재해나 철거의 위협으로 위기에 처한 사람들이 임시 주거 시설을 이용할 수 있도록 하는 명시적 규정"이 없다는 점은 불합리하다고 판단한 것이다.

헌법재판소는 사업 설계가 포괄적일 때 실무적인 어려움이 뒤따른다는 점을 이해했다. 중앙정부가 적절한 예산을 제공해야 사업이 효과적으로 실행될 수 있으므로, 즉각적 필요에 대응하는 업무를 전국적 주택 정책 속에 포함해야 했다. 다시 말해 정부는 즉각적 필요에 대응하고 위기를 관리하기 위해 필요한 계획을 세우고 예산을 책정하고 감독해야 했다.

헌법재판소는 이때 현실적으로 균형을 따져 보아야 한다는 점을 인정했다. 이 사업을 통해 상당수의 절박한 사람들이 구제받을 수 있도록 보장해야 했지만, 모든 사람이 곧바로 구제받기를 기대할 수는 없었다.

제기된 사건으로 다시 돌아가서, 헌법재판소는 그루트붐 본인에게 주택을 제공하라는 식의 구체적 판결 대신 일반적이고 선언적인 판결을 내렸다. 즉 정부의 주택 정책이 그루트붐처럼 열악한 환경이나 위기에 처해 있으며 절박한 요구가 있는 사람들을 포괄할 의무가 있다는 것이었다.

헌법재판소는 정식 주택에 보통 요구되는 내구성, 거주 가능성, 안정성에 미치지 못하는 수준의 대책으로 사람들의 요구가 해결될 수도 있다고 보았다.

그 정도도 하지 못했으므로 정부 사업이 무효라고 헌법재판소는 선언했다. 하지만 이 판결에는 그루트붐이나 동료 주민에 대한 언급은 없었다. 판결을 선고한 2000년 10월 4일 수요일 아침, 안정적으로 머물 수 있는 주택을 요구했던 이들은 어떤 구체적 성과도 없이 법정을 떠나야 했고, 이 때문에 헌법재판소는 엄청난 비판을 받았다. 그로부터 8년이 지난 2008년 8월, 그루트붐이 사망했다. 사망 당시 그녀는 여전히 판잣집에서 살고 있었다. 많은 논평가들은 그녀가 집다운 집에서 살아 보지 못하고 죽었다는 점을 지적하면서 사회경제적 권리에 관한 헌법재판소의 판결을 조롱했다. 소송은 그녀에게 집을 마련해 주지 못했다고 말이다.

어떤 면에서 이 조롱은 정당하다. 법을 다루고 거창한 헌법적 수사를 쓰는 우리 재판관들에게, 재판관들이 하는 일에 한계가 있다는 사실을 확인시켜 주었기 때문이다. 하지만 그루트붐이 죽기 전에 집을 마련하지는 못했더라도, 그 소송이 아무것도 이루지 못한 것은 아니었다. 오히려 반대로, 이 사건은 정부의 주택 공급에 매우 큰 영향을 미쳤다. 그리고 이 사건은 이제 사회경제적 권리에 관한 헌법재판소의 전체 법리에서 강력한 기반을 제공하는 것으로 인정되고 있다.

그루트붐 판결은 헌법재판소의 판결 가운데 가장 섬세하게 조율되고 중요한 영향을 미쳤던 사례로 인정받으며 전 세계적으로 널리 인용되고 있다. 그 이유는, 헌법재판소가 정부에 직접적으로 주택 사업 운영 방식을 지시하지 않으면서도 기존 사업이 헌법의 기준을 통과하지 못한다고 말했기 때문이다. 이 판결로 인해 많은 사람들, 어림잡아 수백만 명의 삶에 직접적이고 구체적인 변화가 일어났다. 이 판결의 요지는 가장 가난하고 취약한 사람들이 사회 서비스와 경제적 자원에 접근할 수 있도록 정부가 적극적인 조치를 취하라고 요구한 것이었다.

그리고 정부는 헌법재판소의 판결을 따랐다. 직접적으로는 〈전국 주택법〉National Housing Code 제12장을 제정했다. 절박한 요구가 있는 사람들을 위해 중앙·주·시 정부가 계획을 세우고 조치를 취하도록 의무를 부여하는 지침이었다.

이 법은 그루트붐 사건을 계기로 만들어진 법임을 공식적으로 밝히고 있다. 헌법재판소의 판결에 따라, 1년 후 중앙과 주의 주택 관련 담당 장관들이 행동을 취하게 되었다고 기록하고 있다. 장관들은 "긴급하게 주택이 필요한 사람들의 어려움을 완화시킬 수 있는" 조치를 신속히 실행하기 위한 전국 사업을 승인했다.

그루트붐이 정부의 주택 정책에 문제를 제기하지 않았다면, 그리고 헌법재판소의 판결이 없었다면, 이 나라의 주택 정책은 계속 지지부진한 상태였을 것임이 분명하다. 가장 가난하고 취약한 사람들의 필요에 반응하지 않았을 것이다.

권리는 헌법이 적힌 종이 위에만 존재하는 것이 아니다. 그것은 실제로 현실을 바꾸는 힘이 있다.

그루트붐 사건에서 블루 문라이트 사건까지

그 뒤로 11년이 지났다. 그루트붐 사건의 현실적 함의는 여전히 진행 중이다. 2011년에 헌법재판소는 도시 지역의 가난한 무주택자들을 위해 주거권을 확장하는 판결을 내렸다. 이 사건은 아주 가난한

81명의 어른과 5명의 어린아이에 관한 것이었다. 이들은 베레아에 있는, '사라토가 애비뉴'Saratoga Avenue라고 불리는 건물에 살고 있었다. 이 지역은 요하네스버그 중심부에 있는 상업 지구 변두리였다. 힐브로우 근처 저소득 외곽 지역으로, 인구밀도가 높은 곳이었다. 이들이 그곳에서 지내는 것에 대해 건물 주인이 동의한 적이 없었으므로, 모두 불법 거주 상태였다.

사라토가 애비뉴는 사무 공간, 공장, 창고 등이 있는 낡고 허물어져 가는 상업 빌딩으로, 거주하기에 적합하지 않은 건물이었다. 불법 점유자들이 살고 있는 상태에서, 건설 회사 블루 문라이트Blue Moonlight가 이 건물을 재개발할 계획을 세웠다. 이 계획은 요하네스버그 시의 전체적인 주택 비전과 잘 맞았다. 2011년 말까지 무허가 주거지를 양성화하고 10만 개의 주택을 추가 제공한다는 내용으로, 민간 투자에 의존한 야심찬 목표였다. 이는 역사적으로 소외되어 온 지역에 부동산 시장을 형성하고 빈곤 지역을 되살리는 데 도움이 될 만한 계획이었다. 시에서 이 야심찬 목표를 이루려면 중앙과 주 정부의 협조만으로는 불가능했으며, 블루 문라이트와 같은 민간 회사의 투자가 필요했다.

그런데 블루 문라이트가 사라토가 애비뉴를 재개발하려면 먼저 점유자들을 내보내야 했다. 하지만 헌법은 제26조 제3항에서, 법원의 명령 없이 누구도 자신의 집에서 퇴거당하거나, 집이 철거당해서는 안 된다고 정하고 있다. 그리고 법원이 누군가를 무주택자로 만드는 명령을 내릴 때에는 반드시 '모든 관련 정황'을 검토해야 한다. 또한 제26조 제3항에 의해 자의적 퇴거 조치가 금지되며, 자의적 퇴거 조치를 허용하는 법률은 만들 수 없다.

그러므로 이 건물에 살고 있는 사람들이 건물주의 허락 없이, 즉 불법으로 머무르고 있다 할지라도, 블루 문라이트는 법원에 가서 퇴거 명령을 받아와야 했다. 여기서부터 문제가 시작되었다. 블루 문라이트가 점유자들을 퇴거시킬 권리를 갖는다는 점에는 처음부터 모두 동의했다. 하지만 어떤 조건에서 그렇다는 것인가? 주요 논쟁은 퇴거당하는 사람들이 시 정부로부터 어떤 도움을 받아야 하는가였다. 사회경제권리연구소Social and Economic Rights Institute의 지원을 받아, 거주민들은 자신들이 장기 주택 사업에 따라 집을 구하게 될 때까지 시 정부가 임시 거처를 마련해 주어야 한다고 주장했다. 결국 블루 문라이트는 고등법원과 대법원을 거쳐 헌법재판소까지 가야 했다. 한 가지 문제가 있었기 때문이다.

시의 주택 정책에 사라토가 애비뉴의 퇴거인들 같은 처지의 사람들은 포함되어 있지 않았다. 시에 의해 거주지를 옮겨 재정착해야 하는 사람들은 시가 관리하는 건물의 임시 거처에 머물게 되지만, 민간 토지 소유주에 의해 퇴거당하는 사람들은 해당 사항이 없었다. 이들은 스스로 알아서 살 길을 찾아야 했다.

바로 이것이 블루 문라이트를 곤란하게 만든 점이었다. 이 회사는 공정한 일처리를 위해 점유자가 퇴거할 때까지 어느 정도 기다려 줄 수 있다는 데 동의했다. 하지만 그것이 무기한이 될 경우 건물을 자의적으로 박탈하는 것에 해당하며, 헌법의 재산권 조항인 제25조 제1항에 위반된다고 주장했다. 이 조항은 모든 사람에게 일반적으로 적용되는 법률에 따른 경우가 아니면 누구도 재산을 박탈당해서는 안되며, 어떠한 법률도 재산의 자의적 박탈을 허용해서는 안 된다고 정하고 있다.

블루 문라이트는 민간 소유주가 불법 점유자에게 무료 주택을 제공해야 할 의무가 없다고 항의했는데, 이는 전적으로 타당한 주장이었다. 블루 문라이트는 자신들이 감당하고 있는 비용과 불편을 고려해 법원이 신속히 퇴거 명령을 내려 주기를 바랐다. 헌법재판소는 이 회사의 곤란한 처지에 공감했지만, 상업적 목적으로 그 땅을 샀다는 점에 주목했다. 그리고 블루 문라이트는 구입 당시에 이미 건물에 불법 점유자가 있다는 사실을 알고 있었다. 반 데어 웨스투이젠 재판관은 헌법재판소를 대신해, 이런 상황에서 소유주는 얼마간 불법적 점유를 견뎌야 할 것이라고 말했다. 물론 소유주가 집이 없는 사람들을 위해 무기한 무상으로 주택을 제공할 필요는 없지만, 때로는 이 사안에서처럼 "다소 인내를 가져야" 한다는 것이었다.

그러므로 첫 번째 질문은 이것이었다. 이 점유자들에 대한 시의 의무는 무엇인가? 그루트붐 판결을 계기로 제정되었던 〈전국주택법〉 제12장은 긴급 상황에서 집을 잃은 사람들에 대한 지원을 규정하고 있었다. 토지 혹은 안전하지 않은 건물에서 쫓겨나는 사람들이 이 법의 도움을 받을 수 있었다. 그리고 이 사건의 점유자들에 대한 퇴거가 여기서 말하는 '긴급'에 해당된다는 점에 모두 동의했다.

제12장에서 '긴급'이란, 시에 의해 퇴거당하는 경우만이 아니라 집을 잃는 모든 긴급 상황을 포괄했다. 블루 문라이트와 같은 민간 소유주에 의해 초래되는 긴급 상황을 포함해서 말이다. 한편 시 당국은 이 일이 시가 관여할 문제가 아니라고 주장했다. 적절한 주거를 보장하는 일차적 책임은 지방정부가 아니라 중앙정부에 있으며, 중앙정부의 긴급 주택 사업 예산이 이를 위해 마련된 것이라고 했다.

헌법재판소는 시의 주장을 합리적 접근이 아니라며 받아들이지 않았다. 구체적으로, 시 예산을 책정하는 근거가 부정확했다고 보았다. 〈주택법〉은 집 없는 사람들을 위한 지방정부의 긴급 지원을 금지하지 않는다. 아니, 허용한다. 긴급 지원의 대상에는 시에 의해 재정착되거나 또는 퇴거되어 집을 잃은 사람들만이 아니라 민간 소유자에 의해 퇴거된 사람들까지 포함된다. 사적·공적으로 발생하는 모든 퇴거인을 위해 긴급 거처를 제공하는 데 필요한 비용을 감당할 자원이 없다는 시의 주장은, 이렇게 볼 때 그 의무에 대한 오해에서 비롯된 것이다. 따라서 시는 예산을 다시 책정해야 했다.

그렇다면 시가 위 법에서 정한 긴급의 요건을 해석하면서, 시에 의해 재정착되는 사람들과 민간 소유자에 의해 퇴거당하는 사람들을 구분한 것은 합리적이었을까? 또한 시가 엄격하게 전자의 집단은 포함하고 후자의 집단은 완전히 배제한 것은 합리적이었을까? 헌법재판소는 그렇지 않다고 보았다. 헌법재판소는 퇴거당해 집을 잃은 모든 점유자가 (그것이 지방정부에 의한 것이든 민간 소유자에 의한 것이든) 정부로부터 긴급 거처를 제공받아야 한다고 판결했다.

헌법재판소의 판결은 큰 파장을 불러왔다. 이제 모든 빈민가의 거주민들은 살던 곳에서 쫓겨날 경우 작은 완충장치를 갖게 되었다. 그리고 남아프리카공화국의 시와 타운은 예산, 특히 가장 가난한 도시 가구에 대한 자원을 재고해야 했다.

이것은 정부의 정책과 예산에 대한 개입이지만, 헌법이 요구하는 바였다. 헌법은 정부가 가용 자원 내에서 적절한 주거에 대한 접근권을 점진적으로 보장할 것을 약속하고 있다. 블루 문라이트 판결에서 법원이 한 일은, 이 약속이 효력을 가질 수 있게 한 것뿐이었다.

사법부는 정부 정책에 어디까지 간섭할 수 있는가

헌법재판소는 블루 문라이트 판결 외에도 사회경제적 권리에 관한 중요한 판결들을 내렸다. 사소한 빚 때문에 집을 팔아야 하는 일이 있어서는 안 된다는 판결이 있었다. 사회 보조금은 남아프리카공화국의 국민뿐만 아니라 모든 영주권자에게 확대되어야 한다는 판결이 있었다. 임대 세입자를 안전하게 보호하는 판결도 내렸다. 그럼에도 불구하고 일부 비평가들은 헌법재판소가 더 적극적으로 개입하고 사법적 영향력을 행사해 더 많은 역할을 해야 한다고 재촉했다. 헌법재판소가 구제를 거부하는 것, 각각의 사회적 권리에서 요구할 수 있는 최소 핵심 내용을 구체화하지 않는 것에 대한 비판도 있어 왔다.

수브라머니 판결과 그루트붐 판결 이래, 헌법재판소가 물에 대한 접근권에 관해 내렸던 판결은 특히 많은 비판을 받았다. 이는 소웨토의 가장 오래된 지역 가운데 하나인 피리Phiri의 주민 다섯 명이 요하네스버그 시의 무료 용수 정책에 도전한 사건이었다. 원고들은 모두 가난한 사람들이었다. 첫 원고인 린디웨 마지부코는 안타깝게도 재판이 시작된 다음 사망했다. 그는 어머니 소유의 벽돌집에 살고 있었는데, 뒷마당에 무허가 주택 두 채가 있어 세입자들이 저렴한 임대료를 내고 있었고 총 20명이 이곳에 살고 있었다. 그를 포함한 원고들이 제기한 사건의 요지는, 시가 가난한 이들에게 무료 용수를 충분히 제공하지 않는다는 것이었다.

고등법원과 대법원은 모두 원고의 편을 들어주었으며, 무료로 제공하는 물의 양을 늘리라고 요하네스버그 시에 주문했다. 그러나 헌법재판소의 판단은 달랐다. 헌법재판소는 가구당 한 달에 6킬로리터의 물을 제공하는 시의 정책이 비합리적이라는 주장을 받아들이지 않았으며, 하급심 판결을 폐기했다. 또한 법원이 시의 물 정책에 대해 속단해서는 안 되며, 물의 분배 결정은 사법부가 관여할 사항이 아니라고 했다. 정부가 합리적으로 행동하고 있는 한, 헌법재판소가 간섭해서는 안 된다는 것이었다.

헌법재판소는 시가 가구당 용수 공급을 어떻게 정하게 되었는지, 가난한 가구에 대해 어떻게 특별 공급을 하고 있는지 충분히 설명했다고 보았다. 시가 제공하는 양이 충분한지 여부에 대해서는 국제적 전문가들이 서로 상충되는 증거를 제시했다. 게다가 고등법원과 대법원에서 소송이 진행되는 와중에 마지부코의 주장이 시 정책에 반영되면서 소송은 더욱 복잡해졌다.

시는 해당 용수 정책이 세계에서 가장 진보된 것 가운데 하나라고 장담했고, 원고들은 매일 1인당 50리터의 용수를 무료로 제공하라고 요구했다. 그런데 남아프리카공화국이 물 부족 국가이며 개발도상국이라는 점을 고려하지 않더라도, 세계에서 원고들이 주장하는 정도로 물을 제공하는 나라는 없었다.

헌법재판소가 판결에서 더 중요하게 고려했던 점은, 무허가 주거지에 있는 75만 명의 사람들에게 용수 공급을 확대하는 일이 먼저라는 것이었다. 소송 당시 이들은 아예 용수를 이용하지 못하고 있었다.

시는 관련 증거를 세심하고 철저히 제공했다. 시는 정책이 미진하다는 점을 인정했지만, 결정적으로 이 정책은 헌법재판소가 그루트붐 판결에서 요구했던 기준을 준수했다. 이런 상황에서 개입한다면 용수 공급에 대한 정책 결정의 영역에 너무 깊이 들어가게 되는 것이라고 헌법재판소는 판단했다. 그건 결과만을 가지고 정부 정책에 토를 다는 일이었다. 헌법재판소는 그렇게 하지 않겠다고 밝혔다. 이상과 같이 합리성의 기준에서 정부 정책을 평가하는 방법은 남아프리카공화국에서 제기되는 다양한 욕구에 대해 탄력적으로 적용되며, 동시에 사법부가 정부 정책에 어디까지 간섭할 수 있는지 한계를 정해 준다.

사법 과잉의 위험

헌법재판소는 분명 조심스러운 접근을 택했다. 마지부코 판결에서 많은 비평가들이 실망한 것도 이 때문이었다. 이에 비해 몇몇 다른 국가의 사법부는 훨씬 적극적이고 개입의 수준도 높다. 예를 들어 인도 대법원은 사회경제적 권리에 관한 정부의 의무에 아주 상세하고 지시적인 내용을 부여했으며, 강력한 개입적 구제를 승인하곤 했다.

보건 의료권과 관련한 판결을 보면 브라질을 비롯한 몇몇 라틴아메리카 국가에서도 마찬가지인 것 같다. 브라질에서는 법원이 정부 예산의 제약과 상관없이 원고에게 직접 약을 제공하라고 주문하는 판결을 주저 없이 내려 왔다. 물론 이 접근 역시 비판을 받았는데, 이 소송으로 말미암아 브라질의 보건 형평성이 실제로 악화되었을 가능성에 대한 증거가 제기되었다. 사법적 개입과 계속되는 소송의 위협 때문에 예산 계획이 왜곡되었기 때문이다. 법원의 판결로 보건 자원이 우회되면서 정부가 가난한 사람을 위해 낮은 비용으로 효과적인 치료를 제공하기 어려워졌다. 대신 소송을 제기할 여력이 있는 부유층에게 보건 예산이 돌아가 결과적으로 의료 비용이 더 높아졌다. 또한 소송 대리인을 구할 능력이 있는 사람이 승소하는 경우에 대비해, 보건 예산의 상당 부분을 미리 따로 떼어 놓아야 했다.

미국의 일부 법원에서도 정부로 하여금 사회적 문제를 해결하도록 요구하는 명령을 내린 주목할 만한 사건들이 있었다. 일례로 판사가 캔자스 시 학교의 인종 분리 정책을 철폐하기 위해, 공공 학교가 지켜야 할 흑인 학생 대 백인 학생의 정확한 비율을 6 대 4로 정하는 판결을 내렸다. 하지만 문제가 발생했다. 해당 지역에 정원을 채우기 위한 백인 학생이 충분하지 않았던 나머지, 비율을 맞추기 위해 흑인 학생을 더 입학시킬 수 없게 된 것이다. 결과적으로 수천 명의 흑인 학생이 대기자 명단에 올라야 했고 이 학교에 등록할 수 없었다. 정원에 여유가 있었음에도 불구하고 말이다. 판결을 내렸던 판사는 결국 이 정책을 재고해야 했다.

사법부의 역할로 특히 부적절한 것이 바로 이런 종류의 세부적인 내용을 제시하고 그것을 실행하게 하는 부분이다. 우리 헌법재판소는 정책을 형성하고 실행하는 자세한 내용을 온전히 행정부와 입법부에 남겨 두려고 한다.

사회경제적 권리의 의미

헌법재판소의 판결이 조심스러웠다고는 해도, 헌법 속에 사법적으로 집행될 수 있는 사회경제적 권리가 규정되어 있다는 사실은 대단한 성취이다. 전 세계의 논평가들은 남아프리카공화국 사법부가 정부 정책에 대해 합리성을 판단하려는 의지를 가졌다는 점을 높이 산다. 또한 정책의 영역에 깊이 관여하는 문제에 법원이 조심하는 점에 대해서도 높이 평가한다.

마지부코 사건에서처럼 사법부가 시민의 청구를 받아들이지 않을 때도, 사법부에 의지하는 것은 정부와 시민들에게 유익한 효과를 가져다준다. 이 사건에서 오리건 재판관은 헌법재판소를 대표해 작성한 판결문에서, 선출된 정부 기관이 책임 있게 행동하도록 이런 소송이 설계되어 있다고 설명한다. 이런 종류의 소송은 "정부에 책임을 묻는 방식의 참여 민주주의를 진작시키고, 선거가 없는 시기에 정부 정책의 구체적인 문제들을 살펴보게끔 한다."

왜냐하면 정책에 대해 문제가 제기될 때, 정부 기관은 왜 그 정책이 합리적인지를 설명할 의무가 있기 때문이다. 즉 오리건 재판관이 말하듯, 정책을 결정하기 위해 어떤 조사와 연구를 했으며, 어떤 대안들이 있었는지, 그중 최종안은 어떤 이유에서 선택되었는지 등을 말이다.

헌법이 정부에 요구하는 것은 "불가능할 정도로 완벽한 수준"이 아니다. 선출된 정부 기관이 해야 할 일을 사법부가 장악하라고 요구하는 것도 아니다. "간단히 말해, 사법제도를 통해 정부는 정부가 내린 결정에 대해 시민에게 설명하라는 요구를 받을 수 있다. 사회경제적 권리 소송을 이렇게 이해하는 것은 우리 헌법이 지향하는 가치, 특히 정부가 반응성, 책임성, 개방성을 가져야 한다는 원칙에 부합한다."

정부는 채택된 정책의 합리성을 입증하는 것뿐만 아니라, 사회경제적 권리를 "점진적으로 실현"해야 하는 의무에 비추어 정책을 지속적으로 재평가하고 있음을 보여 주어야 한다. 만들어 놓고 다시 돌아보지 않는 식의 경직된 정책이라면, 점진적으로 권리를 실현하고 있을 가능성이 별로 없다고 오리건 재판관은 말했다.

그는 또한 사회경제적 권리에 관한 소송에서 정부가 자세한 설명을 하고 결과적으로 정책 형성에 유익한 영향을 미치게 되는 과정을 이 마지부코 소송이 잘 보여 준다고 했다. 마지부코의 대리인은 변론 중에, 이 사건이 고등법원에서 대법원으로, 또 헌법재판소로 전전하는 동안 시 당국이 계속 정책을 수정했다는 사실에 유감을 표했다. 그러나 오리건 재판관은 이 비판을 받아들이지 않았다. 그에 따르면, 법원에 소를 제기한 것은 '유익한' 영향을 미쳤다. 시로 하여금 왜 무료 기본 용수 정책이 합리적인지 설명하도록 강제함으로써, "정책에 밝은 빛을 비추어 그것의 결점을 숨김없이 드러내었다." 그리고 이후 정책은 계속 수정되면서 개선되었다. 이 권리를 점진적으로 실현해야 할 시의 의무에 전적으로 부합하는 방식으로 말이다.

사회경제적 권리에 대한 헌법재판소의 판결들은 이런 소송이 어떻게 사회적으로 취약한 수많은 사람들의 처지를 개선시킬 수 있는지 분명히 보여 주었다. 이런 권리가 없었다면 불가능했을 방법으로 말이다. 또한 판결들은 권리에 대한 소송이 어떻게 현실에서 사람들의 삶을 구체적으로 개선시킬 수 있는지도 보여 주었다.

투석을 받지 못한 수브라머니의 죽음, 그리고 끝내 제대로 된 집을 갖지 못한 그루트붐의 죽음은, 우리가 법적 권리와 공익 소송을 포기해야 한다는 것을 의미하지 않는다. 단지 우리가 좀 더 나아져야 한다는 것을 의미한다.

사회 보조금과 우리 모두의 존엄성

다른 개발도상국에 비해 남아프리카공화국은 비교적 폭넓은 사회 복지 체계를 가지고 있다. 사회 지출의 상당 부분을 극빈층에게 사회 보조금으로 지급하는데, 이런 사회복지 체계는 우리의 복잡하고 불평등한 민주주의의 일면을 보여 준다. 1997년에 정부는 사회 개발 계획에 관한 보고서를 발간했다. 여기에는 다음과 같은 문장이 나온다. "사회보장 체계는 건강한 경제 발전을 위해, 특히 빠르게 변하는 경제에서 반드시 필요하며 개발에 긍정적인 기여를 할 것이다. 즉각적인 빈곤의 완화와 적극적인 재분배의 메커니즘이 중요하다."

2004년 의회는 〈사회부조법〉Social Assistance Act을 통과시켰다. 이 법으로 남아프리카 사회보장 기구SASSA가 설립되어, 포괄적인 사회 보장 서비스를 제공해 빈곤을 퇴치하는 역할을 맡게 되었다. 〈사회부조법〉은 사회보장 기구가 헌법이 정한 법적 틀 안에서 활동하도록 특별히 지시했다. 사회보장 기구가 분배하는 사회 보조금은 〈사회부조법〉에 의한 것으로, 현재 노령 급여, 장애 급여, 전쟁 퇴역 군인 급여, 요양 급여, 위탁 아동 급여, 아동 양육 급여 등 여섯 가지가 있다.

재정부 장관 프라빈 고단은 2013년 예산에 관한 연설에서, 앞선 10년 동안 사회적 지출이 엄청나게 증가했다고 설명했다. 그에 따르면, "사회 보조금을 받는 사람의 수가 세 배 증가"했다. 남아프리카공화국 인구 중 1천5백만 명이 현재 국가로부터 현금 지원을 받는다. 아동 지원 보조금은 점차 18세까지로 확대되어 왔다. 이로 인해 사회 부조금 지출이 매년 평균 11퍼센트 증가했다. 2014/15 회계연도에 이 수치는 1천2백억 랜드로 증가할 전망이다.

2013년 9월 30일에 정부는 연내에 두 번째로 장애 급여, 노령연금, 요양 급여, 전쟁 퇴역 군인 연금액을 상향할 것임을 발표했다. 앞서 아동 양육 급여와 활동 보조 수당*이 증액된 것에 추가해 상향된 것이었다.

당연히 비평가들은 사회 보조금이 정부 지출에 심각한 부담을 준다고 경고한다. 이들은 사회 보조금만으로는 존엄성이 보장되지 않으며, 사람들이 경제 성장, 일자리, 직업훈련, 교육에 접근할 수 있어야 한다고 주장한다. 헌법은 이런 목표를 달성하는 방법을 구체적으로 말해 주지는 않는다. 사실 사회정의를 이루는 길에 대한 입장은 전혀 밝히지 않는다. 여러 경제 계획 모델에 대해 헌법은 중립적이다. 다른 가치를 희생시키고 일자리 창출을 선호하는 국가 정책이든 그렇지 않은 정책이든, 모두 입헌주의에 부합할 것이다.

하지만 남아프리카공화국의 수많은 빈곤 가정에게 사회 보조금은 유일한 소득원이다. 사회 보조금의 가장 중요한 목적은 삶의 수준을 향상시키는 것이고, 분명히 그 역할을 하고 있다. 또한 여기에는 좀 더 정의롭고 평등한 사회를 만들기 위해 부를 재분배하려는 목적도 있다. 헌법이 보장하는 사회경제적 권리에 접근할 권리를 점진적으로 실현시켜야 한다는 의무를 정부가 이행하는 주요 수단인 것이다.

사회 보조금은 오늘날 대부분 686랜드의 가치를 넘지 않는다. 이는 1963년 블룸폰테인에서 무명의 자선가가 우리 가족에게 건네주었던 금액과 대략 비슷하다. 그 인간적인 나눔은 내 삶을 바꾸었다.

---

* 노령 급여, 장애 급여, 전쟁 퇴역 군인 급여의 수급자로서 신체적·정신적 장애로 말미암아 돌봄이 필요한 사람에게 지원하는 급여.

단순히 어려웠던 시기에 그 돈으로 물건을 살 수 있었기 때문이 아니다. 이 경험을 통해 나는 사회적 분배의 필요성을 이해하게 되었다. 절망적으로 불평등하고 여전히 정의롭지 못한 우리 사회에서, 사회 보조금은 우리가 사회적 분배를 실천하는 방법이다. 너무나 많은 사람들이 번영의 혜택으로부터 배제되는 사회에서, 이 장치가 있기에 정부를 통해 모두가 어느 정도 그 혜택을 누리게 되는 것이다.

사회 보조금에는 구호금 이상의 의미가 있다. 수급자만 혜택을 누리는 것이 아니다. 사회 보조금 없이 살 여유가 있는 사람들의 존엄성도 증진된다. 물론 사회 보조금만으로 모든 문제가 해결되는 것은 아니다. 하지만 그마저 없다면, 생활필수품을 지원받아야 하는 가난한 사람이든, 아니면 때로 이들을 비웃는 부자이든, 남아프리카공화국에 사는 우리 모두 입헌 국가의 도덕적 시민으로서 존엄성을 주장할 수 없을 것이다.

결론:
입헌주의의
약속과
시험

입헌 민주주의 이후 20년

헌법재판소의 내 책상에 앉아 이 책의 결론을 쓰는 지금, 2013년이 거의 끝나 가고 있다. 우리가 입헌 민주주의로 들어선 지 거의 20년이 되어 간다. 남아프리카공화국에는 여전히 마음 아픈 일들, 걱정할 일들이 많지만 굳건히 낙관을 유지할 이유도 있다.

우리는 그동안 많은 성과를 거두었다. 아마도 그 성과는 걱정이 많은 우리 같은 사람들이 실감하는 것보다 훨씬 클 것이다. 폭력 범죄는 여전히 높은 수준이지만, 1990년대 말에 우리를 공포에 떨게 했던 천정부지의 증가 추세는 일어나지 않았다. 1994년에 비해 남아프리카공화국의 살인 사건 발생률은 거의 절반으로 줄었다. 빈곤이 아직 만연해 있지만, 그래도 사람들의 삶은 대부분 나아졌다. 정부의 주택 정책은 수백만 명의 남아프리카 인들에게 집을 제공했다. 1994년에는 6세 아동의 겨우 3분의 1가량이 학교에 다니고 있었는데, 이제는 85퍼센트가 학교에 다닌다.

평균적인 흑인 가정의 소득은 3분의 1가량 증가했다. 그리고 매년 약 1천2백억 랜드에 이르는 사회 보조금을 통해 극빈층이 존엄한 물질적 생활과 사회적 힘(블룸폰테인에서 익명의 젊은 여성이 준 구호금으로 필요한 것을 살 수 있었을 때 지니 누나와 내가 경험했던 그런 힘)을 어느 정도 누릴 수 있게 되었다.

가장 중요한 것은 이런 성취가 입헌 민주주의 안에서 달성되었다는 점이다. 물론 우리의 정치 생활은 요란하고, 정신없고, 때때로 시끄럽고, 자주 분노에 차 있다. 이런 상황이 보통이다. 하지만 20년 가까이 지난 지금, 우리는 더 많은 자유를 누리고, 더 많이 토론하며, 더 활발하고 직접적인 참여를 하고 있다. 분명 우리는 20년 전에 비해 좀 더 실질적인 사회정의를 경험하고 있다.

모든 것이 다 좋다고 말하려는 것은 아니다. 오전에 헌법재판소로 오는 길에, 나는 비츠 대학과 요하네스버그 대학 인근 동네를 지났다. 이 동네는 예전에는 백인 노동 계층이 살던 지역이었는데, 이제 학생들의 숙소가 밀집해 있고, 한쪽에 가난한 사람들의 집이 모여 있다. 나는 요하네스버그의 빈민 지역 끝에서 브람폰테인을 지나 '시빅 힐'Civil Hill을 올라 헌법재판소 건물이 있는 '콘스티튜션 힐'로 간다.

오전에 방송하는 라디오 토크쇼를 들으며, 나는 종종 라디오에 전화를 걸어오는 많은 사람들과 내가 같은 걱정을 하고 있다는 사실을 깨닫는다. 정치적 대립은 가히 파괴적인 수준이다. 인종적 수사가 행위를 대신하는 때도 여전히 많다. 심각한 불평등, 대개 인종적으로 구조화된 불평등이 존재한다. 가난한 흑인 아동을 위한 공공 학교는 아파르트헤이트가 종식된 후 오히려 퇴보한 것처럼 보인다. 남아프리카방송국SABC과 중앙검찰청NPA 등 중요한 국가 기관이 분열되고 지도력이 부재한 상황은 심각한 수준이다.

겉으로 표현하지는 않아도 사람들 마음속의 분노가 지역사회 여기저기서 자라고 있다. 2012년에는 2004년 이래 '서비스 공급'에 대해 항의하는 시위*가 가장 많았고, 거의 10건 중 9건(88퍼센트)이 폭력 시위였다. 기초적인 회계감사 요구를 따르지 않는 시와 국가 부처

---

* 이른바 '서비스 공급 시위'(service delivery protests)라고 불리는 이런 시위는 가난한 사람들에 대한 정부 정책에 불만을 표출하는 빈민 운동으로서, '빈민의 반란'이라고 불리기도 한다.

가 점점 더 많아지고 있다. 그 결과 부패의 물결은 점점 더 높아지고, 이 물결이 우리를 삼켜 버릴 듯 위협하는 상황이다. 많은 정치인과 정부 공직자들이 부끄러운 줄 모르고 공적 자산을 약탈하고 있어, 우리의 민주주의와 그 속에서 우리가 달성하고자 하는 모든 것을 위협하고 있다.

많은 사람들이 보기에, 인종적 정의와 민주주의로의 이행을 위한 투쟁에서 우리가 보여 주었던 그 고매한 시민적 열망의 문화가 눈에 띄게 약해진 듯하다. 아예 사라진 것은 아니더라도 말이다.

상황이 이런데 입헌주의 국가라는 것이 무슨 의미가 있을까? 입헌주의란 최고의 열망을 헌법에 투사한다는 의미만은 아니다. 최선의 현실적인 희망을 헌법에 담는다는 뜻이기도 하다. 이 어려운 시간을 견디기 위해 필요한 것은 정직한 지도자와 적극적으로 참여하는 대중, 그리고 현실적인 감각과 현장의 지혜이다.

헌법의 고귀한 언어와 드높은 열망이 우리의 어려움을 해결해 주는 것은 아니다. 그 고상한 수사에 기댈 필요는 없다. 오히려 정반대이다. 구조적 분열과 사회적 경쟁과 약탈의 시대에, 헌법은 현재의 문제를 넘어 미래를 보장하기 위해 필요한 권력을 실제로 행사하는 실용적인 틀로서 존재해 왔다.

여기서 내가 강조하는 단어는 '틀'이다. 헌법은 그 자체로 현실을 바꾸지는 못한다. 우리가 생명을 불어넣어 주어야 한다. 여기서 우리란, 남아프리카공화국의 시민과 주민들, 어린 사람과 나이 든 사람, 남성과 여성, 시골과 도시에 사는 사람, 타운십과 교외 거주자 모두를 말한다. 헌법을 통해 여러분과 나, 원칙을 따르는 정직한 지도자, 헌신적인 정부, 적극적인 시민들과 활발한 시민사회 단체들을 포함한 우리가 그리는 미래를 현실로 만들 수 있는 실질적인 길이 열린다.

헌법에 대한 회의론, 그럼에도 내가 헌법을 옹호하는 이유

매일 아침 헌법재판소에 출근하고 일상적인 활동을 하면서도, 나는 입헌주의에 대해 근본적으로 의심을 품는 사람들을 외면하지 않는다. 이들의 관점은 존중되어야 한다고 생각한다.

헌법 회의론자들은 대체로 두 진영에 속한다. 한쪽은 기본권과 입헌주의가 '인민'이 마땅히 소유해야 하는 사회적 권력을 빼앗았다고 생각하는 사람들이다. 이들은 헌법이 부정의한 사회를 급진적으로 변화시킬 사람들의 힘에 족쇄를 채우는 잘못된 타협이었다고 본다. 이 같은 회의론을 가장 강력하게 주장한 사람은 은고아코 라마틀로디 차관이었다. 2011년 그는 입헌주의로의 이행이 "흑인 정부 아래에서 백인의 지배"를 유지하고자 했던 아파르트헤이트 세력의 승리였다고 말했다. "입법부와 행정부의 실제 정치적 권력을 공동화空洞化"하고 이 권력을 "사법부와 다른 헌법기관과 시민사회 운동"에 넘김으로써 그렇게 되었다는 것이다.

아주 최근에, 남아프리카 전국금속노동자조합NUMSA의 사무총장 어빈 짐은 급진적인 변화를 위해, 재산권을 보호하는 헌법 조항을 "폐기"해야 한다고 말했다. 이런 종류의 회의론은 남아프리카공화국 경찰청장 리아 피예가의 말, 즉 우리가 "권리를 허용하는 아주 아름다운 헌법을 가지고 있고 권리에 제한이 없기" 때문에 범죄자들이 뻔뻔하게 행동한다고 말한 것에서도 분명하게 드러났다. 이들은 헌법이 너무 강력해서 우리 사회를 바람직한 모습으로 만들기 위해 해야 할 일을 할 수 없다고 말한다.

한편 회의론의 반대쪽 진영 사람들은 헌법에 전혀 힘이 없다고 생각한다. 이런 회의론은 아서 차스칼슨 헌법재판소장이 2012년 12월 사망했을 때 시작된 열띤 공적 논쟁에서 강하게 드러났다. 켄 오웬과 R. W. 존슨은, 입헌주의는 단순한 겉치레일 뿐, 사실 아프리카민족회의와 남아프리카공산당의 급진주의자들이 그들이 원하는 만큼의 강력한 권력을 획득했으며, 이 나라를 중앙에서 통제하기 위해 입헌주의를 통해 모든 국가 기관을 왜곡하고 있다고 생각한다. 이 진영의 회의론자들은 헌법이 충분히 두렵지 않을 뿐만 아니라, 입헌주의라는 전체적인 구상이 사기일 가능성을 제기한다.

이 두 집단은 서로 반대편 끝에 있다. 전자는 헌법이 너무 강해서 사람들이 (범죄를 막기 위해서든 소득 재분배 개혁을 위해서든) 권한을 행사할 수 없다는 것, 요컨대 헌법이 현실에서 커다란 영향력을 발휘하고 있다고 말한다. 후자는 헌법이 급진적 권력 행사를 제어하기는커녕 조잡한 허식에 불과하며 그 권력 행사를 허용하기 위해 고안된 속임수라고 말한다.

내가 보기에, 양쪽은 모두 역사를 잘못 설명하고 있다. 역사를 돌아보면, 만델라를 비롯한 협상가들이 신자유주의적 이익을 위해 미래의 권력을 희생시켰다거나, 독재 권력을 얻기 위한 수단으로 입헌주의를 채택했다고 보기 어렵다. 실제로 3장에서 밝힌 것처럼 헌법은 엘리트들 간의 비밀 협상과 타협의 결과물이 아니었다. 우리 민주주의의 특징이기도 한, 활발한 토론과 대중 참여를 통해 세상에 나온 것이었다. 하지만 그럼에도 불구하고 회의론자들의 경고는 중요하다.

이런 경고를 통해 권리 언어rights-talk의 한계를 되짚게 된다. 회의론자들은 법치주의 때문에 힘의 행사가 막히고 방해받는 것을 견디지 못한다. 권위주의에 대항하기 위한 방어물로서 입헌주의가 효과적이지 못하다는 경고도 제기된다. 이런 경고가 완전히 틀린 것은 아니다.

그럼에도 불구하고 나는 헌법이 여전히 남아프리카 인들에게 정의롭고 질서 있는 미래를 열 수 있는 최상의 길을 열어 준다고 생각한다. 대책 없는 낙관주의가 아니라, 지난 20년 동안 우리 민주주의의 역사에서 입헌주의가 어떤 의미를 갖는지 냉정하게 평가하려는 것이다. 헌법은 단순히 높은 열망과 이상주의를 담은 문서가 아니다. 헌법은 실행 가능하고 사용 가능한 헌장이다. 그리고 헌법 스스로가, 이제 겨우 절반의 회복을 이룬 이 나라에서, 민주적 권력을 행사하기 위한 기반으로서의 역할을 부족하지만 실제적으로 입증했다.

이렇게 헌법에 대해 조심스럽지만 낙관적으로 평가하는 다섯 가지 이유가 있다.

첫 번째 이유: 헌법은 20년간의 시험을 견뎠다

헌법이 완전히 증명된 것은 결코 아니다. 시간의 풍파를 더 거쳐야 검증될 수 있겠지만, 그래도 그 길로 나아가는 중이다. 우리는 약 20년 동안 격정적인 토론, 이해관계와 논쟁의 충돌을 겪었다. 시민사회와 정부 사이에, 주 정부와 중앙정부 사이에, 지배 정당인 아프리카민족회의 내부의 파벌 사이에, 토지를 잃은 사람·도시 세입자와 토지·건물 소유주 사이에 갈등이 있었다. 이런 모든 갈등은 헌법적 가치의 틀 안에서 조정되어 왔다. 이런 가치들은 유연하고 실제로 효과적이었다.

두 번째 이유: 헌법의 권력 분배는 실제적이고 효과적이다

헌법을 신뢰하는 두 번째 이유는 헌법이 창조하는 권력분립이 바람직하고 유용하다는 사실이 입증되었기 때문이다. 행정부, 입법부, 사법부는 때로 긴장이 흐르기는 하지만 상호 효과적인 관계를 맺는다. 판사는 (전자 통행료에 대한 법원의 집행 정지 결정을 파기했듯이) 순수한 정치적 쟁점을 다룰 때는 조심하지만, 사회 서비스 제도에 대해서는 정부에 엄중히 책임을 묻는다.

가장 좋은 예는 아마도 그루트붐 판결일 것이다. 헌법재판소는 정부의 주택 정책이 극빈층에 대한 지원을 마련하지 않았기 때문에 헌법적으로 무효라고 선언했다. 그 결과 정부는 주택 정책 전체를 근본적으로 정비했다. 더 많은 요구에 충분히 부응하지는 못하고 있더라도, 주택 공급 정책은 의심할 바 없이 성공적인 정부 활동 가운데 하나였다. 헌법이 주거 접근권을 법원을 통해 집행할 수 있는 권리로 만든 결과였다.

이보다 더 유명한 사례는, 음베키 대통령의 승인하에 정부가 에이즈를 외면하고 있을 때 헌법재판소가 정부로 하여금 가난한 사람들이 공중 보건 진료소에서 항레트로바이러스제를 이용할 수 있게 하라고 내린 판결일 것이다. 이로 인해 마련된 전국의 항레트로바이러스 치료 사업은 자랑스러운 성취라 할 만하다. 이 또한 헌법이 보건 접근권을, 법원을 통해 집행될 수 있는 권리로 만들었기 때문에 얻을 수 있었던 성취였다.

헌법이 특권층만을 보호할 것이라는 주장이 매우 비관적인 생각이라는 사실이 여기에서 드러난다. 헌법의 약속, 사법부에 의해 집행될 수 있는 그 약속들이 있었기에, (정부와 민간 모두) 가난한 사람들

중에서도 가장 가난한 사람들에게로 상당한 자원을 돌리게 되었다. 이는 옳고 정당한 일이며, 자랑스러운 성취이다. 나는 이 성취를 딛고 이 나라의 입헌주의와 법치주의가 꼭 성공을 거두리라 믿는다.

세 번째 이유: 사람들은 헌법을 자신의 것으로 여겨 왔다

이 연속선상에 헌법에 대해 조심스럽게 낙관하는 세 번째 이유가 있다. 입헌주의라는 개념이 남아프리카공화국에 상당히 폭넓게 퍼져 있기 때문이다. 아마도 우리 민주주의의 가장 놀라운 특징은 거의 모든 사람이 헌법상의 권리를 주장한다는 것이다. 지방의 게이와 레즈비언 청년들, 타운과 시에서 서비스 공급에 불만을 품고 시위하는 사람들, 야당과 아프리카민족회의 내부의 정치적 파벌들 모두가 헌법이 정하고 있는 가치와 권리의 정당성을 받아들일 뿐만 아니라 소리 높여 자신들의 권리를 주장한다. 그리고 이들은 헌법상의 권리가 자신들이 살아 있는 동안 일상생활에서, 지금 당장 실현되어야 한다고 주장한다.

입헌주의가 변호사와 탁상공론적인 이상주의자만이 떠들어 대는, 엘리트들끼리의 이야기가 될 수 있다는 두려움은 완전히 불식되었다. 입헌주의는 우리 사회의 온갖 정치적 문제와 논쟁 속에서 가장 큰 영향력을 발휘하는 힘 가운데 하나이다.

네 번째 이유: 사법부는 여전히 굳건하다

네 번째 이유는 사법부이다. 법치주의를 수호하는 데 있어 중추적 역할을 하는 것은 판사이다. 그렇기 때문에 입헌주의에는 강력하고 정직한 사법부가 필요하다. 괴로운 의문부호를 가슴 한쪽에 품으면서도, 나는 남아프리카공화국에 아직까지 그런 사법부가 존재한다고 믿는다. 물론 상황은 달라질 수 있지만(특히나 원로 판사들의 개인적 도덕성이 의심되는 경우도 있겠지만), 지금으로서 우리는 굳건한 사법부를 가지고 있다.

자화자찬하려는 것이 아니다. 물론 사법부는 많은 문제점을 안고 있다. 약하고 과로에 허덕이고 있으며, 일부 판사들은 정직성을 의심받아 왔다. 범죄 피해자나 소송 당사자를 위한 경찰과 법원의 서비스가 형편없을 때도 너무나 많다. 판사들 역시 이 때문에 좌절한다. 판사는 범죄를 수사할 수 없으며, 제 시간에 감식 결과를 제공할 수 없다. 범죄자를 헌법이 정한 대로 공정하게 법에 따라 기소할 수도 없다. 기초 서비스를 공급하거나 부패를 막는 것도 판사가 할 수 있는 일이 아니다.

하지만 이런 일은 판사만이 아니라 헌법도 할 수 없다. 경찰의 법집행, 수사 활동, 수사의 후속 조치와 기소가 효율적으로 이루어지도록 하는 것은 헌법이 아니다. 정부로 하여금 정직하고 부지런하게 기초 서비스를 공급하도록 만들 수도 없다.

나의 동료인 헌법재판소 부소장 모세네케 재판관이 2013년 5월에 밝혔듯이, 헌법도 법원도 토지개혁과 토지 재분배 사업을 효과적으로 이끌지 못했다. 토지개혁을 방해한다고 해서 엄청나게 매도된 '뜻있는 매매 당사자'willing-buyer, willing-seller 원칙*은 헌법 어디에도

---

* 구매자와 판매자 쌍방이 원할 때 매매가 성사된다는 시장 원칙. 남아프리카공화국은 토지개혁의 일부인 토지 재분배 정책에서 이 원칙을 채택하고 있는데, 토지 소유주와의 협상이 지연되면서 정부가 토지를 매입하지 못하고 결과적으로 토지 재분배가 진척되지 않아 비

없다. 헌법이 금지하는 것은 자의적인 재산의 박탈뿐이고, 헌법이 요구하는 것은 정부가 재산을 빼앗을 때 정당하고 공정한 보상을 하라는 것뿐이다. 판잣집에 사는 사람도 집을 가진 사람도, 부유한 사람도 가난한 사람도 마찬가지이다.

헌법도 판사도 사회정의를 이끌어낼 수는 없다. 판사가 할 수 있는 일이란, 단지 사건이 제기되었을 때 헌법이 명령하는 일을 법관으로서 선서한 대로 수행하는 것뿐이다. 공정하게 중립적으로 법을 집행하고 헌법의 고매한 이상에 대한 믿음을 잃지 않는 것이다. 지난 20년 동안 사법부가 해온 일이 대략 이런 것이었다고 나는 생각한다.

내 주변의 판사들은 모두 기본에 충실하다. 그 기본이란 독립적 기구의 가치, 사법부의 자율성, 철저한 도덕성의 요구, 법치주의의 절대적인 중요성, 헌법의 절대 우위성과 같은 것이다. 그리고 무엇보다 판사들은 고상한 언어로 된 헌법적 약속이 사람들의 삶 속에서 실제로 이루어져야 한다는 것을 알고 있다.

우리 앞에 있는 소송 당사자가 일반 시민이든 정부이든, 의회 의장이든 야당이든, 시민사회 단체이든 정당의 한 계파이든, 우리 판사들은 헌법적 약속에만 비추어 주장의 견고함을 엄격히 판단한다. 사법부가 헌법의 가치에 헌신하면서 정직하고 건강하게 잘 운영되는 것은 사소한 성취가 아니다.

판을 받았다.

다섯 번째 이유: 헌법의 근본적 가치는 옳다

우리가 당당하게 자신감을 가져도 되는 다섯 번째 이유는 바로 헌법의 기본적 구조와 가치에 있다. 민주주의, 평등, 독립적인 기관들 사이의 권력분립, 사회정의에 대한 헌신이 그 내용이다. 헌법은 사회 민주주의적인 문서이다. 정부가 정책을 세울 때, 헌법은 반드시 사회에서 가장 가난한 사람을 포함하도록 요구한다. 그러면서도 헌법은 정부가 상이한 경제 이론, 상이한 개발 전략, 생산적인 사회적 투자에 대한 상이한 관념을 추구할 수 있도록 공간을 열어 둔다.

'좌파'에게는 "평등은 모든 권리와 자유의 완전하면서도 동등한 향유를 포함한다."라는 규정 등을 비롯한 헌법상 평등 조항에 기반해 급진적 평등주의를 주장할 여지가 충분하다. '우파'에게는 헌법상 직업과 영업의 자유를 탐색할 일이 아직 많이 남아 있다.

헌법은 기본 구조상 가장 가난하고 취약한 사람들에게 관심을 가지라고 요구하며, 사회경제적 권력이 없는 약자와 소수자를 보호하라고 명한다. 이는 옳고 꼭 필요한 일이다. 그러지 않고는 입헌주의와 법치주의가 허울에 그칠 수 있기 때문이다. 또한 헌법은 기본적인 사회경제적 권리를 점진적으로 실현하도록 요구한다. 그리고 입헌 민주주의를 지원하는 제도적 보호 장치로 중앙검찰청, 공익 보호관, 인권위원회 같은 독립 기구들을 설치하고 있다.

하지만 여기까지가 헌법의 역할이다. 민주적으로 선출된 정부가 일자리를 창출하고, 사회적 형평성을 증진하고, 역사적 피해를 보상하기 위해 어떤 사회적 구제책을 채택할 것인지에 대해서는 아무것도 정하지 않는다. 우리 헌법은 (그것이 어느 정당이 되었든) 정부에게 공동의 복지를 증진하고, 부정의를 바로잡고, 사회적 부를 창출할 권한을 부여한다. 이런 헌법의 기본적 가치와 구조는 건재하다.

이야기를 맺으며

지금까지 나는 퀸스타운과 로라 누나의 장례식에서 출발해 아주 긴 여정을 거쳐 왔다. 민주화된 남아프리카공화국에서 내가 판사로 지낸 지도 거의 20년이 되었다. 몇 달 동안 (임시) 판사로 재직한 후에 1994년 12월 만델라 대통령의 임명으로 나는 고등법원 판사가 되었다. 그 이후의 세월은 불확실성과 불안, 그리고 가끔 낙담하곤 했던 시간의 연속이었다. 대단히 고되게 일에 전념한 세월이었지만 동시에 기쁨의 세월이기도 했다. 그 시간 동안 나는 시대적 열망을 담아 공중에 떠워진 종잇조각에 불과했던 헌법이, 현실에서 권력을 규율하고 진보를 가능케 하는 헌장으로 자라나는 것을 지켜보았다.

거의 20년이 지난 오늘날, 주변에는 여전히 불안하고 낙담하게 되는 일들이 많다. 남아프리카공화국의 지난 상처가 아물려면 앞으로도 긴 시간이 필요할 것이다. 부정직한 지도자, 부패, 정부 독립 기구의 붕괴로 언제든 우리의 야심 찬 헌법 프로젝트가 좌절될 수 있다.

하지만 적어도 소박하게나마 자부심을 가져도 좋은 이유들 역시 많이 있다. 우리는 아프리카 대륙에서 가장 적극적이고 참여적인 시민을 가지고 있다. 매체 또한 남반구의 어느 곳과 비교해도 가장 목소리가 높고 다양할 것이다. 그리고 가치와 수단, 목적에 대한 우리의 토론은 열정적이고 진지하다.

우리는 1994년에 머물러 있지 않다. 마냥 순수하기만 했던 그때와는 다르다. 우리는 더 이상 소망을 나열하며 꿈꾸듯 미래를 계획하지 않는다. 이제 권력이 사적 이익을 위해 교활하게 공적 재산을 약탈하기도 한다는 사실을, 그리고 권력의 한계와 악을 안다. 이 모든 프로젝트는 언제든지 몰락할 수 있다. 하지만 약 20년이 지난 지금, 우리 곁에는 그동안의 공격을 버티고 시간의 검증을 거친, 대부분 유용하고 분명히 효과적인 입헌 민주주의가 있다. 미래를 만들어 가는 데 도움을 주는 실용적인 틀이 마련되어 있다. 우리가 원하는 미래에 도달할 수 있는 수많은 경로를 제공해 주는 틀 말이다.

헌법은 우리를 치유와 통합의 길로 안내한다. 법을 통해 나 개인의 삶이 얻었던 것을 헌법이 우리나라에 부여할 것이다. 헌법은 우리나라를 바꾸고, 회복시키고, 바로잡고, 화해할 수 있는 틀을 마련해 준다. 헌법이 제공하는 기회를 누리는 일은 우리에게 달려 있다. 높은 이상과 열정의 시절을 위해서만 헌법이 존재하는 것은 아니기 때문이다. 헌법은 낙담과 냉정의 시간을 위해서도 존재한다. 첫 20년 동안 달성한 성취로서 이 정도면 나쁘지 않다. 우리의 치열한 헌신으로 이뤄 낸 결과이다.

| 감사의 글 |

이 원고의 전체 또는 부분을 읽어 준 나의 친구와 동료, 헌법연구관들에게 깊이 감사한다. 그들은 이 원고가 더 좋은 글이 되도록 유익한 제언을 아끼지 않았다. 그중에서도 특히 자료 수집과 인용을 도와준 헌법연구관들에게 감사한다.

나의 가족들에게는 별도의 감사를 전한다.

남아프리카공화국에서: 로리 아커만, 누리나 앨리, 클레어 애비돈, 레오 분자이어, 제프 버드렌더, 부시시웨 데이, 닉 페레이라, 요한 프론만, 네이선 게펀, 토니 함부르거, 젤다 크루거, 캐럴 루이스, 크리스토퍼 만, 그시나 말린디, 길버트 마커스, 마이클 음비키와, 캐롤라인 니컬스, 게리트 올리비에, 장 리히터, 빔 리히터, 르네 반 데어 리에트, 그리고 르완도 사소.

해외에서: 마크 베어(멤피스), 사포 디아스(런던), 존 두가드(덴 하그), 아잇제 두가드(덴 하그), 샌드라 프레드먼(옥스퍼드), 롭 개리스(록펠러 재단, 뉴욕시), 제레마이아 존슨(뉴욕시), 시드니 켄트리지(런던), 크리스 매코나키(옥스퍼드), 엘레나 온가니아(벨라지오), 필라르 팔라치아(벨라지오), 하네케 스뮐더르스 리첸(벨라지오), 조너선 와트-프링글(런던), 말지 젱킨스 왁스(벨라지오), 그리고 로버트 윈터뮤트(런던).

전 헌법연구관 클레어 애비돈에게 특별히 감사의 인사를 전한다. 집필 마지막 단계에서, 그녀는 변호사로 업무가 매우 바쁜 와중에도 주말을 바쳐 원고 전체를 꼼꼼하게 읽고 검토해 주었다. 문장에서 빠진 부분, 어색한 부분, 매끄럽지 않은 부분을 지적해 주었고, 아무도 눈치 채지 못했던 중요한 통계적 오류도 잡아 주었다. 원고에 추가할 중요한 몇 가지 사항을 더 제안해 주기도 했다. 결과적으로 그녀의 빈틈없는 치밀함 덕분에 무척 많은 도움을 받아 원고를 완성할 수 있었다.

조지 클라센에게도 많은 빚을 졌다. 작가로서 본인의 능력을 발휘해 꼼꼼하고 창의적으로 인덱스 작업을 해주었고, 그 덕분에 이 책의 가치가 훨씬 더해졌을 것이라 생각한다. 인덱스를 준비하던 마지막 단계에서도 그의 도움을 많이 받았다. 역시 인덱스 준비를 도와준 외국인 헌법연구관 토머스 스콧과 지니 누나에게도 깊이 감사드린다.

이 책을 쓰는 동안 나는 벨라지오에서 머무는 행운을 누렸다. 2013년 3월, 뉴욕의 록펠러 재단이 이탈리아 코모 호수에 있는 센터에 글을 쓸 수 있는 숙소를 마련해 주었다. 생애 최고의 경험이었다. 그곳에서 한 달 동안 나는 행복하고 생산적인 시간을 보냈다. 그 아름다운 풍경을 바라보며 평화와 고요 속에서 글을 쓸 수 있었고, 아주 특별한 사람들과 어울려 식사하고 산책하며 (또 가끔씩 '탈옥'도 하며) 잊지 못할 시간을 함께 보냈다. 나는 이 책의 절반가량을 그곳에서 집필했다. 그 시간이 없었다면 아마도 이 책을 완성할 수 없었을 것이다.

또한 출판사가 소개해 주었던 두 명의 특별한 독자, 앨리슨 라우리와 하네스 반 질에게 감사한다. 그들은 중요한 시기에 친절하고도 전문적인 격려를 해주었다. 편집자 에리카 우수이센에게도 오랫동안 많은 신세를 졌다. 그녀와의 인연은 나의 전작 『에이즈의 증인』 *Witness to AIDS*부터 시작되었다. 그녀는 친절하고 따뜻하며, 언제나 힘을 주는 사람이다.

가족인 장, 빔, 말리스, 마크, 그라함에게 마지막 감사를 보낸다. 그리고 헌법재판소의 동료들과 예전 동료들인 케이트 오리건, 자크 야쿱, 이제 고인이 된 너무나 그리운 아서 차스칼슨과 피우스 랑가에게 감사를 바친다.

보이는 사람들과
보이지 않는 사람들

이 책은 커밍아웃한 게이이자 HIV 감염인으로서 현재 남아프리카 공화국 헌법재판소에 재직하고 있는 에드윈 캐머런 헌법재판관 개인의 삶에 대한 자전적 기록이자, 남아프리카공화국의 인종적·성적, 경제·사회·문화적 소수자들이 함께 겪어 온 이야기이다. 그는 아파르트헤이트 시대부터 입헌 민주주의 시대로 이행하는 과정에서 법이 사람을 억압하는 도구가 될 수 있음을 경험했지만, 사람을 자유롭게 만들 수도 있다는 믿음을 버리지 않았다. 인권 변호사, 판사, 헌법재판관으로 평생을 법과 함께 살아오면서, 그는 자신이 꿈꾸는 평등하고 정의로운 세상이 헌법과 법치주의를 통해 실현될 수 있다고 믿고 있다.

그의 믿음이 사실이든 그렇지 않든, 적어도 남아프리카공화국이라는 나라의 최고 사법기관인 헌법재판소에 커밍아웃한 게이이자 HIV 감염인이 헌법재판관으로 재직하고 있다는 것만으로도, 한국의 현실을 생각하면 충분히 놀라운 일이다. 한국의 헌법재판소가 개인의 기본권을 보장하는 사법기관으로서 사회 변화에 중요한 역할을 해온 것은 분명하지만, 공개적으로 커밍아웃한 성 소수자나 HIV 감염인이 헌법재판관으로서 공직을 수행한다는 것은 여전히 상상할 수 없다. 오히려 최근까지도 헌법재판소는 동성 간의 성관계를 '비정상적인 성적 교섭 행위'로 표현하는 등 인간의 성적 다양성을 인정하지 못하고 고정관념에 기반한 배타성과 혐오감을 드러냈다(헌재 2016.7.28. 2012헌바258 참조).

과거 아파르트헤이트라는 악명 높은 인종차별 정책으로 말미암아 불평등의 상징처럼 여겨졌던 남아프리카공화국이 어떻게 성 소수자와 HIV 감염인이라는, 사회적으로 가장 심한 차별과 낙인을 받는 사람들의 평등과 기본권 보호를 하나의 규범으로 받아들이는 나라가 되었을까? 내가 이 책을 번역한 것은 이런 궁금증에서 시작되었다. 캐머런 헌법재판관의 이야기가 어떤 '영웅'의 서사라서가 아니라, 그런 배경을 가진 소수자가 공식적 사회제도 안에서 받아들여지고 존중받을 수 있도록 변화된 한 사회와 그런 변화를 만들어 낸 사람들의 이야기가 궁금했기 때문이다.

남아프리카공화국의 헌법은 1948년부터 1991년간의 아파르트헤이트 시대를 끝내면서, 1993년 임시 헌법을 거쳐 1996년, 세계에서 가장 진보적인 헌법 가운데 하나로 평가받는 내용으로 탄생했다. 이 헌법은 별표와 부록을 제외하고 총 243개 조항으로 방대하다. 개인의 기본권을 상세하게 명시하는 데 많은 분량을 할애하고 있으며, 입헌 민주주의를 실현하기 위한 장치들을 세밀하게 규정하고 있다. 평등과 다양성에 대한 존중은 헌법 전체를 흐르는 중요한 가치 중의 하나로서, 이 책에서 설명하듯 11개의 공용어를 채택하고, 헌법상 독립 기구로 문화종교언어공동체 권리증진보호위원회, 성평등위원회 등을 두고 있기도 하다.

그중에서도 제9조의 평등권 조항은 특징적이다. 같은 조 제3항에서는 17가지 차별 금지 사유가 나열되어 있는데, 인종, 젠더, 성, 임신, 혼인 상태, 민족적 또는 사회적 출신, 피부색, 성적 지향, 연령, 장애, 종교, 양심, 신념, 문화, 언어, 태생 등을 이유로 누구도 차별받아서는 안 된다고 명시하고 있다. 이 조항에 '성적 지향'을 포함함으로써, 남아프리카공화국은 세계 최초로 성 소수자에 대한 차별 금지를 헌법상 규범으로 명시한 나라가 되었다. 이에 따라 헌법재판소는 1998년 성인 남성들 간의 합의된 성관계를 처벌하는 형법 규정에 대해 위헌을 선고하고, 2005년 동성혼을 인정하지 않는 혼인의 정의는 헌법에 위반된다고 판결해 세계에서 다섯 번째로 동성혼을 합법화했다.

캐머런 헌법재판관의 이야기는 에이즈 쟁점을 다룬다는 점에서, 조금 더 조심스럽고 어려운 영역으로 들어간다. 특히 에이즈라는 질병에 대한 이해가 아직까지 1980년대 수준에 머물러 있고, HIV 감염인을 비난과 공포의 대상으로만 여기는 한국에서, HIV 감염인이 공개적으로 감염 사실을 밝히고도 '평범한' 사회생활을, 심지어 '고위 공직자'로 생활하고 있다는 사실은 낯설고 이상하게 보일 수 있다.

하지만 수많은 가족과 친구, 이웃이 에이즈로 말미암아 사망하는 일이 다반사이며, 치료법을 찾아 생명을 구하려는 노력이 오랜 기간 지속되어 온 아프리카에서, 한국에 비해 더 치열하게 에이즈에 대한 지식을 생산하고 논쟁해 왔던 것은 어쩌면 당연한 일일 것이다. 이 책에서 자세히 설명하고 있듯이, 2000년에 남아프리카공화국 헌법재판소는 HIV 양성이라는 이유로 직원 채용을 거부한 항공사의 행위에 대해 위헌을 선고한 바 있고, 2002년에는 HIV 감염인을 위한 치료약 보급을 제한한 정부 조치에 대해 의료 접근권 보장의 의무를 위반한 것이라는 판결을 내리기도 했다.

남아프리카공화국의 헌법재판소가 이런 판결을 내릴 수 있었던 것은, 저자가 강조하듯이 우선 개인의 기본권과 이를 수호해야 하는 국가의 의무를 분명히 명시한 헌법이 있었기 때문이며, 또한 이를 바탕으로 법치주의가 작동했기 때문이다. 이 책에서 소개되듯이, 집 없는 사람들의 주거 문제를 다룬 '그루트붐 판결'이나, 에이즈 치료약 보급 문제를 다룬 네비라핀(치료행동캠페인) 판결은 각각 주거권과 보건 의료권이라는 사회권을 다룬 것으로, 사회적 기본권 보장에 관한 국가의 의무가 헌법에 명시되어 있기 때문에 가능했다. 사회권의 실현을 정부의 재량에만 맡기지 않고 그 헌법상 의무 이행을 사법적으로 감독함으로써 권리의 실현을 추동시킨 판결들로서, 비교법적으로 중요한 헌법재판의 선례가 되었다.

이 모든 일이 어떻게 가능했는지 이 책에서 저자는 자신이 살아온 삶의 기록을 통해 생생하게 밝히고 있다. 무엇보다 그는 많은 사람들의 이야기를 들려준다. 새로운 헌법과 제도, 판례를 만들기 위해 싸워온 사람들 말이다. 넬슨 만델라 대통령처럼 세계적으로도 잘 알려진 인물 외에, 그 시대를 통과해 온 수많은 활동가와 법률가들의 이야기가 담겨 있다. 법이 권력자의 편에서 억압의 도구가 될 것인지, 모든 인간의 존엄성과 자유, 평등이 보장되는 사회를 만들기 위한 도구가 될 것인지는, 그 사회를 살고 있는 사람들의 행동을 통해 바뀔 수 있음을, 이 책은 그 어떤 연설보다 설득력 있게 말해 준다. 좀 더 정의로운 세상을 이루기 위해 우리에게 중요한 것은 우리를 구할 영웅이 아니라, 우리가 하나하나 힘겹게 싸우고 고치며 만들어 내는 과정 그 자체임을 알려 준다.

물론 남아프리카공화국은 여전히 빈곤과 범죄, 부패, 불평등과 싸우고 있다. 헌법의 이상과 현실의 간극은 크다. 성 소수자나 HIV 감염인에 대한 낙인이 여전히 존재하며 포용과 평등의 길은 요원해 보이기까지 한다. 그럼에도 불구하고 희망적인 것은, 저자가 말하듯이 헌법의 가치를 실현시키기 위한 노력은 남아프리카공화국 사람들의 삶을 실제로 변화시켜 왔으며, 여전히 진행 중이라는 사실이다. 단지 헌법의 조문들이 아름다운 이상을 담고 있어서도 아니고 헌법재판소가 훌륭해서도 아니다. 내가 케이프타운에서 만난 택시 기사와 대화하면서 느꼈듯이, 남아프리카공화국 사람들에게 헌법은 암울한 시대와 맞서 직접 쟁취한 결과이며, 일상을 살면서 계속해서 소환하고 논쟁하며 의미를 부여하는 살아 있는 규범이기 때문이다.

내가 이 책을 만나게 된 것은 김이수 헌법재판관님 덕분이었다. 남아프리카공화국의 헌법재판소를 방문하기 위해 떠났던 출장길에, 요하네스버그 공항 서점에 진열되어 있던 이 책을 발견하고는 동행한 내게 선물해 주었다. 이 책을 번역해 캐머런 재판관과 남아프리카공화국 헌법재판소 이야기를 다른 사람들에게도 들려주면 좋겠다면서 말이다. 마침 헌법재판소를 방문해 캐머런 재판관을 만나 인사를 나눈 뒤라, 반가운 마음으로 기쁘게 이 번역 작업을 시작할 수 있었다.

번역 과정에서 게이법조회가 번역 내용을 꼼꼼하게 감수해 적절한 법률 용어로 수정하고 문장을 다듬어 주었다. 남아프리카공화국의 역사와 사법 체계를 조사하면서 원고를 검토해 주어 전체적인 맥락을 이해하며 번역을 다듬을 수 있었다. 약사이면서 HIV 감염인의 인권을 위한 활동가로 오랫동안 활동해 온 정보공유연대IPLeft 운영위원 권미란 님은 에이즈 의약품 및 HIV 감염인 운동의 역사와 관련된 부분을 검토해 주었고, 역주에 필요한 친절한 설명도 보태 주었다. 캐머런 재판관은 그의 이야기를 한국의 독자들과도 나눌 수 있게 되어 기뻐하면서 마음을 담은 한국어판 서문을 보내 주었다. 후마니타스의 편집부는 이 책이 한국의 독자들에게 잘 전달될 수 있도록 처음부터 끝까지 애정을 가지고 원고를 살펴 주었다. 이 모든 분들과, 그 외에 이 책의 번역이 끝나기를 기다린 많은 분들에게 깊은 감사를 표한다.

마지막으로 독자들에게 당부 드리고 싶다. 최대한 편견을 내려놓고 이 책을 읽어 주었으면 좋겠다. 지구의 반대편에 있는 남반구의 한 나라에서 태어나 살아온 누군가의 인생을 온전히 있는 그대로 이해하기란 쉽지 않은 일이다. 이성애자가 다수인 사회에서 동성애자로, 에이즈의 공포가 세상을 덮던 시절에 HIV 감염인으로 살아온 사람, 하지만 동시에 주류인 남성이자, 소수이지만 지배층인 백인이며, 엘리트 교육을 받은 법조인인 그의 삶을 단순하게 평가하기는 어렵다.

편견과 낙인을 떨어낼 때 우리는 진실하게 사람을 만날 수 있다. 독자들이 이 책을 읽으면서, 주변에 존재하지만 보이지 않던 사람들과 새롭게 만나게 되길 바란다. 그렇게, 남아프리카공화국의 헌법과 대한민국의 헌법이 한목소리로 외치고 있는, '모든 인간의 존엄성과 평등'이라는 근본 가치에 조금 더 가까이 다가가게 될 것이라고 믿는다.

2017년 2월
김지혜

| 주 |

전 대통령 넬슨 만델라의 인용문은 2001년 더반에서 열린 국제옴부즈맨회의 연설문의 일부로, 2011년 2월 22일 화요일 프리토리아에서 있었던 공익 보호관 툴리 마돈셀라 법정변호사의 연설에서 언급된 것이다. http://www.pprotect.org/media_gallery/2011/23022011_sp.asp(방문일: 2013/11/19) 참조.

1장 아파르트헤이트 시대의 법

● 법과의 첫 만남
아버지 케네스 휴슨의 SAP69 범죄 기록을 찾아보려 했지만 성공하지 못했다.

● 법과의 두 번째 만남, 그리고 변호에 대한 첫 배움
요하네스버그의 주임 사제와 앨리스 노먼에 대한 이야기는 다음 책을 참조. Denis Herbstein, White Lies: Canon Collins and the Secret War Against Apartheid (James Currey Publishers and HSRC Press, 2004), pp. 160-167. 허브스타인은 노먼 여사가 트레버 허들스턴 신부의 독려로 아프리카민족회의에 관여했던 일을 부인하는 위증을 했다는 사실을 나중에 털어놓았다고 썼다. 그는 실리에 고등법원장을 "상급 경찰관의 말이라면 무조건 믿는 걸로 알려진 정부의 신임 받는 지명인"이라고 묘사한다. 주임 사제 재판에서, "그는 역시 잘해냈다"(165쪽).

주임 사제 재판에 대한 판결문은 S v ffrench-Beytagh 1971 (4) SA 333 (T)(주임 사제가 본인의 진술서 사본을 보안 경찰에게서 받을 권리가 있다는 판결); 1971 (4) SA 426 (T) (런던에 있는 노먼 여사에게 증거를 제출하도록 명령을 내림); 1971 (4) SA 571 (T) (증인으로 나온 경찰의 진짜 정치적 견해를 밝히는 증거의 증거능력에 대한 판결); 1972 (1) SA 828 (T) (주임 사제에게 유죄를 선고한 1심 판사의 판결 요지)에 수록되었다.

주임 사제 사건의 판결과 여성들이 흐느끼며 〈전진하라! 기독교 군병들이여〉라는 노래를 부른 내용을 패트릭 코머포드 목사의 글 "In Retrospect: Canon Gonville Aubie ffrench-Beytagh(1912~1991)," 2012년 4월 23일에서 가져왔다. http://revpatrickcomerford.blogspot.com/2012/04/in-retrospect-canon-gonville-aubie.html (방문일: 2013/04/25) 참조.

● 주임 사제가 항소하다

1910년에 설립된 대법원(구대법원 항소부)의 역사는 법원 홈페이지에서 볼 수 있다.
http://www.justice.gov.za/sca/historysca.htm(방문일: 2013/10/02).

● 용감한 역사: 1950년대 대법원 판결

대법원이 〈유권자분리등록법〉(Separate Registration of Voters Act, 1951/46)을 폐기했던 사건과 의
회고등법원법(High Court of Parliament Act, 1952/35)을 폐기했던 사건은 *Harris v Minister of the
Interior* 1952(2) SA 428(A)와 *Minister of the Interior v Harris* 1952 (4) SA 769(A)이다.
대법원이 10 대 1로 상원의 게리맨더링이 심사를 통과했다고 판결한 사건은 *Collins v Minister of the
Interior* 1957 (1) SA 552 (A)이다. 슈라이너 판사의 반대 의견은 571-581쪽, 핵심 논증은 572G와
580A 참조. 진실과 화해 위원회의 최종 보고서에는 마땅하게도, 1956년 상원 의원의 기만을 '헌법적 사기'
로 묘사하고 있다(제4권 제4장 제32문단 참조.
http://www.justice.gov.za/trc/report/finalreport/Volume%204.pdf(방문일: 2013/03/21).
이후 40년 이상이 지나서 대법원은 슈라이너 판사의 형식 대 실질에 관한 반대 의견을, *Nederduitse
Gereformeerde Kerk in Afrika (OVS) v Verenigende Gereformeerde Kerk in Suider-Afrika*
1999 (2) SA 156 (SCA), p. 170에서 확립된 법리로 인용했다.

● 역사의 오점이 된 '로소우 대 삭스' 판결

알비 삭스에게 책, 펜, 종이를 지급하기를 거부한 악명 높은 대법원 판결은 *Rossouw v Sachs* 1964 (2)
SA 551 (AD)이다. 교도소 생활의 지루함을 달래려는 의도가 없다는 내용은 565쪽 참조. 의회의 뜻을 법
률 문언에 나오는 대로 법원이 받아들인다는 내용은 563-564쪽 참조(법원은 조항의 의미를 판단할 때 법
률이 제정될 때의 상황과 그 일반적 정책과 목적에 비추어 그 의미를 살펴보아야 한다).
자유를 거스른 대법원의 판결을 일찍이 비판한 용감한 논평가는 매튜와 알비노였다. "The Permanence of
the Temporary: An examination of the 90-and 180-day Detention Laws"(1966) 83 *SALJ* 16.
역시 아파르트헤이트 체제의 판사들을 향해 일찍이 용기 있고 강력한 비판을 했던 논평가 존 두가드가 지적
하였듯, 이 조항을 보면 학식 있는 판사들, 특히 대법원의 구성원들이 단순히 '착오'를 범했다고 볼 근거가
하나도 없다. 오히려 반대로, 판사들이 의도적으로 보안법을 잔인한 상태 그대로 적용하도록 승인했다는 의
심을 받았다. 판사들의 편파성과 정직성이 모두 문제되었다(John Dugard, "Tuny Mathews and
criticism of the judiciary," Marita Carnelley and Shannon Hoctor, *Law, Order and Liberty:
Essays in Honour of Tbny Mathews* (Scottsville, South Africa: University of KwaZulu-Natal
Press, 2011), chapter 1, p. 4.
오길비 톰슨 대법원장의 생애는 (1992) 109 *SALJ* 680에 수록된, 코빗 대법원장이 그에게 바친 추모글에
기록되어 있다.
보안 경찰 구금 시설 안에서의 죽음에 대해서는 다음을 참조. AJ Christopher, *Atlas of Apartheid* (1994),
pp. 170-171. 이 기록에 따르면, 1960년에서 1990년까지 약 7만8천 명이 보안 경찰법에 따라 재판 없
이 구금되었다. "이 법의 가장 두드러진 측면 가운데 하나는, 보안 경찰이 피구금인에 대해 사실상 무제한의
권한을 행사했으며, 이로 인해 구금 시설에서 사망자들이 발생했다는 것이다. 1960년대에, 매년 두세 명의
피구금인이 죽었고, 이것이 1971년에 널리 언론을 통해 알려진 아메드 티몰이 사망할 때까지 계속되었다.

1976년 소웨토 소요까지 더 이상의 죽음은 기록되지 않았다. 그러나 이후 2년 동안 26명이 사망했다. 1977년 흑인 의식화 운동(Black Consciousness)의 지도자 스티브 비코의 죽음이 언론에 알려지고 국제적 비난이 쏟아지면서, 다시 사망자 발생이 멈추었다. 하지만 1980년대에 사망자 수가 다시 증가해 비상사태가 끝날 때까지 계속되었다. 이 기간 동안[1960~1990년] 구금 시설에서 약 73명이 사망했는데, 이는 피구금인 1천 명당 1명꼴로 사망한 셈이었다."

데이비드 부르스에 따르면, 맥스 콜만 박사의 인권위원회가 1963~90년간 보안법 아래에서 재판 없이 구금된 사람들 가운데 73명이 사망했음을 기록했다고 보고한다. "Interpreting the Body Count: South African statistics on lethal police violence," *South African Review of Sociology* 2005, 36(2), pp. 141-142, note 2, http://www.csvr.org.za/ docs/policing/interpreting.pdf(방문일: 2013/02/11).

● 대법원이 주임 사제 사건을 판결하다

오길비 톰슨 대법원장이 주임 사제에 대한 유죄판결을 뒤집고 무죄를 선고한 판결은 1972 (3) SA 430 (A)에 수록되어 있다. 대법원 판결은 SA Institute of Race Relations, *A Survey of Race Relations in SA* (1973), pp. 95-96에 요약되어 있다.

● 주임 사제 판결이 갖는 의의

〈테러리즘 법〉, 아파르트헤이트 국가의 부정의, 보안법에 대한 대법원의 용기 부족에 관한 훌륭한 법학서로는 다음을 참조. AS Mathews, *Freedom, State Security and the Rule of Law*(1986); John Dugard, *Human Rights and the South African Legal Order*(1978).

조너선 코헨(Jonathan Cohen)의 〈테러리즘 법〉에 대한 훌륭한 개관은 다음을 참조. SA History Online website, http://www.sahistory.org.za/topic/1967-terrorism-act-no-83-1967(방문일: 2013/02/01).

● 불복종 운동과 젊은 변호사 만델라

1950년의 그 흉포한 법은 〈공산주의제지법〉(Suppression of Communism Act, 1950/44)이었다. 변호사 만델라는 '불법적 행위 또는 부작위에 의한' 변화를 옹호했기 때문에 제11(b)조의 위반으로 유죄판결을 받았다. 제11(i)조에서는 제11(b)조의 위반에 대해 최대 10년형을 선고하도록 정했다. 불복종 운동에 대한 내용은 다음에서 가져왔다.

SA History Online website, http://www.sahistory.org.za/topic/defiance-campaign(방문일: 2013/02/11); *Incorporated Law Society v Mandela* 1954 (3) SA 102 (T), pp. 103-107. 불복종 운동에 대한 흥미로운 설명은 다음을 참조. Anthony Sampson, *Mandela: The Authorised Biography* (1999), pp 62-75.

만델라 자서전은 다음을 참조.

http://w.archive.org/stream/LongWalkToFreedom/PI313231_djvu.txt(방문일: 2013/02/27). 럼프 판사에 대한 만델라의 평가와 법원 판결에 대한 요약을 참조했다.

럼프 판사의 가장 잘 알려진 진보적 판결로 두 사례를 들 수 있다. *Publications Control Boord v William Heinmann Ltd* 1965 (4) SA 137 (A)(3 대 2의 다수 의견으로 법원이 Wilbur Smith의 *When the Lion*

*Feeds*에 대한 검열관의 금지를 승인한 사건)에서 적극적으로 검열에 반대한 판결과, *Wood v Ondangwa Tribal Authority* 1975 (2) SA 294 (A)에서 고대 로마법상 구제를 부활시켜 나미비아/남서아프리카에 있는 정부 부족 당국에게 피구금인을 석방하라고 명령한 판결이다.

변호사협회 대 만델라 판결은 1954.4.28. 람스보텀 판사(로퍼 판사 동의)의 판결로, *Incorporated Law Society v Mandela* 1954 (3) SA 102 (T)에 기록되어 있다. 그 감동적인 문구는 108–109쪽을 참조. 변호사 협회 사건에 대한 앤서니 샘슨의 설명은 그의 만델라 전기 79–80쪽을 참조.

*Pollak on Jurisdiction*는 아직까지도 읽힌다. 데이비드 피스토리어스가 쓴 제2판이 1993년에 발간되었다(Juta 출판사).

샘슨은 75쪽에서 불복종 운동에 대한 윈스턴 처칠의 평가를 설명하고 있다.

● 남아프리카 역사에서 최대 법정 싸움: 반역죄 재판

변호사 명단에 만델라의 이름이 남아 있었던 것과 관련해 그의 친구이자 동료인 인권 활동가 조지 비조스는 한 가지 일화를 이야기한다. "[만델라가] 로벤 섬에 수감된 지 약 10년이 지났을 때, 변호사협회는 다시 한 번 그를 명부에서 제외시키는 신청을 올렸다. 만델라는 이 신청에 제대로 대응하려면 2주 동안 프리토리아 법원 도서관에서 보내야 한다고 응답했다. 변호사협회는 곧 신청을 철회했다." 조지 비조스가 2013년 4월 22일에 요하네스버그에서 실천철학대학교의 플라톤 주간에 발표한 "Law, Justice and Morality in South Africa: The Past and the Present," http://www.politicswcb.co.za/politicsweb/view/politicsweb/cn/page71619?oid=371834&sn=-Detail&pid=71616(방문일: 2013/04/26).

케이프에 정착했던 최초의 쇠만에 대한 정보는 다음을 참조했다. Karel Schoeman, *'n Duitser aan die Kaap, 1724–1765: Die Lewe en Loopbaan van Hendrik Schoeman*(2004).

샘슨은 만델라와 그 "어이, 거기"라고 말한 치안판사, 그리고 콰르투스 드 웨트 판사에 대한 일화를 80쪽에서 적고 있다. 이 일화는 Kenneth Broun, *Saving Nelson Mandela: The Rivonia Trial and the Fate of South Africa* (2012), p. 21에도 있다.

반역죄 재판과 성격, 드릴 홀 심리에 대해서는 다음을 참조했다. Anthony Sampson, *The Trenson Cage: Tile Opposition on Tried in South Africa* (1958). 그는 베르농 베랑지의 모두 발언을 19쪽에서 인용하고 있다. 재판에 관한 나머지 내용은 샘슨의 만델라 전기, 103–143쪽에서도 참조했다.

비록 법적으로 예비 심리를 열 수 있도록 하고 있지만, 형사소송법 1977/51에서는 법정에 처음으로 출두한 피고인에 대해 주재 치안판사가 질문하는 형식을 도입함으로써, 예비 심리를 대부분 필요 없게 만들었다. 제 123조 참조.

반역죄 재판의 판결 요약 부분은 다음을 참조했다. http://africanhistory.about.com/od/apartheid/a/TreasonTrial.htm(방문일: 2013/02/25).

● 무장투쟁과 〈사보타주 법〉: 리보니아 재판

이 장은 리보니아 사건 피고인의 변호사, 조엘 조페의 글을 참조했다. *The State v Nelson Mandela: The Trial that Changed South Africa* (2007).

본문에 나열한 리보니아 피고인에 더해, 두 명이 기소되었지만 유죄판결을 받지는 않았다. 지미 캔터는 리보니아 피고인들과 함께 체포되었고 재판에 섰어야 했던 해럴드 올프의 처남이자 법조인으로서 검사 퍼시 유타가 보복적으로 기소했으나 아서 골드리히와 함께 탈주해 세상을 놀라게 했다. 밥 헤플은 피고인에게 불리한 증거를 제공하기로 했다가 그러지 않고 이 나라를 빠져나가 해외로 망명했다.

조페는 칸돌과 헤플에 대해 이야기하고 있는데, 헤플의 체포에 대한 설명은 다음을 참조.

http://www.sahistory.org.za/archive/rivonia-story-accused-no11-bob-hepple(방문일: 2013/03/01).

만델라의 군사훈련에 관해서는, 넬슨 만델라 재단의 웹사이트에서 제공하는 권위 있는 설명을 참조.

http://www.nelsonmandela.org/news/entry/nelson-mandelas-military-training(방문일: 2013/10/08).

공소기각에 대한 조페의 설명은 제3장, 41-57쪽을 참조.

마이부예 작전에 대한 정보는 조엘 조페와, 이 문서의 전문을 제공하는 웹사이트

http://law2.umkc.edu/faculty/projects/ftrialsmandela/mandelaoperationm.html(방문일: 2013/04/27), 넬슨 만델라의 자서전 온라인 버전 」

http://w.archive.org/stream/LongWalkToFreedom/PBl323l_djvu.txt(방문일: 2013/04/27)을 참조했다. 마이부예를 '아프리카를 돌려놓아라'로 번역한 것 역시 만델라 자서전에서 가져온 것이다.

검사 측이 피고인에 대한 주요 혐의에 적용한 법은 〈사보타주법〉 1962/76이었다.

드 웨트 고등법원장에 대한 조페의 평가는 그의 책 35쪽에 있다.

브람 피셔에 대한 정보는 다음을 참조했다. Stephen Clingman, *Bram Fischer: Aftikancr Revolutionary* (David Philip, 1998); Martin Meredith, *Fischer's Choice: A Life of Bram Fischer* (Jonathan Ball, 2002).

공소기각: 조페 제3장과 Broun, *Saving Nelson Mandela: The Rivonia Trial and the Fate of South Africa* (2012) 제6장.

마이부예 작전 재판의 중요성에 대한 조페의 문구는 그의 책 146쪽 참조.

● 아파르트헤이트 시대, 법의 양면성

드 웨트 법원장(힐 판사와 보스호프 판사 동의)이 1965년 11월 2일 *Society of Advocates of South Africa v Fischer* 1966 (1) SA 133 (T) 판결로 브람 피셔를 법정 변호사 명단에서 제명시켰을 때, '변호사협회 대 만델라' 판결과는 다르다고 보고 이 선례를 따르지 않았다. 하지만 그렇게 하면서도 드 웨트 판사는, 피셔의 주장에 "동의할 수 없어 안타깝다."라고 말했다. 그리고 드 웨트 판사는 피셔가 법정 변호사로 다시 등록을 신청할 가능성을 염두에 두었다. "미래에 어떤 일이 일어날지 법원은 예상할 수 없다." "우리는 현재 시행 중인 법과 이 나라에 현존하는 사회구조에 관심을 갖는다." 아파르트헤이트를 지지하는 판사들도 그 체제가 1천 년 동안 지속되리라고 예상하지는 않았다.

법체계에 대한 만델라의 평가는 앤서니 샘슨의 만델라 전기를 인용했다. 샘슨은 "인종에 눈이 어두워진 소수의 백인 독재자들"에 대한 만델라의 말을 129쪽에서 인용한다.

〈통행법〉의 집행에 결과적으로 종지부를 찍은 두 판결은 *Komani NO v Bantu Affairs Administration Board, Peninsula Area* 1980 (4) SA 449 (A)와, *Oos-Randse Administration Board v Rikhoto* 1983 (3) SA 595 (A)이다. 이 사건들의 의미와 아서 차스칼슨 변론의 영향에 대해서는, 2012년 12월 1일 차스칼슨의 갑작스런 죽음에 제프 버드렌더가 작성한 추모 글을 참조.

http://groundup.org.za/content/tribute-arthur-chaskalson(2013/02/28).

코마니 사건을 지휘한 변호사 제프 버드렌더는 추모 글에서, 차스칼슨이 구성한 "영리하고 새로운 주장이 너무나 설득력이 있어 럼프 대법원장(처음부터 적대적이었던)을 좌절하게 했던, 내가 들어본 가장 훌륭한 변론"을 기억했다. "하지만 럼프 대법원장은 주장에서 흠을 찾을 수 없었다. 흠이 없었기 때문이다. 결국, 대법원은 만장일치로 코마니 부부의 편을 들어 판결했다."

존 두가드가 주심 변호사를 맡았던 무트세 사건은 *Mathebe v Regering van die Republiek van Suid-Afrika* 1988 (3) SA 667 (A)이다.

콰은데벨레 여성 투표 사건은 *Machika v Saatspresident* 1989 (4) SA 19 (T)이다. 이 사건에 대해 법률지원센터 소속의 교수 변호사인 제프 버드렌더는 2013년 2월 29일 내게 보낸 이메일에서 이렇게 기억하고 있었다. "내가 가장 좋아하는 사건 가운데 하나입니다. 의뢰인들은 훌륭했어요. 그리고 추진되고 있던 독립을 정말로 막았습니다. 콰은데벨레의 내전에 종지부를 찍는 데 이 결과가 중요한 역할을 했죠. 어떻게 아파르트헤이트 체제에서 성 평등에 대한 권리를 침해했다는 이유로 인종차별적 하위 법의 무효를 주장할 수 있었는지, 그리고 보수적인 판사가 이 주장을 받아들일 수 있었는지, 남아프리카 인이 아닌 청중들에게 설명하는 걸 저는 아주 즐겼답니다."

● 정의와 자유의 편에 섰던 이들을 기억하며

진실과 화해 위원회에 관해서는 다음을 참조. David Dyzenhaus, *Judging the Judges, Judging Ourselves: Truth, Reconciliation, and the Apartheid Legal Order* (Oxford, Hart Publishing, 1998); Deborah Posel and Graeme Simpson, *Commissioning the Past: Understanding South Africa's Truth and Reconciliation Commission* (Witwatersrand University Press, 2002).

아파르트헤이트 체제에서 사법부의 관여와, 진실과 화해 위원회에 사법부가 참여하지 않은 것에 대한 비판적 평가에 대해서는 David Dyzenhaus, 앞의 책 참조. 아파르트헤이트 시절 대법원의 업적에 대한 긍정적인 평가는 다음을 참조. Stacia L Haynie, *Judging in Black and White: Decision Making in the South African Appellate Division, 1950-1990* (Peter Lang Publishing, 2003).

진실과 화해 위원회의 역사는 세 건의 헌법재판소 판결에 설명되어 있다. *Azanian People's Organization (AZAPO) v President of the Republic of South Africa* ZACC 16; 1966 (4) SA 672 (CC), *Du Toit v Minister for Safety and Security* [2009] ZACC 22; 2009 (6) SA 128 (CC) paras 17-30. http://www.saflii.org/za/cases/ZACC/2009/22.html(방문일: 2013/03/18); *The Citizen 1978 (Pty) Ltd v McBride* [2011] ZACC 11; 2011 (4) SA 191 (CC) paras 49-78. http://www.saflii.org/za/cases/ZACC/2011/11.html(방문일: 2013/11/25).

다섯 명의 원로 판사가 진실과 화해 위원회에 제출한 내용은 115 *South African Law Journal* 21(1998)에 실렸다. 랑가 재판관이 제출한 내용은 115 *South African Law Journal* 36(1998)에 실렸다.

진실과 화해 위원회의 보고서에서는 제4권, 제4장에서 변호사와 판사에 대해 다룬다. http://www.justice.gov.za/trc/report/finalreport/Volume%204.pdf(방문일: 2013/03/18)에서 볼 수 있음.

● 입헌주의로의 이행

법치주의가 본질적으로 권력을 제한하는 것이라는 매력적인 방어 논리는 *Whigs and Hunters: The Origin of the Black Act* (1975)에 대한 톰슨의 후기에 나온다.

2장 에이즈의 유행과 입헌주의로의 이행

● 질병과 수치심

레트로바이러스로서의 HIV에 관해서는 다음을 참조.

http://www.chm.bris.ac.uk/webprojects2002/levasseur/hiv/hiv3.htm(방문일: 2013/03/06).
윌리엄 셰익스피어, 소네트 129번, 9-12줄. 욕망은 "정신없이 바라고 그렇게 소유하는 / 극단으로 치달았고, 치닫고 있고, 치닫기를 구하는 / 기쁨을 증명하다가, 비통을 증명하는 / 전에는 환희의 약속이요, 지나면 꿈이어라."

● 남아프리카공화국에 도달한 에이즈

전국광산노동자노동조합의 역사는 다음에 설명되어 있다.

http://www.num.org.za/new/history/(방문일: 2013/03/24).

● 역사적인 날: 1990년 2월 2일 금요일

요하네스버그 고등법원 건물과 칼 폰 브랜디스의 조각상에 대한 설명은 다음에 실린 생생한 내용의 도움을 받았다.

http://www.gauteng.net/attractions/entry/thejohannesburg_high_court(방문일: 2013/03/09).
킨로스 화재 사인 조사에서 반대신문을 금지한 치안판사의 판결을 폐기한 판결은 *National Union of Mineworkers v Government Mining Engineer* 1990 (2) SA 638 (W)로 수록되어 있다.
킨로스 광산 참사에 대한 설명은 골드스타인 판사의 판결과 다음 사이트를 참조했다.
http://www.sahistory.org.za/dated-event/mine-clisasterkills-177(방문일: 2013/03/07).
당시 광산 관련 법은 Mines and Works Act 1956/27이었다.

● 민주주의로의 이행과 에이즈의 유행

1990년 이후 협상에 대한 설명은 상당 부분 다음을 참조했다.

http://www.sahistory.org.za/dated-event/talks-between-government-and-anc-negotiationsproceed(방문일: 2013/03/09); Allister Sparks, *Tumorrmu Is Another Country: The Inside Story of South Africa's Road to Change* (1995); Patty Waldmeir, *Anatomy of a Miracle* (1997).
열차 폭력에 관한 설명은 진실과 화해 위원회의 보고서 제2장을 참조했다.
http://www.justice.gov.za/trc/report/finalreport/Volume%202.pdf(방문일: 2013/03/09);
http://www.sabctrc.saha.org.za/glossary/train_violence.htm&tab=glossary(방문일: 2013/03/09). 토코자(Thokoza)와 캐틀홍(Katlehong)의 이스트 랜드(East Rand) 타운십 연구에서, 연구자 개리 키노치(Gary Kynoch)는 이 폭력의 책임에 대한 "더욱 균열되고, 덜 당파적인 그림"을 제시했다. "헤게모니를 계속 유지하는 단면적인 도덕적 설명"을 거부하고, "타운십의 아프리카민족회의 지지자들이 인카타 자유당의 부대와 함께, '제3세력'으로 알려진 국가 보안 부서에 의해 끈질기게 공격을 당했다는 기존의 설명을 뛰어넘는" 것이었다. 저자의 증거에 따르면, 인카타가 이 폭력에 상당 정도 책임이 있었지만, 아프리카민족회의 소속의 전투 요원들 역시 살인을 포함한 활동을 했음을 알 수 있다. 일부 경찰 지휘관과 그 부서에서는 정치적 목적을 위해 폭력을 시작했지만, 서로 다른 경찰과 부대가 독립적으로 활동했고 일률적인 정치적 지향을 가지지 않았다. 일부는 인카타를 지지했고, 일부는 아프리카민족회의를 지지했으며, 다른 곳은 의견이 갈리거나 무관심했다. 그는 결론에서, "아프리카민족회의는 국가가 조직한 습격의 피해자이고, 인카타는 기회주의적으로 백인 정부(와 그 보안 팀)의 편에 선 배신자라는 식의 이야기는, 토코자와 캐틀홍에서 일어난 사건에 대한 정확한 설명이 아니다."고 했다. Gary Kynoch, "Reassessing Transition Violence: Voices From South Africa's Township Wars, 1990-4," *African Affairs*, 2013, 112(447), pp. 283-303 참조. 2013년 3월 11일에 프리토리아 대학이 http://afraf.oxfordjournals.org/에서 다운로드해 준 자료. 그러나 키노치는 공격에 대한 책임을 주로 아프리카민족회의에게 돌리는 앤티아 제프리(Anthea Jeffery)의 설명에 대해 비판적이다. *People's War: New Light on the Struggle for South Africa* (2009) 참조.

응용법학연구소의 소네니 은쿠베가 세보켕 폭력에서 얻은 부상에 대해서는 2013년 3월 13일 그녀와 개인적으로 이메일을 나누면서 기억이 났다.

코데사의 지향에 관한 창립 선언은 다음을 참조.

http://www.ne1sonmandela.org/omalley/index.php/site/q/03lv02039/04lv02046/05lv02047/06lv02049/07lv02052.htm(방문일: 2013/03/11).

● 배리 맥기어리 사건

에이즈 비밀 유지 관련 재판은 사건 번호 90/25317, *MeGeary v Kruger*, Witwatersrand High Court, 1991.10.16. (레비 판사의 판결, 미간행)이다. 이 판결은 (1992) 8 *South African Journal on Human Rights*, p. 154에 수록되어 있는데, 이 판결을 보면 HIV 감염의 증가에 대한 두려움의 원인에 대해 임시 판사인 레비는, "동성애자나 양성애자에게서 시작되었다고 생각하는 질병이 정상적 성행위를 하는 사람들 사이에서 퍼지고 있다는 사실" 때문이라고 판단했음을 알 수 있다.

● 언론의 힘을 실감하다

캐시 스태그라는 『선데이 타임스』 신문 재판 담당 기자는 다음의 글에서 언론 보도에 대해 회상한다. Cathy Stagg, "Closer to God in a Garden," Maire Fisher ed., *Women Flashing: A Collection of Flash Fiction From Women's Writing Workshops* (2005).

● 에이즈 정책 수립을 향한 노력

양심적 병역 거부자 사건은 *End Conscription Campaign v Minister of Defence* 1993 (1) SA 589 (T) (엘리엇 판사의 판결, 반 데어 발트 판사와 반 딕 판사의 동의)이다.

1992년 10월 23일 나스렉에서 열린 에이즈 회의에서 행한 넬슨 만델라의 연설은 다음을 참조. http://www.sahistory.org.za/archive/speech-nelson-mandela-national-conference-aids-%C2%A0nasrec-23rd-october-1992(방문일: 2013/03/11).

넬슨 만델라/HSRC의 HIV/에이즈 보고서 연구(Olive Shisana & Leickness Simbayi ed., South African National HIV Prevalence, Behavioural Risks and Mass Media Household Survey, 2002)는 다음을 참조. http://www.hsrcpress.ac.za/product.php?productid=2009(방문일: 2013/03/13). 2005년 연구(Shisana O, Rehle T, Simbayi L, Parker W, Zuma K, Bhana A, Connolly C, Jooste S, Pillay V eds., South African National HIV Prevalence, HIV Incidence,

Behaviour and Communication Survey, 2005)는 다음에서 볼 수 있다.
http://www.hsrcpress.ac.za/product.php?productid=2134(방문일: 2013/03/13). HIV 전염에
대한 사실과 수치는 유엔에이즈와 국가의 보건부를 참조. 구체적으로 UNAIDS Epidemiological Fact
Sheets, 2004,
http://data.unaids.org/Publications/Fact-Sheets01/southafrica_en.pdf(방문일: 2013/03/08);
보건부 웹사이트 http://www.doh.gov.za/list.php?-type=HIV%20and%20AIDS(방문일: 2013/
10/03).
또한, JP Swanevelder, HGV Kistner, A van Middelkoop, "The South African HIV Epidemic,
reflected by Nine Provincial Epidemics, 1990-1996,"
http://archive.samj.org.za/1998%20VOL%2088%20Jan-Dec/9-12/Articles/10%20October
/17%20THE%20SOUTH%20AFRICAN%20HIV%20EPIDEMIC,%20REFLECTED%20BY%20NIN
E%20PROVINCIAL%20EPIDEMICS,%201990-1196,%20J%20P%20Swaneve.pdf(방문일:
2013/03/08).

● 배리 맥기어리 사건의 상고심 판결
레비 판사의 판결을 파기한 대법원 판결은 *Jansen van Vuuren NO v Kruger* [1993] ZASCA 145;
1993 (4) SA 842 (AD); [1993] 2 All SA 619 (A) (1993.9.28),
http://www.saflii.org/za/cascs/ZASCA/1993/145.html(방문일: 2013/03/13) 참조. 변론 중에 있
었던 일에 대해서는, 2013년 3월 14일 피터 솔로몬 칙선 변호사와 나의 동료이자 2013년 3월 25일에 대
법원 부법원장으로 은퇴한 루이스 함스 재판관이 친절하게도 이메일로 확인해 주었다.

3장 사법 체계의 전환

● 깊어지는 고민
'장기 비진행자'에 관해서는, 어떻게 일부 HIV 감염인의 경우 에이즈로의 진행이 늦춰지는지를 설명하는
Elahi et al., "Protective HIV-specific CD8+ T cells evade Treg cell suppression"를 참조했다.
이 연구는 『네이처 메드슨』(*Nature Medicine*)의 온라인판(2011/07/17)에 실렸다. 다음을 참조.
http://www.nature.com/nm/journal/v17/n8/pdt/nm.2422.pdf%3FWT.ec_id%3DNM-20II08
(방문일: 2013/03/14);
https://www.thcrc.org/en/news/centcr-ncws/2011/07/control-HIV.html(방문일: 2013/03/
14). '엘리트 통제자'(elite controller, 감지될 수 있을 정도의 HIV를 보유하고 있지만 치료 없이도 심각하
게 악화되지 않는 사람들)에 관한 과학을 요약한 유용한 정보는 다음을 참조. Babbage, Science and
Technology, "AIDS treatment: Visconti's coup"(방문일: 2013/03/14);
http://www.economist.com/blogs/babbage/2013/03/aids-treatment(방문일: 2013/03/18).
뉴머시스티스성 폐렴(PCP, 과거에는 뉴머시스티스 카리니 폐렴이라고 불림)에 대한 정보는 다음을 참조.
http://www.ncbi.nlm.nih.gov/pubmedhealth/PMHOOOI 692(방문일: 2013/09/27).

● 민주주의 시대 사법 체계의 변화

아파르트헤이트 당시 대법원의 기록은 다음을 참조. Stacia L Haynie, *Judging in Black and White: Decision Making in the South African Appellate Division*, 1950-1990 (Peter Lang Publishing, 2003).

임시 헌법은 다음을 참조. http://www.info.gov.za/documents/constitution/93cons.htm(방문일: 2013/03/11). 본문에 요약되어 있는 전환기의 제도와 사법부에 관한 조항, 제241조 제2항과 제3항은 다음을 참조.

http://www.info.gov.za/documents/constitution/93cons.htm#SECTION241(방문일: 2013/03/16). 헌법재판소의 관할에 관한 조항은 제98조이며, 다음을 참조.

http://www.info.gov.za/documents/constitution/93cons.htm#CHAP7(방문일: 2013/ 03/16). 만델라 대통령이 최초의 헌법재판소장을 임명할 권한은 제97조 제2항 (a)호에서 도출되었으며, 위 사이트에서 볼 수 있다. 제105조 제1항 (a)호는 최고 재판관이 사법위원회 회의를 주재하도록 규정했다. 헌법재판소의 소장은 제105조 제1항 (b)호에 의해 사법위원회의 구성원이었다.

헌법과 관련된 모든 사안에서 헌법재판소의 우위를 둘러싼 사법적 경합에 대해서는 다음을 참조.

Pharmaceutical Manufacturer Association of South Africa: In re Ex Parte President of the Republic of South Africa [2000] ZACC 1; 2000 (2) SA 674 (2000.2.25.), paras 20-56, http://www.saflii.org.za/za/cases/ZACC/2000/I.html(방문일: 2013/03/16).

오길비 톰슨 대법원장이 코빗 판사를 대법원 판사로 임명할 것을 주장했다는 것은 코빗 판사에게 들은 것이다. Ellison Kahn's introduction to Kahn ed., *Quest for Justice: Essays in Honour of Michael McGregor Corbett* (1995) 참조. 코빗 판사의 반대 의견은 *Goldberg v Minister of Prisons* 1979 (1) SA 14 (A)에 있다. 대법원은 *Minister of Justice v Hofmeyr* [1993] ZASCA 40; 1993 (3) SA 131 (A), http://www.saflii.org/za/cases/ZASCA/1993/40.html(방문일: 2014/03/16)에서 코빗 판사의 반대 의견이 옳았다고 보고 이를 채택했다.

1996년 12월 11일 코빗 대법원장의 은퇴 연회에서 행한 만델라 대통령의 연설은 다음을 참조. http://www.anc.org.za/show.php?id=3503(방문일: 2013/03/16).

● 고등법원 판사로 임명되다

조 슬로보의 삶과 죽음에 관한 자세한 내용은 다음을 참조.

http://www.sahistory.org.za/people/joe-slovo(방문일: 2013/03/19).

1997/1998년 고등법원 판사의 연간 급여는 35만6,805랜드였다. 행정처장 라부셰인(Labuschagne)이 회람한 1998.3.16.자 3/15/111 (HMS) 참조. 고맙게도 이 정보를 찾는 데에 블룸폰테인의 고등법원에 있는 동료 크루거 판사 사무실의 윌마 모스테르트에게 도움을 받았다. 1990년대 후반 가구당 소득은 다음을 참조. "South Africa Survey 1999/2000," South African Institute of Race Relations, 296 (2000). 이하 내용은 Geffen, N. and Cameron, E. 2009. The deadly hand of denial: Governance and politically-instigated AIDS denialism in South Africa, CSSR Working Paper *257*, http://www.cssr.uct.ac.za/sites/cssr.uct.ac.za/files/pubs/WP2S7.pdf(방문일: 2013/03/19) 를 위해 조사된 자료와 수집된 참고문헌에 의지했다.

● 에이즈 치료법의 등장과 공개 발표문

1998년 12월 사이먼 은콜리의 장례식에서 재키 아크맛의 연설은 〈빗잇〉(Beat-It, 치료에 대한 인식과 교양을 높이기 위한 인기 텔레비전 프로그램)에서 치료행동캠페인의 5주년을 기념한 방송 대본을 참조했다.

http://wwwv.beatit.co.za/archive-documentaries/five-years-of-tac(방문일: 2013/03/18).

사이먼 은콜리가 참여했던 국내 봉기에 관해서는 다음을 참조.

http://www.sahistory.org.za/township-uprising-1984-1985(방문일: 2013/03/19).

내부 회원인 네이선 게펀은 *Debunking Delusions*(2010)에서 치료행동캠페인에 대해 이야기하고 있다. 이 책에 대한 자세한 정보는 다음을 참조.

http://www.quackdown.info/debunkingdelusions(방문일: 2013/03/19).

● 음베키 대통령이 에이즈 과학에 의문을 가지다

음베키 대통령이 에이즈 부정론에 빠진 것과 관련된 이 장의 내용은 다음을 참조. Geffen, N. and Cameron, E. 2009. "The deadly hand of denial: Governance and politically-instigated AIDS denialism in South Africa." CSSR Working Paper 257,

http://www.cssr. uct.ac.za/sites/cssr.uct.ac.za/files/pubs/WP257.pdf(방문일: 2013/03/19).

타보 음베키 대통령의 생애에 관한 중요한 자료로, 마크 게비서가 집필한 전기, *Thabo Mbeki: The Dream Deferred* (2007)가 있다.

음베키 대통령의 재직 중인 1990년과 1999년의 HIV 유병률에 관한 수치는 다음을 참조했다. "National HIV and Syphilis Antenatal Seroprevalence Survey in South Africa, 2005," Department of Health (2006),

http://www.doh.gov.za/docs/reports/2005/hiv.pdf(방문일: 2013/03/21). 1990년부터 2005년까지의 공식 수치는 10쪽에 표로 나와 있다.

AZT에 관한 정보의 일부는 위키피디아를 참조했다.

http://en.wikipedia.org/wiki/Zidovudine(방문일: 2013/03/20).

콩코르드 재판(Concorde Trial)에서는, 단일 치료법으로서 AZT의 결함을 이야기하며, AZT를 투약한 사람과 그렇지 않은 사람 사이에 "HIV 질병의 진행에 유의미한 차이가 없다."라고 판단했다. "Concorde: MRC/ ANRS randomized double-blind controlled trial of immediate and deferred zidovudine in symptom-free HIV infection. Concorde Coordinating Committee," published in *The Lancet* 1994 Apr 9; 343(8902): 871-81, http://www.ncbi.nlm.nih.gov/pubmed/7908356(방문일: 2013/03/20)을 참조.

음베키 대통령의 1999년 10월 28일 상원 의회 연설은

http://www.info.gov.za/speeches/1999/991028409p1004.htm(방문일: 2013/03/19)을, 타이의 통계는 http://www.unaids.org/en/regions-countries/countries/thailand(방문일: 2013/10/05), 나이지리아 통계는 http://www.naca.gov.ng(방문일: 2013/10/05)을 참조.

음베키 대통령이 에이즈 부정론자를 지식을 위해 싸우다 박해당하는 투쟁가로 비유한 일에 대해서는, 클린턴 미국 대통령, 블레어 영국 총리, 슈뢰더 독일 총리 등에게 보낸 2000년 4월 3일자 서한을 참조.

http://www.naca.gov.ng(방문일: 2013/10/05).

음베키 대통령이 반대 측 지도자 토니 레온과 나눈 대화의 내용은, 에이즈에 대한 부정론을 제기하기 위해

만들어진 웹사이트에 올라와 있다.

http://www.virusmyth.com/aids/news/letmbeki.htm(방문일: 2013/03/23) 참조.

에이즈 과학을 믿는 치료 활동가들이 아프리카 인을 욕정에 사로잡힌 보균자로 여긴다며 힐난한 음베키 대통령의 연설은 2001년 10월 12일 포트 헤어 대학에 있었던 매튜 추모 기조 강연에서였다.

http://www.unisa.ac.za/contents/colleges/docs/2001/tm2001/tml01201.pdf(방문일: 2013/03/20) 참조.

2000년 7월 9일 일요일 더반에서 열린 제13회 국제에이즈회의 개회식에서 있었던 음베키 대통령의 연설은 다음을 참조.

http://www.info.gov.za/speeches/2000/000714451pl00l.htm(방문일: 2013/03/21).

음베키 대통령에 의한 에이즈 부정의 역사와 그 영향에 관해서는 다음을 참조. Nattrass, N, *The Moral Economy of AIDS in South Africa* (2004); Cameron, E, *Witness to AIDS* (2005); Nattrass, N, *Mortal Combat: AIDS Denialism and the Struggle for Antiretrovirals in South Africa* (2007); Gevisser, M, *Thabo Mbeki. The Dream Deferred* (2007); Feinstein, A, *After the Party* (2007); Cullinan, K and Thom, A, *The Virus, Vitamins and Vegetables - The South African HIV/AIDS Mystery* (2009); Geffon, N, *Debunking Delusions* (2010).

대통령이 에이즈 부정론에 빠져 있는 동안 생명으로 치러야 했던 비용을 보수적으로 추정한 수치에 관해서는 다음을 참조. Pride Chigwedere and others, "Estimating the Lost Benefits of Antiretroviral Drug Use in South Africa," 49, *Journal of Acquired Immune Deficiency Syndromes* (2008), pp. 410-411,

http://libra.msra.cn/Publication/14190500/estimating-the-lost-benefits-of-antiretroviral-drug-use-in-south-africa(방문일: 2013/03/21).

임시 헌법으로 이끈 협상에 관해서는 다음을 참조. LM du Plessis and HM Corder, *Understanding South Africa's Transitional Bill of Rights* (Juta, 1994); Carl F Stychin, *A Nation by Rights* (Temple University Press, 1998); Richard Spitz and Matthew Chaskalson, *The Politics of Transition: A Hidden History of South Africa's Negotiated Settlement* (Witwatersrand University Press, 2000).

● 헌법재판소의 설립과 새로운 헌법의 탄생

〈토지권반환법〉에 대해서는 http://www.info.gov.za/acts/1994/a22-94.pdf(방문일: 2013/03/21)에서 볼 수 있다.

헌법재판소가 헌법 원칙에 비추어 최종 헌법을 심사하도록 한 전환기 합의에 대한 설명은 최초의 승인 판결문에 수록된 것이다. *Certification of the Constitution of the Republic of South Africa*, 1996 [1996] ZACC 26; 1996 (4) SA 744 (CC), para 13,

http://www.saflii.org/cgi-bin/disp.pl?file=za/cases/ZACC/1996/26.html&query=certification (방문일: 2013/03/21) 참조. 헌법 원칙은 이 판결문 별지 2에 수록되어 있다. 〈원주민토지법〉(Natives' Land Act, 1913/27)에 관한 정보는 다음을 참조.

http://www.sahistory.org.za/dated-event/native-land-act-was-passed(방문일: 2013/03/21) 참조.

임시 헌법 제71조 제2항은 "헌법 총회에 의해 통과된 새로운 헌법 문언이나 그 조항은, 그런 문언의 모든 조항이 헌법 원칙에 부합한다는 헌법재판소의 승인이 없이는 아무런 효력도 가지지 않는다."라고 규정했다. 최종 헌법의 수정된 문언이 헌법 원칙을 준수한다고 승인한 헌법재판소의 판결은 다음을 참조. Certification *of the Amended Test of the Constitution of The Republic Of South Africa*, 1996 [1996] ZACC 24; 1997 (2) SA 97,

http://www.saflii.org/cgi-bin/disp.Pl?file=za/cases/ZACC/1996/24.html&query=certification (방문일: 2013/03/25).

● 보건 의료에 대한 기본권
보건 의료에 대한 권리는 헌법 제27조와 제28조에 담겨 있다. 이 조항의 일부를 살펴보면 다음과 같다.

27(1) 모든 사람은 다음에 접근할 권리를 가진다.
(a) 생식 보건을 포함한 보건 의료 서비스
......
(2) 국가는 가용 자원의 범위 내에서 이런 각각의 권리들을 점진적으로 실현하기 위해 적절한 입법 조치 및 기타 조치를 취해야 한다.
28 (1) 모든 아동은 다음의 권리를 가진다.
......
(c) 기본적인 영양, 주거, 기본적인 보건 의료 서비스 및 사회 서비스에 대한 권리

EM Uslaner, *Corruption, Inequality, and the Rule of Law*(Cambridge: Cambridge University Press, 2008). 사회경제적 권리에 관해서는 다음을 참조. Sandra Liebenberg, *Socio-Economic Rights Adjudication Under a Transformative Constitution* (2010); Kirsty McLean, *Constitutional Deference, Courts and Socio-Economic Rights in South Africa* (2009) 참조.

4장 에이즈 치료를 둘러싼 논쟁

● 사건번호 2001/21182
1914년 반란에 관한 가장 좋은 온라인상의 자료는 다음을 참조.
http://en.wikipedia.org/wiki/Maritz_Rebellion(방문일: 2013/03/25).
1922년 광부의 반란에 관해서는 http://www.sahistory.org.za/topic/rand-rebellion-1922(방문일: 2013/03/25) 참조. 또한 Rodney Warwick, "White on White Violence: The 1922 Rand Revolution"(2012/03/15.),
http://www.politicsweb.co.za/politicsweb/view/politicsweb/en/page71639?oid=286744&sn=Detail과, SA History Online 웹사이트 http://historymatters.co.za/white-on-white-violence-the-1922-rand-revolution-by-rodney-warwick(방문일: 2013/03/25) 참조.
로비 라이브란트에 대해 사형을 선고한 슈라이너 판사에 관해서는,

http://trove.nla.gov.au/ndp/del/page/622157?zoomLevel=1(방문일: 2013/03/25)에 보관되어
있는 뉴스 기사를 참조. 남아프리카공화국이 제2차 세계대전에 관여한 것에 대한 아프리카의 일반적 반응
은, Rodney Warwick, "Afrikaners and the Second World War"(6 March 2012),
http://www.politicsweb.co.za/politicsweb/view/politicsweb/en/page71639?oid=284445&s
n=Detail&pid=71639(방문일: 2013/03/25) 참조. 대법원은 라이브란트 재판에서 제기된 법적 쟁점을
Rex v Leibbrandt 1944 AD 253에서 다루었다 (얀 스뮈츠 총리는 라이브란트에 대한 사형 선고를 종신
형으로 감형했고, 국민당 정부가 1948년에 권력을 잡으면서 그를 석방했다).

● 아주 실질적이고 즉각적인 문제
이 장 전체에서 많은 내용을, *TAC v Minister of Health* 사건의 원고가 세밀하게 수집해 제출한 통계적 및
기타 증거로서 피고 측이 부인하지 않았던 자료를 참조했다. 사건 기록의 대부분은
http://www.tac.org.za/Documents/MTCTCourt-Case/MTCTCourtCase.htm(방문일: 2013/03/
25)에서 볼 수 있다.
2000년 에이즈로 인한 사망자 추정치는 훌륭하다고 칭송받는 논문, Pride Chigwedere et al.,
"Estimating the Lost Benefits of Antiretroviral Drug Use in South Africa," *Journal of Acquired
Immune Deficiency Syndromes* (JAIDS), 2008.10.20, p. 412, 〈표 1〉 참조.
바이러스가 증후군을 유발할 수 있는지 여부에 관한 2000년 9월 음베키 대통령이 의회에서 한 질문에 관해
다음을 참조.
http://www.aegis.org/Display-Content/?SectionID=370502(방문일: 2013/03/29). 또한 당시
아프리카민족회의의 대변인이었던 스뮈츠 은고냐마가 쓴 후속 기고문인 2000년 10월 4일자 『비즈니스 데
이』(*Business Day*)에 수록된 "A virus cannot cause a syndrome"은 에이즈 부정론 웹사이트 Virusmyth,
http://www.virusmyth.com/aids/news/bdmbeki.htm(방문일: 2013/03/29) 참조.
2004년 11월 4일 케이프타운 대학은 음베키 대통령에게 우수 지도자상을 수여했다. 대학 부총장이었던 은
자불로 은데벨레 교수는 음베키 대통령의 "사려 깊은 단호함"을 칭송했다. "당신은 엄청난 책임감에서 고통
과 결의로 우리를 인도하고 있다고 말할 수 있습니다."
http://www.politicsweb.co.za/politicsweb/view/poli-ticsweb/en/page71656?oid=270558&
sn=Detail(방문일: 2013/03/28)참조. *The Dilemmas of Leadership* (2004)에서, 은데벨레 교수는
에이즈에 관한 "온갖 추측에 현혹되지 않는 단호함과 지성"의 소유자라며 음베키 대통령을 칭송했다. 그는,
"HIV/에이즈가 사회에 주요하고 심각한 위험이 아니라는 주장은 설득력이 있다. 왜냐하면, HIV/에이즈 관
련 사망에 대한 보도가 제한된 상태에서, 유병률에 관한 통계로는 이것이 그 정도로 위험하다는 주장을 뒷받
침하지 못하기 때문이다." Sipho Seepe, "Educated jesters of Mbeki's court." *Business Day*,
2006.9.18, http://ccs.ukzn.ac.za/default.asp?3,28,11,2794(방문일: 2013/03/28)에서 인용.

● HIV에 감염된 채 태어나는 아기들
세실리아 마키웨인 병원 의사의 말을 인용한 것은 당시 에이즈 법 프로젝트의 대표이자 현재 섹션27
(SECTION27)의 대표인 마크 헤이우드로, 2002년 바르셀로나 국제에이즈회의에서의 발표에서 소개되었다.
http://www.tac.org.za/Documents/MTCTCourtCase/MTCTCourtCase.htm(방문일: 2013/03/
27) 참조.

● 희망의 돌파구: 새로운 치료법의 등장

"WHO: New data on the prevention of mother-to-child transmission of HIV and their policy implications. Conclusions and recommendations. WHO technical consultation on behalf of the UNFPA/UNICEF/WHO/UNAIDS Inter-Agency Task Team on Mother-to-Child Transmission of HIV. Geneva, 11-B October 2000. Geneva, World Health Organisation, 2001, WHO/RHR/01.28."

http://whqlibdoc.who.int/hq/2001/WHO_RHR_01.28.pdf(방문일: 2013/03/25) 참조.

● 네비라핀 더하기 컴비비어: 내가 복용한 약제들

컴비비어에 관한 정보는 http://www.aidsmeds.com/archive/Combivir_1083.shtml(방문일: 2013/03/27)에서 얻을 수 있다.

● 정부가 완강히 버티다

시범 기관에 관한 전문가 권고는 "이 치료법 중 어느 것도 시범 프로젝트나 연구 환경에서만 이용하게 제한될 정당성이 현재로서 존재하지 않는다."라는 것이었다.

http://whqlibdoc.who.int/hq/2001/WHO_RHR_01.28.pdf(방문일: 2013/10/05)의 회의 요약 9쪽 참조.

● 극도로 조심스럽게 행보하라: 수브라머니 사건과 그루트붐 사건의 유산

Soobramoney v Minister of Health (Kwazulu-Natal) [1997] ZACC 17; 1998 (1) SA 765 (CC), http://www.saflii.org/za/cases/ZACC/1997/17.html(방문일: 2013/03/26) 참조.

Government of the Republic of South Africa v Grootboom [2000] ZACC 19; 2001 (1) SA 46 (2000.10.4.), http://www.saflii.org/za/cases/ZACC/2000/19.html(방문일: 2013/10/11) 참조.

Edwin Cameron, "What You Can Do with Rights," [2012] *European Human Rights Law Review*, issue 2, pp. 148-161에서 나는 헌법재판소의 사회경제적 권리 관련 판례를 전반적으로 검토하면서, 그루트붐 판결을 칭송했던 국제적 논평가들을 인용한다.

● 스티브 반투 비코라는 공통의 기억

스티브 반투 비코의 상태에 대한 설명은 아래 인용된 두 법원 판례의 판결문에 제시된 증거와 진실과 화해 위원회의 피터 폴브 교수의 증거에 기초하고 있다.

http://www.justice.gov.za/trc/media/1997/9706/s970617j.htm(방문일: 2013/03/27) 참조.

Venawa v President, SA Medical and Dental Council 1985 (2) 293 (T)에서, 프리토리아 고등법원(보스호프 법원장, 오도노반 판사 동의)은 비코 담당 의사들에 대해 〈의학, 치학, 보조 의료 서비스 전문직법〉(Medical, Dental and Supplementary Health Service Professions Act, 1974/56)에 따른 징계 절차를 시작하기를 거부하는 남아프리카 의학 및 치의학 협의회(SAMDC)의 결정을 폐기했다. 이 사건에 관한 추가 정보는 *Tucker v SA Medical and Dental Council* 1980 (2)SA 207 (T)에 있으며, 이 사건에서 코에트지 판사는 자신의 행위에 대한 조사를 초기에 막으려는 터커 의사의 시도를 좌절시켰다. 위원회가 법원장 보스호프의 판결에 대해 항소할 것을 고려했다는 증거는 의료위원회를 대신해 진실과 화해 위

원회에 출석한 렌 베커가 제공한 것이다.

http://www.justice.gov.za/trc/media/I997/9706/s970617j.htm(방문일: 2013/03/27) 참조. 비츠 의과대학에서 채택된 열정적인 성명서에 관해서는, 1980년 7월 19일. 『영국 의학 저널』(*British Medical Journal*)에 실린 학장이자 교수인 필립 토비아스의 서한,

http://www.ncbi.nlm.nih.gov/pmc/articles/PMC1713643/?page=1(방문일: 2013/03/27) 참조. 랑 의사와 터커 의사에 대한 징계 결과에 관해서는 "Pretoria doctor loses his license," *New York Times*, 1985.10.17.

http://www.nytimes.com/1985/10/17/world/pretoria-doctor-loses-his-license.html; "Steve Biko: Ten years after," *Mail & Guardian*, 1987.9.11.

http://mg.co.za/article/1987-09-11-steve-biko-ten-years-after; "Biko's doctor apologises for death of black activist," *Observer Reporter*, 1991.10.21.

http://news.google.com/newspapers?nid=2519&dat=19911021&id=A4FeAAAAIBAJ&s-jid= 7mENAAAAIBAJ&pg=2252,7025467의 마이크로필름 카드에 담겨 있음; "Doctor apologises to Biko family," *SAPA*, 1997.6.17.

http://www.justice.gov.za/trc/media/1997/9706/s970617j.htm(모두 방문일: 2013/03 /27) 참조. 진실과 화해 위원회에서 1997.6.17에 있었던 비코 가족에 대한 폴브 교수의 사과에 관해서는 다음을 참조. http://www.justice.gov.za/trc/media/1997/9706/s970617j.htm(방문일: 2013/03/27).

진실과 화해 위원회의 최종 보고서(제4권 제5장, 113쪽)는, "랑 의사가 다섯 건에 대해 부도덕한 행위를 저지른 유죄가 인정되었고 3개월 동안 정직되었다."라고 밝히고 있다(아이러니하게도, 이 정직 조치는 2년 동안 조건부로 유예되었고, 따라서 랑 의사의 의료 활동에 아무런 영향을 미치지 못했다). 랑 의사는 계속해서 보건부 소속의 지역 의사로 고용되어 있었고, 사실은 터커 의사의 자리였던 포트 엘리자베스의 수석 지역 의사로 승진했다.

http://www.justice.gov.za/trc/report/finalreport/Volume%204.pdf(방문일: 2013/03/27) 참조.

● 소송하기로 결정하다
의사들의 요구 서한은 법원 기록에 포함되어 있다.

● 각계각층 원고들의 진술서
치료행동캠페인의 서면은
http://www.tac.org.za/Documents/MTCTCourtCase/MTCTCourtCase.htm(방문일: 2013/03/ 27)에서 볼 수 있다.

● 정부의 답변
치료행동캠페인 웹사이트에 따르면, 이 사건에서 정부 측은 서면의 전자 사본을 달라는 요청을 거부했다고 한다. 결국 치료행동캠페인은 반대 진술서 중 두 가지, 조녀선 버너드 레빈 의사와 필립 추크우카 온예부조 의사의 진술서를 타자로 쳤다. 이는 http://www.tac.org.za/Documents/MTCTCourtCase/MTCTCourt-Case.htm(방문일: 2013/03/27)에서 볼 수 있다.

● 치료행동캠페인의 재답변

법원 기록에 대한 개요는, Mark Heywood, "Current Developments: Preventing Mother-To-Child HIV Transmission in South Africa: Background, Strategies and Outcomes of the Treatment Action Campaign Case Against the Minister of Health,"(2003) 19 *SA Journal on Human Rights*, pp. 278-315 참조. 헤이우드는 이렇게 말한다. "기록의 양이 어마어마하기는 하지만, 일단 파고들자 정부 측 서면이 속임수와 모순으로 가득 차 있음이 분명해졌다. 보건부 공직자들은 확립된 과학과 과학 기관을 무너뜨리려고 했다. HIV를 보유한 임신 여성을 도와야 한다는 생각이나, 여성들을 적절히 치료할 수 없다고 수백 명의 의사들이 치료행동캠페인 서면에서 제기한 고충을 해결해야 한다는 긴박감을 거의 갖고 있지 않은 것 같았다. 때로는 이 같은 공감의 부족이 상당히 놀랍다"(298쪽).

● 프리토리아 고등법원이 사건을 심리하다

Heywood(2003) 19 *SA Journal on Human Rights* 278 참조.
마루모 모에란 변호사와 음베키 대통령의 가족 관계(이들은 사촌 관계이다)에 관해서는 Mark Gevisser, *Thabo Mbeki: The Dream Deferred*(2007) 참조.

● 프리토리아 고등법원의 놀라운 판결

보타 판사의 판결문은 온라인으로 제공되는 서비스로만 확인할 수 있다. http://www.lexisnexis.co.za/ – *Treatmnent Action Campaign&others v Minister of Health&others*[2002]JOL9482(T) 참조. 이 판결문은 치료행동캠페인 웹사이트, www.tac.org.za/Documents/MTCT-CourtCase/mtctjudgement.doc(방문일: 2013/10 /05)에서 내려받을 수 있다. 판결문에 대한 설명은 Mark Heywood(2003) 19 *SA Journal on Human Rights* 278, p. 301을 참조한 것이다.

● 정부가 헌법재판소에 항소하다

2002년 3월자 "Castro Hlongwane, Caravans, Cats, Geese, Foot & Mouth and Statistics: HIV/ AIDS and the Struggle for the Humanisation of the African," 문서는 부정론자 웹사이트 Virusmyth, http://www.virusmyth.com/aids/hiv/ancdoc.htm(2013.3.28. 방문)에서 볼 수 있다.
음베키 대통령이 카스트로 롱와니 문서의 관점을 승인한 일에 관해서는, Mark Gevisser, *Thabo Mbeki: the Dream Deferred*(2007) 참조.
항소 중이더라도 2001년 12월 14일에 내린 판결의 주요 부분에 대해서는 즉각 시행하도록 결정한 2002년 3월 11일자 보타 판사의 결정문은 다음에서 볼 수 있다.
http://www.saflii.org/za/cases/ZAGPHC/2002/3.html(방문일: 2013/03/28).
정부의 임시 항소를 기각한 2002년 4월 4일자 헌법재판소 판결에 대한 이유는 2002년 7월 5일 제시되었고 http://www.saflii.org.za/za/cases/ZACC/2002/16.html(방문일: 2013/03/28)에서 볼 수 있다.

● 헌법재판소가 당면한 어려움

헌법재판소의 역사와 현직 및 역대 재판관에 관해서는 다음을 참조.
http://www.constitutionalcourt.org.za/site/thccourt/history.htm(방문일: 2013/03/28).

프리토리아에서 매년 교수형에 처해진 사람의 수는, Jolandi le Roux, "The impact of the death penalty on criminality," conference paper presented at "Convergence of Criminal Justice Systems: Building Bridges-Bridging the Gaps' hosted by the International Society for the Reform of Criminal Law," The Hague, The Netherlands, August 2003, http://www.isrcl.org/Papers/LeRoux.pdf(방문일: 2013/10/07) 참조. 룩스 교수에 따르면, "1911년 이래 남아프리카에서 총 4,288명이 사형에 처해졌다. 연대기적 분석을 보면, 가장 많은 사형이 집행된 것은 1987년(총 164명)이었다. 사형된 사람의 수는 1987년 164명에서 1988년 117명으로 줄었고, 1989년 에는 53명이었다. 사형 집행이 줄어든 주요 이유는 사형 판결을 받은 범죄자들을 살리기 위한 청원이 널리 이루어졌기 때문이다"(5쪽). 1989년 이래로 남아프리카에서 더 이상 사형은 집행되지 않았다. 데클레르크 대통령이 1990년 2월 2일 연설에서 사형 집행에 대한 유예를 선언했다.

● 헌법의 최고 규범성, 법치주의, 권력분립
남아프리카공화국 헌법의 처음 두 조항은 다음과 같다.

1. 남아프리카공화국
남아프리카공화국은 다음의 가치에 기초한 하나의, 주권을 가진, 민주주의 국가이다.
a. 인간의 존엄성, 평등의 실현, 인권과 자유의 증진
b. 비인종주의와 비성차별주의
c. 헌법의 최고 규범성과 법치주의
d. 책임성, 반응성 및 개방성을 보장하기 위한, 민주주의 정부의 성인 보통 선거권, 전국적 일반 선거인명부, 정기적 선거 및 복수 정당제
2. 헌법의 최고 규범성
본 헌법은 남아프리카공화국의 최고법으로, 본 헌법과 불일치하는 법률 또는 행위는 효력이 없으며, 본 헌법에 의해 부여된 의무는 반드시 준수되어야 한다.

제17차 헌법 개정안 2102는 2013년 2월 1일자 정부관보 36128에 승인 게재되었다.
내가 인용한 선구적 법철학자는 옥스퍼드 대학의 법학 교수 존 가드너(John Gardner)로, 그의 글 "Strict liability in private law: some rule of law anxieties" 4쪽에서 가져왔다. 가드너 교수의 원래 글 전체 를 인용하자면 다음과 같다. "법치주의의 이상은, 법을 지켜야 하는 사람들이 법을 지키게끔 법이 제대로 안 내할 수 있어야 한다는 생각이다. 법이 사람들에게 날벼락처럼 다가와서는 안 된다. 사람들이 자신의 행동에 대한 법적 결과를 안정적으로 예측하고, 법을 따름으로써 안정적으로 그런 결과를 얻거나 피할 수 있어야 한 다. 이렇게 이해할 때, 이 이상으로부터 모든 법적 체계가 지켜야 할 여러 가지의 기준들이 도출된다. 우리가 주로 관심을 두는 것은 지켜야 하는 법적 규범의 기준이다. 법치주의의 이상에 따르자면, 법적 규범은 감추 어져 있거나, 소급 적용되거나, 명확하지 않거나, 지키기 불가능하거나, 혹은 계속해서 변하는 상태에 있지 않아야 한다. 그리고 구체적인 법 규범(판결)은 일반 법규범(규칙)의 적용이어야 한다. 이 기준에 부합하지 않는 법규범은, 론 풀러(Lon Fuller)의 유명한 설명과 같이, 진정으로 따를 수 없는 규범이다." 그러고 나서 가드너 교수는 The Authority of Law: Essays on Law and Morality (OUP, 2009)에 수록된 유명한 에세이, Joseph Raz, "The Rule of Law and its Virtue"를 참조했다.

장관 명령에 의해 로버트 소부퀘를 비롯한 사람들을 계속해서 무기한 수용할 수 있도록 권한을 부여한 법은
〈개정일반법〉(General Law Amendment Act, 1963/37)이었다. 이 법안에서는 특정한 안보 관련 법에
따라 유죄판결을 받은 수용자에 대해, 법무부 장관이 보기에 이 사람이 출소하면 법에서 금지된 목적의 활동
을 계속할 것으로 판단된다면 출소를 금지할 권한을 법무부 장관에게 부여했다. 이런 식으로 수용자의 출소
를 막을 수 있는 법무부 장관의 권한은 매년 의회에 의해 갱신되어야 했다. 로버트 소부퀘와 범아프리카회의
에 관한 정보는 SA History Online 웹사이트에서 볼 수 있다.

http://www.sahistory.org.za/topic/pan-africanist-congress-timeline-1959-2011(방문일:
2013/05/18).

헌법 제167조 제5항에서는 의회나 주가 제정한 법이나 대통령의 행위가 헌법에 부합하는지를 헌법재판소
가 최종적으로 판단하고, 다른 법원이 내린 무효 판결에 대해 그 판결이 효력을 갖기 전에 반드시 확인해야
한다고 규정하고 있다.

법무부 장관에게 법원에 대한 권한을 부여하려고 했던 종전의 개정안은 2005년 12월 14일자 정부관보에
실렸던 2005년의 제14차 헌법 개정안이었다. 이 개정안에서는, "사법행정을 관장하는 각료 위원은 모든 법
원의 행정과 예산에 관한 권한을 행사한다."라는 내용의 조항을 헌법에 넣으려고 했다. 제17차 개정으로 이
안은 좌절되었다.

● 법치주의와 판사의 권한

로마의 12표법에 관해서는, 브리타니아 백과사전 온라인판 참조.

http://www.britannica.com/EBchlccklcd/topic/610934/Law-of-the-Twelve-Tables(방문일:
2013/05/18).

로마 집정관에 대해서는 다음 사이트의 내용을 참조.

http://www.historyteacher.net/GlobalHistory-1/Readings/RomanLaw&TwelveTables.htm(방
문일: 2013/06/17).

남아프리카공화국에서 변호사 자격의 조건으로 라틴어를 폐지시킨 법은 변호사자격개정법(Admission of
Advocates Amendment Act, 1994/55)이었다.

권리장전 제34조의 법원에 대한 접근에서는, 모든 사람은 법률의 적용으로 해결될 수 있는 모든 분쟁을, 법
원 또는 적절한 경우 독립적이며 공정한 심판위원회 또는 포럼에서 공정한 공개 심리를 거쳐, 해소할 권리를
가진다고 정하고 있다. 제35조 제3항에서는 모든 피고인의 공정한 재판을 받을 권리를 부여하며, 여기에는
"상급심 법원에 항소할 권리 또는 상급심 법원에서 재심을 받을" 권리가 포함된다.

전자 통행료 판결은 *National Treasury v Opposition to Urban Tolling Alliance [OUTA]* [2012]
ZACC 18; 2012 (6) SA 223 (CC) (2012.9.20)이고,

http://www.saflii.org/za/cases/ZACC/2012/18.html (2013.5.20. 방문)에서 볼 수 있다. 인용 구
문의 출처는 44문단과 67-68문단이다.

2013년 10월, 대법원은 *Opposition to Urban Tolling Alliance v South African National Roads
Agency Limited* (90.2013) [2013] ZASCA 148 (2013.10.9.)에서 전자 통행료의 실질에 대한 도전
을 기각했다. 이 판결문은 다음에서 볼 수 있다.

http://www.justice.gov.za/sca/judgments/sca_2013/sca2013-148.pdf(방문일: 2013/10/09)
에서 볼 수 있다.

헌법재판소의 '의미 있는 만남' 판결에 대해서는, 제프 버드렌더의 브람 피셔 기념 강의(2011),
http://www.lrc.org.za/papers/1654-2011-11-11-bram-fischer-memorial-lecture-peoples
-power-and-the-courts-by-geoff-budlender(방문일: 2013/05/18)을 참조. 최초의 판결은
2008년 2월 19일, *Occupier of S1 Olivia Road, Berea Township and 197 Main Street
Johannesburg v. City of Johannesburg* [2008] ZACC 1; 2008 (3) SA 208 (CC)에서 있었다.

● 웨스턴케이프 사건
헌법재판소가 만델라의 공포 행위를 뒤집고 입법부가 입법 권한을 그에게 위임할 수 없다고 선언한 사건은
*Executive Council of the Western Cape Legislature v President of the Republic of South
Africa* [1995] ZACC 8; 1995 (4) SA 877 (1995.9.22.)이고,
http://www.saflii.org/za/cases/ZACC/1995/8.html(방문일: 2013/03/29)에서 볼 수 있다.
네비라핀 사건 이전에 헌법재판소가 정부에 반하는 판결을 내린 다른 사건으로는, *Mohamed v President
of the Republic of South Africa* 2001 (3) SA 893 (CC),
http://www.saflii.org/za/cases/ZACC/2001/18.html(방문일: 2013/03/29) (외국인의 추방과 '인도');
National Coalition for Gay and Lesbian Equality v Minister of Justice 1999 (1) SA 6 (CC),
http://www.satlii.org/za/cases/ZACC/1998/15.html(방문일: 2013/03/29) (동성 관계 범죄);
August v The Independent Electoral Commission [1999] ZACC 3; 1999 (3) SA 1 (CC),
http://www.saflii.org/za/cases/ZACC/1999/3.html(방문일: 2013/10/07) (수용인 투표) 등이 있다.
나는 망명 중인 아프리카민족회의 변호사와 국내 변호사와 판사 사이에 있었던 넌햄 공원 모임에 대해 내
책, *Witness to AIDS*(I. B. Tauris, 2005), p. 125에서 언급했다(www.witnesstoaids.com).

● 헌법재판소가 네비라핀 사건을 판결하다
네비라핀 사건의 헌법재판소 판결은 *Minister of Health v Treatment Action Campaign* (No 2)
[2002] ZACC 15; 2002 (5) SA 721; 2002 (10) BCLR 1033 (2002.7.5.)이고,
http://www.satlii.org/za/cases/ZACC/2002/15.html(방문일: 2013/10/07)에서 볼 수 있다.

● 기념비적인 승리
국제 외교관들의 침묵에 대해, 전 캐나다 대사관 스티븐 루이스는 2011년 12월, "에이즈 부정론이 지배하
던 그 세월 동안" 어떻게 "유엔의 고위직, 사무처장 본인이나 사무차장들 중 그 누구도 목소리를 내지 않았
는지"에 대해 생생하게 회고했다. "그들 중 누구도 타보 음베키에게 '당신이 당신 국민을 죽이고 있다'고 공
개적으로 말하지 않았다. 물론, 개인적으로는 모두 이런 이야기들을 했다. 이들은 타보 음베키를 따로 불러
정책을 바꾸라고 간곡히 얘기했다. 그러나 그는 조금도 물러서지 않았다. 그의 주변에, 남아프리카공화국의
모든 지역에, 남아프리카공화국의 영향을 받은 대륙 전체 지역에, 에이즈의 킬링필드가 펼쳐지고 있었다. 이
제 감격적인 진보의 시대를 맞으며, 나는 탐보 음베키의 눈앞에서 죽은 수백만 명을 잊을 수가 없다. 세계가
지켜보는 가운데 탐보 음베키에 맞서야 했던 사람들이 침묵을 지키고 있는 동안 말이다." Stephen Lewis,
"Remarks to ICASA 2011, Addis Ababa," 2011.12.6,
http://www.aidsfree-world.org/Publications-Multimedia/Speeches/Stephen-Lewis-remark
s-to-ICASA-2011.aspx(방문일: 2013/03/29) 참조.

● 도덕적·지적 권위의 원천으로서의 헌법재판소

남아프리카공화국에서 항레트로바이러스 치료를 받는 사람들이 2백만 명이라는 수치는 2012년도 중반을 기준으로 한 것이다. HSRC의 대표 올리브 시사나 박사의 발표,

http://www.hsrc.ac.za/en/media-briefs/hiv-aidsstis-and-tb/plenary-session-3-20-june-2013-hiv-aids-in-south-africa-at-last-the-glass-is-half-full(방문일: 2013/10/07) 참조.

헌법재판소의 고용 차별 판결은 *Hoffmann v South African Airways* [2000] ZACC 17; 2001 (1) SA I (CC)(2000.9.28)이고,

http://www.saflii.org/za/cases/ZACC/2000/17.html(방문일: 2013/03/29) 참조.

보건부 장관 만토 차발랄라-음시망이 2002년 3월 24일 SABC 뉴스에서, 정부가 네비라핀에 관한 헌법재판소의 명령을 따르지 않겠다고 했던 협박의 녹취록은

http://www.beatit.co.za/archive-docurnentaries/law-and-freedorn-part-2-a-nice-country(방문일: 2013/10/07) 참조.

• 진행자: HIV/에이즈와의 싸움이 법정으로 가고 있고, 쟁점은 네비라핀의 보급을 둘러싼 정부와 치료행동 캠페인 사이의 문제입니다. 아주 논쟁적인 사안이죠. 이에 대한 이야기를 나누기 위해 보건부 장관이자 의사인 만토 차발랄라-음시망 씨를 모셨습니다.

  • 차발랄라-음시망: 제 견해는 사법부가 법정에서 지시를 내릴 수 없다는 것입니다.
  • 진행자: 헌법재판소가 어떤 결정을 내리든 따를 것인가요?
  • 차발랄라-음시망: 그렇지 않습니다. 법원과 사법부는 우리나라와 미국의 규제 당국에 귀를 기울여야 한다고 봅니다.
  • 진행자: 그러니까 따르지 않겠다는 것인가요?
  • 차발랄라-음시망: 네, 그렇습니다. 따르지 않겠다는 말입니다.

Justice Kate O'Regan, "A Forum for Reason: Reflections on the Role and Work of the Constitutional Court," 헬렌 수즈먼 기념강연(2011년 11월),

http://www.hsf.org.za/resource-centre/lectures/HSF%20Memorial%20Lecture%202011.pdf (방문일: 2013/03/29).

5장 다양성과 입헌주의

● 게이라는 자각

힌두 축제 라트 야트라에 관해서는 다음을 참조.

http://www.swaminarayan.org/festivals/rathyatra와

http://hinduism.about.com/od/rathyatra/a/rathyatra.htm(모두 방문일: 2013/10/07).

'커버링'(주류에 섞이기 위해 선호되지 않는 특성을 잘 드러나지 않게 하는 것)에 관해서는 Kenji Yoshino, *Covering-The Hidden Assault on Our Civil Rights* (Random House, 2006) 참조.

SABC의 1968년 〈부서진 고리〉 프로그램은 보존되어 있고 일부는 온라인 팟캐스트에서 접근할 수 있다.

http://www.sabc.co.za/wps/portal/SABC/springbok(방문일: 2013/05/14) 참조. 나는 SABC의 스프링복(Springbok) 라디오의 선임 기록 보관인 레타 바이스의 도움을 받아, 브라이언 칠버스가 제작자였다는 사실과, 동성애에 관한 다음과 같은 프로그램이 방송되었다는 정보를 얻었다. 〈동성애: 누구를 비난할까〉 #5(1968.7.21.), 〈동성애: 연민 혹은 충동〉 #6(1968.7.28), 〈레즈비언: 맨디 이야기〉 #7(1968. 8.4), 〈레즈비언들〉 #8(1968.8.11).

● 다양성을 존중하고 기뻐하는 남아프리카공화국의 헌법
헌법 전문은 헌법재판소 홈페이지에서 11개의 공식 언어로 제공된다.
http://www.constitutionalcourt.org.za/site/home.htm(방문일: 2013/05/14).
2011년 인구총조사에서 가져온 본문의 수치는
http://www.info.gov.za/aboutsa/people.htm(방문일: 2013/05/22)과
http://www.statssa.gov.za/Census2011/Products/Census_2011_Census_in_brief.pdf(방문일: 2013/05/22)에서 반올림한 것이다. 인구총조사에서는 '시온기독교회'의 신자 수가 497만1,932명, '기타 사도 교회'의 신자 수가 560만9,070명으로 조사되었다.

● 헌법의 기본 규정: 시민권, 국기, 언어
범남아프리카언어위원회에 대한 정보는 다음 사이트에서 얻을 수 있다.
http://www.pansalb.org.za;
https://en.wikipedia.org/wiki/Pan_South_African_Language_Board (모두 방문일: 2013/05/20).
영어가 가장 널리 이해되는 언어이자 남아프리카 인 다수의 제2언어라는 말은
http://www.info.gov.za/aboutsa/people.htm(방문일: 2013/05/22)에서 인용. 다만, 내가 참조했던 해당 문장("영어를 모국어로 사용하는 사람들은 인구 중 겨우 8.2퍼센트이지만, 이 언어는 가장 널리 이해되고 있고 대다수의 남아프리카 인들의 제2언어이다.")에서는 제1언어로 영어를 사용하는 사람들의 비율을 잘못 적고 있는데, 바로 다음에 나오는 표에 9.6퍼센트로 바르게 표기되어 있다.
헌법재판소에서 사용될 수 있는 언어들은 헌법재판소 규칙 제13조 제4항에 의해 규율되며, 이 내용은
http://www.constitutionalcourt.org.za/site/thecourt/rulesofthecourt.htm(방문일: 2013/05/14) 참조.
남아프리카공화국의 로마-네덜란드 보통법과 관습법에 관해 헌법 제39조 제3항은, 해당 법이 권리장전에 부합하는 범위에서 보통법이나 관습법에 의해 인정되거나 부여된 그 외의 모든 권리나 자유의 존재를 권리장전이 부인하지 않는다고 규정한다.
헌법 제211조는 관습법에 따른 전통적 지도자의 제도, 지위 및 역할을 인정하되 헌법의 구속을 받는다고 하며, "법원은 관습법이 해당되는 사안에서 반드시 관습법을 적용해야 하되 단 헌법과 구체적으로 관습법을 다루는 모든 법률의 구속을 받는다."라고 규정한다(제211조 제3항).

● '성적 지향'이 헌법의 평등 조항에 포함되다
레즈비언과 게이의 평등을 보호하는 것이 입헌주의 전체에 대한 시험이라는 주장에 대해, 비트바테르스란트 대학에서 1992년 10월 27일 내가 기조 강연하고 110 *South African Law Journal* 450 (1993)에 발표

했으며, 나의 허락으로 헌법재판소가 *National Coalition for Gay and Lesbian Equality v Minister of Justice* [1998] ZACC 15; 1999 (1) SA 6, 20문단 이하에서 인용한 내용을 참조. http://www.saflii.org/za/cases/ZACC/1998/15.html(방문일: 2013/05/21).

넬슨 만델라가 체포되던 날 운전을 하고 있던 세실 윌리암스에 관해서는 SA History Online, http://www.sahistory.org.za/people/cecil-williams(방문일: 2013/05/21) 참조.

SA History Online 사이트에는 사이먼 은콜리의 일대기가 수록되어 있지 않다. 그의 삶에 대한 간단한 개요는 위키피디아 http://en.wikipedia.org/wiki/Simon_Nkoli(방문일: 2013/05/21)에 잘 정리되어 있다.

남아프리카공화국 헌법의 본문에 성적 지향이 포함된 것에 관해, 아프리카민족회의 전국행정부의 선임 회원인 루스 몸패티를 1987년 런던에서 인터뷰했던 피터 태첼의 설명을 보태야 한다. 이 인터뷰에서는 핵심적인 반동성애적 발언이 자연스럽게 나왔는데, 나중에 아프리카민족회의는 탐보 음베키를 통해 이를 공식적으로 부인했다. 태첼은 이 사건에서 자신의 역할에 대해 본인 웹사이트 http://www.petertatchell.net/lgbt_rights/his-tory/anc.htm(방문일: 2013/05/21)에서 설명하고 있다. 몸패티는 나중에 Neville Hoad, Karen Martin & Graeme Reid, *Sex and Politics in South Africa: The Equality Clause / Gay and Lesbian Movement/ the Anti-apartheid Struggle* (Cape Town: Double Storey, 2005)의 감동적인 서문에서 이 인터뷰를 회상하며 자신의 반동성애적 발언을 부인했다.

● 아픈 역사의 교훈

1972년 부룬디 대학살에 관해서는 다음을 참조. René Lemarchand and David Martin, *Selective Genocide in Burundi* (1974.7.), http://www.burundi-agnews.org/agnews_selectgenobur.htm(방문일: 2013/05/15) 참조.

1994년 르완다 대학살에 관해서는, Fergal Keane, *Season of Blood A Rwandan Journey* (1997)와, 매우 감동적인 개인 기록으로 Sean O'Toole, *über(W)unden: Art in Troubled Times* (2012)에 수록된 Théogène Niwenshuti, "Bringing colour into life again" 참조.

비아프라 비극에서 가장 강렬한 이야기는 치누아 아체베가 2013년 3월 21일 사망한 직후에 출간된 자서전, *There Was a Country: A Personal History of Biafra*(2012)에 나온다.

모잠비크와 앙골라의 해방전쟁에서 아프리카민족회의가 겪었던 경험에 대해서는 아프리카민족회의의 웹사이트에서 가져왔다. "Affirmative Action and the New Constitution: why we need affirmative action," http://www.anc.org.za/show.php?id=283(방문일: 2013/05/22) 참조. 내가 참조한 원문은 다음과 같다. "앙골라와 모잠비크에서의 급진적 변혁을 지지했던 우리의 경험을 통해, 우리는 때로 가장 가난하고 억압받는 사람에게 단기적으로 최대의 보상을 주는 과정이 장기적으로는 최대의 어려움을 초래한다는 점을 배웠다. 사람들에게 진정한 승리는 단순한 약속이나 관념이 아니라 참다운 의미에서 주택, 일자리, 전기, 물, 학교, 진료소, 진짜 자유와 진짜 선택을 제공할 수 있는 것을 의미했다. 우리는 민주주의가 더 가난한 삶과 내전이 아니라, 더 나은 삶과 평화와 연결되기를 바랐다."

● 코걸이를 할 권리: 수날리 필라이 판결

〈평등법〉의 전체 제목은 "평등의 고취와 부당한 차별에 대한 금지법"(Promotion of Equality and

Prohibition of Unfair Discrimination Act', 2000/4)이다. 평등 법원은 제4장 제16-23조에 의해 만들어졌다.

이 코걸이 사건은 *MEG for Education Kwazulu-Natal v Pillay* [2007] ZACC 21; 2008 (I) SA 474 (CC) (2007.10.5.)이고,

http://www.saflii.org/za/cases/ZACC/2007/21.html(방문일: 2013/05/22)에서 볼 수 있다. 랑가 헌법재판소장의 "끔찍한 일들의 잔치"라는 말은 107문단에 있다. 이 판결에 대한 논평으로, Lourens du Plessis, "Religious Freedom and Equality of Difference: A Significant Development in Recent South African Constitutional Case-Law," *PER/PELJ* 2009 Vol. 12. No. 4와, Elda de Waal, Raj Mestry & Charles J Russo, "Religious and Cultural Dress at School: A Comparative Perspective," *PER/PELJ* 2011 Vol. 14 No. 6 참조.

● 다양성은 경청하는 것이다

프리스테이트 주 벨콤의 라스타파리안 학생 사건은

http://www.timeslive.co.za/thetimes/2013/05/20/victory-for-expelled-pupil(방문일: 2013/10/07)에 보고되어 있다.

모호헹 헌법재판소의 판결은 *Oriani-Ambrosini, MP v Sisulu, MP Speaker of the National Assembly* [2012] ZACC 27; 2012 (6) SA 588 (CC) (2012.10.9.)이고,

http://www.saflii.org/za/cases/ZACC/2012/27.html(방문일: 2013/05/21)에서 볼 수 있다. 주요 인용 부분은 제43문단에 있다.

● 입헌주의라는 도덕적 프로젝트

지방 타운십 게이들의 삶에 대한 헌법의 약속은 Graeme Reid, *How to be a Real Gay: Gay Identities in Small-town South Africa* (UKZN Press, 2013)에 담겨 있다. 리드는 남아프리카공화국의 정치적·법적 변화로 인해 새로운 형태의 시민권이 등장할 수 있었다고 결론짓는다(188f쪽). 헌법적 평등의 약속과 이어지는 법적 변화가 소규모 타운십에 사는 게이들의 삶에 영향을 미쳤다. 그는 부유한 사람들만이 변화의 혜택을 보았다는 관점을 거부한다. 헌법과 헌법이 불러온 전면적인 법적 변화가 없었더라면, 게이로서의 다른 존재 방식이 표현되지 못했을 것이다. "새로운 소속감, 시민으로서의 느낌"을 가졌다는 증거들이 있고, 이것은 "새로운 해방, 즉 인종적 측면과 똑같이 중요하게 …… 성적 지향의 측면에서 억압적이었던 법을 철폐하는 데에서 오는 것이다."

타펠로 마쿠틀의 살해와 그 살인 용의자의 체포, 법정 출석에 대해서는

http://www.mambaonline.com/article.asp?artid=7050(방문일: 2013/05/21) 참조.

6장 빈곤, 사회정의와 헌법

● 뜻밖의 친절

인플레이션 계산 웹사이트는 http://inflationcalc.co.za(방문일: 2013/05/27). 나의 계산은

http://inflationcalc.co.za/?-date1=1963-01-01&date2=2013-05-27&amount=10이고, 결과
는 "1963년 1월의 10.00랜드는 2013년 4월의 686.00랜드 가치"이다.

● 과거의 불평등을 바로잡는 과제
헌법의 평등 조항인 제9조 전체의 내용은 다음과 같다:

〈평등〉
(1) 모든 사람은 법 앞에 평등하며 동등한 법적 보호 및 혜택을 누릴 권리를 가진다.
(2) 평등은 모든 권리와 자유의 완전하면서도 동등한 향유를 포함한다. 평등의 실현을 증진하기
위해, 부당한 차별로 인해 불이익을 당하는 사람들 또는 그런 사람들의 범주들을 보호하거나
처지를 개선하도록 고안된 입법 조치 및 기타 조치를 취해야 한다.
(3) 국가는 누구든지 인종, 젠더, 성, 임신, 혼인 상태, 민족적 또는 사회적 출신, 피부색, 성적 지향,
연령, 장애, 종교, 양심, 신념, 문화, 언어 및 태생 등 하나 또는 그 이상의 이유로 직접적 또는
간접적으로 부당하게 차별해서는 안 된다.
(4) 누구도 위 제3항의 하나 또는 그 이상의 이유로 누군가를 직접적 또는 간접적으로 부당하게
차별해서는 안 된다. 부당한 차별을 예방 또는 금지하기 위해 국가적으로 법률이 제정되어야 한다.
(5) 위 제3항에 나열된 사유 가운데 하나 또는 그 이상을 이유로 한 차별은, 그 차별이 정당하다고
입증되지 않는 한, 부당한 것으로 간주된다.

● 헌법재판소의 첫 번째 차별 시정 조치 사건
Minister of Finance v Van Heerden [2004] ZACC 3; 2004 (6) SA 121 (CC) (2004.7.29.),
http://www.saflii.org/za/cases/ZACC/2004/3.html(방문일: 2013/05/27).

● '일차적 권리'와 '사회경제적 권리'
허울뿐인 법의 평등에 대한 유명한 경구는 아나톨 프랑스의 것이다. "법은, 허울뿐인 평등에서, 부자나 빈자
나 똑같이 다리 밑에서 자지 못하게 하고, 거리에서 구걸하지 못하게 하며, 빵을 훔치지 못하게 한다." *Le
Lys Rouge [The Red Lily]* (1894), chapter 7. 나는 이 문구를 위키인용집(Wikiquote)에서 가져왔다.
http://en.wikiquote.org/wiki/Anatole_France(방문일: 2013/10/09).
'일차적 권리'와 사회경제적 권리 사이의 구분이 잘못되었음을 보여 주는 중요한 문헌은, Henry Shue,
Basic Rights: Subsistence, Affluence, and US Foreign Policy (2nd ed) (Princeton University
Press, 1996); Sandra Fredman, Human *Rights Transformed: Positive Rights and Positive
Duties* (Oxford University Press, 2008).
2009년 초기부터의 선거 관련 사건들로, *Richter v Minister for Home Affairs* [2009] ZACC 3;
2009 (3) SA 615 (CC), http://www.saflii.org/za/cases/ZACC/2009/3html(방문일: 2013/05/
28)과 *A Party v Minister for Home Affairs* [2009] ZACC 4; 2009 (3) SA 649 (CC),
http://www.saflii.org/za/cases/ZACC/2009/4.html(방문일: 2013/05 /28).
치료행동캠페인 사건: 헌법재판소는 *Minister of Health v Treatment Action Campaign* (No 2) [2002]
ZACC 15; 2002 (5) SA 721, para 38,

http://www.saflii.org/za/cases/ZACC/2002/15.html(방문일: 2013/05/30)에서, 사회경제적 사건
에 대한 사법적 개입의 한계를 인정했다.

● 남아프리카공화국 헌법에 포함된 사회경제적 권리
물 사건에서의 인용 부분은 다음을 참조. *Mazibuko v City of Johannesburg* [2009] ZACC 28; 2010
(4) SA 1 (CC), http://www.saflii.org/za/cases/ZACC/2009/28.html(방문일: 2013/05/30).

● 보건 의료에 대한 접근권과 수브라머니 판결
Soobramoney v Minister of Health (Kwazulu-Natal) [1997] ZACC 17; 1998 (I) SA 765 (CC);
(1997.11.27.), http://www.saflii.org/za/cases/ZACC/ 1997/17.html(방문일: 2013/05/29).

● 적절한 주거에 대한 접근권과 그루트붐 판결
Government of the Republic of South Africa v Grootboom [2000] ZACC 19; 2001 (1) SA 46
(CC) (2000.10.4.), http://www.saflii.org/za/cases/ZACC/2000/19.html(방문일: 2013/10/11).
이 판결이 내려지기 약 한 달 전에, 법원은 당사자들 사이의 합의에 따라 그루트붐과 윌리스덴 부락을 위한
임시 거처와 시설을 마련하도록 했다. *Grootboon 1 v Government of the Republic of South Africa
Constitutional Court Order* [2000] ZACC 14 (2000.8.21),
http://www.saflii.org/za/cases/ZACC/2000/14.html(방문일: 2013/10/10) 참조.

● 그루트붐 사건에서 블루 문라이트 사건까지
City of Johannesburg Metropolitan Municipality v Blue Moonlight Properties 39 (Pty) Ltd
[2011] ZACC 33; 2012 (2) SA 104 (CC); 2012 (2) BCLR 150 (CC),
http://www.saflii.org/za/cases/ZACC/2011/40.html(방문일: 2013/05/30).

● 사법부는 정부 정책에 어디까지 간섭할 수 있는가
사소한 빚을 갚으려고 누군가의 집을 팔아서는 안 된다는 판결은 *Jaftha v Schoeman* [2004] ZACC 25;
2005 (2) SA 140 (CC) (2004.10.8.),
http://www.saflii.org/za/cases/ZACC/2004/25.html(방문일: 2013/05/31)이고,
Gundwana v Steko Development CC [2011] ZACC 14; 2011 (3) SA 608 (CC) (2011.4.11.),
http://www.saflii.org/za/cases/ZACC/2011/14.html(방문일: 2013/05/31)에서 확장됨.
사회적 보조금을 영주권자에게로 확장한 판결은 *Khosa v Minister of Social Development* [20041
ZACC 11; 2004 (6) SA 505 (CC) (2004.3.4.)
http://www.saflii.org/za/cases/ZACC/2004/11.html(방문일: 2013/05/31).
세입자의 권리에 관한 판결은 *Maphango v Aengus Lifestyle Properties* [2012] ZACC 2; 2012 (3)
SA 531 (CC) (2012.3.13.),
http://www.saflii.org/za/cases/ZACC/2012/2.html(방문일: 2013/05/31).
마지부코 판결에 대한 비판은, Sandra Liebenberg, *Socio-Economic Rights: Adjudication Under
a Transformative Constitution* (Cape Town: Juta, 2010), p. 467;

Pierre de Vos, "Water is life (but life is cheap),"
http://constitutionallyspeaking.co.za/water-is-life-bu t-life-is-cheap, 2009.10.13(방문일: 2013/05/31). 마지부코 판결은 일정 부분, "재판소가 (치료행동캠페인 사건에서) 국가로 하여금 네비라핀을 이용할 수 있도록 조치를 취하라고 명령했던 전성기와 비교해 후퇴한 것"이며, 헌법재판소가 "물 공급에 대해 시가 채택한 신자유주의적 패러다임, 즉 가난한 사람이 생활에 필요한 물 값을 지불할 능력이 없어서 물에 대한 권리를 종종 거부당할 수 있는 정책"을 승인했다고 말했다. David Bilchitz, "What is reasonable to the court is unfair to the poor," *Business Day*(2010.3.16). 그 외에 Redson Kapindu, "The desperate left in desperation: a court in retreat: *Nokotyana v Ekurhuleni Metropolitan Municipality* revisited" *Constitutional Court Review* vol 3(2010), pp. 201-222, 201 참조. Jackie Dugard & M Langford, "Art or Science? Synthesising Lessons from Public Interest Litigation and the Dangers of Legal Determinism," *South African Journal on Human Rights* vol. 27(2011), pp. 39-64. 마지부코의 소송 과정이 공공에 끼친 영향이 "사법적 판결보다 훨씬 컸다."고 지적하면서, 사법적 과정과 의사 결정의 한계가 소송과 사회운동을 통해 극복될 수 있다고 제언했다.

● 사법 과잉의 위험

인도와 브라질을 비판하며 대조적으로 남아프리카공화국 헌법재판소의 접근을 높이 평가한 논의는, Jeff King, *Judging Social Rights* (Cambridge University Press, 2012), 특히 pp. 81-85 참조. 캔자스 시 사건은 *Jenkins v State of Missouri* 593 F.Supp. 1485 (W.D.Mo. 1984)이다. 미국 연방 대법원은 *Missouri v Jenkins*, 515 U.S. 70 (1995) 판결에서 5 대 4로, 지방법원이 미주리 주 정부에게 학교에서의 인종적 불평등을 개선하기 위한 방법으로 봉급 인상과 보수 교육 프로그램의 자금을 제공하도록 요구했던 판결을 뒤집었다.

● 사회경제적 권리의 의미

Jeff King, *Judging Social Rights*(Cambridge University Press, 2012), p. 105에서는 헌법적으로 사회경제적 권리를 명시하는 남아프리카공화국 모델이 '기초가 되는 본보기'라고 본다.

● 사회 보조금과 우리 모두의 존엄성

이 장의 내용의 많은 부분을 『그라운드업 뉴스레터』(*GroundUp newsletter*)에 실린 Issa Saunders, "Everything you need to know about social grants"(2013.3.6.), http://groundup.org.za/content/everything-you-need-know-about-social-grants(방문일: 2013/05/31)에서 참조했다. 그 외에도, Gabrielle Kelly, "We need to change how *we* think (and talk) about social grants," GroundUp (2013.10.10.), http://groundup.org.za/content/we-need-change-how-we-think-and-talk-about-social-grants(방문일: 2013/10/10) 참조.
남아프리카 사회 보장 기구를 창설한 법률은 〈남아프리카 사회보장기구법〉(South African Social Security Agency Act, 2004/9), http://www.info.gov.za/view/DownloadFileAction?id=67983(방문일: 2013/05/31)이다. 사회 보장 기구는 〈사회부조법〉

[http://www.info.gov.za/view/DownloadFileAction?id=67950(방문일: 2013/05/31)]에 따라 보조금을 지급한다.

조니 스타인버그 박사의 연구와 글은 사회적 보조금이 수급자의 경제적 독립과 존엄을 제공하는 힘에 대해 설득력 있는 근거를 제공한다. Jonny Steinberg, "Grants encourage liberation, not dependence," *Business Day* (2013.8.23.),

http://www.bdlive.co.za/opinion/columnists/2013/08/23/grants-encour-age-liberation-not-dependence(방문일: 2013/10/10) 참조.

7장 결론: 입헌주의의 약속과 시험

이 결론은 2013년 6월 29일 요하네스버그에서 열렸던 "선데이 타임스 앨런 패튼 문학상" 만찬에서 했던 나의 연설에서 가져온 것이며,

http://www.constitutionalcourt.org.za/site/judges/justicecameron/Sunday-Times-Literary-Award-address-Saturday-29-June-2013.pdf(방문일: 2013/10/21)에서 볼 수 있다.

● 입헌 민주주의 이후 20년

여기에서 내가 감사하게 언급하는 대부분의 통계는 Jonny Steinberg, "Oscar Pistorius: the end of the rainbow," *The Guardian*(2013.5.24.),

http://www.guardian.co.uk/world/2013/may/24/oscar-pistorius-end-ot-rainbow(방문일: 2013/10/11)를 참조한 것이다. 사회 보조금이 1천2백억 랜드라는 숫자는 재무부 장관 프라빈 고단의 2013년 예산 발표에서 가져온 것이다.

http://www.moneyweb.co.za/moneyweb-2013-budget/2013-budget-speech(방문일: 2013/10/11) 참조. 서비스 공급에 항의하는 시위 가운데 88퍼센트가 폭력적이었다는 수치는 Trevor Neethling, "Police not backing down on violent protests, says Minister," *Business Day*(2012.8.8),

http://www.bdlive.co.za/national/2012/08/08/po-lice-not-backing-down-on-violent-protests-says-minister(방문일: 2013/10/11)을 참조했다.

● 헌법에 대한 회의론, 그럼에도 내가 헌법을 옹호하는 이유

Ngoako Ramatlhodi, "ANC's fatal concessions - Constitution is tilted in favour of forces against changes," *The Times* (2011.9.1),

http://www.times-live.co.za/opinion/commentary/2011/09/01/the-big-read-anc-s-fatal-concessions(방문일: 2013/10/11) 참조. 나는 라마틀로디의 말을 Edwin Cameron, "What you can do with rights: Fourth Leslie Scarman Lecture"(2012.1.25.), *European Human Rights Law Review*, pp. 149-161,

http://www.constitutional-court.org.za/site/judges/justicecameron/scarman.pdf(방문일:

2013/10/11)에서도 인용했다.

Matuma Letsoalo, "Numsa targets land reform, the Constitution – and Pravin," *Mail* & *Guardian* (2012.6.4.),

http://mg.co.za/article/2012-06-04-no-compensation-numsa-targets-land-reform-the-constitution-and-pravin-gordhan(방문일: 2013/10/11).

피예가 경찰청장의 인터뷰 전문은 2013년 3월 16일 알자지라 방송의 "Who polices the police,"

http://www.aljazeera.com/programmes/south2north/2013/03/2013314105953174623.html (방문일: 2013/10/11) 참조. 또한 "Constitution remarks haunt Phiyega," *News24* (2013.3.26.),

http://www.news24.com/SouthAfrica/News/Constitution-remarks-haunt-Phiyega-201303 26(방문일: 2013/10/11) 참조.

켄 오웬과 존슨: 아서 차스칼슨 전 헌법재판소장 죽음 이후의 논쟁 참조. Ken Owen, "Chaskalson's influence was decisive," *Business Day*(2012.12.7),

http://www.bdlive.co.za/opinion/letters/2012/12/07/letter-chaskalsons-influence-was-d ecisive(방문일: 2013/10/11) (헌법은, '정당 과두제의 발달'과 '전위 정당'과 '프롤레타리아독재'에 대한 오래전 공산주의자의 생각들을 가리키는 이중적 용어인 '민주 집중제를 향한 표류'를 허용"했으며, "해방 전 아프리카민족회의와 남아프리카공산당의 폭력적인 대규모 시위 문화를 지속"시키며 "국가의 일부를 '통치 불가능'하게 만듦으로써 정치적 목적을 이룰 수 있다는 생각을 유지"시켜 왔다); RW Johnson, "Chaskalson a loyal fellow's traveller," *Business Day*(2012.12.12),

http://www.bdlive.co.za/opinion/letters/2012/12/12/letter-chaskalson-a-loyal-fellow-tra veller(방문일: 2013/08/23) 참조.

첫 번째 이유: 헌법은 20년간의 시험을 견뎠다

프리스테이트 주 아프리카민족회의의 파벌들이 헌법재판소에 소송을 제기한 사건은 *Ramakatsa v Magashule* [2012] ZACC 31; 2013 (2) BCLR 202 (CC),

http://www.saflii.org/za/cases/ZACC/2012/31.html(2013.10.11.방문).

두 번째 이유: 헌법의 권력 분배는 실제적이고 효과적이다

그루트붐 사건: *Government of the Republic of South Africa v Grootboom* [2000] ZACC 19; 2001 (1) SA 46 (CC) (2000.10.4.),

http://www.saflii.org/za/cases/ZACC/2000/19.html(방문일: 2013/10/11).

치료행동캠페인 사건: *Minister of Health v Treatment Action Campaign* (No 2) [2002] ZACC 15; 2002 (5) SA 721; 2002 (10) BCLR 1033 (2002.7.5.),

http://www.saflii.org/za/cases/ZACC/2002/15.html(방문일: 2013/10/11).

세 번째 이유: 사람들은 헌법을 자신의 것으로 여겨 왔다.

헌법이 대단히 널리 퍼져 있고 내재화되었다는 점에 관해서는 Graeme Reid, *How to be a Real Gay: Gay Identities in small-town South Africa* (UKZN Press, 2013) 참조.

네 번째 이유: 사법부는 여전히 굳건하다

부패에 대한 싸움에서 헌법재판소가 기여한 바에 관해, 정부가 부패를 척결하는 독립 기구를 만들어야 할 헌법적 의무가 있다고 판단한 헌법재판소 판결을 참조. *Glenister v President of the Republic of South Africa* [2011] ZACC 6; 2011 (3) SA 347 (CC); 2011 (7) BCLR 651 (CC) (2011.3.17.), http://www.saflii.org/za/cases/ZACC/2011/6.html(방문일: 2013/10/11).

남아프리카 토지 소유주 연합의 45주년 회의에서 있었던 헌법재판소 부소장인 모세네케의 미간행 연설문 참조. Dikgang Moseneke, "100 years after the Native Land Act of 1913: How the Constitution has embraced land reform and property rights"(2013.5.15.).

헌법 제25조 제1항은, "일반적으로 적용되는 법률에 의한 경우를 제외하고는 누구도 재산을 박탈당해서는 안 되며, 어떠한 법률도 자의적인 재산 박탈을 허용해서는 안 된다."라고 규정하고 있다. 제2항은 "다음의 경우, 일반적으로 적용되는 법률에 의해서만 재산을 수용할 수 있다. ⓐ 공공의 목적 또는 공익을 위한 경우, ⓑ 보상 금액, 지급 시기 및 방법에 대해 영향을 받는 당사자들이 합의했거나 법원에서 이들 사항을 판결 또는 승인한 경우"라고 규정하고 있다.

일반 시민 사건: *Hattingh v Juta* 2013 (3) SA 275 (CC), http://www.saflii.org/za/cases/ZACC/2013/5.html(방문일: 2013/10/11); *Mayelane v Ngwenyama* 2013 (4) SA 415 (CC), http://www.saflii.org/za/cases/ZACC/2013/14.html(방문일: 2013/10/11); *Glenister v President of the Republic of South Africa* 2011 (3) SA 347 (CC), http://www.saflii.org/za/cases/ZACC/2011/6.html(방문일: 2013/10/11).

정부 사건: *New National Party of South Africa v Government of the Republic of South Africa* 1999 (3) SA 191 *(CC)*, http://www.saflii.org/za/cases/ZACC/1999/5.html(방문일: 2013/10/11); *Government of the Republic of South Africa v Grootboom* 2001 (1) SA 46 (CC), http://www.saflii.org/za/cases/ZACC/2000/19.html(방문일: 2013/10/11).

국회의장 사건: *Oriani-Ambrosini, MP v Sisulu, MP Speaker of the National Assembly* 2012 (6) SA 588 (CC), http://www.saflii.org/za/cases/ZACC/2012/27.html(방문일: 2013/10/11).

정당 사건: *Democratic Alliance v President of South Africa* 2013 (1) SA 248 (CC), http://www.saflii.org/za/cases/ZACC/2012/24.html(방문일: 2013/10/11).

시민사회 단체 사건: *Minister of Health v Treatment Action Campaign (No 2)* 2002 (5) SA 721 (CC), http://www.saflii.org/za/cases/ZACC/2002/15.html(방문일: 2013/10/07); *Centre for Child Law v Minister for justice and Constitutional Development* 2009 (6) SA 632 (CC), http://www.saflii.org/za/cases/ZACC/2009/18.html(방문일: 2013/10/11), *Abahlali Basemjondolo Movement SA v Premier of the Province of Kwazulu-Natal* 2010 (2) BCLR 99 (CC), http://www.saflii.org/za/cases/ZACC/2009/31.html(방문일: 2013/10/ 11).

정당계파 사건: *Ramakatsa v Magashule* 2013 (2) BCLR 202 (CC), http://www.saflii.org/za/cases/ZACC/2012/31.html(방문일: 2013/10/11).

다섯 번째 이유: 헌법의 근본적 가치는 옳다

평등은 모든 권리와 자유의 완전하면서도 동등한 향유를 포함한다: 헌법 제9조 제2항.

직업과 영업의 자유: 헌법 제22조.

독립적 검찰청: 헌법 제179조.

공익 보호관: 헌법 제182조.

남아프리카 인권위원회: 헌법 제184조.

| 연표 |

1806년	영국, 남아프리카 케이프 점령
1909년	영국 의회, 〈남아프리카법〉(South Africa Act) 제정
1910년	남아프리카연방(Union of South Africa) 독립
1948년	국민당 집권, 인종차별정책(아파르트헤이트) 시작
1951년 12월	아프리카민족회의, 불복종 운동 채택
1952년	불복종 운동 재판, 넬슨 만델라 등 지도부에 집행유예 선고
1954년 4월	변호사협회 대 만델라 판결
1961년 3월 29일	반역죄 재판, 넬슨 만델라 등 30명 무죄 선고
5월	남아프리카공화국(Republic of South Africa) 수립
1964년 6월 12일	리보니아 재판, 넬슨 만델라 등 8명 종신형 선고
1972년 4월	대법원, 주임사제 사건(프렌치-베이타그 대 국가) 판결
1978년	존 두가드, 응용법학연구소 설립
1979년	펠리시아 켄트리지와 아서 차스칼슨, 법률지원센터 설립
1982년	에드윈 캐머런, 변호사 활동 시작
1986년	에드윈 캐머런, 응용법학연구소에 합류
12월	에드윈 캐머런, HIV 감염 판정
1990년 2월 11일	넬슨 만델라 석방
5월 4일	정부와 아프리카민족회의의 협정 체결(그루트 슈어 각서)
1991년 12월	민주적 남아프리카를 위한 회의 개최
1993년 9월 28일	대법원, 배리 맥기어리 사건 판결
1994년 4월 27일	임시 헌법 발효
5월 10일	넬슨 만델라, 제1대 대통령 취임
1995년 1월 1일	에드윈 캐머런, 고등법원 판사 취임
1996년 12월 4일	헌법재판소, 최종 헌법 승인
1997년 11월 27일	헌법재판소, 수브라마니 사건 판결
1999년 6월 14일	타보 음베키 제2대 대통령 취임
2000년 7월	에드윈 캐머런, 대법원 판사 취임
9월 28일	헌법재판소, 남아프리카항공 사건 판결
10월 4일	헌법재판소, 그루트붐 사건 판결
2002년 7월 5일	헌법재판소, 네비라핀(치료행동캠페인) 사건 판결
2007년 10월 5일	헌법재판소, 수날리 필라이 사건 판결
2009년 1월 1일	에드윈 캐머런, 헌법재판소 헌법재판관 취임

| 약어표 |

AIDS	Acquired Immune Deficiency Syndrome	에이즈(후천성면역결핍증)
ALP	AIDS Law Project	에이즈 법 프로젝트
ANC	African National Congress	아프리카전국회의
ARVs	anti-retrovirals	항레트로바이러스
CALS	Center for Applied Legal Services	응용법학연구소
CODESA	Convention for a Democratic South Africa	민주적 남아프리카를 위한 회의
COSATU	Congress of South African Trade Unions	남아프리카 노동조합회의
HIV	Human Immunodeficiency Virus	인간면역결핍바이러스
HSRC	Human Sciences Research Council	인간과학연구위원회
IFP	Inkatha Freedom Party	인카타 자유당
JSC	Judicial Service Commission	사법위원회
KZN	KwaZulu-Natal	콰줄루-나탈 주
LRC	Legal Resources Centre	법률지원센터
MCC	South African Medicines Control Council	남아프리카 의약품규제위원회
MK	uMkhonto we Sizwe	움콘토 웨 시즈웨, '민족의 창'
NACOSA	National AIDS Council of South Africa	남아프리카 전국에이즈협의회
NNRTIs	non-nucleoside reverse transcriptase inhibitor	비뉴클레오시드유사체역전사효소저해제
NPA	National Prosecuting Authority	중앙검찰청
NUM	National Union of Mineworkers	전국광산노동자조합
NUMSA	National Union of Metalworkers of South Africa	전국금속노동자조합
PAC	Pan Africanist Congress	범아프리카회의
PanSALB	Pan South African Language Board	범남아프리카언어위원회
SACC	South African Council of Churches	남아프리카 교회협의회
SAHRC	South African Human Rights Commission	남아프리카 인권위원회
SAMDC	South African Medical and Dental Council	남아프리카 의학 및 치의학 협의회
SAPS	South African Police Service	남아프리카 경찰청
SASSA	South African Social Security Agency	남아프리카 사회보장기구
SERI	Social and Economic Rights Institute	사회경제권리연구소
TRC	Truth and Reconciliation Commission	진실과 화해 위원회
UNAIDS	the United Nations Programme on HIV/AIDS	세계적인 에이즈 유행에 대응하기 위하여 만들어진 합동 국제연합 기구
WHO	World Health Organization	세계보건기구

| 인명 찾아보기 |